LEGAL
ETHICS REVIEW

法律职业伦理论丛

第四卷

许身健…主　编

印　波…副主编

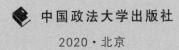

中国政法大学出版社

2020·北京

图书在版编目（ＣＩＰ）数据

法律职业伦理论丛. 第四卷/许身健主编. —北京：中国政法大学出版社, 2020.11
ISBN 978-7-5620-9714-3

Ⅰ.①法…　Ⅱ.①许…　Ⅲ.①法律－伦理学－文集　Ⅳ.①D90-053

中国版本图书馆CIP数据核字(2020)第218238号

书　　名　法律职业伦理论丛（第四卷）FALÜ ZHIYE LUNLI LUNCONG (DISIJUAN)

出　版　者　中国政法大学出版社

地　　址　北京市海淀区西土城路 25 号

邮　　箱　fadapress@163.com

网　　址　http://www.cuplpress.com（网络实名：中国政法大学出版社）

电　　话　010-58908435(第一编辑部)　58908334(邮购部)

承　　印　保定市中画美凯印刷有限公司

开　　本　720mm×960mm　1/16

印　　张　22.75

字　　数　438 千字

版　　次　2020 年 11 月第 1 版

印　　次　2020 年 11 月第 1 次印刷

定　　价　79.00 元

卷首语

　　《法律职业伦理论丛》（第四卷）与读者见面了，该卷的出版与 2009 年举办的中国伦理学大会息息相关，本卷的许多作者、译者均出席了此次大会。2019 年 12 月 7 日，由中国伦理学会主办的中国伦理学大会法律职业伦理论坛在湖南长沙成功召开。法律职业伦理论坛是由北京师范大学法学院、中国人民大学伦理学与道德建设研究中心和北京市京都律师事务所承办，中国人民大学律师业务研究所、北京师范大学刑事法律科学研究院、中南大学法学院、湖南大学法学院、浙江六善律师事务所和中国法学创新网协办的。来自全国各地高校、公检法司以及律师界约 100 位嘉宾参与了此次活动。本次论坛意义非凡，它不仅是法学界与伦理学界的一次交流、协作的盛会，也是理论界与实务界畅谈职业伦理的前沿之作。从论坛的参与者来看，既包含了法律职业伦理的代表人物，也有曹刚等法伦理学的领军人物，还有田文昌等法律实务界的泰斗，可谓法学界、伦理学界、法律实务界的一次高峰盛会。这是在这个领域史无前例的创举。从人员分布来看，既包括了中国政法大学这样的传统法律职业伦理重地，也包含了中南大学、湖南大学等汇聚各种职业英才的法律职业伦理重镇，可谓南北辉映，使法律职业伦理这个领域的优秀人才齐聚一堂。

　　在具体的论坛设计上，除了主旨发言之外，按照每个人发言的主题，可以划分为五大板块：法律职业伦理、律师职业伦理、法官职业伦理、法律职业伦理课程教学和法律伦理。

　　在法律职业伦理总的方面，中华全国律协刑事业务委员会主任田文昌致辞：法律界目前出现的一些问题的原因就是因为律师、法官的伦理观没有得到解决，或者说最基本的律师的职责定位、法官的职责定位都没有得到解决。伦理问题不解决，我们将走入死穴，很难向前发展。

　　中国政法大学法学院王进喜教授认为，法律职业伦理的重要性有三：一是法律职业伦理是法律职业人员自身利益的需要。只有这门课程是为法律人自己学的，而别的课程是为别人学的。这门课程告诉你的行为界限以及违反了这些规则低，导致学生忽视了这门课程的重要性。对此，可以通过诊所教育、实地调研等来提升学生的法律职业伦理素养。法律职业伦理应当是终身教育的课程。

华中师范大学法学院教授石先钰认为，从 2018 年开始法律职业伦理成为必修课程，学科发展非常不易。基于学科的发展，建议使用法律职业伦理学这一概念。应大幅度提高"法律职业伦理"在国家统一法律职业资格考试中的分值比重。

南开大学法学院副教授刘萍讲述课堂上就"校航炸弹客"中律师职业伦理问题展开的讨论。在每一种诉讼策略下分别面临何种职业伦理挑战？这种开放式的问题设计有助于法律职业伦理的教学。

中央司法警官学院法学院副院长赵亮提出，应扩大法律职业伦理教材中的法律职业范围。建议在未来教材编写或者课程讲授中，增加从事行政处罚、行政复议、行政裁决的公务员，尤其是警察职业伦理的内容。消极案例能够起到警示教育效果，积极案例能够起到榜样引领作用。法律职业伦理课程设置，可以安排在较早的学期，避免放在大四上学期而成为可有可无的课程。

在法律伦理方面，河北经贸大学法学院教授赵一强提出，公法法律关系中的"命令与服从"、私法法律关系中的"平等与协商"、公私兼顾法律关系中的"合作与共享"相互结合，共同构成了法律关系伦理精神的结构生态。法律人一是要有正义感，二是要有规则意识，三是要有法律知识。

北京第二外国语学院研究生院陈伟功主任认为，在法律推理中，直觉先于理性思维。直觉感受到的价值以及价值秩序构成了法律推理的前设和基础，理性思维的功能则在于对这些前设进行证实或证伪。

中国政法大学国际法学院博士李政提出，法律与医学有着深刻的交互关系，医学技术的进步往往会引发法律观念的革新，而法律制度的发展也会推动医疗技术的应用。基于这种交互引申，可以探寻法律与医学交互对照的理论意义及其之间开展对话的现实必要性。

这些观点不但对法律职业伦理的论坛以及今后专业委员会的建立和发展指明了一个方向，还为今后法律职业伦理学科的建设发展、教学研究以及实务探讨提供了多个建议，成果斐然。

结合本次论文会议发言、投稿以及后续的若干反馈和增补，我和本书的副主编，也是本次论坛的召集人——北京师范大学刑事法律科学研究院的印波副教授共同决定将这些成果结集出版。其中，书中还包含了我和中国政法大学尹超副教授及其他老师的若干译文。按照文章的主题，我们将本书划分为五大板块：司法职业伦理、律师职业伦理、法律职业伦理教育与学科建设、法律伦理的基本范畴和法律伦理译丛。

　　全书涵盖了法律职业伦理的主要方面，而且还在法学与伦理学的交叉领域作了一些突破，选题紧扣习总书记提出的"立德树人、德法兼修"的要求，是一本极具理论性与应用性的评论性论文集。本书不仅有理论性的文章、观点性的时评，还有教学性的探讨以及新时代如何践行职业伦理的构思。本书可能是国内第一本法学、伦理学与法律实务界深度交流的论文集，体现了学科的融合与互动。

　　本卷论丛是中国政法大学"新兴学科项目"的相关成果，感谢中国政法大学出版社阚明旗副社长及责任编辑高露女士为论丛出版所付出的努力。

许身健

2020 年 2 月 28 日

目 录

| 法律职业伦理教育与学科建设 |

| 法律伦理的基本范畴 |

| 法律伦理译丛 |

司法职业伦理

神之慧眼与沉重肉身

——《儿童法案》折射的法官伦理

许身健 *

一、亚当的幻灭

春节前，我在航班上看了电影《儿童法案》（*The Children Act*），电影给我留下了深刻印象，我为电影所涉及的法官面对生命和信仰时的两难抉择而感动。这部电影 2017 年于多伦多国际电影节首映。由李察·艾尔执导，伊恩·麦克伊旺编写剧本，改编自他本人 2014 年出版的同名小说。埃玛·汤普森、史丹利·图奇和菲恩·怀特海德主演。电影中，伦敦高等法院法官菲欧娜与大学教授丈夫杰克结婚多年，日益繁重的审判工作让夫妻两人关系疏离，杰克觉得自己与妻子虽然仍有感情，但两个人近一年无夫妻生活，甚至两人连接吻都没有，这让他有了外遇的想法。菲欧娜经常审理的是媒体关注的疑难案件，影片以连体婴是否应该做分离手术这一案件做引子，菲欧娜面临着艰难选择：连体婴如果不进行分离手术，两个孩子都会死亡，然而，进行分离手术后，其中一个会因为缺少心脏而死亡，只有一个婴儿有活下去的机会。做手术的医生是在谋杀吗？对父母来说，他们要面对的是失去一个，或是两个都失去。最终，菲欧娜判决医生做分离手术。之后，她再次面临难题：信仰耶和华见证会的夫妇，其子亚当 17 岁，罹患白血病，需要立刻为孩子输血，但这一家人因宗教原因，拒绝接受输血。医院向法院申请强制输血令以救治少年。法官需要根据《儿童法案》判定哪个决定符合孩子的最大利益，是通过输血让他活下来？还是尊重他的宗教信仰让他坦然受死？法官决定去医院见一下孩子，她发现这个男孩单纯而又聪慧，丰盛的生命刚刚打开序章，在病床边，法官与少年谈论着文学与音乐，一起哼唱根据叶芝诗歌谱写

---

* 许身健，中国政法大学法律硕士学院院长，教授。

的歌曲，两人可谓心有灵犀。离开医院后，法官签发了同意医生输血的令状，不出所料，男孩很快就恢复了健康。劫后余生的男孩目睹父母因他死而复生喜极而泣的场面，顿时大彻大悟，原来他们内心并不希望失去他，虽然口中对信仰信誓旦旦，但实际上期盼着假借法官之手挽救儿子。一时间男孩感到原来的信仰灰飞烟灭了，这就为之后的悲剧埋下了伏笔。男孩将法官视为新的感情寄托，法官成了他填补心灵空虚的救命稻草。他不停地给法官写信，跟踪她。法官对男孩的步步紧逼感到无所适从，出于年龄以及身份的原因，显然她是无法接受男孩的不伦之恋。然而，法官正值与自己丈夫感情紧张，对配偶充满失望之际，内心复杂的情感让她在处理与男孩的关系时缺乏果断，在纠缠当中，男孩匆匆吻了她，这个突如其来的亲吻惊醒了法官，她推开了男孩，这让男孩觉得自己被遗弃，从此万念俱灰，几个月后，男孩已满 18 岁，很不幸，白血病复发，他的选择是：拒绝输血、拒绝治疗。最终，男孩被白血病夺去了生命。

二、生命和信仰的两难

许多人会基于宗教、禁忌、戒律、价值观或者医疗等原因拒绝输血。这其中又分为两类：一类人即便生命遭遇危险，也绝对拒绝一切形式的输血（绝对无输血派）；而另一类人仅在生命遭遇危险或者健康出现重大影响时容许输血（相对无输血派）。基督教教派"耶和华见证人"就以圣经中出现的"请避开血"的表述为由，采取了绝对无输血的教义。经过一百多年的发展，这个教派已经遍布世界，大约有两百多万信徒，其中 1/4 在美国。20 世纪四五十年代，耶和华见证会家庭的孩子，在学校里升国旗的时候，拒绝向国旗敬礼，认为向国旗敬礼是偶像崇拜。学校欲给予他们停学的惩罚，他们却坚持自己的信仰。这一冲突闹上法庭，直到联邦最高法院作出最终裁定，耶和华见证会信徒的宗教信仰必须得到尊重，强迫他们的孩子向国旗敬礼是违宪的。而耶和华见证会信徒拒绝输血的宗教信仰与生命价值进行权衡，孰轻孰重，这是个让法官难以抉择的问题。这里以著名案例做一说明：耶和华见证人信徒拒绝输血案。

1994 年，在康尼迪格州某医院，乃莉·维加产后残留在子宫内的胎盘组织引发大出血。医生判断，如果不输血，产妇将失血过多而死亡。乃莉和她丈夫都拒绝输血，因为他们信仰耶和华见证会，认为信徒不能输血。产妇在继续出血，生命机会在失去。医生必须马上作出决定，拖延就是一条人命。医生却仍在犹豫，乃莉和她丈夫不是不知道后果，他们是明白自己要付出生命的代价后作出拒绝输血的决定的，这个决定出于他们的宗教信仰。作为一个医生，治病救人，但是不能违背病人出于信仰而作出的决定。可是，如果再不输血，就要眼睁睁地看着病人在自己面前死去。护士们无声地注视着医生，等待着决定，输血还是不输血。气氛紧张到了极点。医生脑子里响起当年从医学院毕业的时候，即将成为医生的医科生按传统宣誓，即"希波克拉底誓言"：作为一个医生，要尽其所能为患者谋利益。此刻，什么是乃莉·维加的最高利益，是她的生命还是她的宗教？什么决定更符合病人的真正利益，是病人家庭的信仰还是医生的判断？时间分分秒秒地在过去，面对这样的难题，医生却难以决定。他做了此时此刻世界上只有美国医生才会做的事情：冲向法院，要求法官发出输血的命令。这时候是深夜二点钟。半夜二点要找到一个法官并不容易。也许是因为人命关天，也许是病人的状况根本不允许再犹豫拖延，法官深夜作出了紧急裁决，允许医生可以在未经病人同意的情况下输血。输血后，乃莉的生命得救了。可是，对乃莉来说，血管里流着别人的血，这就违背了她的信仰。如果照此办理，往后其他教友的信仰就无法保证。她向法院控告医院侵犯了她的宗教自由权利，要求推翻法官的紧急裁决，禁止医生在未经病人同意的情况下，违背病人的宗教信仰给病人输血。医院方提出，这一指控已经过时。医生是得到法官令状才输血的，现在病人已经康复出院，不再存在侵权伤害。法院同意医院意见，不予受理。乃莉·维加向州最高法院提出救济。1996年4月9日，康尼迪格州最高法院作出一致裁决，裁定医院违反了个人之身体有权自主决定的法律传统，侵犯了乃莉宗教信仰的宪法权利。大法官指出，不管医院拯救人命的情况是多么紧急，不管医生救死扶伤的职业伦理多么崇高，这些都不能压倒乃莉保持身体和精神完整性的权利。只要她充分了解事情的后果，并且有能力作出决定，那就有权根据自己的信仰作出决定。州最高法院认为，同样的情况以后还会发生，所以医院需要法律上的行动指南，怎样处理病人不愿输血的情况。医院方面的发言人在州最高法院裁决后说，医院和医生认为，他们是根据病人的最好利益而采取措施的。正因为这是一个棘手的问题，所以才要求法官下令，以得到法律上的指导。有些人不同意康尼迪格州最高法院的这一裁决，他们提出这样的问题：乃莉的宗教信仰固然必须得到尊重，但是医生出于"希波克拉底誓言"的救死扶伤的信念也应该得到尊重，那么，生命和信仰，到底什么更重要？医生职业伦理要求他们，无论如何不能见死不救。眼睁睁地看着病人死去，明明可以救活而不救，这不就违背了医生的誓言吗？病人来到医院，却又不让医生输血，强迫医生看着病人死去而无所作为，自己的信仰固然得到了尊重，但这不就是强迫医生违背医生的誓言了吗？对于州最高法院来说，这里不仅有生命和信仰孰轻孰重的问题，也许这个问题是永远无法回答的。对于法律来说，法律必须回答的是，谁来作出这个判断，谁有权作出这个判断。在这个特定案例中，生命和信仰都是属于乃莉的，生命和信仰的轻重，只有乃莉有权决定，别人不能用自己的价值标准强迫乃莉接受。如果生命和信仰两者只能取其一，那么，只有她自己来决定要生命还是要信仰。如果允许别人强迫她接受他人的判断，那么，宗教信仰的自由就岌岌可危。

在其他国家也发生过多起引起社会震动的耶和华见证人信徒拒绝输血案。例如，在日本发生过多起耶和华见证人的信徒或其子女因拒绝输血而导致死亡的案件，这已经成了受人关注的社会问题之一。有位耶和华见证人信徒因宗教原因而拒绝在手术中进行输血，并对单方面决定在手术中进行输血的医生和医院提起诉讼的案件。该案最终由最高裁判所作出终审判决，是关于拒绝输血以及病人自我决定权的著名判例。本案判决后，日本的医疗机构对于因宗教原因而产生的输血问题也格外重视，并制定了相应的政策规程供医院执行。

三、神的慧眼与沉重的肉身

法官是正义的化身，是法律的化身。由于法官查明案件事实，适用法律，定分止争，在西方司法传统，因法官的职责是类似神的工作，因此，将法官视为"肉身的神"，把法官视为触摸上帝袍服的人。例如，将断案如神的所罗门王视为智慧的象征。所罗门王求神："赐我智慧，可以判断你的民，能辨别是非。不然，谁能判断这众多的民呢？"神对他说："因为你祈求智慧，而不为自己求寿、求富，也不求灭绝你仇敌的性命，而是祈求能洞察正义的智慧，我将赐予你你所祈求的东西。"当民众怀疑法官的时候，就意味着司法的危机，这与法官在当代法治社会中的特殊身份密切相关。法社会学大师艾里希曾言："法官的人格，是正义的最终保障。"这说明，实现正义依仗的是人们真心仰慕的法官。人们把司法视为社会正义的最后一道防线，正因为法官职业的特殊性，使得社会公众对法官职业伦理的要求极高，远远超出普通标准。西方有哲人曾说，如果社会上追求完人的话，法官就应该是完人。

世界上几乎所有的宗教都对生命和死亡作出自己的解释。耶和华见证会的解释也很独特。他们相信有"世界末日"。对于他们来说，有时候，死亡只不过是一次超脱，信徒可以再生。他们相信只有合格的信徒才能躲过末日之灾，得到拯救，最后生活在永恒的乐园里。所以，死亡并不可怕，做一个合格的信徒却是最要紧的。美国医院在病人入院时都要认真了解病人的宗教信仰。到医院接受手术之前，护士会问病人有什么宗教信仰。真的面临人命关天的时刻，耶和华见证会信徒拒绝输血的宗教信念到底是不是重于挽救他们的生命，这个问题仍然折磨着必须作出决定的医生。这不仅是个伦理问题，也是一个法律问题。在这样的情况下，这个两难抉择问题还常常被推到法官面前。

如果把这个棘手的案件视为难度极高的试卷，菲欧娜法官的判决可谓满分的答卷。她没有单纯依靠法庭庭审而下判，而是亲自去医院探望亚当，以了解男孩的真实想法。她的智慧在于她认识到判决应当以尊重人的信仰为基础。菲奥娜将不输血所造成的后果——告知男孩，这是一个生存还是毁灭的问题。法官要确切洞察男孩的决定是因为父母及宗教团体的压力还是出自他本人的意愿，当然，即使确实是他本人的意见，但由于他未满 18 岁，法官的判决基础应当关注未成年人的最佳利益，这是《儿童法案》的立法目的，未成年的利益是高于宗教信仰的。就是基于这个出发点，法官判决医院应当给亚当输血，挽救这个鲜活的年轻生命。法官的决定有悖于患者亚当父母及他本人的意愿，此时她扮演了神的角色，她说应有光，于是就有了光。她有神的慧眼，她看到孩子生活单纯，世界观尚在发展当中，男孩的决定深受父母的影响，而实际上父母又受到宗教团体的压力，他们的本意是要这个孩子活下去。然而，法官的决定也为之后的悲剧开辟了道路。

　　法官用智慧解决法律争议，定分止争。然而，她毕竟不是神，再睿智，再如神，虽是肉身的神，但肉眼凡胎的法官不一定能够游刃有余于狼狈不堪的生活，生活让人沉重，让法官有了一副沉重的肉身。菲欧娜法官无法应付生活的难题，她的丈夫示威般向她摊牌，表示要出轨，让她无所适从。而重获生命的男孩再次选择死亡的决定给了她沉重的一击。

　　走下审判台的菲欧娜法官不再扮演神的角色，她和男孩的交往不涉及法律，是人与人之间的情感交流。从职业伦理而言，法官应当自觉约束自己的业外活动，在从事业外活动方面受到限制，就能基本保证其在司法活动中处于中立超然的地位，既有利于裁决案件，也有利于保护自己，维护自己职位的尊崇与社会关系的稳定。所以，菲欧娜法官应当按照案结事了的原则，不应与男孩有其他联系。法官应当谨言慎行，不应感情用事，否则容易损及理性判断。男孩以为法官是他生活的全部意义，把她视为新的信仰，但是，满腔热情迎来的是一盆冰水。究其死因，男孩已把法官视为他的救世主，输血得救让他对上帝产生了怀疑，法官成了他心中新的信仰，信仰的幻灭把他送上了死路。依照法国著名社会学家埃米尔·迪尔凯姆撰写的《自杀论》，自杀是指个体蓄意或自愿采取各种结束自己生命的行为。自杀作为一种复杂的社会现象，依照迪尔凯姆的说法，男孩的死属于失调性自杀，指个人与社会固有的关系被破坏，例如亲人死亡、失恋等。

　　菲欧娜法官以《儿童法案》为准据，从男孩的根本利益出发作出输血的决定，但正如《儿童法案》原著所言："福祉、安康，是社会性的。孩童绝非是一座孤岛。"菲奥娜法官成为男孩新的信仰，这非她本人之过。每个人应付生活都不容易，法官不是神，面对生活，同样有沉重的肉身，同样能感受到生活的痛苦，无力自渡，如何渡人？法律人容易犯的错误就是"只见法律不见人"，而法官有些生硬地拒绝了亚当的请求让他走上绝路，这是人性的悲剧。影片给我们的启示在于：关照人的福祉不能仅仅寄希望于法律措施，这需要社会诸多机构的全方位关爱。[1]

---

[1] 本文修改版载于《民主与法制》2020 年第 14 期。

独立、豁免与追责

——法官职业伦理的秩序原理

印 波[*]

司法改革的大幕拉起，顶层设计即将带来连锁的制度修改（甚至再修改）。对于法官的遴选、惩戒、保障等，多有讨论。然而，很少有人从法官职业伦理的应然秩序角度联想本轮司法改革的潜在意义。[1] 笔者认为，如果当前的法官责任制能够成功推行，可以实现法官独立、豁免和责任的三位一体，引发法官职业伦理的秩序归位。

一、法官职业伦理的体制困境

谈到法律职业伦理，学人不尽想到通过认真对待法律职业伦理便可以使得"法律工匠们"一心向善，追求公平正义，承担社会责任，进而提高公民对于法律职业的信任。法律职业伦理与自我约束、道德内化相等同。[2] 然而，现代意义上的法律职业伦理已经逐渐地远离"弥散"的道德，成为一种行为规范的总和。它并不关注和调整法律人的内心世界，仅仅从其行为上判断是否符合规范。法律职业伦理也存在着纸面上的规则与行动中的规则的落差。在法律职业伦理的世界中，恐怕迷失的不仅仅有律师，端坐在审判席的法官也有些迷失。

近些年，出现了原最高法院副院长黄松有贪污受贿案，同级别的奚晓明涉嫌

* 印波，北京师范大学刑事法律科学研究院副教授。

基金项目：国家社科基金项目"刑事司法业务考评对程序性法律后果的冲击与反制研究"（14CFX068）、中国行为法学会项目"审判中心视野下辩护人庭审询问权若干问题研究"［（2017）中行法研 008 号］。

［1］ 例如，陈瑞华教授曾归纳出职业伦理责任模式。参见陈瑞华："法官责任制度的三种模式"，载《法学研究》2015 年第 4 期。

［2］ 参见许身健主编：《法律职业伦理》，北京大学出版社 2014 年版，序言"认真对待法律职业伦理"。

受贿案、河南首位"全国模范法官"李和鹏贪污受贿案、上海法官集体嫖娼案等严重败坏法官队伍形象的案件,直接或间接地引发了民众对于法官职业伦理的反思。那些手握司法权柄,作为正义化身的法官们接受无数的法理学习、法律职业伦理规则洗礼,为什么仍然会走向违法堕落的深渊呢?

我们不禁反思,现代意义上的法律职业伦理(包括法官职业伦理)日益教条化、形式化,缺少可操作性,成为官僚体制上的一种摆设。早期法官的职业伦理较为粗糙,但易于记忆和内化,即法官应当忠于法律,致力于实现正义。然而,斗转星移,何谓"忠于法律",何谓"实现正义",很多人各抒己见。有人说,法官应当只忠于法律,严格按照法办事即可,无论法律是否为恶法;又有人说,法官是法律的帝王,纸面上的法律应当让位于行动中的法律,法官可以对法律进行微调,实现个案正义。随着案件的膨胀,道德选择制造的困境频增,人们意识到需要抛弃这些不确定性,制定一种标准或行动指南,以削减道德选择的压力。[1]

最终,功利主义者和康德主义者达成了一致意见,经过妥协之后建构了一套看似符合整体道德的准则;这种准则不断精细化,成为一种精细的行为基准,从而背离了传统的道德考虑。然而,这种制度化的应用伦理未必能够实现预期的培育道德的初衷。一则规则建构得过于细致,突出了其技术性,而使人不假思索地将其作为一种机械参造物。如此一来,囫囵吞枣,正当的伦理观并未培养起来;再则伦理规则如果要奏效,需要建立在有效的司法制度的基础之上。如果司法体制迫使包括法官在内的职业群体官僚化、行政化,无疑使法官独立裁判不现实或者具有一定的虚假性。

那么何等体制架构才可以使得法官的职业道德状况与伦理准则能够兼和呢?这实际上与普适的司法规律是相吻合的,即需要保证审判独立、司法行为豁免、不当行为追责。司法责任制事实上不仅规定了法官的责任、追责,更明确了审判权的独立和豁免的行为类型。

二、独立、豁免与追责

党的十八届三中全会通过的《中共中央关于全面深化改革若干重大问题的决定》指出,要"完善主审法官、合议庭办案责任制,让审理者裁判,由裁判者负责",四中全会通过的《中共中央关于全面推进依法治国若干重大问题的决定》又进一步提出"完善主审法官、合议庭、主任检察官、主办侦查员办案责任制,落实谁办案谁负责"。中央全面深化改革领导小组第三次会议审议通过的

---

〔1〕 参见李学尧:"非道德性:现代法律职业伦理的困境",载《中国法学》2010年第1期。

《关于司法体制改革试点若干问题的框架意见》要求"主审法官、合议庭法官在各自职权范围内对案件质量终身负责"。在全面深化司法改革的背景下，最高人民法院发布了《最高人民法院关于完善人民法院司法责任制的若干意见》明确表示"法官应当对其履行审判职责的行为承担责任，在职责范围内对办案质量终身负责"。

法官责任被一再强调，目的在于在受理和审结案件数量暴涨的情况下，进一步提高审判质量和效果，减少冤假错案。如果仅从标题遐想，一味强调追责，则无疑引起底层决官的强烈反应。然而，通读以上意见，明显能够感受到这些意见并非一味地增加法官的负担，而是通过建立符合司法规律的审判权力运行机制，改善法官的审判环境，让其在没有后顾之忧的基础上秉公判案。

审判权运行机制改革试点一直都以严格的审判责任制为核心，以科学的审判权力运行机制为前提，以明晰的审判组织权限和审判人员职责为基础，以有效的审判管理和监督制度为保障，让审理者裁判，由裁判者负责。换言之，法官司法责任制必须以依法独立行使审判权为前提，只有独立并保障法官的豁免，才可以要求追责。追责与豁免并行不悖，而且只有法官独立，才可以保障这种追责的尺度不逾越豁免的界限。

如何保障法官的司法独立？法官的独立意味着法官独立承担司法职权，不会受到上级机关和领导的干涉，不仅如此，其还具有职业保障、待遇、人身安全。这实际上早已规定在宪法中，只是在司法实践中没有落实，除了制度上的原因，也有法律文化上的影响。为了重塑宪法的权威性，需要严禁领导干部干预司法活动、插手具体案件。通过对干预者和插手者的追究，以及内部人员过问案件的记录和责任追究规定来破除审判权力行政化的顽疾。由于审判权的判断权和裁决权属性，需要突出法官办案主体地位。可以预见，未来审委会的审判职能将弱化或者消失。专业法官会议将被采纳，以便为合议庭提供正确理解和适用法律提供咨询意见。此外，为了确保司法独立，还应当减少不恰当的数字化的考评体系，转而建立符合司法规律的案件质量评估体系和评价机制。换言之，不再考察一些量化的指标，诸如一审服判息诉率、发改率等，而是应当定期分析审判质量运行态势，通过常规抽查、重点评查、专项评查等方式对案件质量进行专业评价。

如何保障法官审判行为豁免？此处的豁免意味着非因法定事由，非经法定程序，法官依法履职行为不受追究。这意味着未来错案责任制将可能取消，而以法官的不当行为为核心要素，没有不当行为不追责。因对法律、法规理解和认识上的偏差而导致裁判错误的、因对案件事实和证据认识上的偏差而导致裁判错误的、因出现新的证据而改变裁判的、因国家法律的修订或者政策调整而改变裁判等情形都应当豁免法官的责任。总体而言，如果法官尽职履行职务，内心清白，不应追责。

如何推行法官责任制？作为法律权威的外在表现的法官，担负着实现司法公正的艰巨任务，当其僭越法律时必须要对其予以追责。总体而言，追责主要分为枉法裁判类和重大过失过错类。只有在法官故意违反法律法规，或者因重大过失导致裁判错误并造成严重后果的情况下方可追责。追责以往一直是由纪委监察部门实施，法院内部也可以实施，但这些不应针对审判行为，未来将采取司法化追责，由法官惩戒委员会追究审判责任。原因是，审判责任不是由纪检人员来承担，纪检人员没有能力评判审判行为。

三、法官职业伦理秩序的归位

法庭是人类社会的安全阀，具有解决争议的固有权限。人类文明的初期，司法官与行政官为一体，以解决社会的剩余矛盾。那时只能从抽象的"德、能、勤、绩、廉"去评估法官的职业道德状况。人类逐渐在解决纠纷、实现公平正义上积累了更多的智慧，控审开始分离，而且控辩之间愈发注重武器平等的基本原则，在这样的场景下，法官的地位开始提升，不需要既当运动员又当裁判员，也使得公众对其的形象大有改观。法官由"辨忠奸"的"全面手"转变为居中裁判者。法官原有的行政化思路也有所调整，上行下效转变为独立裁判。人们发现纠问制容易造成案件的不公正，容易带有审问者个人先入为主的偏见，不利于查清案件事实并且准确的量刑。于是两造平等对抗逐渐引入，随着诉讼结构的改变，法官显得更加消极、中立。

尽管职业伦理似乎在强制力方面弱于法律，但是现代职业伦理早已形成系统的规范，超越了传统的具有较大弹性的道德。它在某种意义上构成了规范人的行为的软法，并在严重违反时有相应的归责。它不再依凭个人的意愿，也不因不同群体的不同视角而有所浮动，而是定型化的、制度化的甚至带有强制力的规范。树立法官职业伦理，加强法院队伍建设，是确保司法公正、提升司法公信力的重要前提。从全国人大制定的《中华人民共和国法官法》到最高人民法院出台的相关规定，都对法官提出了职业规范上的要求。然而，这毕竟是纸面上的规范，而非行动中的规范，纸面的秩序不意味着现实的秩序。

独立是司法权威的内容，豁免是司法独立的后盾，追责是司法公正的保障，通过三位一体的法官独立、豁免和追责制度建设，树立起法官的职业荣誉感，提高审判的自信心和形成谨慎负责的司法裁判精神，实现法官职业伦理秩序的归位。如果上述理想的司法制度得以运行，法官的个人形象、气质和行为将会与规范一致，达到个人旨趣与现实的身心一致，法治的理念能够真正内化于这些执掌裁判权柄之人的心中，从而对实现法治中国的目标有着现实意义。

这套法官职业伦理秩序相反也会助推司法体制改革，如英国的衡平法改革正是对法官的伦理道德存在依赖。如果独立、豁免与追责三位一体的法律职业伦理秩序得以建构，则个案正义更容易实现。这种正义不再是以法律为准绳的形式正义，而是能够体现当下价值观与社会政策的实质正义。如果法官的道德素养得到极大提高，那些基于对个人不信任态度的考评体系也就会逐渐淡化，司法将最终回归到一个依赖个人自觉与荣誉的理想状态。

总而言之，法官独立审判是实现司法公正与权威的基础，职务豁免制度保障法官独立审判，而法官责任制则防止法官滥用独立和豁免制度。只有在理顺审判权关系的基础之上，才可能让法官行为在职业伦理秩序上归位，进而加速司法改革的进程。[1]

---

〔1〕 本文修改版载于《人民法治》2016 年第 6 期。

法官中立角色之维护

——以法官依职权调查取证的限制为视角

郭　哲　赵王珂*

一、缘起：司法实践中法官依职权调查取证的实然与应然冲突

（一）实然：司法实践中法官调查取证权的不同取舍

案例一：2001 年 9 月 27 日，广东省四会市人民法院审判员莫某军依法按简易程序独任审判了李某兴诉张某石等四人借款纠纷一案。原告李某兴向法院诉称被告四人向其借 1 万元现金作购房之用未能按期还款，请求法院判令他们归还借款和利息并承担诉讼费用。在庭审中，被告辩称实际上不存在向原告借款的事实，借条是因被告装有房产证的手袋被冯某雄抢走，在冯某雄与原告李某兴胁迫下才签订的。当天的庭审因被告方表示不同意调解而结束。庭审结束后，莫某军根据法庭上被告的辩解，通知冯某雄到法院接受调查，冯某雄对原告方提出的借条由来予以否认，即不承认其有抢夺房产证并逼迫被告方写下借条的行为。

最终，在被告无任何证据支持其辩称的被胁迫的情况下，四会市人民法院审判员莫某军判决认定双方存在借款事实，被告三人承担连带清偿责任。案件进入执行程序后，被告张某石、陆某芳夫妇于执行通知书送达后第二日中午，在四会市人民法院围墙外服毒自杀。由于张某石、陆某芳自杀，四会市公安机关介入调查，随后查明李某兴起诉所持的"借条"确是通过胁迫手段而取得的。2002 年 10 月 22 日，该案主审法官莫某军被肇庆市检察院刑拘。同年 11 月 4 日，莫某军以涉嫌玩忽职守罪被逮捕。

一审肇庆市中级人民法院判定莫某军不构成玩忽职守罪，肇庆市检察院提出

---

　*　郭哲，湖南大学法学院副教授。赵王珂，湖南大学法学院 2019 级法律硕士。

　基金项目：2018 年湖南省学位与研究生教育教学研究项目："法律硕士新增必修课程《法律职业伦理》教学改革的实践与探索"（项目号：JG2018A028）。

抗诉，广东省高院作出终审判决，裁定驳回抗诉，维持原判。法院认为："'谁主张、谁举证'是我国《民事诉讼法》规定的民事诉讼举证基本原则。"虽然《民事诉讼法》规定若当事人无法举证，人民法院可依职权调取证据作为补充，但该原则受限于民事诉讼中法院所能采取的调查核实证据的手段。因此，主审法官莫某军在被告方对借条提出异议后向冯某雄核实时，只能依照民事诉讼的取证方式进行询问，当冯某雄坚决否认且被告方未提出相应的证据的情况下，其诉辩无法得到印证，莫某军已基本穷尽补充证据的手段，依照举证基本原则进行判决是合理合法的。[1]

案例二：在对全国模范法官钱继红的事例介绍中有一起雇员受害赔偿案件，因劳动者没有任何证据证明雇佣关系，而作为被告的老板否认雇佣关系的存在，劳动者面临着举证不能而败诉的风险。庭审后，钱继红两次去砖厂调查取证，并挨家挨户走访、找现场证人，说服村民出庭作证。最终，迫使被告第二次开庭时请求法庭调解，使原告得到了 27 万元的赔偿。[2] 2017 年《人民法院报》中对全国优秀法官孙翠燕的先进事迹报道中亦有类似的关于追索劳动报酬纠纷案件的描述。原告从事油漆工作，在为被告刘某干活一年后都被刘某以没有证据为由拒绝支付报酬。体谅原告妻子生病急需钱，在没有证据进行裁判的情况下，孙翠燕法官与陪审员多次走访调查，从村民调解主任处了解到被告确因矛盾少付原告报酬的事实。最终，依据调查了解到的事实以及证人证言等情形，孙翠燕法官对原被告双方的薪资给付矛盾进行调解，被告支付了对原告所欠的报酬。[3]

2018 年荣获"全国法院家事审判工作先进个人"的灵宝市人民法院法官助理苏泽江在处理一起黄金交易纠纷案件时，面对原告主张多支付了 1.3 万余元货款而被告认为仅多支付了 2300 元的原被告意见相差甚大的情形，到交易地进行实地走访调查，确定了当地公认的毛金交易计算方式，被告最终接受了调解处理，案件得以圆满解决。[4] 除此之外，在中国法院网与人民法院报官网进行检

〔1〕 参见莫某军玩忽职守案，广东省高级人民法院（2004）粤高法刑二终字第 24 号刑事裁定书。
〔2〕 参见"钱继红：坚守信仰 心系百姓 做百姓贴心人"，载中国法院网，https：//www. china-court. org/article/detail/2018/01/id/3195568. shtml，2020 年 1 月 4 日访问。
〔3〕 参见顾建兵、芦霞："孙翠燕：勤勉的'三兵'称职的代表"，载《人民法院报》2017 年 7 月 22 日，第 7 版。
〔4〕 参见贾共鑫、梁富海、武迪："苏泽江：不负青春不负梦 法苑耕耘献丹心"，载中国法院网，ht-tps：//www. chinacourt. org/article/detail/2019/12/id/4742246. shtml，2020 年 2 月 23 日访问。

索可知，在土地承包经营权纠纷[1]、婚姻家庭纠纷[2]、民间借贷纠纷[3]等多类案件中，都有关于法官实地走访、调查取证的报道。

从上述案件的对比可知，对于法官的评判标准中"能否依职权进行调查取证、发现案件事实"十分重要，在影响优秀与否的评价之下还可能涉及莫某军案中法官是否正确履行工作职责的情形。然而，法官在办理案件时基于法官角色与职责的要求，其主观能动性的广度与深度界限究竟如何确定？这首先需要符合法律的相关规定。

（二）应然：我国关于法官依职权调查取证的法律规定

我国《民事诉讼法》第 64 条第 2 款规定，"当事人及其诉讼代理人因客观原因不能自行收集的证据，或者人民法院认为审理案件需要的证据，人民法院应当调查收集"。该规定赋予了人民法院依职权调查取证的权力，"即人民法院依据其审判权，不待他人申请，主动向有关单位和个人调查收集证据的行为。此处应包括对当事人的调查取证，但应区别于法官庭上的证据调查核实行为"。[4] 此外，《民事诉讼法》还以第 67 条的规定赋予法官调查取证时有关单位和个人应配合的强制力保护，即规定"人民法院有权向有关单位和个人调查取证，有关单位和个人不得拒绝"。

在最高人民法院的推动下，我国民事审判方式的改革基本上沿着"去职权化"的道路向辩论主义的方向迈进，对法官依职权调查的严格限制就是辩论主义改革取向的鲜明体现。[5] 2002 年《最高人民法院关于民事诉讼证据的若干规定》将法院依职权调查取证限定在公益性事项及程序性事项范围内。[6] 2015 年的《最高人民法院关于适用〈中华人民共和国民事诉讼法〉的解释》（以下简称《民事诉讼法解释》）第 96 条对法院依职权调查取证范围采用了没有任何兜底条

---

[1] 参见"现场调查"，载《人民法院报》2017 年 12 月 10 日，第 4 版。
[2] 参见白满达："陈巴尔虎旗 发出首张人身安全保护令"，载《人民法院报》2018 年 12 月 8 日，第 7 版。
[3] 参见"冒高温实地调查化纠纷"，载《人民法院报》2014 年 7 月 19 日，第 1 版。
[4] 参见李俊冰、李云梦："在摇摆中抉择：民事诉讼中法院依职权调查取证的反思与重构"，载胡云腾主编：《法院改革与民商事审判问题研究：全国法院第 29 届学术讨论会论文集（上）》，人民法院出版社 2018 年版，第 598~606 页。
[5] 参见徐子良："法院查证权的重新审视和定位"，载《法学》2008 年第 3 期。
[6] 2002 年《最高人民法院关于民事诉讼证据的若干规定》第 15 条："《民事诉讼法》第 64 条规定的'人民法院认为审理案件需要的证据'，是指以下情形：①涉及可能有损国家利益、社会公共利益或者他人合法权益的事实；②涉及依职权追加当事人、中止诉讼、终结诉讼、回避等与实体争议无关的程序事项。"

款的列举方式的规定，具有封闭性。[1] 2019 年修改《最高人民法院关于民事诉讼证据的若干规定》中删除了第 15 条的限制性规定。在最高院举行的关于修改《关于民事诉讼证据的若干规定》的决定新闻发布会上指出 "对于《民事诉讼法解释》第 96 条第 1 款之外的事实，原则上不能依职权调查收集证据"。[2] 自此，法院依职权调查取证被严格限定于公益性、程序性、身份关系以及恶意串通事项之中。

结合案例发生时间可以看出，几位优秀法官的评选与报道均在 2015 年《民事诉讼法解释》颁行之后，可以说法官的调查取证行为均已突破法律规定的限制，均为探寻真相不依申请而径行调查的情形，但却获得了肯定性评价。对于法律规定与现实情况脱节的情形，不禁引起我们的思考，在法官中立性角色的要求之下，法官依职权调查取证究竟应当如何发展？

二、争论：法官依职权调查取证与中立角色冲突背景下存废问题

如上所述，在司法实践中，《民事诉讼法》规定的法官依职权调查取证的制度在适用中产生了诸多繁杂的情况，法律规定与实践不符的问题暴露无遗，由此引发了对民事诉讼法官依职权调查取证制度是选择保留还是废除的法学理论争论，争论的焦点即在于法官依职权主动收集和调查证据而不受当事人主张的约束不符合《中华人民共和国法官职业道德基本准则》（以下简称《法官职业道德基本准则》）第 13 条[3]对法官应当中立的角色要求。

（一）支持法官依职权调查取证

支持法官调查取证的学者持有不同观点，总结而言，有如下理由：

1. 符合发现真实的基本目的。德国民事诉讼法学界的高特沃德教授曾指出："我们不应该忘记我们所有证据制度的一个最起点的问题，就是所有的法律体系，无论是大陆法系、英美法系、社会主义法系，都是在于发现真实，针对真相来判

---

〔1〕《民事诉讼法解释》第 96 条："民事诉讼法第 64 条第 2 款规定的人民法院认为审理案件需要的证据包括：①涉及可能损害国家利益、社会公共利益的；②涉及身份关系的；③涉及民事诉讼法第 55 条规定诉讼的；④当事人有恶意串通损害他人合法权益可能的；⑤涉及依职权追加当事人、中止诉讼、终结诉讼、回避等程序性事项的。除前款规定外，人民法院调查收集证据，应当依照当事人的申请进行。"

〔2〕 参见《最高人民法院关于修改〈关于民事诉讼证据的若干规定〉的决定》新闻发布会，载中国法院网，https：//www.chinacourt.org/article/subjectdetail/id/MzAwNMixMIABAA.shtml，2020 年 1 月 4 日访问。

〔3〕《法官职业道德基本准则》第 13 条："自觉遵守司法回避制度，审理案件保持中立公正的立场，平等对待当事人和其他诉讼参与人，不偏袒或歧视任何一方当事人，不私自单独会见当事人及其代理人、辩护人。"

决案件，去解决争端，这在各个法律体系中都是一样的。"[1]这强调了证据对于发现事实真相的作用。在当事人双方举证后法官仍不能达到内心确信的情况下，法官亲自调查取证有利于对存疑证据进行核实、对案件事实存在与否进行确认，真正使得裁判确认的法律真实无限接近于客观真实，最终实现实质正义。

2. 实现案结事了的制度目标。在现行体制下，我国法院承担着纠纷解决的职能，基于此制度设计，"只要通过诉讼使得法院通过裁判或者调解强制性地解决了当事人之间民事权利义务的争执，诉讼的目的即可实现"[2]。针对我国上诉率居高不下且上诉理由多为事实认定错误或不清的现状，更希望法官能在扎实的调查取证的基础上对案件有全面考量，而非仅仅依据证明责任分配进行裁决，从而使当事人在充分的证据面前心服口服地接受裁判或调解，实现息讼的目的，真正做到案结事了。

3. 迫于现实需要的无奈之举。现阶段我国公民法律意识不高、法律知识缺乏，在此影响下当事人举证能力相对薄弱，且律师制度发展不够完善、法律援助制度的覆盖面不够充分，要依靠诉讼中当事人举证及辩论来查明事实并实现对诉讼进程的推动可能性较低，如此情状就使得法官调查取证权成为弥补当事人举证能力不足的必需。[3]除当事人自身的原因外，当前的社会环境也使得当事人取证有了更多的障碍。最为显著的就是许多证据需要相关行政机关提供，而作为国家公权力执行机关的行政机构往往以诸多理由对当事人的证据收集不予配合，这时，只能由法官依法行使职权来收集证据。[4]因此，无论是出于对当事人举证意识及能力的考量，还是基于现阶段辩护与取证保障制度发展不足的现状，都使得法官依职权调查取证的比例居高不下。

（二）反对法官依职权调查取证

反对法官调查取证的学者也提出各自的看法，主要观点围绕法官的中立性角色展开。

1. 从诉讼职能划分的角度来看，无法实现对法官"中立的裁判者"的定位要求。现代诉讼职能划分为诉、辩、审三方，法院应当作为居中裁判的审判方，这也是人民甘于将关乎自己切身利益的事情交由裁判者进行审判的根本原因。若法官走下审判席依职权开展调查取证，就偏离了人民将纠纷诉诸法院时对法官"中立的裁判者"的角色期待，此时法官成为带有倾向性的调查员。如果他依据

〔1〕 徐子良："法院查证权的重新审视和定位"，载《法学》2008年第3期。
〔2〕 赵哲："法官职权调查的存在理由和必要限度"，载《云南行政学院学报》2012年第2期。
〔3〕 参见常怡、肖瑶："论法官中立——以民事诉讼为视角"，载《昆明理工大学学报（社会科学版）》2008年第5期。
〔4〕 参见陈晨："民事诉讼法官调查取证的公正性研究"，载《法制与经济》2015年第21期。

其庭外调查获取的证据作出裁判，就必然违背了"任何人均不得担任自己的诉讼案件的法官"的自然正义原则。因为法官依据其职权在收集到有关证据后，面临着对这些证据的审查判断与适用的问题，这使法官陷入一种自查自裁的窘境。由此带来的后果是，因裁判过程损害了控审分离的原则，使得法官中立地位不复存在，即使裁判结果可能是正确的，败诉的一方也可能因法官介入调查而怀疑裁判的公正性。

2. 从诉讼结果来看，并非必然可发现真实但一定损害法官的中立形象。[1] 诉讼所具有的"控辩平等对抗、法官居中裁判"的三角形结构形态是法官得以判明真相的根本保证。在三角形庭审模式下，证据与事实通过当事人双方的举证、质证和辩论得以充分展现，法官冷静、全面地进行分析判断，最终判明事实真相。然而，若法官依职权进行调查取证就脱离了庭审时空，"打破了庭审的三角结构形态，以致其行为不再具有'居中听审'的诉讼特点，而成为法官单方面的或者以法官一方面行为为主导的调查活动，法官也因而不再是严格意义上的作为中立裁判者的法官，而成为查证意向强烈且查证方向基本明确的调查官员。"[2] 因此，赋予法官依职权调查取证并不一定有利于查明案件事实真相，因为案件在当时当地发生了什么很难事后去还原，追求实体真相是理想的目标。但若法官依职权调查就不可避免地破坏了法官的中立形象，这是行使该权力带来的直观且必然的后果。

3. 从私法自治的角度看，违背意思自治的私法核心理念。部分学者认为民事诉讼是私权之争，"当事人有权按照自己的意志支配、决定自己的实体权利和诉讼权利，凡属当事人处分权的事务法官不得介入"[3]，因此法官依职权调查取证侵害了当事人的处分权，也不利于当事人的积极性得到最大限度发挥。在案多人少的情形下，法官代替当事人去收集证据，会影响民事诉讼效率与期限，造成司法资源的浪费，最终不利于程序正义和实体正义的实现。[4] 因此，应当取消民事诉讼中法官依职权调查取证的权力。

对于上述争议进行总结分析可知，支持法官依职权进行调查主要基于实质效果与诉讼效率的角度考量；而反对的观点则从诉讼构造理论中对作为裁判者的法官中立角度进行批驳。二者之间的紧张关系能否消解应当首先从对法官"中立性"的界定谈起。

---

〔1〕 黄文："法官的中立问题探讨"，载《河北法学》2006 年第 5 期。

〔2〕 黄文："法官庭外调查权的合理性质疑"，载《当代法学》2004 年第 2 期。

〔3〕 赵哲："法官职权调查的存在理由和必要限度"，载《云南行政学院学报》2012 年第 2 期。

〔4〕 参见陈晨："民事诉讼法官调查取证的公正性研究"，载《法制与经济》2015 年第 21 期。

三、选择：对法官中立角色正确理解后的我国选择

（一）法官中立的内涵

有学者认为，"法官中立（性）是指在程序设计中，法官对于争议各方当事人保持一种超然、无偏私的态度和地位，与争议各方当事人保持同等诉讼距离"[1]。还有学者认为，"所谓法官中立，是指法官在三方组合的诉讼结构中，在发生争端的各方参与者之间，保持一种超然的、无偏袒的态度和地位"[2]。还有学者认为，"法官在对案件事实进行认定，对法律进行解释时，要保持一种中立客观的态度，从一名公正无私的旁观者的角度来处理问题，维护不偏不倚的公正形象。"[3] 综上可以看出对于中立的理解基本上围绕"超然""无偏私""不偏不倚"的态度进行论述，并辅之以"诉讼中"界定概念范围、以"程序设计"明确其程序性要求。

法官中立就应当是法官在整个司法过程中保持中立，以超然、无偏私、不偏不倚的态度与争议方当事人保持同等诉讼距离，进行职权的行使，处理具体案件。职权的公共性，是法官必须保持中立的决定性要素，而法官的中立性也是对职权公共性的保障。具体而言，法官的中立主要涉及法官在诉讼过程中角色的安置以及在具体程序设计中制度的要求。就其角色的安置而言，在等腰三角形的诉讼模式下，法官位于顶点，与争议双方当事人都应当保持同等的距离，是公正无私的旁观者。对于具体程序设计的制度内容则包括"在审理案件的过程中，排除内心的成见与偏见；在诉讼过程中，平等尊重当事人双方的诉讼权利；在事实审查中，尊重科学鉴定与专家意见；在裁判过程中依据客观的规律作出公平的裁决。"[4]

大陆法系与英美法系由于制度设计、价值目标等的不同，在法官中立上也选择了两种不同的模式。基于追求真相的目标，大陆法系选择了职权主义下的积极的法官中立；而坚持当事人主义模式的英美法系则适用消极的法官中立。在这样不同的模式下，法官是否积极主动地调查和收集证据也有所区别。以德国为典型代表，大部分大陆法系国家为还原案件的客观真实，都赋予了法官积极主动调查收集证据的权利，只是调查的手段与范围不同。而英美法系基于当事人对抗制的辩论模式，法官在诉讼中仅作为消极的活动主持者，诉讼的进程与证据的调查均

〔1〕 常怡、肖瑶："论法官中立——以民事诉讼为视角"，载《昆明理工大学学报（社会科学版）》2008 年第 5 期。

〔2〕 黄文："法官庭外调查权的合理性质疑"，载《当代法学》2004 年第 2 期。

〔3〕 参见郭哲：《法律职业伦理教程》，高等教育出版社 2018 年版，第 91~93 页。

〔4〕 参见肖贵祥："论法官中立"，苏州大学 2016 年硕士学位论文。

由当事人推进，法官在证据调查中职权受限。

有学者指出："审判者在程序结构和运作中始终保持着客观中立的立场和地位。虽然这种'中立性'在具体形式上可能存在着'消极'与'积极'的差异，但这种'积极'仍然是以'中立'为前提和底线的，并不必然意味着偏见和倾向。"[1] 但对总体制度进行探析可知，消极中立更有利于法官中立角色的维持，因为其严格限制法官的职权，使诉讼成为双方平等对抗的较量，更符合法官审判中立的本来目的与要求，体现对程序价值公正的追求。

（二）我国应然的路径选择：严格限制法官依职权调查取证

英美法系国家中法官消极的中立也带来了弊端，集中表现在事实发现的阻碍与诉讼效率的降低。在这样的模式下，当事人说谎近乎毫无成本，容易误导并妨碍事实真相的查明；通过对诉讼策略等的运用使得程序拖延，影响司法效率，无法实现公平正义也使得矛盾纠纷未能真正化解。"在这样的背景下，美国自 20 世纪后期开始不断加强法官在整个诉讼进程中的职权干预，法官逐渐从消极的裁断者向积极的'诉讼管理者'转变。"[2] 大陆法系国家也借鉴了英美法系中当事人主导诉讼程序的程序设置，严格控制法官在诉讼中积极性职权的发挥。

通过对积极中立与消极中立模式的对比，结合两大法系的相互借鉴、融合的趋势可以为我国法官依职权调查取证提供有益参考。受职权主义影响，我国法官在诉讼过程中一直发挥着举足轻重的作用。但我国的民事诉讼程序和民事审判方式改革，从 20 世纪 80 年代至今，始终以强化当事人主体地位为主线，向辩论主义不断靠拢。应该说民事诉讼中，强化当事人举证责任、弱化人民法院调查收集证据的职权，已成为理论界和实务界的共识。但强化当事人的主体地位，并不等于人民法院无所作为，且完全废除法官依职权调查取证也与我国转型时期的社会背景、经济结构、诚信缺失等现状不符。为了查明案件事实的需要，人民法院法官依职权调查收集证据应该被严格限制在法律规定的五项范围之内，也就是除《民事诉讼法解释》第 96 条第 1 款之外的事实外原则上不能依职权调查收集证据。

严格限制法官依职权调查取证是在吸收两大法系的优点下的选择，它肯定了法官消极中立的地位，使诉讼成为双方平等对抗的较量；且在法律限定的范围内进行调查给予涉诉当事人以可预期性，同时也较为有利地解决了在部分情况下当事人难以举证以及发现实体真实的问题，是我国应当坚持的路径选择。

---

〔1〕 左卫民、万毅："我国刑事诉讼制度改革若干基本理论问题研究"，载《中国法学》2003 年第 4 期。

〔2〕 徐子良："法院查证权的重新审视和定位"，载《法学》2008 年第 3 期。

四、发展：法官中立角色维持的优化之道

我国的《民事诉讼法解释》已经将法官依职权调查的事项限制于法律明文规定的公益性、程序性、身份关系以及恶意串通事项之中，且无兜底条款，这也是严格限制法官依职权调查取证取向下的应然选择。在这样的制度选择下，对当事人的举证能力与法官的职业伦理提出了更高的要求。

（一）增强当事人的举证能力与诚信意识

在民事诉讼制度改革的背景下，通过当事人提供证据以主导诉讼、推动诉讼进程的目标同时要兼顾发现真实的目的必然对当事人举证能力提出了极高的要求，只有当涉诉当事人有能力举证的情况下，法官才有可能在双方质证与辩论的过程中居中裁判，发现实体真实。人民法院的调查取证权的强制保障为我国《民事诉讼法》第67条所规定，那么作为相对弱势的当事人一方的举证能力更应当被法律的强制力所保障。

在支持法院依职权调查取证的原因中，提及了迫于当事人举证能力不足的现实原因，尤其是相关行政机关的不配合导致当事人收集无门的情形，严重阻碍了民事审判通过当事人举证以发现实体真实的目标。为此，首先要做到的是提高相关单位的信息公开程度，扩展人民群众收集证据的途径，为其提高信息来源的保障。其次，基于经济利益的考量与行政机关自身秩序维持的需要，相关法律、法规也应当明确规定当事人的调查取证权的行使程序（包括申请材料如身份证、相关基本侵权的事实、申办时限等），保证当事人权利的有序行使。再次，要统一各机关、事业单位、社会团体所保存材料的调取程序，使当事人有通过何种程序可以调取到证据的预期。最后，应当规定侵害当事人调查取证权的惩罚措施，以增强相关机关的配合程度，避免因缺乏必要的制裁措施而导致制度的威慑力缺位，为当事人行使权利提供履行保障。如此规定，将当事人自身能够收集到的证据范围进行了扩大，节约了司法资源，避免了当事人把收集证据的压力大量地转嫁于法院。[1]

基于法官消极中立地位带来的当事人说谎几近零成本的弊端，必须对《民事诉讼法》规定的诚实信用原则内容进行落实。在此原则下派生出当事人真实义务："它既包括如实陈述义务，即禁止当事人故意作虚假陈述或提供虚假证据；也包括完全陈述义务，即当事人不能故意隐瞒对裁判有实质影响的事实和证据，当在诉讼中被问及时，应如实回答或提供。"[2] 在此方面我国已进行了相应的改

---

〔1〕 参见周健宇："论民事诉讼中法院调查取证制度之完善——基于实证分析与比较法的考察"，载《证据科学》2014年第5期。

〔2〕 参见徐子良："法院查证权的重新审视和定位"，载《法学》2008年第3期。

革,增加规定鉴定人签署承诺书的规定以实现内心约束,规定当事人、证人虚假作证的处罚措施以促进其进行真实陈述,这些需要在司法实践中加强落实。除此之外,还可以规定诉讼成本增加部分的负担(为推翻虚假的陈述和证据而增加的查证成本和费用),应由违反真实义务的当事人承担的制度,促进制度的完善发展。

（二）法官个体自律与制度他律相结合

任何制度都离不开人的因素,这是因为制度需要人去实施。司法是纸面上的法律制度走向具体个案的过程,这个过程的联结需要法官的参与,因此法官的职业伦理水平的高低直接影响了具体个案的质量,从而影响了司法公正。为保障法官正确履职,需对其司法行为进行限制,提高其执业能力。

对法官来讲,约束其行为主要有他律与自律两种:来自外部的他律"限定标准,确立尺度,使法官被动接受其约束并在其要求和范围内行事";法官内心的自律"设立追求,坚定信念,使法官主动约束自己的行为去实现所追求的司法目标。"[1] 尽管从法官制度他律走向个体自律是发展的趋向,但由于法官作为自然人、社会人以及法律人的三重角色时常混同,且自律能力参差不齐,现阶段还应当通过制度他律对法官司法行为进行限制,以制度他律促进个体自律,同时个体自律水平的提高又可反作用于制度他律的发展。

从个体自律层面来看,我们需从法官职业信仰、自律意识以及道德修养三方面入手。①培养法官的职业信仰。法官职业伦理的首要要求便是忠诚司法事业,树立社会主义法治理念、尊崇信仰宪法与法律,[2] 法官的职业信仰直接影响其在司法过程中对法律条文的理解、解释和运用,这是实现法官个体自律的基石,因此必须培植法官忠诚于司法事业的理念,树立法官中立的角色认同。②增强法官的自律意识。当前我国法官队伍能力与水平参差不齐,且由于中国人情社会下法官社会人角色的限制,我国法官整体自律意识不强,在依职权调查取证中屡屡出现滥用职权或怠于行使职权等情形,为此必须要加强法官自律意识,这并非一夕之功,而是渐进的过程,需要法官提高自觉性,形成内心的认同与确信,最终外化于其依法中立审判。③提高法官的道德修养。法官作为特殊的职业群体,其道德修养是指"法官个人自觉按照国家的要求和社会道德、司法道德原则规范,在道德意识和行为品德方面的自我教育、自我磨炼、自我改造的功夫、能力和水平。"[3] 法官不断加强道德修养,有利于更为深刻地意识到法官中立对实现司法公正的意义,为我国法治事业提供伦理保障。

---

〔1〕 参见李同民:"自律与他律——法官司法能力提高之探讨",载《山东审判》2005 第 5 期。

〔2〕 参见郭哲:《法律职业伦理教程》,高等教育出版社 2018 年版,第 91~93 页。

〔3〕 石先钰:"论法官道德建设的他律与自律",载《社会主义研究》2006 年第 6 期。

在加强法官个体自律的基础上，需进一步完善制度设计，实现他律的约束与促进作用，从当事人救济的保障、法院内部监督以及外部监督等角度着力。我国法律与相关司法解释的规定已将法官依职权调查取证的范围严格限制于公益性、程序性、身份关系以及恶意串通事项之中，在法律规定明确的情形下，主要涉及制度的程序救济与督查落实问题。①保障当事人救济权利。法官依职权调查收集的证据若有利于一方则必然对另一方有所损害，基于此必须赋予当事人对该事项法官是否可依职权调查取证的异议权，在当事人无异议的基础上进行质证，当事人质证并查证属实后方可作为定案的依据。②完善内外监督制度。法官依职权调查取证基于中立角色的要求需正确行使，既不可因人力、物力等资源限制怠于行使该项职权，又要防止履职过限造成新的司法不公，因此要对法官依职权调查取证的行使进行监督。一方面是法院内部建立考核机制，对该项职权的行使进行制度化、规范化评价；另一方面需完善扎实有力的外部监督体系，包括新闻媒体、社会公众等的监督，当事人可以通过诉讼中的亲身经历感受案件的公正，而其他未感受案件事实的社会公众往往需要通过程序公正对裁判进行评价，[1] 这也是促进法官依法行使职权的重要方式。

（三）法官在法律规定的范围内发挥主观能动性

我国法律对法官依职权调查取证进行了严格限制，却不得不面对案件证据材料有限而情况复杂、真伪难辨的情形，且法官并无拒绝裁判的权利，基于此法官不得不在此类情形下发挥主观能动性以有效行使审判权，这是法律局限性的必然要求与尽可能追求公平正义的必然结果。[2]

法官主观能动性的发挥"以经历、学识、素质、能力为基础，受道德、利益、观念等多种复杂因素的驱使"，是多因素综合作用的结果，概括而言法官正确发挥其主观能动性需从主客观两方面入手。主观方面主要受制于法官的个人素质，包括道德、知识、经验与能力四方面[3]：法律是知识与经验的集合体，只有在扎实的法律知识与广泛的社会知识的基础上，辅之以必要的社会生活经验，二者结合转化为解决问题的能力，再以高尚的道德为伦理保障，方可实现定分止争的目的。客观方面则要保证法官的审判权不受其他因素的不当干扰，最为核心的即为审判的独立，在司法改革中要坚持去地方化色彩，消除地方行政对法院人事与财政等方面影响，建立统一、独立的司法系统，减少行政权对司法权的影

---

〔1〕 参见黄文："法官的中立问题探讨"，载《河北法学》2006 年第 5 期。

〔2〕 参见董皞："法律适用中的法官及其能动性"，载《法律适用》2001 年第 8 期。

〔3〕 参见董皞："法律适用中的法官及其能动性"，载《法律适用》2001 年第 8 期。

响，为司法公正提供客观保障。[1]

从本文第一部分可知，即便有法律明文规定，法官超越职权进行调查取证屡见不鲜，尽管在敬业精神与弱者利益保护方面取得了肯定性评价，从长远来看并不利于民事审判改革的推进。这就需要法官在进行审判活动时首先要依法办事，具备个体自律精神，再辅以制度他律进行监管，实现司法公正；在法律明确规定的前提下，为解决案情复杂与证据不够充足的矛盾，法官要在规定范围内正确发挥主观能动性，对法官的职业能力提出了极高的要求。为推进法官队伍专业化、精英化建设，提高法官司法能力，解决法官整体素养与当下社会形势需要脱节的问题，必须对法官进行培训。在明确法官培训的目标以及内容后，需要完善其培训机制：开展业务讲堂，提高法官职业素养和专业水平；增设道德讲堂，启发道德认同以促进自律意识提高；以法官杰出楷模为榜样，树立依法办事、能动司法的优秀榜样，最终实现法官业务水平与道德水平的提升，实现法律人之治，服务于法治文明的发展。

五、结语

民事诉讼法以及相关证据规定不断修改关于法官依职权调查取证制度的真实目的在于追求实体真实与程序正义两大诉讼价值之间的平衡，尤其现在的改革方向是注重以程序正义吸纳不满，使当事人可以接受和尊重法院判决。但迫于现实中诸多因素的影响，实践操作中发生混乱，对法官能动性究竟是否发挥以及发挥到什么程度没有统一认识，同案不同处理使得公平与正义也无法得到实现。因此，法官依职权调查取证制度基于实现立法目的与规范实践操作两方面考量都需要对其有重新的认识。民众对法官的角色期待是不偏私的中立的旁观者，法律也顺应这样的期待对法官的相关职权进行规制，为此需要法官严格遵守法定程序以规范实践操作，并在法律规定范围内发挥主观能动性，这要求法官职业伦理水平的提高；同时为了法律真实尽可能地接近实体真实，需要当事人举证能力以及诚信意识的发展。只有两方面同步发展，才可以实现立法以及修法目的，完成民事审判方式的改革，助推法治国家的建设。

---

[1] 参见常怡、肖瑶："论法官中立——以民事诉讼为视角"，载《昆明理工大学学报（社会科学版）》2008年第5期。

中国古代司法职业伦理研究

——从现实问题到历史镜鉴

陈玉忠　王　雷*

司法职业伦理与司法机构和司法人员具有同生性，中国古代虽不曾有过司法职业伦理一词，但却存在着司法职业伦理约束之实，历史上对司法机构和司法官吏特殊约束的规定，以及司法官吏主动遵循的某些道德规范，便是司法职业伦理的内容雏形。司法职业伦理随司法文明的发展而逐步完善和凝练，即便古今的含义已有较大的差异，但所体现出的司法精神却是共通的和跨时代的，这也是法律历史承继的重要体现。时至今日，司法职业伦理发挥的作用日益凸显并逐渐受到重视，不仅已成为从事司法实务工作的必备素质，而且成为法学理论的重要研究对象。目前，司法职业伦理已成为一门独立的法律学科，是法学教育和司法实务培训的必修课，也是每个法律人必须遵守的职业规范。如果说相关法律技能的掌握是成为法律人的外在条件，那么法律职业伦理的内化便是法律人的内在要求。

一、现代问题的提出与历史思路的化解

事实上，与法律技能相比，法律人对司法职业伦理这门"内功的修炼"尚处于初阶层面。从学术领域来看，关于司法职业伦理的研究正处于不温不火的状态，从事相关研究学者有限，有关著述也相对较少，对中国古代司法职业伦理研究就更是凤毛麟角，司法职业伦理教育兴起的背后，是难以摆脱辅助学科地位的现实，我国的司法职业伦理实质上还远未达到研究的深入阶段。从司法实务角度来看，司法职业伦理的实践受政策驱使的影响较大，往往被当成警示教育类的理念灌输，也没有从司法实践角度来运用，在认识上仅局限于对司法精神指导的层

---

　　* 陈玉忠，河北大学法学院院长，教授。王雷，北京师范大学法学院博士研究生，河北省邯郸市峰峰矿区人民检察院检察员。

面，也决定了我国司法职业伦理在司法实践中的有限作用和意义。

具体存在的问题有：一是对司法职业伦理内涵理解不透彻，由于其概念及内容的抽象性，司法职业伦理作为司法领域的专有名词，对于大多数人来说仍属于模糊的概念，即便是从事司法实务的人员一般也很难将其阐述清楚，更遑论对具体内涵与外延的把握。二是司法职业伦理中的职业化特点不明显，其内容缺乏针对性和职业性，司法人员往往将其看作普通道德规范的重申，重视程度不够。三是司法职业伦理建设，注重被动制度约束而忽略主体主动的遵守，主动遵守所依赖的司法职业共同体建设不足。四是司法职业伦理中的实践性强，从意识上普遍否认其具有的司法实践意义，在司法实践中无法掌握其相应的司法实践功能。

本文将司法职业伦理研究与实践中所遭遇的现实困境，回归到中国古代的司法职业伦理的考察中，希望从中得到相关启示和借鉴，并尝试寻找化解的思路。首先，对司法职业伦理中包含的相关概念以及词语组成的含义，进行历史视角的解读，深入理解司法职业伦理的法理内涵，为当前司法职业伦理建设奠定前提基础。其次，通过对古代司法职业伦理的历史考略，总结出其形成发展的一般趋势，分析其未能形成制度化的原因为现代提供启示，并从中发掘可供借鉴的历史经验。最后，以史为鉴，更进一步认识到当前司法职业伦理遭遇的现实困境，结合历史考察后的启示，为困境的破解指明实践上的方向。

二、历史视阈中司法职业伦理的法理内涵

（一）相关概念的古今厘定

司法职业伦理这个词组虽形成于现代，但其中所包含的相关词语却都有着相关的历史含义。

"司法"在古代一般作名词使用，多指掌管刑法的官职，"司法。两汉有决曹、贼曹掾主刑法。历代皆有（或谓之贼曹、法曹、墨曹）。隋、唐更革（与司户同）。唐掌律令、定罪、盗贼、赃赎之事"（《文献通考·职官考十七》）。而"司法"在现代多当动词使用，又称法的适用，通常是指"国家司法机关依据法定职权和法定程序，具体应用法律处理案件的专门活动。"[1]

"职业"的含义在古代以单字"职"用，主要有职务、职位、职业、掌管等意。《书·周官》中"六卿分职"，《汉书·赵广汉传》记载的"广汉为人强力，天性精于吏职"等便指该意。现代职业一词指人们所从事、赖以谋生的工作的性质、内容和方法，以及据此而划分的社会劳动集团。[2]

---

〔1〕 张文显主编：《法理学》，高等教育出版社 2018 年版，第 250 页。
〔2〕 参见辞海编辑委员会：《辞海》，上海辞书出版社 2009 年版，第 2941~2942 页。

"伦理"在古代原指事物的条理。《小戴·礼乐记》中:"乐者,通伦理者也。"后也指有条理地安排部署为伦理。宋《欧阳修文忠集》中:"族大费广,生事未成,伦理颇亦劳心。"〔1〕后引申为"人际关系",封建社会中的"五伦"便指父子、君臣、夫妇、长幼、朋友之间的人伦关系及其应当如何的规范。〔2〕"伦理"与"道德"两词从古至今常存在通用的情况,如职业伦理与职业道德等。

司法职业伦理从古今词义上考究,职业一词的概念含义基本可以通用。伦理一词从现代的用法和释义上也基本源于古代的基础含义上的引申,对其界定尚有争议和不精确,伦理更强调整体制度属性,道德则指个人角色属性,但并不影响整个词组的整体含义。司法一词学术上虽对其并未有大的争议,通常认为是古代词义向现代的引申扩张,从名词向动词属性的转变,在语义学上较为常见。但作为现代专有名词的司法职业伦理实质上却有着其独特的内涵。

（二）司法职业伦理内涵的历史澄清

1. 司法职位伦理与司法角色伦理。司法职业伦理作为司法领域的专有名词,包涵于法律职业伦理范畴之中,通常被释义为"在其职务活动与社会生活中所应遵循的行为规范的总和","是法律职业活动中应当遵循的伦理道德规范"〔3〕,指从事司法职业所应当具备的道德条件。可见此释是以静态的司法职能为视角,阐述具体司法职位所要求的伦理道德条件。其重心在于维护国家司法机构及其具体司法职位的道德尊严,是一种道德化的岗位职责。以笔者看来,司法职业伦理的内涵存在着司法职位伦理的制度化和司法角色伦理〔4〕的群体化的双面性。其既包括司法职位作为具体机构所要求的外在伦理维度,也包含从事司法工作作为特殊群体所要求的内在伦理维度。〔5〕这两个维度的划分实际上也与上述古今概

---

〔1〕 参见广东、广西、湖南、河南辞源修订组,商务印书馆编辑部编:《辞源》（上册）,商务印书馆 1983 年版,234 页。

〔2〕 参见王海明:《伦理学原理》,北京大学出版社 2009 年版,第 75 页。

〔3〕 李本森主编:《法律职业伦理》,北京大学出版社 2005 年版,第 9 页。

〔4〕 关于角色伦理的内涵学界早有研究,如有学者认为"角色伦理归属于社会伦理,它是社会根据角色的身份地位形成的权责关系提出的应然之则、道德规范和伦理行为模式"。参见田秀云等:《角色伦理——构建和谐社会的伦理基础》,人民出版社 2014 年版,第 30 页。也有学者认为"角色伦理约束个体的角色行为,根本目的就是通过这种约束,使个体能扮演好这个角色,从而维护角色个体的尊严和人格。法官是一个角色丛,其中官员和职业者是二个最基本的角色,所以,法官的角色伦理不只是对其作为一个职业者的规范,而是二重角色规范的综合体,它反映了社会对法官的综合道德评价"。参见曹刚:"论法官的角色伦理",载《伦理学研究》2004 年第 5 期。

〔5〕 富勒曾将法律的道德性区分为"内在道德"（inner morality）与"外在道德"（external morality）,笔者认为司法职业伦理也存在"内在伦理"与"外在伦理"的双重维度。参见［美］富勒:《法律的道德性》,郑戈译,商务印书馆 2005 年版,第 50 页及以下。

念的对比存有某种内在的联系。

从司法的古今词义的区别来看，司法职业伦理其实包含着两层含义，一种被称为司法的职业伦理，"司法"当动词来用属现代含义，指承担司法过程中所要求的行业伦理道德要求。这符合目前学界目前对司法职业伦理的定义。另一种还应包含称之为司法职业的伦理，此时"司法"当名词用，指作为司法人员所应具备的职业伦理道德条件。前一种可以称之为司法职位的伦理，后一种可以称之为司法角色的伦理。司法职位的伦理往往容易被制度化，依托于司法职能存在而形成，本质上属于司法职责，具有显性特征。目前司法职业道德规范等其实主要就是司法职位伦理的要求内容。司法角色伦理则具有个体化的特征，不易被制度化，它依托于司法机构的专门化和司法职业群体化的形成，也就是现代的法律职业共同体的群体伦理。司法职位伦理强调身处特殊职位所要受到的特殊约束，对于司法官吏来说属于被动性的规范约束。而司法角色伦理则强调肩负特殊责任的使命感，属于司法官吏执法过程中的自觉遵循并内化。司法角色伦理容易被忽视，中国古代虽然长期存在着司法官吏，但并未形成实质意义上的专门性的职业司法群体和专门的体系化的司法机构，也就不可能形成现代意义上的法律职业共同体。因此，就司法职业伦理的两个层面而言，由于司法权在历史长河中的发展较为成熟，实质上已逐渐形成了司法职位伦理的基本共识，也凝练出了部分制度化的基本原则和准则并延续至今。而由于缺乏专门化的法律职业群体和司法体系，历史上司法角色伦理突出表现出个体化的倾向并被广泛流传，如狄仁杰、包拯、宋慈、海瑞、于成龙等，以个体化角色自身所具有的道德素质来影响世人对司法职业伦理的看法。

2. 职业伦理、官员伦理与大众伦理。厘清职业伦理与大众伦理、司法职业伦理与官员伦理的关系，也是深入理解司法职业伦理法理内涵的重要前提。社会大众伦理是其他分类伦理的来源和基础，职业伦理脱胎于大众伦理，但超脱于大众伦理，职业伦理的要求也要明显高于大众伦理，甚至在某些情况下与之相悖，否则便失去了职业属性的意义。官员伦理是职业伦理中的类别集合，严格说来并不能算作特定意义上的职业伦理，而是一种泛化的职业伦理，其中行政属性成为其鲜明的特征。司法人员与行政官员的关系，伴随着从古至今权力发展向度中司法权与行政权的交织与分离。同样作为权力主体的司法人员，所要遵循的普遍伦理部分为官员伦理。因此从该种角度，司法职业伦理与官员伦理关系同大众伦理类似，存在基础伦理的模糊重合部分。

关于司法职业伦理中的职业内涵，应当从两个层面来理解。其一，强调伦理的职业属性，司法官本质上作为官员的特殊类别，必定存在与官员基础伦理的重合。在社会大众的视野中，尤其在我国古代，司法官与其他行政官员并不存在本质上的差别，司法职业伦理更多地表现为官员伦理。官员伦理来源并逐渐脱离于大众伦理，并形成一种职业化的政治伦理。这是从社会大众角度来理解司法职业伦理的职业属性，也是第一层内涵。其二，强调伦理的司法职业属性，无论是司法职位伦理的视角，还是司法角色伦理的视角，都需强调其司法职业的特殊属性，围绕司法属性所形成的伦理道德要求，构成司法职业伦理的核心内涵，否则就与普通的官员伦理无本质上的区别。司法职业伦理以官员伦理为基础，但又高于官员的一般伦理标准，这是司法职业伦理中职业内涵的第二个层次，是从司法专业角度来理解的。严格说来，目前司法职业伦理内容中与普通官员伦理、甚至社会基础伦理重合的内容并非实质意义上的职业伦理，在古代司法职业伦理发展的初级阶段，则更表现出三种不同层次伦理的高度重合，因此历史上有关司法职业伦理的记载更多的是体现。但司法职业伦理却必须透视出社会基础伦理的核心追求和官员伦理中的基本原则，即便可能存在与之相悖的价值分歧的冲突，司法职业伦理需符合社会大众伦理并受限于官员伦理的发展主线，并不会偏离。司法职业伦理的一般规律是以社会大众伦理为基础，在发育出官员伦理的前提下，随着司法机构和职业群体的特殊性，逐渐凝练出符合司法特点的特殊伦理，是从基础伦理向专门伦理不断细化的过程。我国古代司法机构虽得到了进一步的发展成熟，但由于时代所限，专门的司法职业群体始终未能形成，也直接导致古代的司法职业伦理处于萌芽状态，内容基本依附于社会的基础伦理和官员伦理，更多体现的是司法职位伦理的要求，很少涉及司法角色伦理的要求，这也决定了司法职业伦理的时代发展限制。

三、古代关于司法职业伦理的历史考略

（一）司法职位伦理的体现

1. 入仕、选官制度。我国古代官方选拔人才，良好的道德修养是必备的条件，体现了统治者对所任官吏伦理道德水平的要求。除此之外，"识律"已逐渐被纳入选拔标准体系中，体现出最初的专业伦理素养。从战国时期开始"举贤能"，改变了之前奴隶制国家中的"世官""宗职"制度，秦时进一步阐明了为官的标准，"吏有五善：一曰中（忠）信敬上，二曰精（清）廉毋谤，三曰举事审当，四曰喜为善行，五曰龚（恭）敬多让"。（《睡虎地秦墓竹简·为吏之道》）自汉代实施"察举制"后，"明法"已成为诸科之一，到了曹魏时期，律学从经学分离成为独立的科目。隋唐开始"兴科举""明法科"，唐律学成为六学之一。宋代更加重视法律考试，任官"皆以律书试判"。其中，宋神宗时期的官吏"铨选"制度，"概令试法，通者随得注官"（《宋史·选举志四》），"经义定去留，律义定高下"（《宋史·选举志三》），较为直接体现了对司法官吏的

选拔要求。至明清，延用科举制。

2. 考核、考课制度。官员考核规定可追溯到《尚书》及《周礼》中，通过统计的方式上报中央并成为考核依据，称之为"上计"。关于司法官员的考核规定，秦已有明确记载，并以通晓律令作为考核官吏良恶的标准，汉朝制《上计律》，有"以明习文法诏补御史中丞"（《汉书·薛宣传》）的案例。唐宋对司法官考核已相对完善，唐"四善二十七最"考课法中有"推鞫得情，处断平允，为法官之最"（《唐六典·考功郎中》）的规定，两宋时期的规定就更为具体，如"受理词讼，及指挥州县，与夺公事，有无稽滞不当""有无因受理词讼，改正州郡结断不当事""狱讼无冤、赋税无忧为治事之最"（《庆元条法事类》）等。明实施"以职掌事例考核升降"（《明史·选举三》）的"考满"制度和以具体八项标准[1]为依据的"考察"制度。清延明制，实行考核的"四格八法"[2]。

3. 司法回避制度。官员任职回避的规定形成于汉朝，桓帝时期实行的官员任职回避的"三互法"成为后历朝的蓝本[3]。司法官的回避制度从唐有了具体规定，"鞫狱官与被鞫狱人有亲属仇嫌者，皆听更之"（《唐六典》），并确立了服制回避的原则。宋在唐基础上扩大了回避的范围至同乡、同年同科及第等，并明确了司法职能官员间的回避。元明清皆延续并逐渐细化了回避的责任。

4. 司法责任制度。司法官法律责任，违法不受讼和受讼的法律责任，违法审讯的法律责任，违法拷讯、拷囚过数、对不应拷讯者行拷讯、对妇女违法拷讯、不用法定刑具拷讯，违法判决的法律责任，不依律判决、出入认罪，违法执行判决的法律责任，执行死刑不复奏、违时令行刑、违法执行非死刑。[4]

（二）司法角色伦理的体现

1. 司法官吏的伦理道德标准原则性的体现。总体来说，公平、正直、廉洁、审慎等原则，是贯穿古今司法的伦理标准，也是司法官应当具备的最基本的职业道德。"有邦有土，告尔祥刑"（《尚书·吕刑》），《尚书》中的"祥刑"，除了有谨慎用刑，公正审判的意思，更包含着对司法官员伦理道德素养的要求。"敬于刑，有德惟刑"（《尚书·吕刑》），更突出了官员道德水平对司法的重要作用。"惟敬五刑，以成三德"（《尚书·吕刑》），其中"三德"在《孔传》解为

---

〔1〕 这八项标准为：贪、酷、浮躁、不及、老、病、罢、不谨。

〔2〕 其中"四格"为才——长、平、短；守——廉、平、贪；政——勤、平、怠；年——青、中、老。"八法"为贪、酷、罢软无为、不谨、年老、有疾、浮躁、才力不及，具体处理为贪、酷，革职提问；问罢软无为、不谨，革职；年老、有疾，休致；浮躁、才力不及，酌量降调。参见《清朝文献通考》卷59、卷80。

〔3〕 参见林剑鸣：《法与中国社会》，吉林文史出版社1988年版，第306页。

〔4〕 参见李交发：《中国诉讼法史》，中国检察出版社2002年版，第204页及以下。

刚、柔正直。尤其要求司法官吏"平康正直"（《尚书·洪范》）。管仲认为司法官应"爱人不私赏也，恶人不私罚也"（《管子·任法》）。韩非子则认为应严格执法，"法不阿贵""刑过不避大臣，赏善不遗匹夫"（《韩非子·有度》）。董仲舒认为"仁"是司法公正的体现，"泛爱群生，不以喜怒赏罚，所以为仁也"（《春秋繁露·离合根》）。司法官吏必须注重相应的司法伦理，礼记中也有所体现，"谨修其法，而审行之"（《礼记·曲礼下》）。此外，司法者还应起到表率的作用，"夫王者之都，南面之君，乃百姓之所取法则也，举措动作，不可以失法度"（《新语·无为》）。因为，古代普遍认为司法的正当性取决于司法官吏的道德素质，"是故非淡薄无以明德，非宁静无以致远，非宽大无以兼覆，非慈厚无以怀众，非平正无以制断"（《淮南子·主术训》），除此之外，还强调司法者要"处静持中"（《淮南子·主术训》），"公正无私"（《淮南子·修务》）。正所谓，"修身慎刑，敦方正直，清廉洁白""好善疾恶，赏罚严明"（《潜夫论·述赦》）。是故，"法者，公天下持平之器"（《金史·刑法志》），"平恕无私""公平正直"（《贞观政要·论公平》）。王阳明对司法者强调"格物致知"[1]，不能因个人好恶喜怒来司法。努尔哈赤将司法者的执法公正与政权稳固联系起来，他认为"为国之道，以何为贵？在于谋事公信，法度严明也。其弃良谋、慢法之人，无益于此道，乃国家之鬼祟也"[2]。由此可见，古人对司法者有着最朴素的伦理期待。

另外，古代还有针对官员如何为官、理政、守规等的专门文献记载，称为《百官箴》，其中也有对司法官吏的专门著述，如西汉扬雄的《廷尉箴》、东汉崔德正的《大理箴》、晋傅咸的《御史中丞箴》及唐张说的《狱箴》，还包括宋许月卿的《百官箴》，其中对司法官吏而言，主要宣扬的思想也是司法的"持平"。

2. 司法官吏的伦理道德标准具体性的体现。司法官吏的伦理道德标准，表现形式从原则性到具体性，适用范围从司法活动到日常生活，是司法职业伦理向成熟发展的重要标志，也代表了对司法职业内涵理解的不断深入。其中，秦、宋、明是古代司法发展浪潮上的三个顶点，相对应的，司法职业伦理的具体表现也更多。

秦以法家致胜，对司法的重视和理解也更深，对司法官吏的要求也就更具体，"凡为吏之道，必精絜（洁）正直，慎谨坚固，审悉毋（无）私，微密纤（纤）察，安静毋苛，审当赏罚。严刚毋暴，廉而毋刖，毋复期胜，毋以忿怒决。宽俗（容）忠信，和平毋怨，悔过勿重"（《睡虎地秦墓竹简·为吏之道》）。

---

〔1〕《王阳明全集》卷3。
〔2〕《满文老档》（太祖朝）第40册。

而到了宋代，对司法的重视几乎是历代之首，不仅出现了专门的地方司法机构和司法官吏，"知录依司理例，以狱事为重，不兼他职"（《宋史·职官七》），对司法官吏的管理也达到了古代之最，甚至从中看到了现代司法职业伦理的影子。

两宋时期司法官吏的俸禄之高为历史罕见，同样对其要求之高、之具体也同样罕见。如严禁司法过程中的请托行为，"文武官、诸色人，如复敢于诸处嘱求公事、保庇豪右者，并委所在官司，具事以闻，文武官并行贬削，诸色人决配。情理重者，自从重法。官司不即觉察，与犯者同罪"[1]。限制司法官的日常交往，"所贵尽心职事，不离官次"[2]，"审刑院、大理寺、刑部自今有通宾客者以违制论"[3]，"刑部、大理寺、审刑院官员虽假日亦禁出谒"[4]，"开封府司、军巡两院休务日不许看谒"[5]。对司法官娱乐方面的限制，"天下狱有重系，狱官不得辄预游宴送迎"[6]，"发运（官）、转运（官）、提刑（官）预妓乐宴会，徒二年"；"诸州主管常平官，预属县镇寨官妓乐及家妓宴会，依监司法，即赴非公使酒食者，杖八十，不以失减"（《庆元条法事类·职制门六·迎送宴会》）。

明朝向来以对官吏严苛而著称，对掌管司法的官吏尤甚，从公务到生活都有较为明确的要求。如司法方面，"风宪之官，当存心忠厚，其于刑狱尤须详慎"，"风宪之职，其任至重。行止语默，必须循理守法"（《宪纲事类·宪体》）。"巡按之处，不得令亲戚人等于各所属衙门嘱托公事及营充勾当"（《明会典》）。日常交往方面，"所至之处，须用防闲。未行事之先，不得接见闲杂人"（《宪纲事类·宪体》）。日常生活方面，"居风宪者，须用持身端肃，公勤详慎，毋得亵慢怠惰。凡饮食供帐，只宜从俭，不得逾分"（《宪纲事类·宪体》）。日常行为方面，"分巡所至，不许令有司和买物货，及盛张筵宴，邀请亲识，并私役夫匠，多用导从，以张声势，自招罪愆"（《宪纲事类·宪体》）。

3. 典型司法官员的个体角色伦理的渲染。事实上，历史上我国几乎每朝都有关于"循吏""清官""良吏""青天"的记载，并能够在官方和民间共同传颂，可见其对社会影响之大。《史记·循吏列传》中就记载了春秋时期的两位司法官李离和石奢以死守法的故事。汉武帝时的司法官张汤被诬陷后被迫自杀，死后才知其一生为官清廉，皆得自俸禄及皇帝赏赐（《汉书·张汤传》）。隋代厍

---

[1] 《宋大诏令集》卷199。
[2] 《宋会要·职官》一五之六至七。
[3] 《长编》卷125宝元二年十二月庚申。
[4] 《长编》卷272熙宁九年正月甲申。
[5] 《长编》卷309元丰三年十月甲申。
[6] 《长编》卷115景祐元年十月癸酉。

狄士文，由于严格执法得罪权贵遭遇构陷而死（《隋书·酷吏传》）。唐武则天时循吏冯元淑一生清贫、狄仁杰忠诚但不畏权贵（《旧唐书·良吏传》）。宋时的包拯刚正不阿（《宋史·包拯传》），宋慈断案如神（《宋史翼·循吏传》）。明英宗时刑部尚书轩輗（《明史·轩輗传》），素有"海清天"之称的海瑞（《明史·海瑞传》），以及清朝的施世纶（《清史稿·施世纶传》）、于成龙（《清史稿·于成龙传》）等皆以清廉著称。这些司法官吏凭借个人职业操守，成为后世津津乐道、代代相传的司法角色典范，对司法职业伦理的形成大有裨益。

其中最具典型性的莫过于李离的誓死守法与包拯的公正廉明。李离以死来守护司法的尊严，彰显了超然的个人司法职业素养。据史记记载"李离者，晋文公之理也。过听杀人，自拘当死。文公曰：'官有贵贱，罚有轻重。下吏有过，非子之罪也。'李离曰：'臣居官为长，不与吏让位；受禄为多，不与下分利。今过听杀人，傅其罪下吏，非所闻也。'辞不受令。文公曰：'子则自以为有罪，寡人亦有罪邪？'李离曰：'理有法，失刑当刑，失死当死。公以臣能听微决疑，故使为理。今过听杀人，罪当死。'遂不受令，伏剑而死。"（《史记·循吏列传》）

包拯用一生来践行时代给予司法者的要求，可谓古代司法职业伦理个人内化的典范。据宋史记载"拯性峭直，恶吏苛刻，务敦厚，虽甚嫉恶，而未尝不推以忠恕也。与人不苟合，不伪辞色悦人，平居无私书，故人亲党皆绝之。虽贵，衣服、器用、饮食如布衣时。尝曰：'后世子孙仕宦，有犯赃者，不得放归本家，死不得葬大茔中。不从吾志，非吾子若孙也。'"（《宋史·包拯传》）

（三）总结与评析

从历史文献来看，我国古代关于司法职业伦理方面的记载，基本立足于对司法审判职能的认识基础上，主要表现在对司法职位的要求方面，包括入职之前的要求——入仕、选官制度中的伦理素质体现，入职后的要求——考核、考课制度中的伦理标准，具体司法过程中的要求——司法回避中的伦理体现，违法问责中的内在要求——司法责任追究中的伦理体现。对司法职位伦理的体现相对制度化，但作为司法官吏对具体角色伦理的体现相对较少，且松散化，包括司法官吏的伦理道德标准原则性的体现，司法官吏的伦理道德标准具体性的体现，典型司法官员的个体角色伦理的渲染。所体现出的伦理道德标准，总体呈现出从一般官员伦理到具体司法职业伦理的发展趋势。

对历代司法机构和司法官吏发展状况的横向考察，是古代司法职业伦理研究的来源和基础，而从中央司法到地方司法的纵向对比则是古代司法职业伦理研究深入的重要切入点。纵观中国古代的司法发展史，司法历代君王都将司法权置于相对重要的位置，并呈现出以下整体特点：从司法机构设置来看，中央司法机构一般具有专门性的特点，而地方司法机构则往往与行政机构合一，中央司法机构体现出权力制约的理念，地方司法机构却表现出行政与司法权力的统一。从司法官吏的形成来看，中央司法机构中的司法官吏大多为专职，地方司法官吏一般为行政兼职。从司法属性来看，中央虽然存在专门的司法机构和司法官吏，本质上却依然是行政性质。从司法发展趋势来看，不同朝代中地方上虽已出现了专门的司法官吏和司法机构，但并未形成从上而下的司法体系和职业化的司法群体。

以上特征既是古代司法的鲜明印记，亦是社会性质的时代限制。这些都直接或间接地限制了古代司法职业伦理的进一步发展，具体来说，一是中国古代并未形成制度化和体系化的司法职业伦理，因为这直接依赖于体系化的司法机构和职业化的司法群体的形成。二是中国古代司法权与行政权相结合的权力运行模式，不仅导致了司法角色与行政角色的混同，也造成了职业伦理的一般化，严重限制了司法伦理向特殊职业化的趋势发展，使司法职业伦理本质上并未完全超脱于社会普通基础伦理。三是由于古代司法机构及其职能相对稳固，但司法官吏却相对分散，司法职业伦理的发展主要围绕司法职位伦理，而司法角色伦理呈现出个体化而非职业群体化。四是由于古代"礼"与"法"相结合的关系，司法职业伦理与司法责任也未能有效区分，司法职业伦理的实践更依托于被动的约束和强制惩罚的推动，司法职业伦理中司法官吏主动遵循的一面，完全依托于"良吏""清官"的个人操守，以此看出古代的司法职业伦理尚处于他律的初级阶段。

但也应看到，古代司法职业伦理中，"良吏""清官"等个体角色伦理，对司法职业伦理整体发展的重要推动作用和对古代司法环境的促进作用，具有历史可鉴的政治价值和社会治理价值。实质上，"古代人道德品行的重要性超过立法建制"[1]。正如清人沈家本所言，"有其法者尤贵有其人矣。大抵用法者得其人，法即严厉亦能施其仁于法之中；用法者失其人，法即宽平亦能逞其暴于法之外"[2]。

四、古代司法职业伦理的实践启示

通过对古代司法职业伦理进行历史考略，不仅加深了对古代司法制度的认识，更重要的是从分析、评价中得到历史的启示。以笔者看来，古代司法职业伦

---

〔1〕 马小红：《礼与法——法的历史连接》，北京大学出版社 2017 年版，第 318 页。
〔2〕 沈家本：《历代刑法考》（上册），商务印书馆 2011 年版，第 43 页。

理中存在的固有弊病，也或多或少的能从我国当前司法职业伦理所遭遇的困境中找到影子，而历史长河中的某些优秀的做法，也恰恰可能是目前所忽略和欠缺的。现代司法文明的发展中，往往会遭遇"只缘身在此山中"的困境，如果能够以史为镜，便会得到更深刻的启示。

（一）重视司法角色伦理的培养

古代历史上司法机构，尤其是中央司法机构长期而相对稳定的存在，为司法职业伦理中职位伦理的形成奠定了基础，但由于并未形成固定化的专门司法群体，也就无法形成制度化的司法角色伦理。事实上，与中国古代司法职业伦理类似，当前我国的司法职业伦理也并未有效区分出司法职位伦理与司法角色伦理，将司法职业伦理混同于司法职位伦理，从而忽视司法角色伦理的培养。这可能是司法职业伦理在学术研究和司法实践中处于发展瓶颈的认识性因素。因为，从我国目前司法职业伦理规范的内容来看，相关条款也大多以具体司法职位为依据，注重司法职位承担过程中的重要责任，是一种以司法职位规范来约束司法人员的视角。不可否认，司法职位伦理是司法职业伦理的基础制度层面，但殊不知，司法职业伦理中的角色伦理才是其伦理精神层面，也决定了其发展阶段的高低，更是司法职业伦理能否具有实践意义的关键。若非如此，古代司法职业伦理中的职位伦理的规定不可谓不严苛，但实际约束效果却不尽人意，相反，个别"良吏""清官"现象在角色伦理中凸显，便能受到长久的司法伦理教育效果。实际上是，"以个人道德之长来补救组织和技术之短"[1]。

可见，司法角色伦理对于司法职业伦理的发展至关重要，而要使角色伦理达到群体化，则要依托司法职业共同体的形成，目前我国正处于司法职业共同体的形成阶段，并已意识到职业共同体形成的重要性，在此过程中对司法角色伦理进行同步培养，是司法职业伦理向高阶发展的必然阶段。除此之外，司法角色伦理的培养过程中，要注重个体伦理典范的推动作用，虽然我国司法系统中涌现出了一批诸如邹碧华法官、张飚检察官等的时代模范，但与历史上诸如包拯、海瑞、施世纶等相比，在暂不考虑时代等因素的前提下，在个体角色伦理推动司法职业伦理的影响上还有所欠缺。因此，在司法角色伦理和司法职业共同体培养的过程中，应致力于寻找和形成个体角色伦理的典范，重视他们所发挥的推动作用。

（二）加快司法权的"去行政化"

从社会发展的一般规律来看，社会生产力的发展带动了社会劳动的分工，由此导致了社会职业区分的精细化，并伴随着职业逐渐精细化的区分，职业化群体

---

[1] ［美］黄仁宇：《万历十五年》，中华书局1982年版，第135页。

的出现。可见，社会分工的职业化是时代发展的必然，国家权力的分工也是如此。在国家权力的发展历史上，司法权是长期依附于行政权而存在的，从近代开始司法权才逐渐从行政权中开始分离，但行政权与司法权直到现代仍存在着无法割裂的联系，我国如此，以"三权分立"标榜的西方国家亦是如此。而权力之间相互分离和制衡的趋势却是现代国家所共识的，行政权与司法权不分的弊端在历史上表现得也十分明显。孟德斯鸠曾说过："如果司法权同行政权合二为一，法官便将握有压迫者的力量。"[1]

在我国古代司法的发展历史中，司法权被看作是行政权力的分支，这也注定其无法形成类似行政权力体系的机构和官吏，直接阻碍了司法成为一种专门性权力的趋势。因此，即便历代君王十分重视司法权的运用，司法机构和司法官吏的发展在中国法制史上也极为耀眼，但中国古代并未形成实质意义上的司法专门机构和司法职业群体。司法权长期依附于行政权力体系中，不仅司法职业的具体职责与行政行为不分，而且司法官吏本质上与普通行政官吏也无分轩轾，司法官吏因行政职务所造成的角色冲突，势必造成具体司法行为上的非职业性。由于司法官吏内在的双重属性，不仅司法职位伦理无法完全得到认同，司法角色伦理中的主动遵循意识也会大打折扣。这也是我国古代未能出现专门性职业化的司法职业群体的制度障碍，司法职业伦理所体现出的分散性和非职业性等特点就不足为奇了。反观我国目前的司法权，无论从司法机关的管理抑或司法人员的具体执法行为，都不免透露出过多的行政属性。值得庆幸的是，近些年司法改革已将"去行政化"作为重要的目标来实现，实施司法人员办案责任制，审判、检察委员会制度改革等，皆体现了这一目的。但也应当警惕，富有成效的改革在现实阻力下的实践变形和目的回溯，形改容易而质改艰难，除了具体制度上的设计约束，司法行政意识的转换同样不可或缺。因此，从某种意义上，司法权的"去行政化"过程，也是司法职业意识的形成过程，这虽然必将是场持久战，但却是司法权和司法职业伦理发展中不得不解决的障碍。

（三）凸显司法职业伦理的"职业化"

涂尔干曾说过"有多少种不同的天职，就有多少种道德形式"，"每一种职业伦理都落于一个被限定的区域。"[2] 如果被称之为某种职业伦理，但在内容上却无法与社会大众伦理有明显的区分，说明相关职业并未达到成熟的阶段，其中也暗含着对职业内涵的理解深度上的不足。因为由于职业的特殊性，其所形成的职业伦理也应当具有特殊性，可能高于大众伦理的要求，也很可能与大众伦理相

---

〔1〕 [法] 孟德斯鸠：《论法的精神》（上册），张雁深译，商务印书馆 1961 年版，第 156 页。

〔2〕 [法] 爱弥尔·涂尔干：《职业伦理与公民道德》，渠东、付德根译，上海人民出版社 2001 年版，第 7、9 页。

悖。现代司法职业伦理中常见的"法"与"情""理"的冲突尽可说明这点，这与古代倡导的"原情执法"理念有明显的不同。但司法职业现代化和成熟化的重要标志是，司法职业伦理在社会大众伦理的基础上，与其他社会伦理逐步清晰化，形成群体性和职业性。而我国古代的司法职业伦理基本上未脱离社会的基础伦理范畴，存在社会基础伦理代替司法职业伦理的普遍性，所体现出的职业性特点并不明显，关于司法职业伦理的规定，也大多适用于其他官吏。这是古代司法职业伦理中"非职业化"的重要体现。

现代司法职业伦理中虽然已明确认识到这种界分，其主要构成部分被称之为"法律家在法律程序内的伦理"[1]。但实践中，我国司法机关在对司法职业内涵理解逐步加深的基础上，所制定的法官、检察官基本道德规范，也已越来越体现出职业性的特点，但事实上，我国目前的司法职业伦理内容上依然存在着与社会基础伦理部分重合的情况。就《检察官职业道德基本准则》来说，忠诚、公正、清廉、文明的内容过于笼统，也并未有效体现出检察官的职业特点，而《法官职业道德基本准则》则相比更具对象的针对性和职业性的特点，但所述内容依然难免基础伦理化，或者其他行政等职业应当共同遵循的道德原则。这说明在司法职业伦理与行政职业伦理内涵的区分上还有待进一步的明晰，司法职业在伦理要求上的独立精神和独特品德尚不能准确地把握。另外，司法职业伦理长期被标注为被动性、约束性、责任性等标签，与司法责任的规定未能有效区分，混淆了司法道德责任与司法法律责任。古代礼法不分的历史上长期存在着道德责任法律化的普遍现象，这成为法制现代化发展的重要障碍。现代文明发展趋势已表明，法律与道德应做到"上帝的归上帝，恺撒的归恺撒"，法律应当专门化是这个时代的理论共识。因此，司法职业伦理不仅应当超脱于社会大众伦理，更应当逐步脱离于一般的行政职业伦理，体现伦理适用对象的职业化；不仅应当明确道德与法律的联系与区别，而且应当明晰职业伦理与法律责任的关系和界限，体现伦理适用空间的专门化。

（四）确保司法职业伦理具有实践性

司法实践性，可以说是司法职业伦理发挥实用价值的最终归宿，也是其形成的根本意义所在。关于司法职业伦理的实践性，可以从以下几个方面来理解：一是司法职业伦理的可操作性。具体内容的针对性、相关性和现实性是具有可操作性的前提。二是司法职业伦理的约束性。既包括被动规范的层面，也包括主动遵从的层面，后者是实践意义的充分体现。三是司法职业伦理的有效性。一种从职业外在约束转化为行业内自觉的过程，也是职位伦理与角色伦理的深度契合。由

---

〔1〕 孙笑侠："法律家的技能与伦理"，载《法学研究》2001年第4期。

此可以推出，中国古代司法职业伦理的实践性，最终可能只通过了个别的"循吏"角色而得到了实现。从历代关于司法职业伦理的规范，我们只看到了宽泛的高标准的强制约束规范，对此有学者评论："奉行这些伦理要求就会不同程度的损害家庭伦理"，"对刑官的道德责任的强调，是以降低刑官最基本的生活需要为前提的，这虽然符合'存天理灭人欲'的儒家精神，却不符合人性中的逐利特点，因此，就我们所看到的，对道德的重视不仅没有培养出刑官相对统一的情感，也没有培养出专门属于刑官的职业荣誉感。"[1] 而制定者也只是将其视为一种"美好"精神愿望，并未想过其群体的实践性。历史上所形成的这种误解，也直接影响到当代对司法职业伦理实践性的理解。

由于司法职业伦理缺乏实践性的基础，其实践意义也长期遭受着质疑，难免存在着"雷声大，雨点小"的现实无奈。在司法实践中，职业伦理的内容也通常被当作职业口号和执法警示来对待，忽视甚至否认其所应当具备的实践价值。由于在司法职业实践未能形成的职业认同和体会，又对司法职业的基本伦理规则提炼不足，使得司法职业群体往往将职业伦理当作一般的普通伦理规范来看待，不仅没有了面临针对性约束的特有责任意识，而且丧失了对基本职业认同后本能性遵守的主动性。导致对职业伦理的遵守仅停留在社会大众的道德自觉层面，而未将其看作具有实际约束力的行业伦理规范，这种在司法实践中的忽视与轻视，实际上将司法职业伦理默认为一种软性规范。但一旦触及道德底线，司法职业伦理又会滑向司法责任的一端，以强制性、惩罚性的规则面目示人，司法职业伦理的实践空间实际被压缩殆尽，这可能是司法职业伦理难以取得突破的最大瓶颈。而要想突破这个瓶颈使司法职业伦理形成自己专属的实践空间，并呈现出司法性、专业性、实践性等向高阶发展的属性，唯有将司法职业共同体培养、司法权力专门化、司法伦理职业化等相结合地推进，并形成相互依靠和支撑的助力点，才可望达到司法职业伦理的实践时代。

五、结语

古代司法职业伦理未能制度化、职业化，固然有其时代的限制，但单从司法原理探讨，其中可剖析的深层因素是尚不具备形成司法职业共同体的内在限制，司法职业共同体这一主体性的欠缺，司法职业伦理便会变成"水中月，镜中花"。可以看到，当前司法领域对建立法律职业共同体的倡导，标志着司法职业伦理建设进入实质突破阶段，因为，只有在此基础上司法角色伦理的培养方可达到，一旦开启以司法角色伦理为重心的司法职业伦理建设的序幕，就表明司法职

---

〔1〕 任喜荣：《刑官的世界——中国法律人职业化的历史透视》，法律出版社 2007 年版，第 99 页。

业伦理将从被动的外在制度约束向主动自律的高阶状态迈进。而如何跨越横亘在阶段之间的时代围栏，这就需要为其扫清司法行政化、非职业化等障碍。因为无论什么时代，拥有高品质的司法者将是整个社会和大众的福气。[1]

---

[1] 本文修改版载于《河北大学学报（哲学社会科学版）》2020 年第 2 期。

律师职业伦理

律师扰乱法庭秩序的惩戒：困境与纾解

印 波 王瑞剑*

一、问题的提出

在现代法治国家，律师制度是整体司法制度必不可缺的重要环节，律师制度的完善度，在一定程度上是检验司法制度是否精良的重要标准。近年来，随着司法改革进程的不断推进和深化，对律师制度的关注度不断提升。党的十八大以来，中央全面深化改革领导小组会议审议通过了《关于深化律师制度改革的意见》等多项具有四梁八柱性质的律师制度改革文件。[1] 该意见明确了"保障律师诉讼权利，制定保障律师执业权利的措施"的同时，也强调了"严格执行执业惩戒制度，建立健全投诉受理、调查、听证处理等工作程序，加强行政处罚和行业惩戒的工作衔接，完善处罚种类，加大对违法违规行为查处力度。"随着十九大的召开，最高人民法院与司法部联合出台了《关于开展刑事案件律师辩护全覆盖试点工作的办法》。办法一方面重申了"依法保障辩护律师的知情权、申请权、申诉权，以及会见、阅卷、收集证据和发问、质证、辩论等方面的执业权利"，另一方面也详尽地阐释了辩护律师应当遵守法律法规、执业行为规范和法庭纪律，不得干扰司法机关诉讼活动。

从执政者的角度看，如何一方面将一个司法体制中的"弱势群体"地位和作用拔高，并常态化地维护其权利，另一方面又对个别律师滥用权利从而扰乱司

---

* 印波，北京师范大学刑事法律科学研究院副教授。王瑞剑，北京大学法学院博士研究生。

基金项目：中国行为法学会项目"审判中心视野下辩护人庭审询问权若干问题研究"〔（2017）中行法研008号〕。

〔1〕 王斗斗："深化依法治国实践，加快推进司法行政改革——访十九大代表司法部副部长熊选国"，载《中国律师》2017年第11期。

法秩序的行为采取必要合理的措施，还需要斟酌与思考。如何在保障律师权利与有效惩戒律师不端之间寻求平衡是当前律师制度亟待解决的问题，也是十九大报告中"深化司法体制综合配套改革"的迫切需要。从辩证的角度来看，基于作为在野法曹的律师与作为在朝法曹的司法裁判者之间有时存在"短兵相接"的局面，律师因扰乱法庭秩序所受到的惩戒状况正是检验律师权利保障状况和管理效果的试金石。

律师以法律为业，因此不难理解，律师是一个受到高度规制的职业。在执业过程中不仅要面临职业道德的规制，更要经受法律规范的考验，[1] 行为不当便可能招致各种形式的惩戒。[2] 针对大部分违纪（法）行为，一般仅需承受相应的行政处罚或律师协会处分，但针对扰乱法庭秩序行为，却有可能遭遇所有类型的惩戒措施。诚然，对于扰乱法庭秩序行为的惩戒容易引起律师群体对于辩审冲突采取单方面"压制性处理"与对"死磕型"辩护进行"报复"的"遐想"。尽管不能将律师扰乱法庭秩序与之完全混同，但是基于现有惩戒措施的合力，原本令审判平生波澜的"死磕型"辩护几无生存空间，庭审阶段的辩审冲突也逐渐销声匿迹。[3] 可以说，种类繁多的律师惩戒手段如"达摩克利斯之剑"，已经令法庭上的律师产生了"寒蝉效应"。而在当前律师权利尚未得到有效保障的前提下，诸多惩戒措施的矛头和尺度也已成为饱受律师界诟病的核心问题。喧嚣过后，平心而论：现有的律师惩戒是否有矫枉过正之嫌，权利保障与惩戒能否达到有效平衡仍值得探讨。基于此，以扰乱法庭秩序行为为背景，观察现有律师惩戒所形成的制度困境并加以解决，便是本文所着力探讨的问题。

二、现状与问题：扰乱法庭秩序下的律师惩戒

当前，一些律师扰乱法庭秩序的行为往往内生于相应的权利行使，[4] 却以相应的律师惩戒收场。其反差之处，正是现行制度困境的集中体现。

---

〔1〕 王进喜："美国取消律师资格制度管窥"，载《中国司法》2016 年第 12 期。

〔2〕 针对律师惩戒的定义有多种观点，为充分讨论这一问题，本文主张广义说，既包含基于严重的违法犯罪行为而产生的刑事责任，也包含基于一般违规违纪行为而产生的行政责任及其职业伦理责任。

〔3〕 2018 年 6 月 6 日，湖南省司法厅决定对杨某柱律师作出行政处罚，认定杨某柱存在"扰乱法庭秩序，干扰诉讼活动的正常进行"等违法行为，决定吊销其律师执业证书。2016 年 12 月 28 日，济南市司法局决定对李某星律师（网名为伍雷）作出行政处罚，认定其"扰乱法庭持续，干扰诉讼活动的正常进行"，给予停止执业一年的行政处罚。2019 年 7 月 22 日，山东省司法厅又因其"在受到停止执业处罚期满后二年又发生应当给予停止执业处罚情形"，决定吊销其律师执业证书。此外，2016 年 8 月 4 日，北京市锋锐律师事务所周某锋等多名所谓的"维权"律师因颠覆国家政权、扰乱法庭秩序获刑。这些颇具影响力的处罚事件均在一定程度上标志着死磕型辩护的式微。

〔4〕 蒋华林："'磕出'一个法治中国！——以死磕派律师的价值辨正为中心兼与王凤涛博士商榷"，载《时代法学》2015 年第 3 期。

（一）如何惩戒：扰乱法庭秩序的律师惩戒措施

在我国，针对律师群体的扰乱法庭秩序行为，可以适用多种形式的惩戒措施。惩戒措施的具体设计并没有统一的规则，而是散见于中华全国律师协会2017年修订《律师办理刑事案件规范》（2017年8月27日实施，以下简称《律师办案规范》）、《律师协会会员违规行为处分规则（试行）》（2017年3月31日实施，以下简称《律协处分规则》）、《中华人民共和国律师法》（2017年9月1日修正，以下简称《律师法》）、《最高人民法院关于适用〈中华人民共和国刑事诉讼法〉的解释》（2012年11月5日通过，以下简称《高法解释》）以及《中华人民共和国刑法》（2017年11月4日修正，以下简称《刑法》）之中。具体而言，其一，《律师办案规范》第253、259条设定了律师惩戒的框架：对妨碍、干扰诉讼活动正常进行的律师，根据相关法律法规处以行政处罚或行业处分。其二，《律协处分规则》第35条规定对律师的纪律处分措施：对有扰乱法庭秩序的律师，给予中止会员权利6个月以上1年以下的纪律处分；情节严重的给予取消会员资格的纪律处分。其三，《律师法》第49条第6款规定对律师的行政处罚措施：有扰乱法庭秩序行为的，由司法行政部门给予停止执业6个月以上1年以下的处罚，可以处5万元以下的罚款；情节严重的，吊销其律师执业证书。其四，《高法解释》第250条规定对律师的程序性、实体性制裁措施：情节较轻的，应当警告制止并进行训诫；不听制止的，可以指令法警强行带出法庭；情节严重的，可以对行为人处1000元以下的罚款或者15日以下的拘留。其五，《刑法》第309条规定律师的刑事责任：有扰乱法庭秩序情形的，并具有法定的四种情形之一的，处3年以下有期徒刑、拘役、管制或者罚金。

综合上述五部规范，针对扰乱法庭秩序行为的惩戒便已形成初步的轮廓。从性质上来看，不仅有基于司法权衍生出的刑事责任，法庭警察权衍生出的实体性制裁、程序性制裁，行政权衍生出的行政处罚，还有律师协会施加的纪律处分。从种类上看，不仅有资格罚，如中止会员权利、取消会员资格；财产罚，如罚款等；还有人身罚，如行政拘留、有期徒刑等。而从处罚阶段上看来，不仅有行为实施过程中的"事中罚"，如法官的警告、训诫、强令带出法庭，还有行为实施过后的"事后罚"，如罚款、拘留等。可以说，目前针对扰乱法庭秩序而设计的惩戒措施，已初步形成"多管齐下"的局面，从某种层面上也体现了对律师执业行为的限制逐渐加强。

（二）惩戒困境：律师惩戒制度的突出问题

作为律师制度重要组成部分的惩戒制度，其制度初衷在于以惩罚的方式监督并规范律师履行义务和职责的行为。[1] 从制度定位上看，这种监督与规范应充当外围规制，而不应与律师的内在权利保障相抵牾。然而目前来看，针对扰乱法庭秩序的律师惩戒存在诸多问题。具体而言，有如下三点值得关注：

1. 惩戒权力配置混乱。虽然源于四个机关、不同性质的惩戒措施对律师扰乱法庭秩序的行为进行全面规制，但在权力配置上却存在着一些混乱局面。

（1）就扰乱法庭秩序罪而言，对律师治以扰乱法庭秩序罪一直广受律师界质疑，律师们普遍担忧律师权受到司法权的倾轧。不仅如此，实践中往往是原公诉机关、原审判机关进行直接管辖，极易产生利益冲突。惩戒权的这一配置来源于《中华人民共和国刑法修正案（九）》（以下简称《刑法修正案（九）》），学界普遍认为这一增设具有非常强的目的性，意在对近年来频频出现的律师"闹庭"现象进行整治。[2] 尤其在刑事案件中，基于控辩双方天然的对抗性以及代表国家的强势地位，控方容易实施职业报复或压制，使得"扰乱法庭秩序罪"重蹈"律师伪证罪"之覆辙。

（2）根据《律师法》第4条之规定，司法行政机关与律师之间本应是监督与被监督、指导与被指导的关系。但针对扰乱法庭秩序的行为，甚至大多数违纪行为，司法行政机关却得以直接行使惩戒权，与其监督、指导的角色定位相悖。虽然作为管理部门对于一些扰乱法庭秩序的行为作出处罚无可厚非，但是由司法行政机关径直作出这在法理上容易受到质疑。

（3）如果前述两种权力配置有过量之嫌，那么律师协会的惩戒权配置却有不足之感。针对扰乱法庭秩序行为，律师协会只有中止会员权利与取消会员资格两种惩戒。从实践中来看，前一种并不会对律师执业造成实质性影响，而后一种以"吊销律师执照"为前提，[3] 处于行政处罚的附随地位。一项"无关痛痒"，一项"可有可无"，无怪乎律师协会在管理上缺乏刚性。

2. 惩戒权力行使恣意。惩戒权本质上是一种强制性权力，在行使中很容易自我加强与扩张。惩戒权在实践中的第二种困境便在于权力运行的恣意化，集中体现在控方的追诉权与法庭的惩戒权的过度行使。

（1）针对律师的刑事惩戒，基于法条中"侮辱、诽谤、威胁"等表述的主观性，[4] 容易被一些司法人员作扩张解释。在职业倾向驱使与裁量空间纵容下，

---

〔1〕 张勤："民初律师惩戒制度论析——以惩戒案例为中心"，载《河北法学》2007年第1期。

〔2〕 陈兴良："扰乱法庭秩序罪的修订：以律师为视角的评判"，载《现代法学》2016年第1期。

〔3〕 郭志媛、焦语晨："对律师职业道德弱化的规范与反思——以律师惩戒制度为视角"，载《中国司法》2015年第1期。

〔4〕 韩旭："《刑法修正案（九）》实施后如何善待律师权利——兼论泄露案件信息罪和扰乱法庭秩序罪的理解与适用"，载《法治研究》2015年第6期。

对律师的刑事惩戒手段亦容易演变为控审两方干扰辩护甚至进行职业报复的依托，存在潜在的被滥用的隐忧。这一担忧绝非杞人忧天，《刑法》第306条的适用现状已为明证：据统计，实践中辩护律师因从事辩护业务而被追究刑事责任的错案率高达80%；[1] 还有学者指出了一些极端现象，有的律师在案件尚未开庭便已被拘捕，有的更是庭审一结束便被送进看守所。[2] 由此可见，在力量对比仍然不均衡的司法环境下，如果对律师的刑事惩戒缺乏必要的程序制约，可能重蹈司法滥用之覆辙，令律师群体有感不堪重负。

（2）法庭警察权的运行同样存在恣意化情形。根据《高法解释》第253条，律师被强行带出法庭或者被处以罚款、拘留，法庭并不当然休庭，而只有在被告人另行委托或另行指定律师的情况下，程序方可中止。律师一旦被驱逐出庭，辩护权的行使就受到实质性限制。在实践中，不乏法官将不尊重法庭的辩护律师驱逐出庭，甚至还宣布解除其辩护权的案例。[3] 原本是对律师的惩戒的制度设计，在实践中却可能造成对辩护权的侵犯或威胁。一旦法官决绝地实施了此类的惩戒，一则可能剥夺原有辩护律师基于委托协议而产生的程序参与权，二则可能变相侵犯被告人获得律师帮助、咨询、代言的辩护权利。惩戒权力运行的恣意化还对律师的正当辩护活动产生潜在的威慑，导致其在法庭上过度的谨言慎行，无法充分行使其辩护职能。

3. 惩戒审查程序不足。程序的实质是管理和决定的非人情化，其一切布置都是为了限制恣意、专断和过度的裁量。[4] 因此，要令惩戒权在法治的轨道下运行，必须要设置完备的审查程序。目前来看，针对扰乱法庭秩序的律师惩戒在审查程序与救济程序上均有所欠缺，直接导致程序的规范作用缺失。

从审查程序上来看：其一，司法行政机关的审查仍是一种行政化、封闭化的程序，相关法规仅赋予相对人以陈述权、申辩权、要求听证权，[5] 但是对于如何确保权利得到保障语焉不详。其二，司法行政机关行政处罚的审查主体缺失。早在20世纪末，司法部便出台相关文件要求各地设立律师惩戒委员会，[6] 但很多地区直至近日才开始逐渐设立。[7] 而观察已成立的律师惩戒委员会，很多地

---

〔1〕 田文昌、陈瑞华主编：《〈中华人民共和国刑事诉讼法〉再修改律师建议稿与论证》，法律出版社2007年版，第5页。

〔2〕 田鹏："律师惩戒程序与刑事追诉程序关系之重构"，载《司法》2014年第0期。

〔3〕 蔡元培："论法庭警察权的形态及其界限"，载《法商研究》2017年第5期。

〔4〕 季卫东：《法治秩序的构建》，商务印书馆2014年版，第57页。

〔5〕 参见《律师和律师事务所违法行为处罚办法》（2010年4月7日通过）第35条。

〔6〕 参见《律师惩戒规则》（1992年10月22日颁布）第15条。

〔7〕 中共中央办公厅、国务院办公厅于2016年4月6日出台的《关于深化律师制度改革的意见》将成立律师惩戒委员会作为文件的重要内容之一后，很多地方的律师惩戒委员会才纷纷成立。

区人员组成仍以司法行政人员为主，难以期待其进行有效、中立、客观地审查。[1] 其三，法庭作出的拘留、罚款决定，对律师人身权、财产权有限制，却仅需院长批准，相关的审查程序缺位。

从救济程序来看，程序的缺失也同样严重。其一，对纪律处分与行政处罚的救济基本是初审程序的重复，仍遵循行政化的模式而无法完全链接司法，救济的程序意义存疑。其二，实践中，律师被驱逐出法庭后，便可能丧失辩护人资格。在对辩方如此不利的情况下，不仅程序难以中止，且几乎没有司法救济的途径。其三，对法院作出的罚款、拘留决定，当事人只能向上级法院申请复议，之后相关惩戒决定并不停止执行，救济的实质作用大打折扣。

综合来看，现有的惩戒权在刑事责任上配置不当，在行政处罚上配置过量，而在律协处分上却配置不足。律师惩戒权配置的"厚此薄彼"致使惩戒力度有余、权利保障不足，直接导致律师执业活动过多地受到行政机关、司法机关的干预与掣肘，律师自治的理念在一定程度上被"束之高阁"。由于我国的刑事司法体制呈现出控审协作制约及国家/被告方二元对立的局面，控方容易直接将控诉权对准辩方，法庭也易仅对辩方行使警察权。加之律师惩戒的审查程序不足，致使原本配置混乱的惩戒权在实践中越发恣意化，对律师的权利保障产生极大影响。

三、比较与借鉴：律师惩戒制度的比较考察

律师惩戒制度是律师职业管理的重要手段，用之得当可有效规范律师群体的执业活动，用之失当则极易矫枉过正，侵犯律师权利。域外各国均将律师扰乱法庭秩序作为惩戒的行为类型，但在具体惩戒权配置与制度框架上又各具特点。

（一）域外立法模式之概览

以英美法系为视角，在美国，惩戒权由律师协会和法院共同行使。美国各州都有一个常设的惩戒委员会负责律师的惩戒事务，其下设检控委员会与听讯委员会。针对律师惩戒的申请，首先由检控委员会审查案件材料，在调查后作出初步的处理。如果情节比较轻微的，检控委员会可径行作出不公开谴责或留用察看处理。如需要作出较为严重的处理，则均需要向听讯委员会提出控诉，由后者进行实质性审查并作出处理。如果被处理的律师不服，可以通过惩戒委员会向法院申请复审，由法院通过司法程序加以审理。[2] 基于法庭所享有的固有的裁判权，

---

[1] 以安徽、新疆为例，二地律师惩戒委员会均由高级人民法院、省（自治区）人民检察院、公安厅、国家安全厅相关部门负责人，司法厅律师工作管理处负责人，省（自治区）律师协会会长，法学专家各一人组成。

[2] 青锋编著：《美国律师制度》，中国法制出版社 1995 年版，第 101~112 页。

法庭可以对包括律师在内的一切人员做出的违反法庭秩序的行为行使当庭惩戒权。当然，法庭对律师扰乱法庭秩序的行为实施当庭惩戒不能损害律师所代表的当事人的利益。此外，法庭还应当对拟受惩戒的律师提供正当程序保护。例如，该惩戒措施应由另一指定法官作出，必须给予律师以申辩并阐明理由的机会。[1]

而在英国，律师虽区分为出庭律师与事务律师，但对其的惩戒均由相应的律师协会作出。针对律师协会作出的惩戒决定，出庭律师可以向大法官提出申诉，大法官将指定法官到其所在的律师学院处理申诉；事务律师亦可以向法庭提出申诉，之后还可以向上诉法院上诉。[2] 法官一般就律师的不轨行为向律师专业管理机构报告，而不直接加以限制；纵使出现极端情形，法官将律师逐出法庭，也会伴随着庭审的中止。[3] 法官即使就律师的藐视法庭行为当庭行使刑事惩戒权，也应当遵循普通刑事犯罪定罪标准并符合正当程序。[4]

再看大陆法系，在德国，根据违纪行为的过错程度，针对律师的惩戒分别由不同机关作出。对于存在轻微过错的，地区律师协会的执业委员会就可以采取训诫措施，但必须听取律师的陈述；受到训诫的律师可以向名誉法庭提出上诉。而针对较为严重过错的，就必须由专门设立的律师纪律惩戒法庭负责对律师进行纪律惩戒。针对惩戒处分的请求，只能由上诉法院的检察官提起，由名誉法庭审查后作出惩戒处分。对该决定不服的，检察官与律师均有上诉或申诉权，但均以重大问题为限。[5] 另外，针对扰乱法庭秩序的行为，律师同样可能面临被驱逐出庭甚至拘留的制裁，但出现这种情形时，被告人均有权要求审判延期或中止。[6]

而在日本，律师行业遵循着高度的行业自治，惩戒权由地方律师协会与日本律师联合会的惩戒委员会行使。地方律师协会启动惩戒程序后，应委托律师纲纪委员会进行调查，惩戒委员会进行言词审理后，作出决议。受到惩戒的律师，可以在一定期间内请求日本律师联合会复审，若被驳回后还可以进一步向东京高等法院提起诉讼。[7] 受到惩戒的律师在申请复审的同时，还可以要求停止执行惩戒处分。而对于律师当庭的不当行为，法院一般应当通知律师所属的律师协会或

〔1〕 Mary Devlin, *The Development of Lawyer Disciplinary Procedures in the United States*, 19 The Professional Lawyer, 2008, pp. 359-387.

〔2〕 陶髦、宋英辉、肖胜喜:《律师制度比较研究》，中国政法大学出版社 1995 年版，第 207 页。

〔3〕 [英] 麦高伟、[美] 杰弗里·威尔逊主编:《英国刑事司法程序》，姚永吉等译，法律出版社 2003 版，第 287 页。

〔4〕 印波:《法槌下的正义——审判中心视野下两大法系辩审关系探析》，人民法院出版社 2018 年版，第 48~49 页。

〔5〕 石毅主编:《中外律师制度综观》，群众出版社 2000 年版，第 278~279 页。

〔6〕 宗玉琨编译:《德国刑事诉讼法典》，知识产权出版社 2013 版，第 208~211 页。

〔7〕 张善燊:《中国律师制度专题研究》，湖南人民出版社 2007 版，第 362 页。

日本律师联合会并请求适当处置;[1] 就算情节严重构成犯罪的，也应由其他法院宣告刑罚。[2]

（二）比较观察中的制度规律

域外各国针对律师扰乱法庭秩序的惩戒虽在制度上略有差异，但其内在机理却是殊途同归。从权利配置、权利行使与审查程序三个角度入手，可以勾勒出域外制度的共同规律。

1. 从权利配置角度来看，日本将惩戒权主要赋予律师协会，德国主要赋予法院，而在英国、美国则由律师协会与法院共通行使。事实上，不论是单一型模式还是结合型模式，惩戒权的配置始终离不开行业自治与司法监督两条主线，罕有行政权的介入。而为避免权力集中带来的困境，各国往往将律师惩戒的检控权与裁决权赋予不同组织进行，以实现权力上的分离。由此可见，权力配置上的去行政化与分离化令惩戒权产生伊始便带有司法属性。

2. 从权力运行的角度来看，域外各国的惩戒权均有相应的程序制约。其一，各国律师惩戒委员会大多由律师与社会人士组织，在充分保障权力运行独立化的基础上，兼顾公众的监督与制约。其二，行业协会作出的惩戒均需面临司法审查。有学者更是断言，任何一个国家，法院在律师惩戒权中或是决定，或是监督，均扮演着重要角色，[3] 足见司法对律师惩戒制约之普遍。其三，针对法官基于法庭警察权作出的惩戒，各国也逐渐开始设置更多的限制：如日本将律师处分作为前置措施，并通过法院回避防止利益冲突；如英国、德国均针对律师被驱逐出庭的情形设置审判中止的缓冲期，以对法庭警察权的恣意加以有效控制。

3. 审查程序与救济程序的完备是域外各国的重要制度特征。针对惩戒措施，不论律协主导还是司法主导，各国均采用的是司法化的审查程序，从初审、调查、决定以及复审均有相应的程序设计，并赋予相关人员以程序参与权，有效地体现出程序的正当性。具体而言，英美法系普遍赋予律师以正当程序权利，例如获得律师帮助、合理辩解和上诉的权利，在一定的情况下还应当由另一个不偏不倚的法官审理该扰乱法庭秩序的行为；而在大陆法系，无论何种制裁都需要经过充分的正当程序，防止权力被滥用。不仅如此，对于律师协会以及法院作出的惩戒决定，各国均设计充分的司法救济程序，为当事律师链接司法资源、处罚决定，并接受司法审查提供有效路径。种种做法均有利于惩戒威慑与权利保障的平衡，使惩戒权的行使日趋规范化。

---

〔1〕《世界各国刑事诉讼法》编辑委员会编译：《世界各国刑事诉讼法·亚洲卷》，中国检察出版社2016年版，第344页。

〔2〕 [日] 田口守一：《刑事诉讼法》，张凌、于秀峰译，中国政法大学出版社2010年版，第224页。

〔3〕 马宏俊主编：《〈律师法〉修改中的重大理论问题研究》，法律出版社2006年版，第114页。

四、困境之纾解：律师惩戒制度的完善路径

（一）律师惩戒的制度定位

在对现有制度进行反思性重构前，需要确定制度运行的原则，藉以找准制度之定位。对扰乱法庭秩序的律师加以惩戒是维护庭审秩序的必然要求，但失之偏颇则会对律师的执业活动产生消极作用。如何权衡，必然需要从制度的原则性因素上加以判断：

1. 独立性原则。律师独立性原则是律师惩戒制度需要贯彻的上位原则。律师职业，从其诞生之初，便是作为被告人之辅助者，与国家权力进行积极抗争。[1] 在刑事诉讼中，律师处于国家公诉权的对立面，若失去最基本的独立性，则不啻沦为国家的"喉舌"。[2] 国家的适度管理，也即惩戒权的实施对于规范律师职业而言必不可少，但必须以不妨碍其独立为前提。具体到扰乱法庭秩序行为，其仅涉及两个场域，一为律师协会的管理场域，二为司法秩序的控制场域。对于前者，应当贯彻律师的整体独立：律师是基于其会员身份而受到纪律上惩戒，这种惩戒最本质的特征以及最基础的结构性条件便是自治。[3] 而对于后者，应当适用律师的个体独立：惩戒的作用范围应当仅限于对司法秩序的控制，不能妨碍律师独立、正当地履行职务。

2. 比例原则。对律师的惩戒必然面临国家权力与私权利的冲突，为保障私权利的行使，必须要对国家权力行使的界限加以限定。德国学者罗科信指出，一个国家的内部秩序通常显示在其如何规范冲突的情况，现代宪政制度要求采取比例原则，将国家权力限定在最为必要的情形下。[4] 针对比例原则的含义，公法学界已对其进行过较为充分的讨论。具体到扰乱法庭秩序行为，必须根据不同的量度适用不同的惩戒手段。对律师的纪律处分，应当结合协会自治的目的与法庭秩序的扰乱程度确定；对法庭警察权产生的惩戒，应当结合维护法庭秩序的需要与扰乱行为的严重程度确定；而对扰乱法庭秩序的刑事责任，必须要在其他非刑罚的宽缓措施无法遏制时方可能适用。同时，在不同措施之间，比例原则也要求根据行为轻重而划定相应的"惩戒标尺"，防止惩戒力度的不均衡。

3. 正当程序原则。在现代法治国家，正当程序便是规范国家权力运行的主要手段。不管何种性质的惩戒权，作为国家权力，均需要遵循正当程序原则。这

---

〔1〕 ［美〕兰博约："对抗式刑事审判起源"，王志强译，复旦大学出版社 2010 年版，第 79~80 页。

〔2〕 宋世杰、伍浩鹏："律师整体独立论"，载《河北法学》2006 年第 1 期。

〔3〕 鲁篱：《行业协会经济自治权研究》，法律出版社 2003 年版，第 1 页。

〔4〕 ［德〕克劳思·罗科信：《刑事诉讼法》，吴丽琪译，法律出版社 2003 年版，第 281 页。

一原则对我国惩戒制度提出两项要求，一是需要完备现有的惩戒审查程序，二是需要通过遵循基本的程序正义以实现个案公正。扰乱法庭秩序的惩戒后果一般较为严重，小到警告、训诫，大到拘留、刑罚，均会对律师的财产权、人身权产生一定影响。对此，正当程序的需求便十分紧迫：从立案、调查、审理，再到申诉、救济，最后到结案，要令律师的陈述权、申辩权等程序性权利落于实处。

（二）完善路径的具体展开

基于理论的设定及对实践问题的反思，应当对律师惩戒制度加以完善，以纾解现有的困境。在前述定位的基础上，结合制度的普遍规律，对律师扰乱法庭秩序的惩戒需要从如下几个方面着手：

1. 惩戒权力的重新配置。从职能定位来看，律师基于与当事人的委托关系而参与诉讼，是相对于国家的独立诉讼参与人；从诉讼行为来看，律师作出的行为也并非国家职权行为，在其依法履行职务时，不应受到国家职权的过度干预。因此，在法庭的理想场域中，律师应面临两种权力的规制：①律师协会基于有效规范执业行为的需要而对律师个体加以控制；②法官基于有效推进诉讼的需要而对法庭秩序进行规制。基于此，行政权介入太深便显得师出无名，理应从扰乱法庭秩序的惩戒权中逐渐剥离出来，应尽可能将行政机关的惩戒权让渡给专业团体，[1] 形成自治权与司法权双重规制的初步格局。相应的惩戒措施也需要一并整合，保留中止会员权利、罚款与吊销执业证书三大惩戒措施。权力的厘定需要机构整合的进一步跟进。虽然目前在各省司法厅与律协下均有相应的惩戒委员会，但前者行政色彩浓厚，后者缺乏外界监督，均不适合惩戒权的制度定位。折中来看，宜参照法官、检察官惩戒委员会，[2] 整合已有的机构，设置省一级的律师惩戒委员会。委员会的组成人员可参照域外的普遍做法，即以资深律师为主，兼顾法学专家、人大代表、政协委员等社会人士，做到自治管理与社会监督的有机结合。如此一来，对扰乱法庭秩序行为的惩戒权配置便十分清晰：基于职业自治的惩戒，由惩戒委员会统一行使；基于管理法庭秩序的惩戒，由法院统一行使。

前述论证为广义上的惩戒权配置提供参考的思路，纲举目张，惩戒权的内在配置应当以此为中心。从狭义上来看，惩戒权可以细分为多种程序性权力，包括控诉权、裁决权与执行权。控诉权与裁判权的集中会导致权力的不受制约，违背正当程序原则。在惩戒权内部，不同权力需要分别配置于不同主体。首先，在基于职业自治实施惩戒的情形下，控诉权应当由律师协会承担，执行权由司法行政

---

〔1〕 李严成："民国时期的律师惩戒制度与实践——以郑毓秀律师的退会处分为中心"，载《社会科学战线》2016 年第 11 期。

〔2〕 参见《关于建立法官、检察官惩戒制度的意见（试行）》（2016 年 10 月 12 日印发）。

机关行使。在律师扰乱法庭秩序后，律师协会根据法院提供的线索进行调查后，可以向惩戒委员会提出处分的申请，在惩戒委员会作出相应的处分决定后，则由司法行政机关加以执行。而在基于管理司法秩序实施惩戒的情况下，除法院当庭作出的惩戒以外，仍均需要检察机关与法院分别承担控诉权与裁判权。通过惩戒权内部的分化，能有效防止权力集中产生的困境，摆脱旧有的混乱局面。

2. 惩戒权力的规范化。惩戒权的合理配置解决的是"谁来行使"的问题，而"如何行使"则需要权力的进一步规范化。律师与法官、检察官相同，均是法律共同体的一分子，理应受到平等的对待。在这一前提下，对律师的惩戒权不应张弛无度，而需严格遵循比例原则。如前所述，比例原则不仅对惩戒措施内部的判断提出了要求，还对不同惩戒措施的选择设定了标准。对于前者，属于审查者的自由裁量范围，已无需赘述；而对于后者，如何制度化地划定相应的"惩戒标尺"，以规范不同措施的适用次序，便是权力规范化的一项重要问题。

由于不同惩戒措施的性质不同、目的相异，贸然将所有措施进行简单排列，无疑会陷入泛化的窠臼，产生新的混乱。对此，以处罚阶段作为区分标准不失为一种合理的路径。根据惩戒措施作用的时间，可以将扰乱法庭秩序的律师惩戒区分为事中惩戒与事后惩戒。事中惩戒，顾名思义便是指在律师扰乱法庭秩序过程中所采取的惩戒措施，主要指法官在庭审过程中作出的警告、训诫、驱逐出庭以及较为严重时的罚款、拘留措施。事后惩戒，则是在律师扰乱法庭秩序后所采取的惩戒措施，主要指中止会员权利、停止执业、吊销执业证书以及较为严重的追究刑事责任。以庭审过程的时间跨度作为分界线，将现有的惩戒措施一分为二，并遵循不同的适用次序。具体而言，在法庭审理过程中，面对律师扰乱法庭秩序的行为，法官应当优先适用程度最轻的警告、训诫，即便情节严重，也应当优先适用罚款，只有在确实无法制止的情节下方可驱逐出庭，而拘留更应作为最后的手段谨慎适用。动辄将律师驱逐出庭或者是拘留应当被视为程序违法。[1] 而针对事后惩戒，同样应当遵循由轻至重的适用顺序。在这一过程中，面临的主要问题在于检察机关公诉权的不当扩张。对此，需要首先转变控方观念，树立谦抑性的刑法观，优先适用非刑罚措施。其次，从制度上看，则有必要增设扰乱法庭秩序罪侦办前的缓冲机制，即在法院在移交后，立案侦办前，应当经过律师惩戒委员会的审查。律师惩戒委员会审查之后，应当出具审查结论，并提出相应的处理建议。如果审查之后需要正式启动刑事追诉，也应当借鉴域外的管辖回避制度，

---

〔1〕 在全国高级法院院长会议上，最高人民法院院长周强就表示对"法官老把律师赶出法庭"的现象百思不得其解，并认为这需要"提高庭审能力和转变审判观念"，最高法院已经准备修改完善庭审规则。参见"社论'把律师赶出法庭'法治将百思不得其解"，载《南方都市报》2015 年 1 月 25 日，第 AA02 版。

由原公诉机关以外的检察院进行公诉，原审判机关以外的法院加以裁判。通过前置程序与管辖回避制度，可以有效制衡恣意的公诉权，防止律师权利受到不当侵犯。

惩戒权的限制是规范化的一个侧面，权利的保障则是规范化的另一侧面。律师是被告人的诉讼辅佐人，在刑事诉讼中存在着一荣俱荣、一损俱损的利益联系。因此，对权利的有效保障则要求对惩戒权运作的进一步规范。首先，必须要明确的是，不论是当庭作出的驱逐出庭，还是庭后被启动刑事追诉，都并不当然意味着律师辩护权的解除。其次，从制度层面来看，对于事中惩戒，应当借鉴域外经验，引入庭审中止制度：凡是律师被驱逐出庭以致被告人无法获得律师帮助的，均应当中止庭审。在庭审中止之后，当事人可以选择自行辩护、原辩护人继续辩护或是另行委托辩护人。而针对事后惩戒，也绝非伴随着律师辩护人资格的当然解除，只有在其律师被依法剥夺、限制人身自由时才不能担任辩护人，对此有必要设置排除辩护人资格的程序加以限制。具体而言，律师惩戒委员会在对律师扰乱法庭秩序的行为进行处理时，需要附随其是否适合继续担任辩护人的审查：对于一般违纪（法），可以排除其辩护人资格；对于建议进行刑事追诉的，应当附随排除辩护人资格的决定。

3. 惩戒程序的司法化。与其他违反职业道德的行为不同，律师扰乱法庭秩序行为发生于庭审之中，与司法权紧密联系。司法权的存在决定两方面要求，一是对国家权力实施的一种中立审查，二是对个人权利的权威救济。[1] 此二者对于律师而言，便是司法化的惩戒程序，具体包含审查程序的司法化与救济程序的司法化。

（1）审查程序的司法化。对于事中惩戒，除警告、训诫、驱逐出庭等即时性的惩戒措施以外，均应当设置相应的程序性控制。针对法院作出的罚款、拘留等决定，目前虽然需要院长批准，但程序仍过于简单，未来应当设计程序给予当事人以陈述申辩的机会，相关辩解应当载入审判笔录。而对于事后惩戒，程序司法化的要求便更为严格。具体而言，审查程序应当采用听证的方式，并需要具备控、辩、审三方参与的基本诉讼构造。在审查过程中，由控诉一方（律师协会或检察机关）与律师一方分别进行陈述与辩论，律师惩戒委员会应当进行中立的审查。由于审查结果可能对律师与诉讼进程产生重大影响，审查主体应重点考虑惩戒措施是否符合规范法庭秩序的目的，是否与律师扰乱法庭秩序的严重程度相当以及是否存在法官违法等重要因素。审查结果应当包含充分的说理，对惩戒措施的作出进行充分论证。

---

〔1〕 陈瑞华："司法权的性质——以刑事司法为范例的分析"，载《法学研究》2000 年第 5 期。

（2）救济程序的司法化。有权利必有救济，司法的基本功能便是在公民权利受到侵害后，提供充分的救济。[1] 目前来看，现有惩戒措施的救济程序要么存在缺失、要么流于形式，无法发挥应有的救济作用。在正当程序原则的视野下，对律师惩戒进行实质救济十分紧迫，如何设计司法化的救济程序更是燃眉之急。对属于事中惩戒的罚款、拘留而言，以往的制度仅提供行政化的复议程序，相对人既没有当面陈述的机会，也无法对原审法院的认定提出实质性质疑。对此，司法化的救济程序要求开放原有程序，为相对人提供一个相对简化的听证程序，以保证相对人的程序参与。而对于惩戒委员会作出处罚，有必要根据域外的普遍制度经验，赋予当事人以寻求司法救济的途径。具体而言，针对处罚决定，相对人可以向同级人民法院提出异议，由法院进行公开、中立的审查。通过链接司法资源，一则有效保障律师的救济权，二则可以发挥司法的监督作用。

五、结语：规范与保障的有机结合

近年来，随着以审判为中心诉讼制度改革的不断推进，作为诉讼活动的核心场所的审判法庭，受到理论界与实务界的广泛关注。扰乱法庭秩序，作为产生于这一场所的不和谐现象，也持续牵动着改革者的心弦。对于律师扰乱法庭秩序，一方面是惩戒之规范，另一方面是权利之保障，如何做到合理、有效的权衡实为制度改革的主要考虑因素。目前的惩戒制度设计将律师视为"洪水猛兽"，规制力度过量而保障程度不足。这种治理模式虽在短时间内治"标"，但难以真正有效治"本"，并已被证明不符合时代之需要。未来的律师惩戒应当充分尊重律师职业的自治性和法庭的权威性，以律师协会处分与司法惩戒为主导，并向重权利保障的方向转型，切实保障受处罚律师的正当程序权利。长远来看，这种模式不仅能够有效规制律师的执业行为，更能切实保障律师在刑事诉讼中的空间。[2]

---

〔1〕 韩大元："完善人权司法保障制度"，载《法商研究》2014年第3期。
〔2〕 本文的修改版载于《中南大学学报（社会科学版）》2020年第2期。

律师职业伦理的评价样态与规制路径

——基于全国范围问卷调查数据的分析

吴洪淇 *

一、引言

在西方法治发达国家，法律职业常常被视为一个不同于其他行业的特殊"职业"（profession），其在专业知识、道德责任、自我管理等方面均具有特殊的要求。[1] 作为法律职业的一个重要组成部分，律师被认为掌握着非常专业化的知识，这种知识使得其只能进行自我管理，因为任何外在的管理都会因为信息不对称而缺乏效率。[2] 对律师行业的自我管理则主要通过一套完整而严密的职业伦理规范来得以实现，这套伦理规范从管理范围到严密程度上都往往要严格于一般的行业。所谓律师职业伦理规范，是指律师作为法律职业重要组成部分所应该遵循的基本伦理要求及其所衍生出来的一系列职业行为规范。因此，律师职业伦理规范可以说是律师行业实现自我管理的一个重要手段，也是律师行业用于保障本行业执业质量、提升本行业职业伦理水准的最重要保障手段。[3] 尽管法治发达国家普遍运用律师职业伦理规范对本国律师行业的执业进行规制，但其规制效力和规制的效果一直受到某种程度的质疑。[4] 因此，律师职业行为规范及其惩戒的方向与规制方法需要通过事后的评估来不断加以调整与改进。比如，美国律师

　＊　吴洪淇，中国政法大学证据科学教育部重点实验室教授。

本成果系国家 2011 计划司法文明协同创新中心研究成果。

〔1〕　李学尧："法律职业主义"，载《法学研究》2005 年第 6 期。

〔2〕　"从经济观点与美国法论专门执业人员之规范"，载王文宇：《民商法理论与经济分析》，中国政法大学出版社 2002 年版。

〔3〕　关于职业伦理规范性质、功能与发展源流的讨论，参见吴洪淇：《法律职业的危机与改革》，中国政法大学出版社 2017 年版，第 218~226 页。

〔4〕　Richard Abel, *Why Does the ABA Promulgate Ethical Rules*, Texas Law Review, vol. 59, 1981, No. 4.

协会就分别在 20 世纪的 70 年代和 90 年代专门发布有关律师惩戒效果的评估报告，针对当时的律师惩戒方面存在的问题提出富有针对性的改进意见，有效地推进了美国律师协会针对行业自身的规制水准。[1] 因此，对本国律师职业伦理状况的评估是建立有效的律师行业规制体系的一个前提。

从 20 世纪 70 年代末中国律师复苏伊始至今天的三十多万律师数量规模，中国律师逐渐发展开拓培育出一个巨大的法律服务市场。[2] 与西方法治发达国家相比，我国律师业发展时间相对比较短暂。1949 年以来的律师行业主要由国家进行全面管制，直到近二十年才开始由国家全面管制向律师行业自我管理的"脱钩改制"进程。[3] 因此律师自我管理的经验还非常有限，律师的职业伦理与职业规范不是很发达。尽管如此，经过三十多年的发展，规制中国律师业的法律法规和行业规范不仅在数量上不断增加，而且在内容上也在不断深化。其中，律师行业规范更是处于不断的变化过程中。从 1993 年司法部颁布的《律师职业道德和执业纪律规范》（已失效）开始，我国共公布了五部行业性规范：除了前者之外，还有《律师职业道德和执业纪律规范》（全国律协，1996 年通过、2001 年修正）、《律师执业行为规范（试行）》（2004 年通过）、《律师执业行为规范》（2011 年）、《律师执业行为规范（试行）》（2017 年修订）。通过这些行业规范，我国已经针对律师职业伦理的需要建立了初步的律师职业行为规范体系。不过，对律师职业伦理进行有效规制的一个前提性条件是对全国律师职业伦理状况进行一个全面的评估。全国范围内律师职业伦理的基本样态如何？社会公众与法律职业本身对于律师职业伦理状况是如何评价的？现有的律师职业规范体系能否对律师不当执业行为进行有效的规制？这一系列问题还缺乏来自实证材料的系统分析。而本文将通过对全国 31 个省级地区的社会公众、法律职业人员（包括法官、检察官、警察和律师）在内的大规模问卷调查来对前述问题进行一个初步的回应。

二、研究方法与调查数据

为了对全国范围内律师职业伦理基本状况做一个相对完整的评估，本文主要采用了定量的实证调查方法。借助于 2011 计划司法文明指数项目调研组在全国范围内的调研，课题组一共在全国范围内发放了 6200 份专业问卷和 18 600 份社

---

〔1〕 美国律师协会：《面向新世纪的律师规制》，王进喜译，中国法制出版社 2016 年版，第 2~11 页。

〔2〕 截至 2017 年，全国律师总人数超过 30 万人，律师事务所达到 2.5 万家，年收入超过 679 亿元。参见李豪："我国执业律师人数已突破 30 万"，载《政法论坛》2018 年第 2 期。

〔3〕 刘思达：《割据的逻辑：中国法律服务市场的生态分析》，上海三联书店 2011 年版，第 20~25 页。

会公众问卷。其中，专业问卷回收了 5848 份，受访群体包括法官（1474 份）、检察官（1509 份）、警察（1331 份）和律师（1482 份）。社会公众问卷则回收了 18 552 份，涵盖了社会各个群体。问卷的发放遵循着大体的配额控制与质量监控。[1] 在社会公众卷和专业卷部分均有三道问题涉及律师职业伦理状况，公众卷有 7 个题目涉及受访者的背景信息，专业卷有 8 个题涉及受访者的背景信息。由于本调研是在司法文明指数总体调研当中展开的，分配给律师职业伦理的调研空间非常有限，无法用更多的问题来展开对律师职业伦理状况的调研。但通过相关分析与交叉分析，仅就当前问卷题目的分析就可以大致勾勒出我国律师职业伦理分布的整体格局。特别需要注意的是，除了司法文明指数项目的相关调研之外，本文还将引用其他相关的客观数据和其他问卷调查数据来佐证和辅助说明本文相关问题。

表1 2016 专业问卷调查对象的基本情况

职业	法官 1474 份；检察官 1509 份；警察 1331 份；律师 1482 份
性别	男性 3591 份；女性 2227 份
年龄分布	25 岁以下 551 份；26 岁~35 岁 2842 份；36 岁~45 岁 1571 份；46 岁~55 岁 665 份；55 岁以上 65 份
从业年限	3 年以下 1029 份；3 年~10 年 2330 份；11 年~20 年 1311 份；20 年以上 712 份
教育背景	高中及以下 22 份；专科 452 份；本科 3530 份；硕士 1603 份；博士 73 份
政治面貌	中共党员 4106 份；民主党派 103 份；无党派人士 72 份；共青团员 527 份；群众 997 份

特别需要指出，本研究主要侧重于社会公众与法律职业群体对于律师职业伦理状况的主观评价方面。之所以侧重主观评价主要基于以下三方面原因：①有关律师执业违反职业伦理的客观数据全国律师协会以及各地方律师协会均有统计。律师协会一般从投诉、处理及惩戒等各个环节来进行统计总结。[2] 这些客观的统计从某一侧面反映出我国律师职业伦理的基本状况。②这些客观统计数据无法

---

〔1〕 具体调研情况介绍，参见张保生等：《中国司法文明指数报告 2016》，中国政法大学出版社 2017 年版，第 34~37 页。

〔2〕 不过，律师协会对此类统计基本上采取不公开的态度。偶尔的一些总结，参见宁弘、孙莉："谁在毁损律师的声誉——中华全国律协直接受理投诉案件的统计分析"，载《中国律师》2003 年第 1 期。

客观反映出律师职业伦理状况的全貌。由于律师与委托人之间的信息不对称，许多委托人受到律师不当行为的困扰可能不会选择去投诉，甚至连律师自己都不了解职业规范的基本要求，这种情况即便在美国也不鲜见。[1] 这就意味着这些客观数据所反映出来的律师职业伦理状况也许只是实际状况的冰山一角。正如一些调查报告所说，"就每个这样的提起但被驳回的投诉而言，更多的委托人会直接放弃而不提起投诉，然后开始诋毁法律职业。"[2] 而对律师职业伦理水准主观方面的测度恰好可以在一定程度上弥补客观方面所存在的不足，去挖掘出潜藏在冰山一角之下的巨大隐患。③更为重要的是，律师职业伦理规范制定的最根本目的就是要回应社会公众对于法律职业自我管理权力正当性的质疑，这就使得了解社会公众对于律师职业伦理的总体评价变得至关重要。美国律师协会在 20 世纪 70 年代和 80 年代末专门组织了两次对本国律师职业伦理规制状况的评估，目的就是对社会重大关切的律师职业伦理问题进行积极地回应。[3]

在问题的设计上，主要针对律师执业当中可能存在的较为严重的问题进行设计，分别考察了律师执业当中的虚假宣传、虚假承诺以及律师与法官的不当交往问题。第一道问题："在您所在地区，律师存在虚假宣传的可能性有多大？"这个问题主要考察的是律师在执业当中虚假宣传的问题。对于律师在执业当中的宣传问题，《律师执业行为规范》作了非常明确的规定。其中，第 32 条规定："律师和律师事务所不得进行歪曲事实和法律，或者可能使公众对律师产生不合理期望的宣传。"第 33 条："律师和律师事务所可以宣传所从事的某一专业法律服务领域，但不得自我声明或者暗示其被公认或者证明为某一专业领域的权威或专家。"因此，可以说虚假宣传行为是《律师执业行为规范》明确禁止的行为之一。第二道问题："在您所在地区，律师存在虚假承诺的可能性有多大？"这个问题主要考察的是律师对委托人虚假承诺的问题。《律师执业行为规范》对律师的虚假承诺也进行了明确的禁止。该规定第四章第二节的标题就是"禁止虚假承诺"。在该节下，第 44 条规定："律师根据委托人提供的事实和证据，依据法律规定进行分析，向委托人提出分析性意见。"第三个问题："在您所在地区，律师与法官存在不正当利益往来的可能性有多大？"。该问题主要考察的是律师与法官之间的不正当来往问题。《律师执业行为规范》对律师与法官之间的不正当利益往来行为也进行了明确的禁止。该规定第 69 条规定："律师在办案过程中，不

---

〔1〕 ［美］理查德·L.埃贝尔：《美国律师》，张元元、张国峰译，中国政法大学出版社 2009 年版，第 186~188 页。

〔2〕 美国律师协会：《面向新世纪的律师规制》，王进喜译，中国法制出版社 2016 年版，第 29 页。

〔3〕 关于两次评估情况的简介，参见美国律师协会：《面向新世纪的律师规制》，王进喜译，中国法制出版社 2016 年版，第 1~8 页。

得与所承办案件有关的司法、仲裁人员私下接触。"第 70 条第 1 款规定："律师不得贿赂司法机关和仲裁机构人员，不得以许诺回报或者提供其他利益（包括物质利益和非物质形态的利益）等方式，与承办案件的司法、仲裁人员进行交易。"除了《律师执业行为规范》之外，《法官职业道德基本准则》第 16 条也对法官与当事人及诉讼代理人之间的"不正当交往"进行了明确的禁止。

在社会学实证方法当中，要通过恰当问题来对某一对象进行评估的时候，一个基本的技术要求是该评估问题必须是能够理解的、能够回答的并且是足够清晰的。[1] 只有符合这三个基本条件，受访者对问题的回答才能大致反映出受访者的真实判断。以此为标准，这三个问题的设置主要有以下三个特点：首先，从问题的可理解性来说，这三个问题都是在我国律师职业生活当中比较突出的且更容易为被访者所理解的职业伦理问题。相比于职业利益冲突等专业性较强的问题，这三个问题都属于更容易为大众所理解的问题。在律师因违反律师职业伦理规范而被投诉和处理的问题当中，虚假宣传和虚假承诺都是属于较为常见的职业伦理问题。[2] 而律师与法官之间的不正当往来恰恰是近年来司法腐败当中暴露出来的严重问题。通过对这三个典型律师职业伦理问题的考察可以来透视律师职业伦理的基本状况。换言之，是希望通过这三种典型情形来表征出不同区域、不同类型当中的律师职业伦理状况。其次，从问题的清晰性来说，这三个问题所涉及的不当职业行为都是《律师执业行为规范》明确禁止并且没有例外情形的行为。这就意味着我国的律师职业伦理的正式规范已经对三类行为进行明确的禁止，它们不再仅仅是伦理层面的负面评价，而是规范层面的全面禁止。这就避免陷入伦理上模棱两可的模糊状态，更有利于受访者进行更为明确的评价。问题的明确性可以使答案呈现一个基本的评价层次，进而通过这些评价层次来反映受访者对评价对象的基本态度。最后，从问题的可评价性来说，这三个问题无论对于法律职业群体还是社会公众群体来说，都是他们可以理解并且可以进行一个基本评价的。这三个问题的考察主要侧重于主观感觉的评价，通过这些评价的汇总可以反映出社会公众和法律职业群体对本地区律师职业伦理水准的总体评价。

---

[1] ［美］彼得·罗西等：《项目评估：方法与技术》，邱泽奇等译，华夏出版社 2002 年版，第 62 页。

[2] 比如在全国律师协会 2017 年 4、5 月份发布的有关维权惩戒工作的通报当中，虚假承诺是其中的一种典型情形。在北京律师协会出版的《执业警示录》当中，虚假宣传被作为六类基本违规类型当中的一类加以强调。参见北京市律师协会执业纪律与执业调处委员会：《北京律师执业警示录》（内部材料），第 221~252 页。

三、律师职业伦理基本样态的数据分析

（一）律师虚假宣传问题

关于问题一，受访对象是各省/自治区/直辖市的专业人士和普通公众。数据结果显示，受访者认为律师非常可能存在虚假宣传的是 6%，认为很可能的是 16.6%，认为有可能存在的是 44.3%，认为不太可能的是 26.8%，认为非常不可能的是 5%。换言之，也就是有 22.6% 的受访人士认为其所在的当地律师存在虚假宣传问题（即回答非常可能或很可能）。非常有趣的是，在这些受访群体当中，相比于社会公众，法律专业人士认为律师存在虚假宣传的可能性更高。有 26.5% 的专业人士受访者认为非常可能或很可能存在虚假宣传问题，而只有 21.5% 的社会公众持同样的看法。而在法律职业的四个群体（法官、检察官、警察、律师）当中，法官对于律师虚假宣传问题评价最低，有 30.4% 的法官认为本地律师很可能或非常可能存在虚假宣传的问题。相比之下，对律师虚假宣传评价最高的则是律师群体自己，有 23.9% 的律师认为本地律师很可能或非常可能存在虚假宣传问题。

在法律专业人士受访者当中，可以从以下几个维度来进行分析。从从业年限的角度看，从业年限 11 年~20 年以上的专业人士认为律师存在虚假宣传的可能性最大（32.4% 的人回答非常可能或很可能），从业年限 3 年以下的专业人士认为律师存在虚假宣传的可能性最小（16.4% 的人回答非常可能或很可能）。与这样一个结果相互印证的是，从年龄的角度看，36 岁~45 岁的专业人士认为律师存在虚假宣传的可能性最大（29.3% 的人回答非常可能或很可能），而 25 岁及以下的专业人士认为此种可能性最小（16% 的人回答非常可能或很可能）。从性别的角度看，男性认为律师存在虚假承诺的可能性高于女性，其中男性受访者当中有 29.1% 的人认为本地律师非常可能或很可能存在虚假承诺，而女性则是 22.2%。从教育背景的角度看，博士学历的专业人士认为此种可能性最大（30.5% 的人回答非常可能或很可能），学历为专科的专业人士认为此种可能性最小（24.5% 的人回答非常可能或很可能）。从专科（24.5%）到本科（25.5%）到硕士研究生（29.3%）到博士研究生（30.5%），认为律师存在虚假宣传的可能性依次递增。从政治面貌的角度看，民主党派认为律师存在虚假宣传的可能性最大（35.9%），共青团员认为此种可能性最小（15%）。

而在社会公众受访者当中，也可以从以下几个维度来进行分析。从社会公众从事的职业来说，从职业的角度看，进城务工者认为律师存在虚假宣传的可能性最高（22.9% 的人回答非常可能或很可能），在所有社会职业群体中最高。从性别的角度看，男性认为律师存在虚假承诺的可能性高于女性，其中男性受访者当

中有 23.4% 的人认为本地律师非常可能或很可能存在虚假承诺，而女性则是 19.4%。从政治面貌的角度看，民主党派人士认为律师存在虚假宣传的可能性最大（35%），共青团员中认为此种可能性最小（20.2%）。从诉讼活动的角度看，参加过诉讼活动的受访公众或者其家人认为律师存在虚假宣传的可能性（28.8%）显然高于未参加过诉讼活动的公众（19.4%）。

（二）律师虚假承诺问题

关于问题二，受访对象是各省/自治区/直辖市的专业人士和普通公众。数据结果显示，认为本地律师非常可能存在虚假承诺的是 6.6%，认为很可能的是 17%，认为有可能的是 44.4%，认为不太可能的是 25.9%，认为非常不可能的则是 5%。法律专业人士和普通公众相比，专业人士认为律师存在虚假承诺的可能性更高。有 29.4% 的法律专业人士认为本地律师非常可能或很有可能存在虚假承诺，而只有 21.8% 的社会公众持同样的看法。从法律职业群体的角度看，法官认为本地律师存在虚假承诺的可能性最大（35.8% 的人回答非常可能或很可能），在所有法律职业群体中最高，而律师自身认为此种可能性最小（25.1%）。

在法律专业人士受访者当中，可以从以下几个维度来进行分析。从从业年限的角度看，11 年~20 年从业年限的专业人士中认为律师存在虚假承诺的可能性最大（36.4% 的人回答非常可能或很可能），3 年以下从业年限的专业人士中认为此种可能性最小（17.8%）。与此形成相互印证的是，从年龄的角度看，36 岁~45 岁的专业人士认为律师存在虚假承诺的可能性最大（33.5%），而 25 岁及以下的专业人士认为此种可能性最小（15.7%）。从性别的角度看，男性认为律师存在虚假承诺的可能性高于女性，其中男性受访者当中有 32.2% 认为本地律师非常可能或很可能存在虚假承诺，而女性则是 24.9%。从教育背景的角度看，各教育水平的专业人士中都有六成以上比例认为律师存在虚假承诺的可能性，并大致呈现出随着教育水平的不断提高，认为律师存在虚假承诺的可能性越大的趋势。其中认为律师存在虚假承诺的可能性最低的群体是专科群体，有 26.6% 的人认为本地律师非常可能或很可能存在虚假承诺。而认为这种可能性最大的群体则是博士群体，有 37% 的人认为本地律师非常可能或很可能存在虚假承诺。从政治面貌的角度看，民主党派人士认为律师存在虚假承诺的可能性最大（36.9%），共青团员认为此种可能性最小（16.7%）。

而在社会公众受访者当中，也可以从以下几个维度来进行分析。从性别的角度看，认可此种可能性的男性（24.3%）比例高于女性（19.2%）。从职业的角度看，不同职业公众均有六成以上认为律师存在虚假承诺的可能性，其中进程务工者与自由职业者认为此种可能性最高（22.9%）。从文化程度的角度看，随着文化水平的不断提高，公众认为律师存在虚假承诺的可能性不断增加（回答很可能或非常可能的比例，初中及以下：20.6%，高中：20.6%，本科/专科：22.2%，研究生：25.8%）。从政治面貌的角度看，民主党派人士认为此种可能性最大（34.1%），群众认为此种可能性最小（21.3%）。从诉讼活动的角度看，参与过诉讼活动的公众认为律师存在虚假承诺的可能性（28.5%）高于未参与过诉讼活动的公众（20%）。

（三）律师与法官之间的不正当利益往来问题

关于问题三，受访对象是各省/自治区/直辖市的专业人士和普通公众。数据结果显示，认为本地律师非常可能与法官存在不正当利益往来的是7.3%，认为很可能的是15.4%，认为有可能的是42.1%，认为不太可能的是27.8%，认为非常不可能的则是6.4%，还有1%受访者拒绝回答。法律专业人士和普通公众相比，认为律师与法官存在不正当利益往来可能性的专业人士比例低于公众。其中，法律专业人士有18.4%认为本地律师非常可能或很可能与法官存在不正当利益往来，而公众当中则有24.1%持这一看法。在这一点上，本题回答的结果和前面两个问题形成明显的反差。在前面两个问题中，法律专业人士本身一直比社会公众对律师职业伦理状况持更为负面的评价。而对于律师与法官之间的不正当利益往来问题，法律专业人士的评价则比社会公众更为正面。其中的反差，值得进一步去反思。从法律职业群体的角度看，认为律师与法官存在不正当利益往来的可能性，在所有法律职业群体中最高的是警察（23.8%），法官认为此种可能性最小（8.7%）。

在法律专业人士受访者当中，可以从以下几个维度来进行分析。从从业年限的角度看，专业人士从业年限越长，从业11年~20年认为律师与法官存在不正当利益往来的可能性最高（24.1%），最低的是从业3年以下的人员（10.8%）。从年龄的角度看，随着年龄的增长，受访专业人士认为律师与法官存在不正当利益往来的可能性大致呈现先上升后下降的趋势，其中25岁及以下的专业人士认为此种可能性最小（10.7%），46岁~55岁的专业人士认为此种可能性最大（22.8%），次之为36岁~45岁（22.3%）。从性别的角度看，男性专业人士认为律师与法官存在不正当利益往来的可能性（21.7%）高于女性专业人士（13.1%）。从政治面貌的角度看，民主党派人士认为律师与法官存在不正当利益往来的可能性最大（26.2%），共青团员认为此种可能性最小（11.7%）。

而在社会公众受访者当中，也可以从以下几个维度来进行分析。从性别的角度看，男性公众认为律师与法官存在不正当利益往来的可能性（26.8%）高于女性公众（21.3%）。从职业的角度看，不同职业的公众均有六成以上认为律师与法官存在不正当利益往来的可能性，其中进城务工者认为可能性最大（26.9%），其他类人员认为可能性最小（12%）。从文化程度的角度看，随着文化水平的不断提高，专业人士认为律师与法官存在不正当利益往来的可能性不断增加（受访群体当中回答"很可能"或"非常可能"的，初中及以下：22.8%，高中：23.4%，本科/专科：24.6%，研究生：26.2%）。从政治面貌的角度看，民主派人士认为律师与法官存在不正当利益往来的最高（31.8%），中共党员认为此种可能性最小（23.2%）。从诉讼活动的角度看，参与过诉讼活动的公众认为律师与法官存在不正当利益往来可能性的比例（29.9%）高于未参与过诉讼活动的公众（22.6%）。

四、律师职业伦理评价的分化格局与政策寓意

如果将受访者对三个问题的回答与受访者本身的背景信息结合起来进行交叉分析，就会从中看出对于律师职业伦理评价的总体格局。

（一）从总体形势来看，当前我国的律师职业伦理状况的总体评价不容乐观，但在缓慢改善

这些受访者的回答在三个方面的不满意度排列如表 2 所示。司法文明指数调研小组在 2015 年也针对全国范围内的 20 个省级地区就相同的问题发放了问卷。从这个表可以看出两点：①2015 年的数据表明，如果从虚假承诺、虚假宣传和律师与法官不正当往来这三个指标来看，表示上述情形在本地区很可能或非常可能发生的受访者有 30% 左右。这说明，全国范围内，依然还有超过接近 30% 以上的人对于本地区律师职业伦理状况给予了相当负面的评价。也就是说，无论律师职业在虚假宣传、虚假承诺和律师与法官的不正常往来这三种职业失范行为当中客观表现如何，至少还是有接近 30% 的人给本地的律师在这三种行为上给出了负面的评价。在另一个由东南大学法学院王禄生发起的全国范围的问卷调查也佐证了这样一个评价。在这个面向全国 6916 名社会公众的调研当中，对于本地区律师"不虚假承诺、不虚假宣传"方面，3.57%（247 人）选择了"极不信任"，31.94%（2209 人）选择了"不太信任"，而选择"完全信任"（44.13%）和"比较信任"（3.48%）合起来不足一半。[1] 尽管因为提问方式有些差异而导致无法对数据进行直接比较，但两个全国范围的问卷调研都反映了共同的问题。②2016 年数据比 2015 年数据在三个方面都有一定进步，对本地区在三个方面给出负面评价的人群下降了 4% ~ 7%。这就意味着至少在 2016 年全国的法律职业人员和社会公众对本地律师职业伦理水平给予了更为积极的评价。

---

[1] 王禄生："公众心中的刑事法治状况"，2016 年未刊稿。

表 2　不同年份对律师职业伦理的评价表

年份	虚假宣传（很可能或非常可能）	虚假承诺（很可能或非常可能）	律师与法官的不正常交往（很可能或非常可能）
2015 年	29.9%	29.9%	26.4%
2016 年	22.6%	23.6%	22.7%

（二）从不同受访群体来看，对我国律师职业伦理状况的评价上出现了比较明显的分化

1. 从法律职业群体与一般社会公众来看，在虚假宣传和虚假承诺方面，法律职业群体的评价要比一般社会公众差，而且这种差异非常显著（高达 5%~7%）。这一点与美国公众对律师的评价形成鲜明的对比。根据美国律师协会（ABA）的调查发现，仅有 1/5 的社会公众受访者认为律师"诚实和讲道德"。律师的道德水准远远低于其他从业人员，仅仅排在二手车经销商之前，甚至有90%~95% 的受访美国父母不希望子女当律师。[1] 这说明，无论是相比于美国的社会公众还是相比于我国的法律职业群体本身，我国社会公众对于律师职业伦理水平特别是诚信方面还是相对信任的。而对于在律师与法官的不正常交往方面，则反之。社会公众在这一点上的负面评价要高于法律职业自身评价 5.7%。之所以会出现这样一种反差，与近年来所出现的一系列司法腐败大案显然不无关系。[2] 而在今天的美国，社会公众对律师行业的抱怨几乎都与司法腐败没有太大的关系了。这样一种反差也充分说明了，在当前阶段，我国社会公众对于律师廉洁方面的评价要低于对律师诚信方面的评价，律师的"捐客"形象在媒体和一些流行小说当中广泛流传。[3] 但这方面也许恰恰是律师职业行为规则在惩戒当中被忽略的。根据笔者的统计，某市 2005 年~2008 年期间进行处分的 197 件投诉案件当中，仅有 2 起案件的理由是"与法官不当往来"，大约占到 1%。未来律师职业伦理建设在律师廉洁性特别是律师与法官不正常往来方面需要投入更多的力量去进行规制。

---

〔1〕 ［美］德博拉·L. 罗德：《为了司法/正义：法律职业改革》，张群等译，中国政法大学出版社 2009 年版，第 5 页。

〔2〕 在郭京毅（原商务部条约法律司副司长）案、黄松友（原最高法院副院长）案、奚晓明（原最高法院副院长）案、上海法官集体嫖娼案件、裴金泉（原深圳中院副院长）案等案件当中都有法官与律师之间不正当往来的问题。根据对 1995 年~2013 年 200 个法官腐败案例的梳理分析，发现其中至少有 32 起案件当中涉及律师或法律工作者的居间活动。参见郑小楼："法官腐败报告"，载《财经》2013 年第 15 期。

〔3〕 方流芳："匹夫有志，可敌三军"，载《律师文摘》2012 年第 4 辑。

表3　不同受访群体对律师职业伦理的评价表

受访群体	虚假宣传（很可能或非常可能）	虚假承诺（很可能或非常可能）	律师与法官的不正常交往（很可能或非常可能）
法律职业群体	26.5%	29.4%	18.4%
社会公众	21.5%	21.8%	24.1%

2. 从不同法律职业群体来看，对于律师虚假宣传、虚假承诺问题，法官评价最差，律师自我评价最高，法官的负面评价比律师高 5.5%。而对于律师与法官的不正常交往，警察评价最差，法官自我评价最高。而律师在这一点上评价也很不好（23.2%认为很可能或非常可能）。这种反差可以看出：①不同法律职业群体对自身职业伦理水准的评价一般要高于其他法律职业群体对自身职业伦理水准的评价。无论是律师还是法官，对涉及自身职业伦理行为的评价都要高于其他同行群体的评价。对法律职业伦理水平自我评价相对较高也许是因为法律职业群体的自我利益，但也可能是法律职业群体对自身的信息更为了解。这对于法律职业伦理的启示在于，完全寄希望于让职业群体通过自身的自我惩戒来保障律师职业伦理水准是不现实的。一个表征就是，无论中国还是美国，律师协会自身对于违反职业伦理的不当执业行为都缺乏足够的惩戒动力。这就要求在律师职业伦理的评价与惩戒机构当中除了律师自身之外，还必须有足够的社会公众与其他法律职业代表。②法官对于律师职业伦理水准的评价要低于检察官和警察，而在"律师与法官的不正常交往"这一问题上，律师也给出了比法官糟糕得多的评价。这在某种意义上反映出法官和律师对彼此职业伦理水平的评价都是负面的。这或许在某种意义上可以解释辩审冲突的存在。律师与法官对彼此之间职业伦理水平的差评在其他实证调研当中也得到一定程度的印证。有学者于 2006 年在北京地区部分法官与律师当中针对法官与律师的关系进行了问卷调查。调查发现，在律师对法官的评价中，"你对法官的整体状况满意吗？"满意率在 42%。满意的理由是法官具备应有的良心和道德；58%的人不满意的理由主要表现在以下几个方面：一是法官的学识不足，占 47%；第二位的是索贿，占 39%；第三位是不尊重律师，占 14%。在对法官进行同一个问题问卷调查时，法官对律师整体状况满意率是 48%，理由是律师的专业精神。52%的人不满意的理由是律师的重利忘义、收费不公和作伪证。在对法官的问卷中，"你认为律师从总体上哪方面最好、哪方面最差？"有 50%的法官认为律师最好的一面是他们的专业素养，其次是执业态度占 13%。法官认为律师最差的一面：职业道德方面最差占 43%，律师的形象

差占31%。[1] 由此可见，律师与法官之间对彼此法律职业伦理水准的差评其实由来已久，而且这么多年来并未有根本性的改变。

表4　不同法律职业群体对律师职业伦理的评价表

法律职业群体	虚假宣传（很可能或非常可能）	虚假承诺（很可能或非常可能）	律师与法官的不正常交往（很可能或非常可能）
律师	23.9%	25.1%	23.2%
法官	30.4%	35.8%	8.7%
检察官	26.6%	29%	18.2%
警察	24.9%	27.6%	23.8%

3. 在法律专业人士受访者当中，不同从业年限与年龄的法律专业人士对于律师职业伦理水平的评价有一个非常显著的分化。如果将不同从业年限与不同年龄的受访者结合来看，从表5可以看出三个重要的特点：①可以发现年龄在25岁以下的从业年限不满3年的这个群体对于律师职业伦理水平的评价是最高的。这样一个群体从法学院毕业进入法律实务机构进行法律实践活动，或许是因为法学教育让他们对律师职业还保持一些敬意，也可能是因为他们与律师之间接触还尚未深入，总之他们对于律师职业伦理水平的评价还是相对较好的。②年龄越大与从业年限越长的法律职业人士对本地区律师职业伦理水平评价越低，当从业11年~20年年龄到了36岁~45岁的时候，这种负面评价到达一个顶点。无论在公检法律师哪个行业当中，在从业11年~20年年龄到了36岁~45岁的时候，应该在各个单位都属于骨干力量，处在其职业的黄金时期，承担着一个单位当中最重的任务。[2] 而恰恰是这些身处职业盛年的一群人对本地区律师职业伦理水准的评价最糟糕，这一点应该引起关注。③但是从业20年以上的、年龄在55岁以上的法律职业人群对于本地区律师职业伦理水准的评价则要相对好一些。这样从整体来看，不同从业年限和不同年龄的法律职业人士对本地区律师职业伦理水准的评价会呈现一个"U"字形的变化趋势。

――――――――

〔1〕　李嵘："关于律师与法官关系的实证研究"，载《法治研究》2008年第7期。

〔2〕　比如北京地区首批入额法官的平均年龄40.6岁，平均工作年限16年。参见张蕾："北京首批入额法官2019人"，载《北京晚报》2016年5月10日，第5版。上海首批入额法官的平均年龄43.9岁，平均司法工作经历18年，首批入额检察官的平均年龄44.7岁，平均司法工作经历19年。参见佚名："上海首批入额法官：平均干18年 超5成具硕博学位"，载搜狐网，http://news.sohu.com/20150723/n417402951.shtml，2015年7月23日访问。

表5　不同执业年限/年龄段法律专业人士对律师职业伦理的评价表

不同从业年限/年龄段	虚假宣传（很可能或非常可能）	虚假承诺（很可能或非常可能）	律师与法官的不正常交往（很可能或非常可能）
执业3年以下	16.4%	17.8%	10.8%
执业3年~10年	28.7%	31%	17.7%
执业11年~20年	32.4%	36.4%	24.1%
执业20年以上	26.3%	32%	21.3%
年龄25岁以下	16%	15.7%	10.7%
年龄26岁~35岁	27.1%	29.6%	16.9%
年龄36岁~45岁	29.3%	33.5%	22.3%
年龄46岁~55岁	26.9%	30.7%	22.8%
年龄55岁以上	23.1%	29.3%	21.5%

4. 从社会公众从事的职业来说，从职业的角度看，在所有社会职业群体中，进城务工人员对律师职业伦理的评价是最差的。无论是对虚假承诺、虚假宣传，还是律师与法官的不正常交往，他们认为发生的可能性都是最高的。一方面，进城务工人员从农村进入城市来谋生，因为进入一个陌生社会当中重新立足，必然会遭遇租房、找工作等一系列需要面对的事情，也就必然会产生更多的纠纷，从而需要跟法律打交道。美国法律社会学家布莱克曾经观察到人与人之间的关系距离对于法律运作的影响：在关系密切的人们中间，法律是不活跃的；法律随人们之间的距离增大而增多，而当增大到人们的生活世界完全相互隔绝的状态时，法律则开始减少。[1] 很显然，进城务工人员所处的生活世界中人与人的关系还处于需要法律的关系距离当中。但另一方面，由于进城务工人员本身较为薄弱的经济条件，使得他们注定无法享受到最优质的法律服务。这当中就会形成一个供给与需求之间的矛盾，进城务工人员的法律需求事实上注定无法得到充分的满足。这充分说明进城务工人员是一个亟需律师界关爱的群体，也是律师公益活动的一个重点对象。正如一些学者已经意识到的，国内律师对于律师公益活动的理解存在一种过于泛化的问题。以全国第一份关于律师社会责任的报告为例，2010年

―――――――――

〔1〕　［美］布莱克：《法律的运作行为》，唐越、苏力译，中国政法大学出版社2004年版，第48页。

《北京律师社会责任报告》显示，北京市 76.87% 的律师已经以各种形式履行了社会责任，律师履行了社会责任的方式包括参政议政、参与立法、服务国防、慈善捐助、法学研究等多达 26 个方面。[1] 当然，也应该看到许多律师个人已经开始有意识地通过各种方式为农民工提供公益服务，但从全国范围来说，这样一些人的努力还远远不够。

表6   社会公众对律师职业伦理的评价表

受访的公众群体	虚假宣传（很可能或非常可能）	虚假承诺（很可能或非常可能）	律师与法官的不正常交往（很可能或非常可能）
党政机关人员	21.5%	21.4%	20.5%
事业单位人员	19.9%	20.5%	23.1%
企业、服务业从业人员	21.4%	21.8%	24.4%
进城务工人员	22.9%	22.9%	26.9%
农民	21.5%	22.3%	25.2%
离退休人员	20.7%	20.7%	22.1%

5. 从性别来看，无论在社会公众还是法律职业群体当中，女性受访者对于律师职业伦理的评价都要好于男性受访者。从下表可以看出，在社会公众当中，男性受访者对三种情形的差评要高出女性受访者 4%~5%。在法律职业群体当中，男性受访者对三种情形的差评要高出女性受访者 7% 左右。女性受访者对本地区律师职业伦理的判断高于男性受访者可能基于两种原因：①可能是因为女性受访者确实认为本地区律师职业伦理水准要比男性受访者高。②还有一种可能性是基于男女在道德判断方面思维方式的差异使得女性在作出一项判断之前更为谨慎也更为保守。按照女性主义法学学者们的解释，男性与女性在道德判断方面是两种模式，男性更倾向于运用"正义伦理"（ethic of justice）来作出判断，这种推理方式是将抽象的、普适的原则适用于问题情境当中。而女性则更多的是倾向于一种关怀伦理（ethic of care），更注重一种情境化的、相互关联的推理模式。[2] 也就是说，当女性在作出一项伦理判断的时候，必然会将该判断尽可能

〔1〕   许身健："提升律师公益法律服务"，载《检察日报》2013 年 3 月 13 日，第 7 版。
〔2〕   Carrie Menkel-Meadow, Portia Redux: *Another Look at Gender, Feminism, and Legal Ethics*, 2 Va. J. Soc. Pol'y and Law 1994, p. 75.

小心翼翼地、富有弹性地剪裁进一种真实的生活情境当中。她们更强调在作出某一项伦理判断之前所需要的知识和信息。[1] 这就意味着，女性受访者在对本地区律师职业伦理进行评估的时候也许会更为保守一些，更谨慎一些。

表7　不同性别受访者对律师职业伦理的评价表

不同从业年限	虚假宣传（很可能或非常可能）	虚假承诺（很可能或非常可能）	律师与法官的不正常交往（很可能或非常可能）
男性（公众）	23.4%	24.3%	26.8%
女性（公众）	19.4%	19.2%	21.3%
男性（专业）	29.1%	32.2%	21.7%
女性（专业）	22.2%	24.9%	13.1%

6. 在社会公众当中，参与过诉讼活动的公众对律师职业伦理的评价要明显低于没参与过诉讼活动的社会公众。在社会公众当中，参与过诉讼活动的公众给出的负面评价要比未参与过诉讼活动的社会公众高7%~9%。这说明社会公众对律师的法律服务体验并不好，体验之后对律师职业伦理水平的评价呈现明显下降趋势。法律社会学家尤伊克和西尔贝将社会公众对法律的态度描述为三种：敬畏法律、利用法律和对抗法律。许多社会公众对法律往往充满着敬畏，对法律常常敬而远之。其形象犹如著名作家卡夫卡曾在其小说《审判》当中刻画的那个站在法律门前的乡下人一样，他在法律门前不断徘徊，却无法进入这道法律之门。但有些社会公众会将法律视为一种合法追逐自我利益的游戏制度，进而充分利用其来实现自我利益。最后还有一些人在被动卷入法律当中的时候往往受到法律的伤害，进而认为法律和代表法律的人事本身上是不公正的，充满欺骗和操作。[2] 换言之，社会公众对于法律的体验和评价是在不断发生变化的，而律师则是其中最为重要的一个载体。律师对于社会公众的印象如何不仅仅影响到公众对律师行业的评价，甚至会影响社会公众对于法治和法律秩序的整体信心。因此，如何提升社会公众的诉讼体验应该成为未来律师职业伦理规制的一个重要方向。

---

〔1〕　Phyllis Goldfarb, *A Theory-Practice Spiral*: *The Ethics of Feminism and Clinical Education*, 75 Minn. L. Rev. 1991, p. 1599.

〔2〕　［美］帕特里克夏·尤伊克、苏珊·S. 西尔贝：《法律的公共空间——日常生活中的故事》，陆益龙译，商务印书馆2005年版，第3页。

表8 不同社会公众对律师职业伦理的评价表

受访的公众群体	虚假宣传（很可能或非常可能）	虚假承诺（很可能或非常可能）	律师与法官的不正常交往（很可能或非常可能）
参与过诉讼活动的公众	28.8%	28.5%	29.9%
未参与过诉讼活动的公众	19.4%	20%	22.6%

7. 在社会公众当中，从文化程度的角度看，随着文化水平的不断提高，公众对本地区律师职业伦理的评价越糟糕。除了个别数据之外，从总体上看，文化程度越高的社会公众对本地区律师职业伦理水准的评价要低于文化程度低的公众受访者。如果说文化程度越高的社会公众越有可能是社会精英，那么，可以说越是社会精英对于本地区律师职业伦理水准的评价越低。

表9 不同文化程度社会公众对律师职业伦理的评价表

31个省级区域排名	虚假宣传（很可能或非常可能）	虚假承诺（很可能或非常可能）	律师与法官的不正常交往（很可能或非常可能）
初中及以下	21.1%	20.6%	22.8%
高中/中专	20.2%	20.6%	23.4%
本科/专科	21.5%	22.2%	24.6%
研究生	26.1%	25.8%	26.2%

（三）评价分化格局对法律职业伦理体系建构具有潜在的影响

前面从法律职业与非法律职业、不同法律职业、不同从业年限、不同性别、不同地域、是否有诉讼经历、不同文化程度等多个维度呈现出对本地区律师职业伦理水平评价的分化格局。对于律师职业本身来说，这些评价主体基本上都是外部的，但他们构成了律师的执业环境，他们是律师执业活动的观察者和受动者，因此，他们也是律师职业伦理水准最重要的评价者。这就意味着，无论是律师职业伦理规范体系的制定，还是律师职业伦理规范实施体系的设计，都必须对这样一个外部评价格局进行必要的回应。

1. 在律师职业伦理规范制定修改的过程当中必须对这样外部群体的立场给予更多的考虑。目前，我国律师职业伦理规范的修改更多得被视为律师自己行业的事甚至被看作是律师协会自己的事情，对于其他法律职业和社会公众的需求并没有给予足够的考虑。比如前两年在对全国律师协会对《律师执业行为规范》（2011）和《律师协会会员违规行为处分规则》进行修订的过程当中，全国律师协会仅仅在小范围内征集了意见，甚至连全国律师协会各专业委员会都不在征求的范围之内。这种规范修订的方式也许有主事者的策略考虑，但不可避免地会导致规范的权威性和正当性受到律师和社会舆论的质疑。[1] 未来律师职业伦理规范当中必然要建构一个更为合理地吸收法律职业以及社会公众诉求的机制，从而使得相关规范的修改制定具有更强的社会基础。而在这样一个机制的建构过程当中，上述分化格局的各方均应该有相应的代表参与到其中，特别是那些给出负面评价的群体代表。

2. 在律师职业伦理制定和实施过程当中，必须对某些群体的诉求给予更多的回应。正如前面所展示的，在不同法律职业当中，法官对于律师职业伦理水准总体评价是最为负面的。在不同从业年限和年龄层次的法律职业群体当中，36岁~45岁从业10年~20年的这个群体对于律师职业伦理水准总体评价是最为负面的。在不同职业的公众当中，进城务工人员对于律师职业伦理水准总体评价是最为负面的。在不同文化层次的公众当中，研究生及以上学历对于律师职业伦理水准总体评价是最为负面的。那么未来法律职业伦理建设与规范实施就必须对这些群体的诉求进行重点的回应，进一步理清这些群体诉求的来源，进行有针对性的回应。比如对于进城务工人员，从全国律师协会的角度出发，应该通过针对性的法律援助等建制性的活动对这个群体的诉求给予更多的回应。

3. 在具体律师职业伦理失范行为上应该给予更大的回应。本调研由于诸多限制仅仅对虚假宣传、虚假承诺和律师与法官的不正当往来等三种行为进行了调研，从中可以看出这三类失范行为的社会评价并不乐观。如前所述，这三类行为都是现行律师职业行为规范所明确禁止的行为，但这些行为并未因为行为规范的禁止而销声匿迹甚至还相当有空间。律师协会在未来应该通过强化对此类行为的投诉和惩戒来给予更为有效的回应。比如说，在大量的司法腐败案件当中，律师都是其中的居间者，但对这些律师如何进行惩戒与处理却很少进入社会公众的视野当中。我们当前的律师惩戒更多的还带有封闭性和秘密性色彩，既无法对律师行业以足够的震慑，也无法回应社会舆论的需求。[2] 律师协会自我惩戒的动力不足是一个普遍性问题。在美国，1988年有超过44 000件惩戒投诉被速决驳回，

〔1〕 关于本次律师职业伦理规范修订引发的舆论关注，参见刘炎迅、刘长："律师执业行为规范修订引争议，律师遭遇网络'封口令'"，载《南方周末》2014年6月19日。

〔2〕 这种状况开始发生一些变化，比如全国律师协会从今年上半年开始在"中国律师"的微信公号上开始发布"律师协会维权惩戒工作通报"，但只通报统计数据，没有具体的案件。北京律师协会每隔几年会出版《执业警示录》，但仅限内部出版，而且所涉及个人和律师事务所都是匿名。

而在某些司法辖区，高达 90% 的投诉被速决驳回。[1] 而即便在那些律师惩戒机构受理的投诉中，得到公开处理的不足 2%。[2] 因此，唯有在律师惩戒中引入更多的社会力量建构一个更为公开的惩戒机制才可能使得律师职业伦理规范更具有权威性。

五、结语

本文意在通过定量的数据分析呈现出社会公众与法律职业群体对本地区律师职业伦理水平的基本评价。尽管前文已经对数据及其数据背后可能展示的内容做了尽可能的阐述，但基于项目本身的限制和定量研究方法的局限性，依然还是留下了一些遗憾。正如一些学者所发现的，在对刑事司法系统的研究当中，"定量观察对我们实质性的研究有很多限制，但其在政策效果研究方面的优势却超过了定性思考"。[3] 定量研究对于受访者对某一问题的评价和态度的了解有着很强的优势，但对于这些评价与态度背后的解释却显得有些力不从心。因此，尽管笔者已经尽量借助一些定性的信息和理论给予尽可能的阐述，本文中的定量研究也可能存在着类似的问题。尽管如此，作为第一次对全国范围内律师职业伦理水平的定量研究，本文已大致勾勒出我国律师职业伦理评价的基本分布概貌。这一概貌所呈现出来的分布样态将成为后续进一步实证研究的重要基础，后续对律师职业伦理水平的实证研究可以对本研究所提出的基本判断进行证实或证伪，也可以做进一步的精细化和解释性工作。

作为一个法律服务重建发展不足 40 年的国家，我国律师行业在复杂的制度环境当中实现了快速的发展。这样一个快速发展的过程一方面是法律服务群体的快速增加和法律服务市场的不断扩大的过程，而另一方面也是律师行业管理体制与配套制度不断发展完善的过程。律师行业的制度变革应该回应社会对法律服务的期待与法律服务市场发展的需要。两者之间常常会产生一种内在的冲突，而律师职业伦理规范恰恰是协调二者之间的冲突的规范性机制，也是化解大众伦理与职业伦理的枢纽性机制。[4] 正是在吸收法律职业和社会公众的道德诉求与利益取向的基础上，抽象的职业伦理才逐步被锻造成平衡的律师职业行为规范。因

---

〔1〕 美国律师协会：《面向新世纪的律师规制：惩戒执行评估委员会报告》，王进喜译，中国法制出版社 2016 年版，第 26 页。

〔2〕 [美] 德博拉·L. 罗德：《为了司法/正义：法律职业改革》，张群等译，中国政法大学出版社 2009 年版，第 25 页。

〔3〕 [英] 朱利安·罗伯茨、麦克·豪夫：《解读社会公众对刑事司法的态度》，李明琪等译，中国人民公安大学出版社 2009 年版，第 22 页。

〔4〕 孙笑侠："职业伦理与大众伦理的分野——为什么要重塑我们的法律职业伦理"，载《中外法学》2002 年第 3 期。

此，律师职业伦理规范的制定与完善绝不仅仅是律师行业自身甚至是律师协会自身的事情。只有进一步吸收、回应社会公众与法律职业对律师职业伦理的基本诉求，通过科学合理有效的机制去整合各方的利益诉求，才能发挥出律师职业伦理规范应有的协调效用。[1]

---

[1] 本文载于《政法论坛》2018 年第 2 期。

律师制度恢复重建 40 年来的职业伦理发展

田海鑫[*]

1949 年后，中央人民政府司法部筹划建立中华人民共和国律师制度，到 1957 年 6 月，全国有专兼职律师共计 2800 多人，这些律师在政府设立的法律顾问处任职。但是，在 1957 年开始的反右派斗争中，律师被看作是资产阶级的代言人，多被划为右派，处以劳改甚至判刑，可以说律师制度新生不久即便夭折。20 多年后，经过党的十一届三中全会拨乱反正，在 1979 年 7 月颁布的《中华人民共和国刑事诉讼法》中专章明确了"辩护"，标志着我国律师制度在立法上正式恢复重建，到 2020 年已经走过四十多年，伴随着改革开放，我国律师行业有着长足的发展，作为律师制度的精神内核，律师职业伦理即律师执业应当遵循的基本原则，在 40 年中也经历了从无到有、不断调整充实的过程。

一、我国律师职业伦理发展沿革

（一）80 年代职业伦理恢复重建

1979 年律师制度恢复重建之后，1980 年司法部颁布的《中华人民共和国律师暂行条例》（已失效，以下简称《暂行条例》）第 1 条规定，"律师是国家的法律工作者"。这可以认为是对律师性质的界定，同时也是律师职业伦理的基准，即律师属于国家工作人员，所供职的法律顾问处性质上是事业单位，隶属于国家司法行政机关。虽然《暂行条例》对职业伦理并没有专门规定，但其中要求律师"忠实于社会主义事业和人民的利益""有保守秘密的责任"等。基于此，此时的律师职业伦理体现为鲜明的国家立场，即站在无产阶级的立场上，从维护法

---

* 田海鑫，华北电力大学人文与社会科学学院讲师。

律的正确实施出发，来维护当事人的合法权益。[1] 律师应当遵循国家工作人员的行为规范，不主张追求个人的经济利益。

（二）90 年代职业伦理逐步建立

自 1984 年起，律师的经费管理从之前的全部纳入国家预算逐步变为"全额管理、差额补助、超收提成以及自收自支"的管理体制，这是由于十一届三中全会以来，以市场经济为导向的社会活动产生了对律师业务的巨大需求，国家难以承受律师行业迅速发展的财政负担。1988 年，根据司法部《合作制律师事务所试点方案》，改变国家包办律师事务，允许建立合作制律师事务所，这是我国律师体制改革的重要一步。合作制律师事务所是由律师人员采用合作形式组成为国家机关、社会组织和公民提供法律服务的社会主义性质的事业法人组织。虽然合作制律师事务所仍属于事业法人，但其实行独立核算，自负盈亏。这一时期司法部在 1990 年颁布《律师十要十不准》（已失效），原则性地对律师工作定位，与当事人、同行的关系提出了要求，其中着重强调律师不准"单纯追求经济利益，偏离社会主义方向"。《律师十要十不准》从宏观视角为律师职业伦理规范奠定了基础，但由于条款比较简单，缺乏体系化和完整性，还不能完全从操作的层面对律师职业伦理进行有效规范。

1992 年 10 月 22 日，司法部颁布《律师惩戒规则》（已失效），规定了对律师及律师事务所惩戒的分类及适用情形，规范了违反律师职业伦理的后果，在一定程度上补充了违反《律师十要十不准》的处分措施，随后，司法部及各地司法行政机关均设立了律师惩戒委员会，为律师职业伦理监督设置了专门机构。

1993 年 11 月 14 日，中共十四届三中全会通过《中共中央关于建立社会主义市场经济体制若干问题的决定》当中明确了律师事务所的市场中介组织的性质，紧接着，12 月 26 日司法部发布《司法部关于深化律师工作改革的方案》，指出将不再使用生产资料所有制模式和行政管理模式界定律师机构的性质，大力发展不占国家编制和经费的自律性律师事务所，实行自愿组合、自收自支、自我发展、自我约束的律师体制。12 月 27 日，司法部出台《律师职业道德和执业纪律规范》（已失效，以下简称《司法部规范》），共 4 章 21 条，成为我国第一部完整、系统规范律师职业伦理的规范性文件，其中将律师职业伦理按照"职业道德"和"执业纪律"两个部分进行界定，前者是律师应当遵循的道德规范，后者是律师不得实施的各项行为。在《司法部规范》中，律师必须坚持为社会主义经济建设和改革开放服务，为社会主义民主和法制建设服务，"为巩固人民民主专政和国家长治久安服务，为维护公民的合法权益服务"是首要的职业伦理，

---

[1] 索站超："中国律师职业伦理为什么成为问题？"，载《河南财经政法大学学报》2012 年第 6 期。

一方面强调了律师的服务属性，另一方面也体现出职业伦理具有国家、市场、个人的多重色彩。同时，为了维护正常的执业秩序，1995 年 2 月司法部发布《关于反对律师行业不正当竞争行为的若干规定》；1995 年 5 月又发布《司法部关于进一步完善律师惩戒制度，加强律师惩戒工作的通知》（已失效），希望通过必要的惩戒工作，严明律师纪律。

通过上述改革措施，可以看出律师制度在逐渐去行政化，建立了商业化的市场定位。这一转变集中体现在 1996 年颁布的《律师法》中将律师界定为"为社会提供法律服务的执业人员"。既不同于《暂行条例》中的"国家的法律工作者"，也不是完全市场化的"自由职业者"。在这一改革过程中，律师职业伦理也随之从以国家为本位转向市场导向。中华全国律师协会作为全国性的律师自律组织在 1996 年 10 月 6 日通过了与司法部同名的《律师职业道德和执业纪律规范》（以下简称《律师协会规范》），共 7 章 40 条，与《司法部规范》相比较，在条文数量上增加了近一倍，内容更加丰富，但客观而言，《律师协会规范》的问题在于：①《律师协会规范》中相当多的条款直接源于《司法部规范》，且没有进一步细化规定，缺乏可操作性，甚至某些条款出现了倒退；[1] ②《律师协会规范》的规定仍以律师"诉讼业务"为基调，忽视了"非诉讼业务"中律师的职业伦理规范。

1997 年《刑事诉讼法》修改后，中华全国律师协会在 1997 年 11 月 6 日发布《律师参与刑事诉讼办案规范（试行）》，共 12 章 195 条，对律师参与刑事诉讼案件中的收案与结案、公诉（一审、二审）、自诉、附带民事诉讼等程序中担任辩护人或代理人进行了针对性的规定，具有较强的操作性，实现了在刑事诉讼领域对律师职业伦理规范的深化。1999 年 12 月 18 日，全国律协通过《律师协会会员处分规则》，标志着全国律协对律师违反职业伦理的惩戒工作进行了规范，具体包括律师惩戒的实施主体、纪律处分的种类、适用情形、程序等，明确了行业惩戒权的依据。

（三）进入 21 世纪职业伦理日臻完善

2001 年全国律协对《律师协会规范》进行了修订，与修订前相比较，具有一定的进步性：①删除了"为巩固人民民主专政和国家长治久安服务"等具有公职色彩的规定，顺应了律师性质定位的转变；②要求实习律师、律师助理参照执行，扩大了适用的主体范围，对律师职业的"预备群体"也起到了教育规制的作用。

但是，随着律师制度的市场化和商业化，律师职业伦理在缺乏约束的情况下

---

〔1〕 王进喜："中国律师职业道德：历史回顾与展望"，载《中国司法》2005 年第 2 期。

出现了一些失范现象。例如，2003 年司法部对 6 个城市专项调查发现，司法机关在查处武汉、宜昌、苏州、广州、东莞、珠海 6 个城市的法官受贿犯罪中，共牵出行贿律师多达 88 名，"律师向法官送钱已经成为公开的秘密"。[1] 2004 年 3 月，司法部发布《司法部关于进一步加强律师监督和惩戒工作的意见》，全国律协通过《律师执业行为规范（试行）》，并对《律师协会会员违规行为处分规则（试行）》进行了修订。与《司法部规范》和《律师协会规范》相比较，《律师执业行为规范（试行）》共 13 章 190 条，大大丰富了律师职业伦理的内容：①明确律师的定位为"为委托人提供法律服务"，确定了律师职业伦理规范的基准是要对委托人负责。②适用主体扩大为律师事务所，不仅律师要遵循相应的职业伦理，作为执业机构的律师事务所，也应当是法律职业伦理的规范主体。③在内容上，增加了律师收费、建立及终止委托代理关系、推广、与律师行业管理或行政管理机构关系、执业处分等各方面的内容，增强了律师职业伦理规范的完整性和体系性。2004 年 4 月，司法部在全国范围内对律师职业伦理缺失以及律师事务所"散、乱、差"问题开展了集中教育整顿活动。

根据《律师法》的规定，各地建立了律师协会，同时也制定了各自的职业伦理规范，例如北京市律师协会 2001 年制定了《北京市律师执业规范（试行）》。

2007 年《律师法》修订，取消合作律师事务所，允许个人设立律师事务所，适应市场经济的需要及律师个人的发展。进入 21 世纪以来，我国律师人数和业务数量快速增长，合伙制、个人制律师事务所发展迅速，律师事务所完全从政府部门、事业单位转变为独立经营、自负盈亏的市场主体，律师也由之前的公务员式的行政管理转变为国家引导、行业自律的新模式。随着这一变化，全国律协在 2009 年修订了《律师执业行为规范》，重点有以下几个方面：①调整了章节结构，将 13 章修订为 9 章，使结构更加紧凑，逻辑更为严谨，例如将第 5 章"委托代理关系"和第 7 章"委托代理关系的终止"合并为一章，为"律师与委托人、当事人关系的行为规范"。②将"执业道德"调整为"基本执业行为规范"，此处基本执业行为规范即可认为是律师职业伦理，既包括职业道德，也包含其他的律师职业基本准则。③增加了对律师事务所的有关规定，并设单章对律师事务所的服务与管理进行了规范。

2008 年 7 月司法部发布了《律师事务所管理办法》《律师执业管理办法》，对律师和律师事务所的执业行为和管理作出了规定，2010 年 4 月，司法部又发布

---

〔1〕 王宇："法官受贿案揭开行贿黑幕 律师业掀起整顿风暴"，载《法制日报》2004 年 7 月 28 日，第 4 版。

了《律师和律师事务所违法行为处罚办法》，对律师和律师事务所违法执业行为作出了进一步规定。由此可见，从全国律协到司法部，将律师和律师事务所都纳入职业伦理的约束范畴，既强调律师的个人行为，又强调律师事务所的机构行为，都应当符合相应的伦理规范。

（四）十八届三中全会以来职业伦理的新发展

2013 年 11 月 12 日中共十八届三中全会通过《中共中央关于全面深化改革若干重大问题的决定》，提出"完善律师执业权利保障机制和违法违规执业惩戒制度，加强职业道德建设"，发挥律师在依法维护公民和法人合法权益方面的重要作用。基于此，2014 年 5 月 23 日司法部发布《司法部关于进一步加强律师职业道德建设的意见》，强调了进一步加强律师职业道德建设的重要性和必要性，提出了进一步加强律师职业道德建设的总体要求和主要任务，尤其明确了律师职业道德建设的内容是"忠诚、为民、法治、正义、诚信、敬业"。这就为职业伦理的新发展奠定了基础。

2014 年 10 月 23 日中共十八届四中全会通过《中共中央关于全面推进依法治国若干重大问题的决定》，提出依法规范司法人员与律师的接触、交往行为，对因违法违纪被吊销执业证书的律师，终身禁止从事法律职业，构成犯罪的要依法追究刑事责任。特别强调加强律师队伍思想政治建设，把拥护中国共产党领导、拥护社会主义法治作为律师从业的基本要求。同时要求加强律师事务所管理，发挥律师协会自律作用，规范律师执业行为，监督律师严格遵守职业道德和职业操守，强化准入、退出管理，严格执行违法违规执业惩戒制度。

由此可见，改革完善律师制度作为全面深化改革的重要内容，是全面依法治国总体布局的重要组成部分。在此背景下，2015 年 9 月 15 日中央全面深化改革领导小组审议通过了《关于深化律师制度改革的意见》，于 2016 年 4 月由中共中央办公厅、国务院办公厅印发，再次重申健全律师违法违规执业惩戒制度，律师要为实现"两个一百年"奋斗目标和中华民族伟大复兴的中国梦提供优质高效的法律服务。

在制度层面，2016 年 9 月，司法部修订了《律师事务所管理办法》和《律师执业管理办法》。2017 年 1 月全国律协对《律师协会会员违规行为处分规则（试行）》再次进行了修订。2017 年 3 月，司法部印发《司法部关于加强律师违法违规行为投诉处理工作的通知》，司法部自 2017 年 5 月起在官网通报律师事务所和律师受到行政处罚和行业处分的情况，起到了较好的警示教育作用。据统计，2018 年，56 家律师事务所收到行政处罚，160 家律师事务所受到行业惩戒，分别比 2017 年增长了 16.7%和 68.4%；303 名律师受到行政处罚，593 名律师受到行业惩戒，分别比 2017 年增长了 56.2%和 42.2%。

从十八届三中全会以来，可以看出对律师职业伦理的要求明显加强了社会责任，比如司法部在 2018 年 12 月修订《律师事务所管理办法》时，强调把拥护中国共产党领导、拥护社会主义法治作为从业的基本要求，这既不同于仅仅服务当事人的"个人责任"，也不同于履行公职的"国家责任"，社会责任更加注重通过要求坚定中国特色社会主义理想信念，忠于宪法和法律，在每一起案件中都使当事人感受到公平正义，进而推动法治中国建设，维护社会和谐。

二、目前律师职业伦理的问题

（一）律师职业伦理规范立法缺乏统一规划

我国目前律师职业伦理规范立法主体较多，主要体现在司法行政机关、律师协会多头立法、多头管理，就出现了权责不清、交叉重叠、互相冲突的问题。例如涉及律师同业竞争的问题，应当由律师协会制定规范，但司法行政机关却制定了《关于反对律师行业不正当竞争行为的若干规定》；比如上文提到的司法部和中华全国律师协会制定了同名的《律师职业道德和职业纪律规范》，二者内容上重合较多，且二者并行有效；再比如《律师法》第 39 条规定，律师不得在同一案件中为双方当事人担任代理人，而《律师协会规范》第 28 条规定，同一律师事务所不得代理诉讼案件的双方当事人，虽然这一规定比《律师法》的要求更加严格，但是却构成了对国家法律的抵触。

（二）律师职业伦理规范实施效果欠佳

律师职业伦理规范未能获得良好实施主要体现在律师协会和律师事务所的管理和监督职责没有发挥应有的作用。其一，司法行政机关与律师协会的职责并未完全理顺，很多地方行政管理过于强势而律师协会管理缺位，例如目前对于律师的惩戒分属律师协会和司法行政机关，前者是行业惩戒，后者是行政处罚，有观点认为行政处罚的威慑力远大于行业惩戒，这种情况就导致了律师协会的规范在现实中也是很苍白的。[1] 其二，律师协会的弱势地位还体现在部分地方律师协会缺乏独立的机构和运行管理机制，存在和司法行政部门"一套人马、两块牌子"的现象，甚至一些地市并未成立律师协会。其三，律师事务所未能起到监督律师职业伦理的作用，一些律师事务所管理"散、乱、差"，任由律师实施违反职业伦理的行为，例如乱收费、代理利益冲突案件，律师事务所的内部监管失控直接导致了律师失范行为屡有发生。

（三）个别律师违背职业伦理的现象造成不良影响

尽管我国已制定了内容较为丰富的律师职业伦理规范，但仍有个别律师的失

---

〔1〕 陈宜、李本森主编：《律师职业行为规则论》，北京大学出版社 2006 年版，第 12 页。

范行为见诸报端，加之互联网传播迅速，对社会产生了极为恶劣的影响，严重损害了律师行业形象。例如 2017 年 8 月，浙江某律师事务所著名律师吴某某在微博、博客上发表诸多不当言论和系列文章，丑化、歪曲事实，诋毁党和国家的政策，危害国家安全利益，后杭州市司法局对其处以停止执业 9 个月的行政处罚。2018 年 3 月，中华全国律师协会专门发布十大典型惩戒案例，主要涉及律师因违规收案、违规收费、利益冲突、代理不尽责、违规会见、发表不当言论、以不正当方式影响依法办理案件、扰乱法庭秩序、犯罪等违规行为，由此可见，目前个别律师仍存在不同形式的违反职业伦理的现象，因此有必要进一步加强律师职业伦理建设。

（四）律师职业伦理与社会认识存在冲突

现代律师职业伦理规范正在与国际接轨，但并不意味着获得了我国社会大众的普遍认同。社会上仍有相当多的人认为律师是"一切向钱看""为有钱人说话""为坏人说话"的逐利者。加之"无讼""息讼""厌讼"的传统社会"讼师"历来受到人们轻贱，认为讼师"最善于搬弄是非，颠倒黑白，捏词辨饰，渔人之利"。[1] 这些不利于树立律师职业伦理的社会认识和文化观念，阻碍了律师制度在中国的整体认同。

三、新时代职业伦理发展的完善

2017 年，党的十九大报告提出了中国发展新的历史方位——中国特色社会主义进入了新时代。新时代律师的职业伦理定位应当继续坚持社会本位，为法治中国建设服务，具体应采取以下完善措施：

（一）完善律师职业伦理规范体系

对于目前存在的多头立法、多头管理的现象进行整合，应当充分发挥中华全国律师协会的行业管理职能，在对规范性文件审查、整理的基础上，制定体系完整的律师职业伦理规范，消除各层次制度之间不协调、相互冲突的问题，在职业伦理规范中明确律师职业不得触碰的底线规定。同时，要随着新时代法治中国建设的发展，逐步完善律师职业伦理规范的具体内容，使之能够适应时代的要求。

（二）强化律师协会和律师事务所的管理职责

在坚持司法行政管理与律师协会行业管理相结合的体制下，应当重点转变司法行政机关的管理职能，强化律师协会的管理职能。要明确二者的权限，应当界定司法行政机关为宏观管理，律师协会为自律管理，针对目前律师协会的各项规范缺乏强制力的问题，应当在《律师法》中扩大律师协会职能的授权范围，应

---

〔1〕 梁治平：《法意与人情》，中国法制出版社 2004 年版，第 275～276 页。

当将律师年检注册、律师事务所登记、律师及律师事务所违纪惩戒（吊销执业证书除外）等微观管理事项赋予律师协会，使律师协会真正能够发挥行业自律和管理的作用。同时应当发挥律师事务所的基础管理作用，对律师收费、信息公示、执业纪律、诚信档案等进行系统管理，解决某些律师事务所管理"散、乱、差"的问题。

（三）健全律师职业伦理的监督管理机制

首先，对于律师准入环节，应当加强对实习人员道德品质的培训及考核，在行业门槛上设置较高的伦理标准；其次，将律师职业伦理情况作为律师执业年度考核和律师事务所年度检查考核的重要内容，通过奖惩机制，表彰宣传先进典型，严肃查处违反职业伦理的行为；再次，畅通投诉举报渠道，对律师违反职业伦理的行为要及时受理调查，及时查处有关问题。最后，建立全国范围的律师执业信息平台，公开律师和律师事务所不良执业记录，接受全社会的查询和监督。

（四）通过律师职业伦理教育提高法律素养

2018年9月，教育部、中央政法委发布《关于坚持德法兼修 实施卓越法治人才教育培养计划2.0的意见》，明确加大学生法律职业伦理培养力度，面向全体法学专业学生开设"法律职业伦理"必修课，实现法律职业伦理教育贯穿法治人才培养全过程。毫无疑问，律师职业伦理是法律职业伦理教育的重要部分，律师职业伦理的塑造应当从专业时期就进行塑造，在从事律师执业之后也要不断进行培训教育。同时，律师职业伦理的内容也应当被社会公众知晓和接纳，一方面，想要破除公众的误解，就必然要求律师职业伦理中强调社会公益与社会担当，另一方面，应当加大普法力度使公众知晓律师的职业特性，了解律师的执业方式方法，从而获取社会认同。

律师执业之证据伦理

张南宁　唐凌云*

一、证据的伦理性

在一方当事人试图运用证据证明其主张以实现其利益时，伦理问题就会出现。律师经常面临证据和伦理规则耗尽的情形，并且还要作出艰难的证据和伦理决策。[1] 伦理在本质上是"一种社会关系，体现着对生命的关怀与关注，是约束人们行为的命令、矫正人生方向的标尺、人类的自律精神"。[2] 基于此，有学者认为，证据的伦理性（Ethics of Evidence），简单地说就是证据是否具有善恶、对错的问题。例如，刑事证据自身存在着善与恶、利与弊的冲突，这是由刑事证据本身所担负的社会功能决定的。刑事证据的功能就是要证实犯罪，起到打击犯罪、惩罚犯罪人的作用，从而保障人民生命财产安全、维护社会安定。对于被害人、社会及整个国家来说，刑事证据的这一功能是一种"善"的表现，具有保障社会整体利益的"利"的作用；而刑事证据的这一功能对于被告人来说却是一种极大的"弊"，对于错误的被告人来说更是"恶"的表现。[3] 笔者认为这

---

* 张南宁，湖南大学法学院教授，湖南天地人律师事务所一级律师。唐凌云，湖南天地人律师事务所律师。

[1] Joseph A. Colquitt, *Evidence and Ethics：Litigation in the Shadows of the Rules*, 76 Fordham L. Rev. 2007, p. 1643.

[2] 和"伦理"经常混用的一个概念是"道德"，实际上二者是两个相通而又有区别的概念。道德是"人类社会生活中特有的现象，它是最终由社会经济生活条件决定的，以善恶为标准，依靠社会舆论、传统习惯和人们内心信念维系的。调整人与人（包括个人与集体，社会）、人与自然、人与自我生命体等的原则规范心理意识和行为活动的总和"。参见王正平、周中之：《现代伦理学》，中国社会科学出版社2001年版，第11页。

[3] 王佳："论证据的伦理性与构建和谐社会"，载《阜阳师范学院学报（社会科学版）》2005年第6期。

种观点是值得商榷的。因为证据是当事人用于证明某一主张的信息材料，这些材料可以表现为实物、语言或其他能承载信息的载体。有些证据，如证人证言或当事人陈述可能会有是否具有善与恶的问题，但实物证据本身不具有善恶的问题。笔者认为，证据的伦理性应该是在证据的运用过程中出现的一些与伦理规范相关的问题，因为伦理问题必须涉及与人的关系。例如，刑事证据伦理观就是指立法者在制定的刑事证据法中蕴含的伦理观念、伦理原则和刑事证据主体收集、运用证据应具备的伦理素质和应遵循的伦理准则。就前者而言，它们包括，在制定的刑事证据法条文中体现出人文关怀、以人为本、平等武装、机会均等、言善行直、规则文明、程序公正等内容。就后者而论，它们包括：收集证据时不畏艰辛、迅速及时、不凭厌恶、全面客观、讯（询）问文明、言行适当和运用证据时思维严谨、利弊分明、正反兼听、综合判断、务实求真等内容。[1] 只有证据符合特定伦理价值要求，才能保障诉讼的顺利进行，从而达到解决纠纷、惩罚犯罪、保护公民合法利益的目的。

整体而言，社会对整个诉讼行为所提出的伦理目标只有在合理地维护个人利益的条件下才能圆满地完成。因此，合理、正确地使用证据，能够使证据行为在国家、社会与个人利益之间找到合理的权衡标准，使各方利益达到平衡状态。证据立法中多种价值冲突的平衡与制度建构，渗透着国家、社会和立法者对于证据伦理价值的权衡。[2] 例如，随着现代法治文明的发展，人权观念已渗透到诉讼法的各个层面，追求诉讼的文明与理性已经成为各国诉讼法追求的基本伦理价值目标。过去那种反伦理的非法取证手段、反程序的证据行为已经慢慢退化，取而代之的是文明、公正、人道的证据观。这一规则体现着保护人权、维护司法尊严，抑制违法取证行为，维护社会整体利益，发扬和光大执法道德，弘扬法治理念的高尚的伦理价值观。

二、律师执业之非专家证据伦理

非专家证据是相对专家证据而言的。非专家证据伦理是指除专家证据以外的其他证据伦理。律师行为标准尽管经历了 800 年的演变，[3] 但直到 1887 年美国亚拉巴马州律师公会（Alabama State Bar Association）才出台了第一部伦理准则。

---

〔1〕 宋志军："刑事证据伦理初论——以人道伦理观为视角"，载《法学论坛》2007 年第 2 期。

〔2〕 关于法律与伦理规则的冲突，参见 Jane M. Graffeo, *Ethics, Law, And Loyalty: The Attorney's Duty To Turn Over Incriminating Physical Evidence*, 32 Stanford Law Review, 1980, p. 977; Julie Peters Zamacona, *Evidence And Ethics——Letting The Client Rest In Peace: Attorney-Client Privileges Death Of The Client*, 21 Ualr L. Rev. 1999, p. 277.

〔3〕 参见 Carol Rice Andrews, *Standards Of Conduct For Lawyers: An 800-Year Evolution*, 57 Southern Methodist University Law Review 2004, p. 1385.

随后美国律师公会（ABA）于 1908 年一字不漏地将其搬抄过来，律师伦理开始逐渐在各地建立起来。无论经过多长时间的演变，传统上的律师的 6 个核心职责并没有变化，即诉讼公正（litigation fairness）、能力（competence）、忠诚、机密性、合理的费用以及公共服务。[1] 这些原则在证据运用中的集中体现就是诚信原则（The good-faith principle）。[2] 证据伦理主要体现在以下几个方面：

（一）不得提供虚假证据

不得提供虚假证据，又称虚假证据规则（false evidence rule）。虚假证据问题由三个不同的问题组成：①律师可以故意制造虚假证据吗？②如果律师发现证据是虚假的，但并没有故意伪造它，律师可以提交它吗？③如果律师太晚发现虚假，并且陪审团已经听到了它，律师可以保持沉默并允许以该虚假证据来决定案件吗？答案都应该是"不能"。[3] 也就是说，作为诉辩者的律师在诉讼中需要遵循的一个义务是不得故意提交明知虚假的证据。根据美国律师公会《职业行为示范规则》3.3（a）的要求，如果律师、律师的委托人或者该律师所传唤的证人在提供某重要证据后，律师进而发现该证据是虚假的，则该律师应当采取合理的补救措施，包括必要情况下就此向裁判庭予以披露。除了刑事案件中被告人的证言外，律师可以拒绝提交其合理认为是虚假的证据。[4] 中华全国律师协会《律师职业道德和执业纪律规范（2001 年）》第 22 条规定，律师应依法取证，不得伪造证据，不得怂恿委托人伪造证据、提供虚假证词，不得暗示、诱导、威胁他人提供虚假证据。这些条款实际上既规定了律师不得提交虚假证据的义务，也规定了律师可以拒绝提供虚假证据的权利。这实际上也为律师作为诉辩者设定了最低的伦理标准，即他所知道的所有证据不能是虚假的，包括合理地相信证据为假。

（二）避免提供不可采证据

在诉讼中，双方提交的证据通常是相互矛盾的，因此，至少有一方的证据是不可采的，但法律允许双方的这种行为，这也是诉讼存在的前提。证据可采性的判断属于法官的职责范围，而不是律师的职责。律师很难知道某项证据是否能被法官裁定是可采纳的还是不可采纳的。但律师提供不可采证据确实与"诚信原

---

〔1〕 参见 Carol Rice Andrews, *Standards Of Conduct For Lawyers: An 800-Year Evolution*, 57 Southern Methodist University Law Review 2004, p. 1387.

〔2〕 例如，中华全国律师协会《律师职业道德和执业纪律规范》第 26 条，"律师应当遵循诚实守信的原则，客观地告知委托人所委托事项可能出现的法律风险，不得故意对可能出现的风险做不恰当的表述或做虚假承诺"。

〔3〕 J. Alexander Tanford, *The Ethics Of Evidence*, 25 Am. J. Trial Advoc. 2002, pp. 510-511.

〔4〕 参见：《美国律师协会职业行为示范规则（2004 年）》，王进喜译，中国人民公安大学出版社 2005 年版，第 68 页。

则"相冲突。

有学者认为,"律师提供他确信或可能相信是可采的证据是没有问题的。证据不可采又怎么样呢? ……提供任何合理的有争议证据是符合伦理的"〔1〕。但是,不管是提出"任何不被可采的证据所支持的事项"〔规则 3.4(e)〕、故意提供虚假的证据〔规则 3.3(a)(3)〕,还是提出无意义的主张或争论(规则 3.1),律师都可能违反伦理规则,但前提分别是在可采性上没有合理的信念、虚假的个人知识、主张或争论没有一点诚心诚意的基础。同时也为律师故意向陪审团暴露不可采的证据提供了伦理上的防火墙。

另外,按照《职业行为示范规则》,律师不应该…… (e)在审判中间接地提到任何律师没有合理相信是相关的事项,或者将不被可采证据所支持的事项,除了作为证人出庭作证外,断定争议事实的个人知识,或者关于以下事项陈述个人意见:诉讼事由的公正性、证人的可信性、民事诉讼参与人的有罪性或被告的有罪或无罪。〔2〕

(三)谨慎提供可疑证据(dubious evidence)

在缺乏更广泛伦理原则的情形下,律师们被带到了一种位置,即任何可能增加他们赢得诉讼机会的行为是不被明文禁止的,是允许的,甚至是受鼓励的。〔3〕但是提供可疑证据是否违反诚信的伦理原则呢?有学者认为,给定目前的宪法分析,很明显法庭不能解决因类似不诚实的专家这样的可疑证人引起的问题。当不存在违宪的时候,通过监管力量排除通过违反纪律规则获得的证据也是不可能的。同样地,依靠纯粹的证据教条不能减缓不可靠证人的潮流。因此,即使不可能产生道德警察(ethics police),也应该是时候恢复检察官实践伦理方法的元气了。而澄清有问题的伦理实践、聚焦伦理训练、起草为处理普通的证人问题提供更具体指示的规则和标准明显地比只是悲哀地使劲绞扭自己的双手更好。〔4〕因此,在刑事诉讼中,检察官不仅要防止犯罪分子逃脱法律的惩罚,也要保证不让无辜的人受到追诉。要求检察官成为其专家所说的技术上的法官和让陪审团产生可靠的结论可能最终被证明是不现实的。因此,应该要求每个检察官采用书面政策(written policy)管制法庭科学或其他专家证言的引入。至少要求检察官提供具体专业知识时要接受训练。也应该建立一种程序,让一个或更多在法庭科学或

〔1〕 参见 Steven Lubert, *Modern Trial Advocacy: Analysis and Practice*, 3rd ed., National Institute for Trial Advocacy, 2004, pp.294-295.

〔2〕 Model Rules Of Professional Conduct (2002) R. 3.4 (e).

〔3〕 参见 J. Alexander Tanford, *The Ethics Of Evidence*, 25 Am. J. Trial Advoc. 2002, pp.489-490.

〔4〕 Myrna S. Raeder, *See No Evil: Wrongful Convictions And The Prosecutorial Ethics Of Offering Testimony By Jailhouse Informants And Dishonest Experts*, 76 Fordham L., Rev. 2007, p.1447.

社会科学证据有经验的检察官审查那些可靠性受到质疑的证据的引入。[1] 可疑证据导致的错案确实很常见。例如，布兰顿·梅菲德（Brandon Mayfield）的案件的错误就在于可疑的指纹匹配。[2] 他是俄勒冈州的一位律师，却被错误地指控为恐怖主义分子。在2004年3月11日之后，在马德里的爆炸事件造成了191人死亡和2000人受伤，联邦调查局检验了从西班牙的犯罪现场找到的一系列的指纹，并从它的系统中找出了最匹配的20例指纹。梅菲德宣称联邦调查局的检验官进行了背景调查并且得知他皈依了伊斯兰教，而这一事实造成他们对他的指纹检验中的偏见，最终在逮捕了他之后，对他家进行了搜查。他在监狱里待了两个星期，直到西班牙当局最后确定了那些指纹是别人的。梅菲德称把他的宗教信仰考虑在内是不合法的，并且法院同意他的主张。[3]

（四）证据特免权

在证据法中，特免权是指基于特定身份或具有某种法律关系的人享有的就特定事项免于提供证据或阻止他人提供证据的权利。[4] 目前国外许多国家建立了特免权制度。[5] 尽管我国古代就有"亲亲相隐"的思想，[6] 但"大义灭亲"一直占据主导地位。目前的立法中仍没有完整的特免权制度。[7] 可喜的是新《律师法》关于律师与委托人之间保守秘密的规定体现了特免权的理念。[8] 因此，对特免权制度的伦理基础进行适当的强调仍然是必要的。

特免权制度旨在保护一些重要的社会关系和利益，如国家与被告人的关系、委托人和受托人之间的关系、亲属之间的关系。这些关系包含了人格尊严、交谈秘密、亲情和公共利益方面的伦理。这些伦理是维系社会价值的重要基础。纵观

---

〔1〕 Myrna S. Raeder, *See No Evil: Wrongful Convictions And The Prosecutorial Ethics Of Offering Testimony By Jailhouse Informants And Dishonest Experts*, 76 Fordham L., Rev., 2007, pp. 1450-1451.

〔2〕 关于该案件指纹匹配错误的讨论，参见 Sandy L. Zabell, *Fingerprint Evidence*, 13 J. L. & POL'Y, 2005, p. 148.

〔3〕 警方过分地依赖可疑的指纹匹配的另一个动因是，旁证非常强烈的证明他和马德里爆炸事件的联系。这些证据包括梅菲德曾经：①和几个被指控犯有资助塔利班罪行的几个人在同一个清真寺祷告。②帮助组织了穆斯林学生联盟的一个分支机构，这是瓦希巴大学的一个瓦哈比组织。③为 Jeffrey Leon Battle 辩护（Jeffrey Leon Battle 是非洲裔美国人，改变了信仰并是预备役军人，被指控为"在预备役军中招募人员接受军事训练以对抗美国"）。

〔4〕 吴丹红：《特免权制度研究》，北京大学出版社2008年版，第11页。

〔5〕 关于美国证据法中特免权的详细论述，参见［美］罗纳德·J. 艾伦等：《证据法——文本、问题和案例》，张保生等译，高等教育出版社2006年版，第905~1040页。

〔6〕 例如，孔子在《论语·子路》中就提出了"父子相隐"的思想。

〔7〕 我国目前特免权制度设立的障碍分析，参见吴丹红：《特免权制度研究》，北京大学出版社2008年版，第219~240页。

〔8〕 《律师法》第38条，"律师应当保守在执业活动中知悉的国家秘密、商业秘密，不得泄露当事人的隐私。律师对在执业活动中知悉的委托人和其他人不愿泄露的有关情况和信息，应当予以保密"。

目前世界各国的规定，特免权制度大致可分为刑事诉讼被告特免权、职业关系特免权、亲属特免权和公共利益特免权四大类。

刑事诉讼被告处于与公权对抗的地位，为了平衡诉讼关系，法律赋予公诉方证明被告有罪的证明责任，同时也赋予被告不得自证其罪的特免权。在证据法中强调伦理价值，其意义在于平衡公权力和个人权利之间的关系，制约权力的滥用，同时也有助于从另一个侧面保证真相的准确发现。人皆有趋利避害之本性，让被告"自带枷锁"有悖于人性，是对个人价值的蔑视，也是不道德的。[1] 因此，不得自证其罪的特免权体现了对被告个人价值的尊重，包括人的天性、自由和其他基本权利。

职业关系特免权的范围比较广泛，主要包括律师与委托人之间、医生与病人之间、会计师和委托人之间和专利代理机构与委托人之间的特免权。在西方国家还包括牧师与忏悔者之间的特免权和记者之消息来源的特免权。职业关系特免权旨在尊重职业上的保密义务，因为保密义务是职业共同的伦理守则。如果没有法律上的特免权规定，委托人就会不断地纠缠于不同的道德对于医生、律师、牧师的保密要求，纠缠于执业者违反义务该承担什么责任，特定职业者也将无以把握对委托人忠诚的程度和限度。[2] 例如，如果患者对于自己与医生之间的保密性没有信赖的话，就不会彻底地、坦白地披露自己的健康状况和真实病情，患者也就得不到最好的诊断和治疗。[3] 在精神治疗师和患者之间的这种保密性特别需要强调。律师与委托人之间的秘密沟通特权产生于两种法律：证据与伦理。[4] 律师与委托人之间的特免权强调的是律师忠于当事人或保守当事人机密的伦理责任。美国《职业伦理准则》（*Canons of Professional Ethics*）第 37 条要求律师为了当事人的利益保守他们之间的秘密。1983 年的《职业行为示范规则》（*Model Rules Of Professional Conduct*）建立了现代律师与委托人之间秘密沟通的伦理标准。我国《律师法》第 38 条也体现了律师与委托人之间特免权的思想。在上面

---

〔1〕 吴丹红：《特免权制度研究》，北京大学出版社 2008 年版，第 96 页。

〔2〕 吴丹红：《特免权制度研究》，北京大学出版社 2008 年版，第 122 页。

〔3〕 Steven L. Emanuel, *Evidence*, 4th Edition, Aspen Law & Business, 2001, p. 409.

〔4〕 Julie Peters Zamacona, *Evidence And Ethics——Letting The Client Rest In Peace：Attorney-Client Privileges Death Of The Client*, 21 Ualr L. Rev., 1999, p. 280.

的案例中，反映的都是律师忠于当事人的义务与律师遵守法律的冲突。[1]

亲属特免权旨在尊重家庭伦理关系，保持家庭的稳定与和谐，也体现了对家庭成员之间的秘密交流的尊重。家庭是社会的细胞，扭曲的家庭关系将成为社会的隐患。孟德斯鸠曾经说过："妻子怎能告发她的丈夫呢？儿子怎能告发他的父亲呢？为了要对一种罪恶的行为进行报复，法律制度竟规定出一种更为罪恶的法律……为了保存风纪，反而破坏人性，而人性正是风纪的源泉。"[2]

公共利益特免权旨在保护国家和社会公共利益。涉及国家安全和国家秘密的信息，一旦泄露就可能危及国家的安全；涉及政府决策的政治文件信息，一旦被披露，就可能使公共机关不能正常运作，难以维系公众对政府行为的信任和支持。

（五）不得误导事实认定者

在诉讼中，律师运用证据证明其委托人的主张，攻击对方的证明，在这种场景中，主要的伦理问题是律师有不误导法官和事实审理者的责任。尤其在对证人的交叉询问中，更加不能利用诱导性问题来误导事实审理者。交叉询问的目的是"发现真相"，而不是使虚假的证据变成真实的证据。因此，需要一定的伦理原则来限制律师使用交叉询问[3]。尽管不要求律师在他的执业中对所提出的证据作出保证，但是律师必须保证不能让审判法庭被律师知道为假的证据所误导。[4]美国律师公会《职业行业示范规则》3.4（e）禁止提出"任何律师不能合理地认为是相关的或者将不被可采的证据所支持的事项"，根据这一规则，Lubet 认为在事实和法律上询问必须要有"诚信诚意（good faith）"作为基础。[5] 规则3.4（e）也禁止断定"争议事实的个人知识"或者陈述"关于诉讼事由的公正性或者证人可信性的个人意见"。因此，Lubet 反对使用"你知道……吗？"这样的询问。除了这些指南之外，Lubet 继续说道："问那些仅仅旨在烦扰、贬低或屈

---

〔1〕 理论上来说，关于律师委托人秘密通信的规则只在法律程序中适用。例如，当律师被要求提供涉及其委托人的证据或证言时，该规则就可以适用。而秘密通信的伦理规则在所有情形下都适用，不仅适用于律师和委托人之间的秘密通信，还适用于所有的信息，不论是否是机密。因此，相比较而言，特免权证据规则的适用范围要窄，保护当事人的机密不在法庭上被律师披露，但不能限制律师在司法以外的环境中披露当事人的秘密。但是，在实际中这种区别是没有意义的；在法庭外，没有类似法庭这样的机构来保证，保守秘密的伦理将被束之高阁。参见 Julie Peters Zamacona, *Evidence And Ethics——Letting The Client Rest In Peace: Attorney-Client Privileges Death Of The Client*, 21 Ualr L. Rev., 1999, p. 283.

〔2〕 ［法］孟德斯鸠：《论法的精神》（下册），张雁深译，商务印书馆1963年版，第176页。

〔3〕 参见 Steven Lubert, *Modern Trial Advocacy: Analysis and Practice*, 3rd ed., National Institute for Trial Advocacy, 2004, p. 145.

〔4〕 Model Rules of Professional Conduct R. 3.3 cmt., 2006, p. 2.

〔5〕 参见 Steven Lubert, *Modern Trial Advocacy: Analysis and Practice*, 3rd ed., National Institute for Trial Advocacy, 2004, p. 146.

辱证人的问题是不道德的。"〔1〕

然而，在某些有限的情况下对法官撒谎是不违反伦理的。〔2〕例如，法官问刑事辩护律师："是被告干的还是不是他干的？"在民事案件的强制争端解决会议（compulsory settlement conference）上法官分别与律师协商，并且打听当事人最低和最高的解决数额。〔3〕律师利用法官对狭义可靠性观点的偏好，不能视为误导法庭。〔4〕

许多评论者认为，刑事辩护律师应该有比其他律师较低的伦理标准。〔5〕很多讨论关注刑事辩护律师是否对委托人有热情和忠诚的责任，这些责任允许在刑事被告的代理中符合伦理地使用误导的、不可靠的，或虚假的证据。例如，有学者认为，辩护律师可以传唤旨在制造虚假印象的证人，而检察官却不可以，民事诉讼中的律师也不可以。〔6〕当然，也有学者认为对刑事辩护律师实施不同标准的建议似乎是不合情理的（implausible）。肯定没有一般的伦理原则允许律师为了促进抑制暴力犯罪的重要社会目标进行欺骗、伪造和欺诈。〔7〕

三、律师执业之专家证据伦理

使用专家证据，我们需要谨慎的道德标准。专家证据的运用不能侵犯他人的人身自由权、身体权、隐私权等，这是一种法律要求，也是伦理要求。例如，在通讯监听、秘密侦查、测谎、DNA检测等现代技术侦查措施的运用过程中，更加容易产生法律与伦理的冲突。正如Caudill所说的，一旦我们引入更加精致的科学和专业知识模式，伦理问题和伦理的敏感性就不知不觉地变得非常复杂了。一旦我们失去严格的规范和有效的控制，专业知识的意义就会被消解，并且专

---

〔1〕 参见 Steven Lubert, *Modern Trial Advocacy: Analysis and Practice*, 3rd ed. (National Institute for Trial Advocacy, 2004, p.147.

〔2〕 参见 Monroe H. Freedman, *In Praise Of Overzealous Representation: Lying To Judges, Deceiving Third Parties, And Other Ethical Conduct*, 34 Hofstra L. Rev., 2006, pp.773-777.

〔3〕 参见 Monroe H. Freedman, *In Praise Of Overzealous Representation: Lying To Judges, Deceiving Third Parties, And Other Ethical Conduct*, 34 Hofstra L. Rev., 2006, pp.773-780.

〔4〕 David S. Caudill, *Legal Ethics and Scientific Testimony: In Defense of Manufacturing Uncertainty, Deconstructing Experts, and Other Trial Strategies*, 52 Villanova Law Review, 2007, p.968.

〔5〕 例如, Monroe H. Freedman, Lawyers' Ethics In An Adversary System (Bobbs-Merrill, 1975) 37; Murray L. Schwartz, 'On Making The True Look False And The False Look True', 41 *Sw. L. J.*, 1988, pp.1145-1147; Charles W. Wolfram, 'Client Perjury', 50 *S. Cal. L. Rev.*, 1977, pp.854-855.

〔6〕 参见 William H. Fortune *et al*, Modern Litigation and Professional Responsibility Handbook: the Limits of Zealous Advocacy, Aspen Law & Business, 1996, p.369.

〔7〕 J. Alexander Tanford, 'The Ethics Of Evidence', 25 *Am. J. Trial Advoc.*, 2002, p.507.

家、律师以及法官的行为也会变得更加肮脏。[1] 但是，目前专家证据运用中的伦理问题并没有引起人们的普遍关注。尽管有许多文献谴责刑事案件中采用"垃圾科学"和撒谎的专家，尤其关于微量头发分析，咬痕、鞋印、笔迹以及综合证据和将来的危害性预测，但这些文章几乎都是从证据角度而不是从伦理的角度来写的。[2]

（一）专家证据伦理的内涵

专家证据伦理是科学界和法律界共同恪守的行为规范，它源于运用科学证据对事实认知真理性的追求。专家证据不仅是依据经验、理性的方法取得的一种特殊的知识体系，而且是一种社会功能的文化活动和社会建制，它有其独特的伦理规范以及与这些规范相适应的结构、机制和功能。专家证据的伦理道德体现了科学精神与人文精神的融通。反映了现代诉讼中关于运用科学的特征，体现了科学对司法的贡献。专家证据伦理涉及科学专业、法律和伦理三个领域。法律与科学在很多方面存在着不同：①科学获取知识的方法是调查性和批判性的，而法律是对抗性和当事人主义的；②科学的探究是开放性的，不受时间的限制，而法律需要在合理的时间内解决争端；③科学注重一般的原理，而法律注重特殊的个案；④科学反对Ⅰ类错误的偏见，法律对Ⅰ类错误和Ⅱ类错误之间的区分并不太关心。[3] 但是并不是所有的差异都会影响专家伦理。例如，Sanders 认为第一种差异并不改变专家伦理义务，但是时间的压力将影响专家证人的伦理标准，因为它让专家在一定的时间内必须对某一问题作出结论。[4] 这些不同孕育了科学证据运用中伦理问题的诸多渊源。例如，法庭中科学专家证言的伦理问题不仅来自竞争的职业和法律影响，而且来自意见中的适当的和不适当的差异。不适当的差异包括夸大、拒绝提供不利数据、以有利于自己的口吻描述数据以制造虚假印象或者删除合法的怀疑。适当的差异来自人们作为行为科学家自身的观点。[5] 关于法庭科学证据伦理的结构，Appelbaum 主张原则的等级制度，而 Radden 建议义务之间的巢状组合。例如，在 Radden 看来，法庭科学中精神治疗医师和职责精神病学家至少源自三个不同的标准：①一般职业伦理；②指引一般医学实践的标

〔1〕 参见 David Caudill, "Legal Ethics And Scientific Testimony: In Defense of Manufacturing Uncertainty Deconstruction Expertise, And Other Trial Strategies", 52 *Villanova L. Rev.*, 2007, p. 953.

〔2〕 Myrna S. Raeder, "See No Evil: Wrongful Convictions And The Prosecutorial Ethics Of Offering Testimony By Jailhouse Informants And Dishonest Experts", 76 *Fordham L.*, *Rev.*, 2007, pp. 1415–1416.

〔3〕 Ⅰ类错误是指在两个实际上没有因果关系的变元之间得出结论说存在因果关系。Ⅱ类错误是指在两个实际上有因果关系的变元之间得出结论说不存在因果关系。参见 Joseph Sanders, *Expert Witness Ethics*, 76 Fordham L. Rev., 2007, p. 1550 （note 43）.

〔4〕 Joseph Sanders, *Expert Witness Ethics*, 76 Fordham L. Rev., 2007, pp. 1550–1551.

〔5〕 Philip J. Candilis, *et al*, *Forensic Ethics and the Expert Witness*, Springer, 2007, p. 5.

准和价值；③与角色相关的特殊专业的具体标准。[1] Radden 区分了角色道德和来自职业的普通道德责任。使用她的模型，法庭科学实践可以包含强弱两个角色伦理。有时法庭科学工作要求的专家评估可能对被评估人产生危害。在强角色伦理概念下这是允许的：职业可以偏离普通的伦理期望。也就是说，允许法庭科学专家运用他的专业知识为正义而不是为个人服务。这种原因引起的危害在法庭之外的语境中通常不被接受。没有在职业角色中准许伦理例外，法庭科学家的中立性和客观性在制度性正义程序中不能得到保证。不允许律师与委托人之间保守机密的伦理例外，在对抗制制度中该律师将毫无用处。因此，社会和法律提供了这些例外。为了更大的社会公益，法律允许职业专家作出一种危害。[2]

在与己方专家进行庭前沟通方面，当今的理论认为"帮助专家为审判做准备是不道德的"，这一原则可能包含这样的建议："使用强有力的语言，避免使用行话，使用类比，戒除长的叙述，或使用其他帮助专家准确地传达其意见的手段。"[3] 不管怎样，律师试图说服专家提供假的意见是违反伦理的。在杜肯曲棍球案件（Duke lacrosse case）中，检察官违反了 1997 年北卡罗来纳州的《模范规则》第 3.8（d）条 North Carolina 的 Model Rule 3.8（d），要求 DNA 分析人士撰写只涉及正面匹配的报告，并且妨碍了专家的独立性。律师如果发现专家在作证过程中有提供虚假的信息、资料或意见的行为，也应该采取合理的补救措施，包括必要情况下就此向裁判庭予以披露。例如，在刑事诉讼中，当检察官"购买专家"（在发现专家与他们所期望的结论一致前广泛撒网）时发现一个专家的结论不能被再次验证，他们应该注意到专家的证言可能是虚假的。此外，当提供一个专家，其提供的统计学资料没有科学基础或不清楚地依据可靠的技术（诸如头发或咬痕分析）时，律师应该作为不准确或误导证言的观察员。即使辩护方没有挑战专家证言，或者法官发现争议是可信性问题而不是可采性问题时，也是这样。[4]

尽管现代证据法明确地允许基于不可采证据的专家意见证言，但律师提交不可采专家证据可能违反伦理。关于科学证言，除非一个律师的专家说他的证言是

---

[1] Jennifer Radden, *Boundary Violation Ethics：Some Conceptual Clarifications*, 29 Journal Of The American Academy of Psychiatry And The Law, 2001, pp. 319－326.

[2] Philip J. Candilis, *et al*, *Forensic Ethics and the Expert Witness*, Springer, 2007, p.110.

[3] 参见 Steven Lubert, *Modern Trial Advocacy：Analysis and Practice*, 3rd ed., National Institute for Trial Advocacy, 2004, p.256.

[4] Myrna S. Raeder, *See No Evil：Wrongful Convictions And The Prosecutorial Ethics Of Offering Testimony By Jailhouse Informants And Dishonest Experts*, 76 Fordham L., Rev., 2007, p.1420.

绝对错误的，否则在实践中很难弄清这些规则是如何被违反的。[1] 因此，Saks 认为，合理的善意信念应该要求当事人引入的专家能够有充分根据地表明专业知识满足可采性标准。[2] 这些在《美国联邦证据规则修正案》中就有所体现。修正案旨在防止律师们滥用联邦证据规则的条款。例如，规则701的一条修正案设计用于防止律师们通过把专家当作外行证人提交法庭来逃避对专家证言的要求；规则703的修正案试图用于阻止律师们通过传唤把传闻作为其意见基础的专家来逃避传闻规则。[3]

在刑事诉讼中，如果律师要求专家对任何在可靠性方面有潜在致命弱点的证据作证，那么，一旦他们提出这样的专家证据，就远远超出了律师只是违背他们的伦理义务范围。当然，在具体案件中法官仍然可以决定排除那些具有误导性的、不可靠的或过度偏见的证据。换句话说，如果没有言过其实的主张，那么问题就是法官的，而不是律师的。然而，当特殊的专业知识重复遭到可靠性攻击时，谨慎的律师在处理时应该使用最可靠的科学证据，适当的规则或政策应该要求他们这样做。例如，假定大量的错误判决是基于头发分析作出的，一个谨慎的律师不应该引入头发分析，除非它的结果已被mtDNA所证实。有学者认为，如果已被证实，只要它不包含没有根据的统计，就没有理由禁止以显微镜为基础的意见证据。另一方面，如果mtDNA排除了被告，有伦理的律师就不应该引入任何相反的基于分析的意见，因为它可能是不准确的，并违反了目前的伦理标准。[4]

由于在刑事诉讼中，作为检控方的特殊身份，在运用专家证据时，还需要考虑的一个伦理问题是：由于专家证据往往花费昂贵，大部分的被告可能会由于经济上的原因而无法使用专家证据，同时也无法对检控方的专家证据提出有效的质疑。这在客观上可能造成审判中的不公正，因为检控方在提出专家证据时，需要考虑辩护方在相关问题上的能力。如果检控方利用自身优势故意造成双方在提交专家证据方面的差异，或者为了诉讼目的故意扩大这种差异，将是违反伦理的。

（二）对专家证人的交叉询问伦理

在与对方专家证人的关系方面主要体现在对对方专家证人的交叉询问上。律

---

〔1〕 David S. Caudill, *Legal Ethics and Scientific Testimony*: *In Defense of Manufacturing Uncertainty*, *Deconstructing Experts*, *and Other Trial Strategies*, 52 Villanova Law Review, 2007, p. 957.

〔2〕 Michael J. Saks, *Scientific Evidence and the Ethical Obligations of Attorneys*, 49 Clev. St. L. Rev., 2001, p. 428.

〔3〕 Daniel J. Capra, *Introduction* (*Symposium on Ethics and Evidence*), 76 Fordham L. Rev., 2007, p. 1225.

〔4〕 Myrna S. Raeder, *See No Evil*: *Wrongful Convictions And The Prosecutorial Ethics Of Offering Testimony By Jailhouse Informants And Dishonest Experts*, 76 Fordham L., Rev., 2007, p. 1451.

师在审判中经常制造不确定性，尤其在交叉询问中对对方专家的攻击。科学家们总是不能取得一致，这为律师们虚构不确定性提供了条件。正如 Brickley 所言，"只要在科学家中间存在什么不一致，律师们就会利用并放大科学家之间的这种差异，使得案件的审理难以继续进行。"[1] 例如，设想一个审判法官，不是滥用他的权力，而是表现出这样"一种在科学不确定性方面可悲的无知"，以致在多伯特听证中，通过阐明已构建的科学的特征，对方专家能容易地遭到攻击。假定对方律师不能提醒法官，这种攻击错在哪里呢？撒谎或错误表达，具有轻蔑的"被建构性"含义，或者有专家不可信的印象。但是，Caudill 怀疑律师攻击对方专家已经违反了法庭上禁止作假的规则或者违反了禁止欺骗的一般规则，因为律师已经假定只揭露"实际的"科学被建构性，律师的责任是帮助客户，而不是教育审判员。[2] 由于真实的事实性信息可以用于削弱提供法律上有争议证言的证人的可信性。因而 Caudill 相信以下情形经常出现：交叉询问者知道对方的专家说的是真话，专家的证言没有被挑战，没有法律上的争议，除了烦扰以外，贬低证人没有其他目的。因此，在大多数情况下，除了禁止不相关问题和提供关于证言的个人意见外，对交叉询问似乎没有具体的伦理限制。[3] 在刑事诉讼中存在法庭科学实验室被执法机构所垄断的制度，用专家是执法机构雇佣的来从伦理上质疑他的证言是很困难的。然而，在具体案件中，执法机构与专家之间的关系毫无疑问将令专家意见产生疑问。确实，应该把责任转移给检察官来证明而不是假定这样的证言满足伦理规则的要求。[4] 如果辩方申请了专家帮助，但在审判中该专家不作为辩护证人出庭作证，那么不允许控方会见或传唤该辩方的专家作为控方证人出庭，除非法庭决定控方没有其他可选择的方式获得与该专家所拥有的相同证据。[5]

〔1〕 Peg Brickley, *Science V. Law: A Decade-Old Rule On Scientific Evidence Comes Under Fire*, 289 Sci. Am., Dec., 2003, p. 32.

〔2〕 David S. Caudill, *Legal Ethics and Scientific Testimony: In Defense of Manufacturing Uncertainty, Deconstructing Experts, and Other Trial Strategies*, 52 Villanova Law Review, 2007, p. 970. Caudill 在该文中对四个有问题的审判战略进行伦理评价：虚构不确定性（manufacturing uncertainty）、解构证据（deconstructing evidence）、要求"完整的科学"（demanding "sound science"）和多伯特动议的滥用。参见 David S. Caudill, *Legal Ethics and Scientific Testimony: In Defense of Manufacturing Uncertainty, Deconstructing Experts, and Other Trial Strategies*, 52 Villanova Law Review, 2007, p. 961.

〔3〕 David S. Caudill, *Legal Ethics and Scientific Testimony: In Defense of Manufacturing Uncertainty, Deconstructing Experts, and Other Trial Strategies*, 52 Villanova Law Review, 2007, p. 957.

〔4〕 Myrna S. Raeder, *See No Evil: Wrongful Convictions And The Prosecutorial Ethics Of Offering Testimony By Jailhouse Informants And Dishonest Experts*, 76 Fordham L., Rev., 2007, p. 1432.

〔5〕 See ABA Criminal Justice Standards On DNA Evidence, 4.3 (c).

四、结论

法律职业伦理是法律人必须遵循的行为规范。律师执业伦理是法律职业伦理最为复杂和最具争议的内容。而律师执业的核心是证据的收集和运用。证据的收集和运用离不开证据规则的约束和伦理的规范。证据的伦理性涉及证据是否具有善恶、对错的问题。基于律师执业中对证据的使用情况，本文将律师执业中的证据伦理分为非专家证据伦理和专家证据伦理两大类。非专家证据是相对专家证据而言的，非专家证据伦理是指除专家证据以外的其他证据伦理。非专家证据伦理主要包括不得提供虚假证据、避免提供不可采证据、谨慎提供可疑证据、证据特免权、不得误导事实认定者等五个方面。专家证据伦理涉及科学专业、法律和伦理三个领域，无论是律师还是专家证人，都必须遵循普通的证据伦理，同时，律师在对专家证人进行交叉询问时还要遵循特定的伦理要求。这些都是律师运用证据时必须遵循的基本伦理规范。

律师行业纪律处分的价值分析

——以维护律师职业伦理切入

廖　明　武　佳*

一、问题的提出

律师行业纪律处分的价值，不是律师行业纪律处分的正当性问题——惩戒权力来源的合法性，而是其存在必要性、有效性，具体展开为关于律师行业纪律处分的内在价值和外在工具价值的讨论。而对于律师行业纪律处分（以下简称律师行业处分）的讨论，应放入律师职业发展的大前提下讨论，由于社会结构日趋复杂，人们经历了从身份到契约的转变，伴随着权利意识的觉醒，在面对纷繁复杂的纠纷时，更多人选择诉诸法律，同时由于对专业法律知识的欠缺，就更加需要律师对当事人的诉讼能力加以补足。

截至 2018 年底，全国共有职业律师 42.3 万人，比 2017 年增长了 14.8%，其中专职律师达 36.4 万人，占 85.89%，可见我国已经形成了一个庞大的律师群体，并处于快速增长阶段。[1] 但在律师协助当事人发挥法律解决纠纷功能的同时，又惧怕律师会利用法律的漏洞从中谋取不当利益损害法律的尊严，所以为了保障律师依法执业、加强对律师执业行为的监督管理，一方面需要法律职业伦理作为正向引导，另一方面也需要与其匹配的律师惩戒措施作为反向制裁，律师职业伦理和律师惩戒措施成为保障律师依法执业的一体两面。本文试图从律师行业处分自律性、惩罚性出发，阐明律师业内纪律处分对律师职业伦理维护作用。而此处展开的讨论应是建构于合理律师职业规范的假设基础上，抛开律师职业规范

---

* 廖明，北京师范大学刑事法律科学研究院副教授。武佳，北京师范大学法学院 2018 级法律硕士研究生。

〔1〕 "2018 年度律师、基层法律服务工作统计分析"，载司法部政府网，http://www.moj.gov.cn/government_public/content/2019-03/07/634_229827.html，2020 年 1 月 4 日访问。

中可能存在的价值冲突，分析律师行业处分作为其背后的保障机制所起到的作用。

（一）律师行业处分沿革

自 1996 年通过《中华人民共和国律师法》（以下简称《律师法》）起，我国确立了对律师行业采取"司法行政机关行政管理与律师协会行业自律相结合"的二元监管体制。直到 2007 年第二次修订《律师法》时，才赋予了律师协会制定行业规范和惩戒规则以及对律师、律师事务所实施奖励和惩戒的权力，由此律师行业纪律处分正式成为针对律师执业行为的惩戒手段之一。而 2016 年司法部下发《关于进一步加强律师协会建设的意见》的通知，更具体地指出当前律师协会建设存在的问题在于：律师协会组织机构还不够健全，行业规范和惩戒规则还不够完善，自律管理能力等职能作用仍有待进一步发挥。从而提出应继续加强制度建设，修订《律师执业行为规范（试行）》和《律师协会会员违规行为处分规则（试行）》，细化行业处分依据，以确保各类违法违规行为得到及时有效的惩戒。更加强调律师行业惩戒在律师职业建构中的作用，对律师行业处分提出了更进一步体系化、规范化的要求。

（二）律师行业处分现状

自要求完善律师行业规范和惩戒规则以来，律师行业处分依据已经形成了法律、部门规章、行业规定多层级相结合的规则体系。第一层国家法律：2019 年修订的《律师法》作为其他所有章程、规范的根本依据；第二层部门规章：《律师执业管理办法》作为司法部发布的有关律师综合规定，进一步明确了司法行政机关及律师协会对律师的管理职责。第三层行业规定：呈现新旧并行，互为补充的局面，2001 年修订的《律师职业道德和执业纪律规范》（已失效）、2016 年修订的《中华全国律师协会章程》、2017 年修订的《律师执业行为规范（试行）》共同构成对律师及律所行为模式正面阐述的行业规范，而 2017 年修订的《律师协会会员违规行为处分规则（试行）》从反面惩戒的角度明确惩戒规则。

随着行业规范和惩戒规则的不断完善，全国律协行业惩戒工作也呈现出不断强化、细化的整体态势。根据全国律协发布的《律师协会惩戒工作数据统计与分析》，自 2014 年至 2018 年上半年，全国各地律协共作出行业处分决定 1998 件，月均作出处分决定 37 件。而仅自 2017 年 3 月新的《律师协会会员违规行为处分规则（试行）》实施以来至 2018 年 6 月，全国各地律协共作出行业处分决定 734 件，月均作出处分决定 48.93 件，与近年来平均数字 37 件相比，增长了近

32.24%。[1] 而当律师行业处分如火如荼实施时，我们应当对律师行业纪律处分的效果进行考量，在律师行业惩戒制度的不断建构中，这种惩戒制度相较司法行政机关施加的行政处罚和由刑法规定的刑事处罚，是否有存在的必要？其优势在何？价值何在？又该如何彰显？

二、律师行业处分的内在价值

（一）自治性：行业成员的集体自律

20 世纪中后期来，纯粹国家管理的模式式微，被以管理主体多元化为标志的公共管理逐步取代。[2] 但由于公共管理依然存在单向度管理思维的弊病，继而兴起了公共治理模式。公共治理模式超越了传统的管理型思维，由开放的公共管理与广泛的公众参与二者整合而成。[3] 在世界范围内，在国家管理的衰弱与公共治理的兴起的大背景下，行业自治作为公共治理中的一种制度也在悄然发展。行业自治是在特定行业中，由社会成员自我设定权限、自我管理与其相关的社会事务的行为方式和社会制度。[4] 行业自治以其开放与协商为特征，大量运用褪去命令强制色彩的软性协商手段，制定具体的行业规范作为行业行为依据的准则，较好地弥补了国家强力的不足。

若跳出国家管理的衰弱与公共治理的兴起的大背景，将目光聚焦于法律与法律工作者的复杂关系，则会发现法律自身的局限性正是对律师行业处分存在的必要性的著述。任何法系中的法律都需要保持开放性，以适应社会的不断发展，不然就会落入哈耶克对法律封闭导致的低水准立法的批评："大陆法系国家均存在将国家顶层设计刻意安排嵌入私人秩序的意图，人为设计部分只具有该秩序的创造者所能审视和把握的较低复杂程度。"[5] 而在当今信息化、全球化的时代，法律的滞后性更加明显，即使再完备的法律也不可能把全部市民社会的生活都概括进来，必然会有遗漏。[6] 故法律的生命在解释，也允许以多种角度、多种路径

---

[1] 全国律协："2018 年上半年律师协会惩戒工作数据统计与分析"，载中国律师网，http://www.acla.org.cn/article/page/detailById/23922，2020 年 1 月 4 日访问。

[2] 罗豪才、宋功德："公域之治的转型——对公共治理与公法互动关系的一种透视"，载《中国法学》2005 年第 5 期。

[3] 罗豪才："公域之治中的软法"，载罗豪才等：《软法与公共治理》，北京大学出版社 2006 年版，第 1~6 页。

[4] 朱伟："律师协会的权力及其有效制约"，载《苏州大学学报（哲学社会科学版）》2007 年第 4 期。

[5] ［英］弗里德利希·冯·哈耶克：《法律、立法与自由》，邓正来等译，中国大百科全书出版社 2000 版，第 57 页。

[6] 杨立新：《民法总则条文背后的故事与难题》，法律出版社 2017 年版，第 35 页。

理解同一法律文本。而一旦法律的开放性无法被否认，那么越是娴熟地掌握法律专业知识与专业技能的法律工作者，就越有能力为自己的客户争取合理的利益；然而，危机也潜藏于此，"如果这些专业人士不当利用这种开放性，那么获取具有偏私属性的自身利益也成为题中应有之义"。[1]

律师作为精通法律知识且与当事人利益紧密联系的职业群体，积极的一面是可以利用自己的专业知识为委托人提供详实的法律咨询和建议，发挥法律的作用；反之，也是最有可能利用法律漏洞谋取私利的群体。固然法律的开放边界不可能由细化法律规定来解决，而社会信任危机却要求对律师这个职业群体有所约束，于是律师行业处分与律师职业伦理应运而生。美国律师协会鉴于"水门事件"中由部分法律人的不良表现引发了公众强烈不满，于是作出法学院必须提供法律职业道德方面的必修课程的决定。由此可见，法律职业伦理的教学和研究一开始便是为了回应社会公众的质疑而产生的。[2] 而律师行业处分作为一种行业内部惩戒措施，主要依靠行业内部的同伴压力和身份剥夺对行业成员产生的震慑，来为律师职业伦理这种规范化的行业道德创设制度保障。

（二）惩戒性：软法中的"硬法"

目前，我国对律师执业行为不端的惩戒措施，按照处罚主体的不同可以分为三类：刑法规定的刑事处罚、司法行政机关决定的行政处罚和由律师协会实施的律师行业纪律处分，三种惩戒措施实际上是环环相扣，并可以同时适用的。律师因故意犯罪受到刑事处罚的，应由省、自治区、直辖市人民政府司法行政部门吊销其律师执业证书；并且在受到刑事处罚或者行政处罚后，律师协会还会给予该律师相应的行业纪律处分。

据此，整个律师惩戒体系大致可以被划分为两类：由国家强制力保障实施的硬法和由行业自治为主要手段的软法。而此处的硬法、软法是相较而言的，软法是指原则上没有法律约束力但有实际效力的行为规则。而律师行业纪律处分的触发条件除了《律师协会会员违规行为处分规则（试行）》具体载明的假定条件的直接触发外，还包括由刑事处罚、行政处罚间接引发的职业身份及权利剥夺，即中止会员权利、取消会员资格等纪律处分形式。而这两种不同的触发机制，更细致地划分了律师行业纪律处分的性质，由刑事处罚、行政处罚间接引发的行业处分实际上具有国家强力保障的连带性，而由行业规制直接引发的行业处分则完全依赖协会成员的自我设限、自我管理，后者更偏向软法之领域。

---

〔1〕 陈景辉："忠诚于法律的职业伦理——破解法律人道德困境的基本方案"，载《法制与社会发展》2016年第4期。

〔2〕 ［美］门罗·弗里德曼：《对抗制下的法律职业伦理》，吴洪淇译，中国人民大学出版社2017年版，第151页。

1. 软法：律师惩戒体系中的行业处分。在目前形成的三元惩戒体系中，律师行业纪律处分相较由国家强力保障实施的刑事处罚、行政处罚，更具有软法协商、共治的色彩。

律师行业处分的依据主要是中华全国律师协会发布的行业规定，包含行业规范和惩戒规则，而这些规则是由全国律师协会会员代表大会或全国律协常务理事会制定的，因此又可视为代表整体律师的意见的规范性自我约束文本。而当律师执业违规时，施加的惩罚就不再是国家强制力量的体现，不产生直接的物质和肉体的惩戒，而是以集体成员身份排斥形成威胁的方式制造同伴压力。韦伯曾论证，私人组织使用"法定"强制对付违规成员的典型手段就是将其逐出集体，并剥夺其一切有形或无形的组织利益。[1] 正如在律师行业中，不遵守"游戏规则"的律师和律师事务所面临的行业惩罚：间接的经济损失、名誉和商誉的丧失，以致最后被逐出行业的大道。软法之所以可以发挥效用，是因为留在此种游戏中的人只有服从这些规则才有可能生意兴隆。[2] 此时对非法律的行业规范的服从来自被行业"放逐"的恐惧，这种服从的压力可能来自律师所参与的若干社会环境，特别是当行业普遍认同的价值和规范已经以文本的形式加以固定，并设置对应审查、裁决、惩戒机构时。而此时国家行动的潜在威胁已经远没有来自行业内部的强迫和诱导直接。因此，律师协会的软法治理作为一种开放的、参与的、自律式的制度设计，其执行力的根源来自内部职业认同而非外部国家强制力。[3]

2. "硬法"：强制性制裁后果。虽然律师行业纪律处分的依据——行业规范属于软法的性质范畴，但这种惩戒实际上在律师行业内部产生了强制性后果，从这一角度上出发它又同时具有"硬法"的强制的特质。

从处罚机制来看，刑事处罚、行政处罚、行业处分三元惩戒体系是相互交织并可以互相转化的，而高阶层的处罚会直接引发行业处分作为附带性惩戒。律师行业协会作为全国性的律师自律组织，依法对律师行业实施管理，并接受同级司法行政部门的监督和指导。而在与司法部门的工作衔接上，司法行政机关、律师协会均要接受由人民法院、人民检察院、公安机关、国家安全机关或者其他有关部门对律师的违法违规行为提出的处罚、处分的建议，并且对于会员的违法违纪行为，律师协会有权建议有处罚权的行政部门给予行政处罚。由此形成了"谁有

---

〔1〕 ［德］马克思·韦伯：《论经济与社会中的法律》，张乃根译，中国大百科全书出版社1998年版，第19页。

〔2〕 ［美］萨莉·法尔克·穆尔："法律与社会变迁：以半自治社会领域作为适切的研究主题"，载《法哲学与法社会学论丛》2004年第1期。

〔3〕 张清、武艳："职业协会治理的软法之维"，载《江海学刊》2013年第5期。

权谁处罚，无权转送"的转化惩戒体系，同时也体现了部分相较严厉的律师行业处分实质具有国家强力的连带保障。

而这种国家强力的连带性是维护律师职业伦理不可或缺的助力，没有约束力的律师职业伦理就像是"不发光的灯，不燃烧的火"，因此律师职业伦理的建构必然伴随着行业规范和惩戒规则的完善。而只有惩戒规则凭借同伴监督和国家强力连带保障的助力获得与法律比肩的强力，才能作为光和火点亮律师职业伦理的发展前路。正如福柯所证："社会从酷刑带来的躯体惩罚转向更为'温和'的监禁刑，其原因并不在于我们变得更开明、博爱，更尊重个体权益，相反，'正义'的法典总是代表并实质性地施行了社会权力。"[1] 同样，律师行业处分的强制力，也是通过律师行业内部个体成员的权利让渡获得了正当性，进而在国家强力连带保障的助力下具有了强制制裁性，从而绕开了法律开放性引发的律师利用专业知识"知法犯法"的法律失灵的风险，通过行业自治寻求更为专业、高效的解决途径。

三、律师行业处分的工具价值

（一）内部监督专业高效

制裁问题实际上是一个关于实现规范实效的问题。人们之所以规定制裁，其目的就在于保证命令得到遵守与执行，就在于强迫行业符合业已确立的秩序。同样，律师行业纪律处分也是为了保障律师行业规范的实施而存在的。那么，在规范实效方面不可忽略的一个问题就是制度成本与收效的关系，一个理性的人必然选择同等条件下更加高效的模式以实现维护既有秩序的目的。

而相较国家强力惩戒，律师行业处分在节约惩戒成本方面具有独特优势。随着经济商业活动的日趋复杂和法律体系的不断建构，律师行业从早期的以全才律师为标杆，逐步向突显自己的专业性发展，而这也是符合社会分工发展趋势的。党的十八届四中全会更是明确提出要实现法治工作者队伍的正规化、专业化和职业化，要求推动律师专业化建设。而当律师整体掌握了非常专业化的知识，即使是在同一领域的法官或检察官也将面临由于身份差异带来的"盲点"，这种专业化趋势使得律师行业只能进行自我管理，因为任何外在的管理都会因为信息不对称而缺乏效率。[2] 如果关于律师执业行为中产生的所有纠纷都需要通过行政机

---

〔1〕 ［英］安妮·施沃恩、史蒂芬·夏皮罗：《导读福柯〈规训与惩罚〉》，庞弘译，重庆大学出版社 2018 年版，第 11 页。

〔2〕 王文宇："从经济观点与美国法论专门执业人员之规范"，载王文宇：《民商法理论与经济分析》，中国政法大学出版社 2002 年版，第 343 页。

关或司法机关解决，那么无疑加重了律师行业的行政色彩，过多的行政干预和司法干预也会对律师合法合理执业设置更多的外部障碍，不利于律师承担的"维护法律和正义"职责的落实，影响到辩护职责的继续履行，反而不利于当事人行使诉讼权利。

并且律师协会作为行业规定的制定者，对于执业纪律和引发纠纷的真相更为了解，对比需要从外部刺破行业规则面纱的国家机器而言，在接受委托人投诉、发现违规现象、作出惩戒决定的社会成本方面更低并且更专业，再加上来自行业内部的同伴压力和违规行为公开后对执业名誉的损失，使得被处分成员更倾向于接受惩戒决定并改正不端执业行为，从而在减少执行成本的同时也保障了惩戒的后续效果。

故国家强力作为一种宝贵的资源，在面对因律师执业产生的纠纷时，在相同成本限定下却不一定能发挥等价效率。而由律师协会执行的律师行业处分，成本相对较低，能够避免资源的过度消耗。

（二）规范作用：告示、评价、教育功能

律师行业处分的规范作用主要体现为告示、评价、教育功能。这种整体规范作用得以彰显的前提是，律师行业规范和法律行业纪律处分紧密结合，以共同发挥告示作用，将蕴含于律师职业伦理中的抽象价值转化为更系统、协调的具体规则，形成对固定行为模式的许可或禁止，从而向整个职业群体传达"可为"或"不可为"的规则，以对律师执业行为起到指引作用，赋予律师处理律师职业伦理与大众伦理价值冲突的选择能力。刑法与民法相比，不言责任而直言惩罚，这种跳过强制性规范直言惩戒的原因在于：人们已经普遍理解和接受了规范本身。[1] 而律师行业规范尚未得到律师的普遍理解、接受，甚至在新规范实施后，有律师表示："承认错误并感谢法院严肃指出我的错误，否则，至今我还不清楚这项规定。非常悔恨自己平时没有认真学习《律师执业规范》，竟犯这种低级错误。"所以在直言惩戒之前，应进一步提高行业对律师职业伦理重要性的理解，组织职业道德、执业纪律教育，才能形成法律行业纪律告示作用与律师主动学习之间的良好互动。而评价功能对律师的具体执业行为及执业过程中与多方主体可能发生的矛盾做出恰当判断，以回应投诉人的诉求，必要时对违规律师施加惩戒，以维护律师行业秩序；教育功能以具体个案对被惩戒人和其他从业者起到警示作用，反之，也通过奖励机制起到示范、促进作用。三者互为补充，共同构成律师行业处分的规范作用。

---

〔1〕 ［法］埃米尔·涂尔干：《社会分工论》，渠东译，生活·读书·新知三联书店 2000 年版，第 38 页。

具体而言，律师行业纪律处分共有六种包括：训诫、警告、通报批评、公开谴责、中止会员权利1个月以上1年以下、取消会员资格。其中训诫、警告处分决定应当由作出决定的律师协会告知所属律师事务所。重大典型律师违法违规案件和律师受到通报批评处分决定生效的，应当在本地区律师行业内进行通报。特别注意公开谴责及以上处分决定生效的，应当向社会公开披露，其中因严重违法违规行为受到吊销执业证书、取消会员资格等行政处罚、行业处分决定生效的和社会关注度较高的违法违规案件，可以通过官方网站、微博、微信、报刊、新闻发布会等形式向社会披露。自2017年4月起，中华律师协会通过官方网站独立发布全国各地律师协会处分决定累计29份，定期发布每月律师协会惩戒工作通报，包括全国律协维权中心及各省（区、市）律师协会和设区的市律师协会维权中心运行情况、典型案例、经验梳理等内容，并对维权申请的数量、种类、与其他司法程序的衔接情况进行梳理后通报。这一举措使得行业处分的规范作用不再局限于行业内部，而是扩展到社会全体成员，在全国范围内发挥了告示、评价、教育功能，有助于唤起公众权利意识并提供维护权利的必要途径，以增强社会对法律职业群体的信任。

四、结语

律师职业伦理区别于大众伦理的简单善恶，作为一种规范化的道德在法律失灵的边界成为唯一的备选项。而纯粹的有关律师职业伦理的价值话语已经失去了维持律师行业秩序的活力，通过不断的技术性建构转化为具体的行业规范和惩戒措施。律师行业纪律处分作为一种行业成员集体自律的成果，主要依靠行业内部的同伴压力和身份剥夺对行业成员产生的震慑，兼具"软法"的自治性和"硬法"的惩戒性，比刑事处罚、行政处罚更加专业、高效，为律师职业伦理创设制度保障。但要巩固这种制度保障就必须将律师行业规范和法律行业纪律处分紧密结合，发挥二者的规范作用，通过行业规范、惩戒措施和典型个案的宣传，使得律师职业伦理的要求内化于律师群体的心中，并借助对律师正面执业行为的宣传和奖励进一步广泛转播，以此改变律师执业过程中仅凭纯商业主义的技术理性行动所造成的弊病，从而培养出既具有专业技能，又致力于公共福利和职业荣誉的法律人。

辩护律师执业风险及其防范

廖　明　马璐璐*

一、辩护律师的执业风险

"风险"指的是可能发生的危险。从风险一词的产生过程来看，风险意指现代社会中各个领域中的不确定性。从一般意义上讲，风险是指事物产生、发展的过程中可能存在的或者将要发生的潜在的危险。风险具有普遍性、客观性、损失性、不确定性和社会性的特征。马克思指出，现代社会的基本特征之一就是面向未来的无限敞开、快速的变动和高速的不确定性。现代社会生活的方方面面都存在着风险，律师行业同样也存在着风险。律师执业风险是指律师在执业过程中因其执业行为而可能遭受的一切法律责任或后果。辩护律师的执业风险则是指辩护律师在代理刑事案件的过程中因其执业行为而可能承担的一切法律责任和后果，包括刑事责任、民事责任、人身安全风险、经济损失、名誉损失等。根据风险产生的过程，可以将辩护律师的职业风险分为三种：一是指律师按照执业规则和法律规定认真执业的过程中，因无法让当事人满意而被当事人投诉到律师协会的风险和被案件相关人员打击报复人身安全受到损害的风险；二是指律师在执业过程中因过失致使当事人利益受损而被律师协会给予的行业内部惩戒的风险；三是指律师在执业过程中故意违反委托代理合同或为了胜诉而采取违法行为而应承担的民事责任、行政责任甚至刑事责任。[1] 根据风险产生的原因，可以将辩护律师的执业风险分为三类，刑事违法风险、一般违规风险和民事利益受损风险。即辩护律师在执业过程中违反刑事法律所产生的风险；辩护律师在执业过程中违反民

---

* 廖明，北京师范大学刑事法律科学研究院副教授。马璐璐，北京师范大学刑事法律科学研究院硕士研究生。

[1] 参见李进："防范律师执业风险深化律师制度改革"，载《长春师范大学学报》2017年第1期。

事、行政法律法规所产生的风险、辩护律师因案件当事人或案件相关人员对执业行为不满，导致辩护律师的人身、财产、名誉等方面受损的风险。

（一）刑事违法风险

根据我国《刑法》和《律师法》的规定，辩护律师执业的刑事违法风险主要有包括三种：一是辩护律师涉嫌伪造证据罪的风险；二是辩护律师涉嫌违反规定披露有关案件重要信息、证据材料罪和泄漏国家秘密罪的风险；三是辩护律师涉嫌行贿罪的风险。

辩护律师涉嫌伪造证据罪的风险主要体现在《刑法》第306条、第307条规定的辩护人、诉讼代理人毁灭证据、伪造证据、妨害作证罪和帮助毁灭、伪造证据罪。[1] 这种风险的产生主要有两方面的原因，一方面，证据是认定案件事实的依据，也是法官依法作裁判的重要依据，辩护方提出的有利于被告人的事实必须有证据作为支撑。辩护律师在诉讼中提出的辩护理由如果没有证据加以证明，就难以得到法官的支持。因此，辩护律师为了达到辩护目的，不惜违反执业规定，帮助当事人毁灭、伪造证据或者阻止、引诱、威胁证人作证，从而触犯《刑法》。另一方，我国法律虽然对辩护律师的取证行为进行刑事规制，但是《刑法》中关于辩护律师涉嫌伪证犯罪的规定不够具体，如何定性威胁、引诱行为是认定伪证犯罪的关键。而威胁、引诱本身就具有一定的抽象性，因而导致律师的技巧性询问很容易被认定为引诱行为，辩护律师在刑事诉讼中要承担过多的风险。同时，在司法实践中，如果犯罪嫌疑人、被告人在会见辩护律师后改变供述的，以及证人在律师介入后改变证言的，司法机关工作人员往往会认为是律师的介入，引诱他们改变供述或证言的，而他们也为了避免自己被检察机关追究责任或被认定为认罪悔罪态度不好，而将翻供的责任推向律师，辩解自己的所作所为是受律师指使。

辩护律师涉嫌违反规定披露有关案件重要信息、证据材料罪和泄漏国家秘密

---

〔1〕《刑法》第306条规定："在刑事诉讼中，辩护人、诉讼代理人毁灭、伪造证据，帮助当事人毁灭、伪造证据，威胁、引诱证人违背事实改变证言或者作伪证的，处3年以下有期徒刑或者拘役；情节严重的，处3年以上7年以下有期徒刑。辩护人、诉讼代理人提供、出示、引用的证人证言或者其他证据失实，不是有意伪造的，不属于伪造证据。"第307条规定："以暴力、威胁、贿买等方法阻止证人作证或者指使他人作伪证的，处3年以下有期徒刑或者拘役；情节严重的，处3年以上7年以下有期徒刑。帮助当事人毁灭、伪造证据，情节严重的，处3年以下有期徒刑或者拘役。司法工作人员犯前两款罪的，从重处罚。"

罪的风险主要体现在《刑法》第 308 条之一规定的泄露不应公开的案件信息罪[1]。这种风险的产生主要是因为律师为了达到辩护目的，往往会把案件的相关信息披露给媒体和公众，媒体会有目的地报道案件相关信息，引起舆论的关注，形成舆论压力，从而达到左右案件裁决的目的。虽然从理论上来说，司法机关审理案件应该以事实为依据，以法律为准绳，舆论不应该也不能成为影响案件裁决的因素。但是从司法实践中来看，舆论往往会在一定程度上影响案件的裁决，法院面对从社会各界传来的舆论压力，即使遵循法律条文，以事实为依据，以法律为准绳，依法作出的裁判，仍有可能受到公众的质疑。为了减少压力，法院难免会顺民意而行。[2] 辩护律师涉嫌泄漏国家秘密罪最典型的案例就是，河南一位女律师，因为其助手把案卷材料交给被告人的近亲属，近亲属将案件材料复制并引诱控方证人改变证言。该女律师被当地公诉机关以泄漏国家秘密罪提起公诉，一审判决该律师泄漏国家秘密罪成立，最终经过多方努力，该律师二审才被宣告无罪。这一案件引发了大家的讨论，律师在会见当事人时到底要不要将自己掌握的案件情况给在押的犯罪嫌疑人、被告人阅览，律师要如何与当事人及其亲属商讨案情？一旦当事人或其亲属泄漏了案件情况，风险就要由律师来承担，这种风险的存在使辩护律师的辩护活动受到极大的影响。

辩护律师涉嫌贿赂犯罪的风险主要体现在《律师法》第 49 条的规定，辩护律师向法官、检察官、仲裁员以及其他有关工作人员行贿，介绍贿赂或者指使、诱导当事人行贿，构成犯罪的，依法追究其刑事责任。[3] 不少律师为了获得经

---

〔1〕《刑法》第 308 条之一："司法工作人员、辩护人、诉讼代理人或者其他诉讼参与人，泄露依法不公开审理的案件中不应当公开的信息，造成信息公开传播或者其他严重后果的，处 3 年以下有期徒刑、拘役或者管制，并处或者单处罚金。有前款行为，泄露国家秘密的，依照本法第 398 条的规定定罪处罚。公开披露、报道第 1 款规定的案件信息，情节严重的，依照第 1 款的规定处罚。单位犯前款罪的，对单位判处罚金，并对其直接负责的主管人员和其他直接责任人员，依照第 1 款的规定处罚。"

〔2〕参见马晶、杨天红："律师庭外言论的规制——兼论《刑法修正案（九）》泄露案件信息罪"，载《重庆大学学报（社会科学版）》2016 年第 4 期。

〔3〕《律师法》第 49 条："律师有下列行为之一的，由设区的市级或者直辖市的区人民政府司法行政部门给予停止执业 6 个月以上 1 年以下的处罚，可以处 5 万元以下的罚款；有违法所得的，没收违法所得；情节严重的，由省、自治区、直辖市人民政府司法行政部门吊销其律师执业证书；构成犯罪的，依法追究刑事责任：①违反规定会见法官、检察官、仲裁员以及其他有关工作人员，或者以其他不正当方式影响依法办理案件的；②向法官、检察官、仲裁员以及其他有关工作人员行贿，介绍贿赂或者指使、诱导当事人行贿的；③向司法行政部门提供虚假材料或者有其他弄虚作假行为的；④故意提供虚假证据或者威胁、利诱他人提供虚假证据，妨碍对方当事人合法取得证据的；⑤接受对方当事人财物或者其他利益，与对方当事人或者第三人恶意串通，侵害委托人权益的；⑥扰乱法庭、仲裁庭秩序，干扰诉讼、仲裁活动的正常进行的；⑦煽动、教唆当事人采取扰乱公共秩序、危害公共安全等非法手段解决争议的；⑧发表危害国家安全、恶意诽谤他人、严重扰乱法庭秩序的言论的；⑨泄露国家秘密的。律师因故意犯罪受到刑事处罚的，由省、自治区、直辖市人民政府司法行政部门吊销其律师执业证书。"

济收益和较大名气，更为了胜诉而替当事人找关系，行贿公检法人员，或者诱导当事人或其家属贿赂司法工作人员。此外，还有一些律师为了拓展案源，向政府机关、事业单位等工作人员行贿。

（二）一般违规风险

一般违规风险是指辩护律师在执业过程中违反行政法律法规所产生的风险。主要是指《律师法》第47、48、49条规定的行政违法行为以及《律师和律师事务所违法行为处罚办法》第5~22条规定的具体的行政违法行为。辩护律师违反行政法规承担法律责任的主要形式有五种：警告、罚款、没收违法所得、停止执业、吊销律师执业证书。辩护律师涉嫌的行政违法行为主要是因为律师违反执业规范或违背执业道德。实践中，会有一些辩护律师一味地追求经济利益、为了争取业务，而暗示委托人对司法机关工作人员进行行贿或者利用自己的关系，违反规定与司法工作人员见面。此外，还有一些辩护律师为了承接业务，以不正当的手段承揽业务，例如，以误导、利诱或者虚假承诺等方式承揽业务。甚至有些辩护律师为了达到诉讼目的，故意隐瞒与案件有关的重要事实或证据。这些行为不仅违反了律师的执业规范，还侵害了委托人的利益，并妨碍国家司法工作的正常运行。

（三）民事利益受损风险

民事利益受损的风险主要是指辩护律师在代理诉讼案件的过程中，可能会因为各种不确定的因素而导致的民事责任和名誉受损的风险。首先，辩护律师与委托人之间签订委托合同本属于民事法律行为，自然会有产生民事责任的风险。辩护律师的民事责任的形成主要是由于律师违反委托合同、违法执业、因过错给当事人造成损失所应承担的民事责任。辩护律师在执业过程中必然要和委托人签订委托合同，一旦律师违反合同规定，必然会有承担违约责任的风险。此外，律师还会承担侵权责任，这主要是因为律师没有按照约定完成委托事项或者因故意、过失导致委托人利益受损。例如，辩护律师因为疏忽，没有及时上诉致使超过诉讼时效、丢失或毁损主要证据无法弥补、泄露委托人隐私等，如果委托人或第三人因此遭受损失，律师均须为自己的过错承担民事责任。《律师法》第54条规定，律师违法执业或因过错使当事人的利益遭受损失的、律师事务所应该承担偿责任，而后向故意或重大过失的律师追偿。《律师及律师事务所违法行为处罚办法》第46条也作了相同的规定。其次，辩护律师的执业行为也会存在名誉受损的风险。目前，就辩护律师执业活动而言，在开始接受当事人的委托展开法律服务的同时，辩护律师的信誉风险便相伴而生。例如，委托人及辩方证人向律师提供虚假的证据或者在陈述事实时有所隐瞒，最终导致法庭审判结果不理想，委托人往往会认为是律师未尽全力所导致的，要求律师退代理费，或者向相关部门告发律师执业过程中存在违法行为。当然，也有部分律师因为自己专业水平不高，应诉能力不强，缺乏经验，导致自身的信誉受到影响。

二、辩护律师执业风险产生的原因

辩护律师的执业风险是与其执业行为相伴而生的，既受事物运行的客观规律的影响，又受到社会因素、制度因素以及人为因素的影响。从上文对辩护律师执业风险的分析中也可以看出，辩护律师执业风险的存在，既是受该行业运行的特性的影响，又受到立法、社会和人为方面的影响。本文主要从以下三个方面论述辩护律师执业风险产生的原因：

（一）立法方面

立法层面上的不足是辩护律师的执业风险，尤其是刑事责任风险存在的一个重要原因。最为突出的就是《刑法》第 306 条规定的伪证罪[1]，这个条文被学界称之为"悬在律师头上的一把利剑"。本来伪证罪的制定是为了保证国家司法机关刑事诉讼活动的正常进行，但是在实践中却变成了官方滥用追诉权的一个重要工具。一方面，该罪名的主体直指律师，犯罪主体只有辩护律师和诉讼代理人，但是实际上，公检法机关工作人员都可能实施毁灭、伪造证据的行为。另一方面，该罪名的犯罪构成要件模糊，导致其容易被滥用。不仅该罪名中"威胁、引诱"行为的界定没有一个明确的范围，而且对于"违背事实改变证言"的判断也没有合理的依据。[2] 一般来说，我们是无法确定案件事实，只能最大限度地追求客观真实。因此在客观事实都无法确定的情况下，又何谈违背事实？此外，《刑事诉讼法》第 44 条的规定[3]，也是将毁灭、伪造证据行为的主体限定为辩护律师，但这应当是所有的诉讼参与人都要遵守的规定。这些规定都在一定程度上加大了律师执业的风险。当然，辩护律师执业方面的法律法规方面也存在一定的不足，例如《律师法》中只是简单地规定要保护辩护律师的合法权利，

---

〔1〕《刑法》第 306 条规定："在刑事诉讼中，辩护人、诉讼代理人毁灭、伪造证据，帮助当事人毁灭、伪造证据，威胁、引诱证人违背事实改变证言或者作伪证的，处 3 年以下有期徒刑或者拘役；情节严重的，处 3 年以上 7 年以下有期徒刑。辩护人、诉讼代理人提供、出示、引用的证人证言或者其他证据失实，不是有意伪造的，不属于伪造证据。"第 307 条规定："以暴力、威胁、贿买等方法阻止证人作证或者指使他人作伪证的，处 3 年以下有期徒刑或者拘役；情节严重的，处 3 年以上 7 年以下有期徒刑。帮助当事人毁灭、伪造证据，情节严重的，处 3 年以下有期徒刑或者拘役。司法工作人员犯前两款罪的，从重处罚。"

〔2〕 参见田文昌、陈瑞华：《刑事辩护的中国经验》，北京大学出版社 2013 年版，第 323 页。

〔3〕 参见《刑事诉讼法》第 44 条："辩护人或者其他任何人，不得帮助犯罪嫌疑人、被告人隐匿、毁灭、伪造证据或者串供，不得威胁、引诱证人作伪证以及进行其他干扰司法机关诉讼活动的行为。违反前款规定的，应当依法追究法律责任，辩护人涉嫌犯罪的，应当由办理辩护人所承办案件的侦查机关以外的侦查机关办理。辩护人是律师的，应当及时通知其所在的律师事务所或者所属的律师协会。"

辩护律师在执业过程中的人身权利、辩护权利、调查取证等权利依法受到保护，但是这些规定都是一些概括性、宣示性的条款，至于辩护律师的这些权利如何保护、受到侵害后如何救济，并没有进一步规定。关于辩护律师权利救济的立法缺失，一定程度上增加了辩护律师遭受执业风险的可能性。

（二）社会方面

我国律师制度建立至今，虽然人们对律师的认可度已经有很大的提高，但是公众对于律师行业还是存在一定的偏见。在实践中，公众的法治意识较为淡薄，而且由于一些律师职业素质低下，违背职业道德追求经济利益，导致公众形成一个"律师就是拿人钱财、替人消灾"的错误理念。在司法实践中，由于控辩双方的诉讼目的不同，立场不同，辩护律师往往被视为司法工作人员的对立面。而且控辩双方地位悬殊，只要辩护律师行为稍有不慎，就会被司法机关认为是在干扰办案，就会遭受到追诉。一旦律师遭到司法机关的追诉，委托人就会认为辩护律师一定有违法行为并且损害了自己的利益，从而导致社会公众对辩护律师存在的偏见进一步加深。公众对于辩护律师的偏见越深，辩护律师在执业过程中就越难获得委托人的信任，一旦信任缺失，那么辩护工作也会遇到更多的阻碍，增加律师执业风险。

（三）人为方面

人为方面的原因这里主要从辩护律师自身方面进行论述，律师行业本来就存在一定的风险，律师行业也必须是掌握特定知识的人才能够进入的，大部分国家都实行律师职业准入制，这也表明了律师职业的专业性和特殊性。但是如果辩护律师自身的专业水平不高、实践经验不足，那么必然其处理诉讼案件、进行刑事辩护活动就会存在更大的风险，可能因为自己能力不足，导致案件的辩护没有达到应有的效果。甚至可能因为辩护律师自身专业知识不足和风险防范意识的缺失，导致在案件的诉讼过程中出现一些程序上的疏忽，进而导致委托人的利益受损。此外，有些辩护律师为了达到名利双收的效果，不惜采取违法行为或者游走在违法的边缘，以达到自己的辩护目的，其执业的法律风险进一步加大，一旦事发，辩护律师将会承担行政责任或者刑事责任。

三、辩护律师执业风险的防控

（一）立法方面

对于辩护律师执业风险的防控，在立法方面最应当受到重视的是《刑法》中关于辩护律师的相关罪名，尤其是《刑法》第306条的规定。上文已经论述过，第306条的"辩护人、诉讼代理人毁灭、伪造证据罪"是悬在辩护律师头上的一把利刃。对于这个犯罪构成模糊、犯罪主体范围不合理，带有对辩护律师歧视的条文，必须进行修改。首先，该罪的犯罪主体，必须包括与刑事诉讼相关的所有的司法工作人员和民事主体，不仅辩护人、诉讼代理人可能毁灭、伪造证据，其他的诉讼参与者或者与案件相关的人员也可能实施毁灭、伪造证据的行为。其次，该罪的犯罪构成条件具有不确定性，必须进一步细化犯罪构成要件，使之更加具体。如何认定"引诱证人违背事实改变证言"，对引诱行为进行明确的规定，对于违背事实的判断制定一个具体标准，否则，一切犯罪构成都由公诉方来认定，那么该罪很可能成为司法工作人员报复辩护人的工具。在辩护律师的行业规定方面，法律应当进一步加强对辩护律师的权利保护和权利救济，在注重律师的执业规范和法律义务的同时，加强对辩护律师权利保护，尤其是在辩护律师的权利受到侵害后的救济，只有这样才能降低律师执业的非正常风险的发生。

（二）律师自身方面

从事任何职业都会存在风险，风险是客观存在的，但是我们作为该行业的从事者可以从自身出发，加强自身应对风险的能力，这是降低执业风险的有效手段。首先，辩护律师必须进一步增强法律意识，严格遵守法律规定，不能存在侥幸心理，在违法的边缘行走。辩护律师执业必须依法进行，这是我们减少律师执业风险的立足点。[1] 其次，辩护律师必须提高职业水平，只有强化自身素质，才能提高驾驭和防范执业风险的能力。同时，只有辩护律师更好地完成委托人的要求，才能树立良好的形象，改变公众对辩护律师的偏见。这就要求辩护律师应当正确认识自己的定位，严格遵守执业规范，提高自身的专业素养和道德水平。最后，辩护律师要正确处理与委托人、犯罪嫌疑人、被告人之间的关系，既要与其保持适当距离，又要与其保持融洽关系。既要获取委托人的信任，又要避免过度信赖委托人，这是避免执业风险的重要方面。否则，在刑事诉讼中，辩护律师很有可能遭到来自其委托人或案件相关人员出于故意或过失的陷害，从而招致法律风险。

（三）辩护律师权利保障方面

辩护律师的职责是维护犯罪嫌疑人、被告人的合法利益，协助司法机关准确、及时地作出裁判。辩护律师在执业过程中，是与强有力的国家公权力机关进行对抗，双方的地位具有天然的不平等性，辩护律师一直都处于弱势地位。这就要求我们要更加注重对辩护律师的权利保障，这样才能更好地实现控辩双方平等对抗。所以，必须要赋予辩护律师一定的豁免权，尽量规避不必要的执业风险。在这方面我们可以借鉴英美法系国家的制度，在英国出庭律师在刑事案件中享有绝对的、无条件的豁免权，而且不论与案件有关的还是无关系的，恶意的还是没

---

〔1〕 参见关洁玫："律师的执业风险与保护"，载《河北法学》2001年第1期。

有恶意的都适用。[1] 在美国，关于律师承担伪造、毁灭证据的刑事责任的规定十分严格，律师享有很大的豁免权。虽然我国《律师法》第 37 条第 1、2 款规定了律师的言论豁免权，[2] 但是仅仅是针对律师在法庭上发表的代理、辩护意见的豁免，对于辩护律师的豁免权规定的范围过小也过于笼统，无法有效地保障辩护律师的权利。首先，辩护律师的执业行为不仅涉及法庭审理阶段，从侦查程序到审查起诉程序和审判程序，辩护律师都要参与诉讼活动，进行阅卷、调查取证、会见当事人等活动，因此辩护律师的言论豁免权应当是贯穿整个刑事诉讼过程的。其次，可以借鉴英美国家的制度，建立律师提供失实证据的豁免权。对于辩护律师提供、引用的证据与事实不符，除非有确切的证据证明辩护律师实施了毁灭、伪造证据的行为，否则不能追究辩护律师的刑事责任，对于律师伪造证据的行为的认定存在合理怀疑的，也不应当追究其刑事责任。

---

〔1〕 参见［英］格拉汗·J. 格拉汗-格林、弗雷德里克·T. 赫恩：《英国律师制度和律师法》，陈庚生等译，中国政法大学出版社 1992 年版，第 6 页。

〔2〕 参见《律师法》第 37 条第 1、2 款："律师在执业活动中的人身权利不受侵犯。律师在法庭上发表的代理、辩护意见不受法律追究。但是，发表危害国家安全、恶意诽谤他人、严重扰乱法庭秩序的言论除外……"

法律职业伦理教育与学科建设

法律职业伦理学科建设的几个问题

石先钰[*]

在中国共产党十九大报告中，对"道德"和"职业道德"建设尤为重视，习近平总书记在报告中有四个段落涉及"道德"和"职业道德"建设的内容。[1] 强调坚持依法治国和以德治国相结合，依法治国和依规治党有机统一，深化司法体制改革，提高全民族法治素养和道德素质。要求全体人民在理想信念、价值理念、道德观念上紧紧团结在一起。深入挖掘中华优秀传统文化蕴含的思想观念、人文精神、道德规范，结合时代要求继承创新，让中华文化展现出永久魅力和时代风采。加强思想道德建设，深入实施公民道德建设工程，推进社会公德、职业道德、家庭美德、个人品德建设。中国共产党第十九届中央委员会第四次全体会议通过的《中共中央关于坚持和完善中国特色社会主义制度 推进国家治理体系和治理能力现代化若干重大问题的决定》强调，坚持共同的理想信念、价值理念、道德观念，实施公民道德建设工程，加强思想道德和党纪国法教育。[2] 可见，加强法律职业道德建设，是十九大及十九届四中全会提出的职业道德建设的重要任务之一。

一、法律职业伦理学的研究对象

"法律职业伦理"与"法律职业道德"是可以通用的概念，探讨法律职业伦理学的研究对象，我们从探讨道德的概念出发。

---

* 石先钰，华中师范大学法学院教授。

〔1〕 习近平："决胜全面建成小康社会 夺取新时代中国特色社会主义伟大胜利——在中国共产党第十九次全国代表大会上的报告"，载《人民日报》2017年10月28日，第4版。

〔2〕 "中共中央关于坚持和完善中国特色社会主义制度 推进国家治理体系和治理能力现代化若干重大问题的决定"，载《光明日报》2019年11月6日，第5版。

道德，原本是两个词，即"道"和"德"。"道"字最初的含义是道路。如《诗经·小雅·大东》中的"周道如砥，其直如矢"中的"道"就是这个意思。以后"道"逐步被引申为原则、道理、规律或学问等。孔子讲的"志于道，据于德"（《论语·述而》）和"朝闻道，夕可死矣"（《论语·里仁》）中的"道"，就是指做人治国的根本原则和道理。东汉时刘熙根据"义以音生，字从音造"的传统，对"德"字做了很有意义的解释，他认为："德者，得也，得事宜也。"可见，道德中"德"字的音，是从得到中的"得"而来的。因此，所谓德，就是人与人相处时，要把这种关系处理得合适，使他人和自己都能有所得。许慎在《说文解字》中对于"德"字的定义是："德，外得于人，内得于己也。"即一个有道德的人，在同别人的相处中，对外，要使别人有所获得；对内，还要使自己有所获得。简言之，外得于人，是谓能够以善德施之他人，使众人各得其益；内得于己，是谓能够以善念存于诸心中，使身心互得其益。"道德"二字连用而组成一个词，是指对于客观的人类伦理、事物的必然性的规律、道理、规则的一种获得和把握，是与道德主体联系在一起的具有普遍性的人生理则。周原冰认为，道德是一种特定的社会意识形态，是属于社会上层建筑的现象，"是通过在一定经济基础上产生和形成的社会舆论、人们的内心信念和传统习惯，对人们在处理人与人之间及个人与社会之间关系的态度和行为所作出的社会评价，以及通过这种评价来调整人们对社会和人们相互之间关系的各种观念、规范、原则、标准的总和"。[1] 马克思主义认为，道德是一种社会现象，道德的本质不应该从人的意识中去寻找，也不应该从社会生活之外去寻找，而只能从现实的人类物质生活中去探索。马克思主义将辩证唯物主义和历史唯物主义的基本原理运用于道德理论的研究，认为道德不是人主观自主的，也不是神的意志，更不能用抽象的人性论来说明，道德是由一定经济基础决定的上层建筑、社会意识形态，是社会物质生活条件的反映，并受着社会关系特别是经济关系的制约。马克思主义伦理学认为，道德是由一定社会经济关系所决定的特殊意识形态，是以善恶为评价标准、依靠社会舆论、传统习惯和内心信念所维系的调整人们之间以及个人与社会之间关系的行为规范的总和。[2] 这一定义，比较全面地揭示了道德的基本内涵：首先，道德是社会意识形态，属于特殊的上层建筑，道德是由一定经济基础决定的上层建筑，它离不开社会的经济基础并受制于社会的经济基础；其次，道德是调整人们之间以及个人与社会之间关系的行为规范的总和；最后，揭示了道德的调整方式，道德是通过善恶评价、社会舆论、传统习惯和内心信念等维系的。关

---

〔1〕 周原冰：《道德问题论集》，上海人民出版社1980年版，第29~30页。
〔2〕 李春秋主编：《新编伦理学教程》，高等教育出版社2002年版，第26~29页。

于职业道德和检察官职业道德，恩格斯指出："实际上，每一个阶级，甚至每一个行业，都各有各的道德。"[1] 这里所说的"每一个行业"的道德，就是职业道德。职业道德是同人们的职业活动紧密相关的，是具有不同职业特征的道德规范的总和。一般而言，从事某种特定职业的人们，由于有着共同的劳动方式，经受着共同的职业训练和职业的熏陶，承担着共同的职业义务，因而形成了具有自身职业特征的道德观念、道德情感和道德品质。[2]

　　法律职业是指以法官、检察官、律师为代表的，受过专门的法律专业训练，具有娴熟的法律技能与法律伦理的法律事务岗位从业人员所构成的共同体。"法律职业伦理"是指以法官、检察官、律师为代表的从事法律职业的人员应当具备的道德品质及应当遵循的道德规范的总和。从学科研究对象的角度看，法律职业伦理学是研究以法官、检察官、律师为代表的从事法律职业的人员的道德现象及其规律，道德品质及其养成规律，道德规范的制定及其实施规律的科学。进行"法律职业伦理"修养和教育，就是培养法律人的道德素质，培养爱国为民的情怀。

二、法律职业伦理的重要性

　　从人才培养的角度看，我们强调"德才兼备"，如果打个比喻，从产品生产的角度看，一般的"德才兼备"的人才是合格品，优秀的"德才兼备"的人才则是优等品，而"有德无才"是次品，"有才无德"是废品乃至"危险品"。可见，"德行"的培养，"法律职业伦理"的培养，尤其是对法律人来讲多么重要，"法律职业伦理"对法律人才的评价具有一票否决的意义。

　　"法律职业伦理学"是法学理论体系的"思想政治理论课"，对法学一级学科具有指导、引领、整合的作用。"法律职业伦理学"包含马克思列宁主义、毛泽东思想、邓小平理论、"三个代表"重要思想、科学发展观，尤其是习近平新时代中国特色社会主义思想。对法学一级学科具有指导、引领的作用，还可以把法学的各二级学科的知识、理论、法律规定整合到合道德性上来，把社会主义核心价值观融入法治建设立法、修法以及法治实践中去。法安天下，德润人心。中国特色社会主义法治道路最鲜明的特点就是，坚持依法治国和以德治国相结合，坚持法治和德治两手抓、两手都要硬。这既是对治国理政规律的深刻把握，也是历史经验的深刻总结。社会主义核心价值观是全国各族人民在价值观念上的"最

---

　　[1]　中共中央马克思恩格斯列宁斯大林著作编译局编译：《马克思恩格斯选集》第4卷，人民出版社1995年版，第236页。

　　[2]　龙静云：《治化之本——市场经济条件下的中国道德建设》，湖南人民出版社1998年版，第182页。

大公约数"，是社会主义法治建设的灵魂。法律法规体现鲜明的价值导向，直接影响人们对社会主义核心价值观的认知认同和自觉践行。把社会主义核心价值观要求融入法律规范、贯穿法治实践，法律才能契合全体人民道德意愿、符合社会公序良俗，才能真正为人们所信仰、所遵守，实现良法善治。2019 年 3 月 18 日，在习近平总书记主持召开学校思想政治理论课教师座谈会上，习近平总书记强调，"思想政治理论课是落实立德树人根本任务的关键课程""思政课作用不可替代，思政课教师队伍责任重大""党和国家高度重视学校思政课，今后只能加强不能削弱，而且必须提高水平"。[1]

三、法律职业伦理学的课程地位

国务院学位委员会办公室 2017 年 7 月 20 日发布"关于转发《法律硕士专业学位研究生指导性培养方案》的通知"，在法律硕士专业学位研究生指导性培养方案（适用于非法学专业毕业生及法学专业毕业生）的课程设置中，将"法律职业伦理"设置为必修课，2 学分。在培养基本要求中强调：掌握中国特色社会主义理论体系，遵守宪法和法律，德法兼修，具有良好的政治素质和道德品质，遵循法律职业伦理和法律职业道德规范；全面掌握法学基本原理，特别是社会主义法学基本原理；自觉践行社会主义核心价值观。

2018 年 1 月 30 日，教育部发布《普通高等学校本科专业类教学质量国家标准》，[2] 关于专业课的课程设置，法学专业核心课程采取"10+X"分类设置模式。"10"指法学专业学生必须完成的 10 门专业必修课，包括：法理学、宪法学、中国法律史、刑法、民法、刑事诉讼法、民事诉讼法、行政法与行政诉讼法、国际法和法律职业伦理。"X"指各院校根据办学特色开设的其他专业必修课，包括：经济法、知识产权法、商法、国际私法、国际经济法、环境资源法、劳动与社会保障法、证据法和财税法，"X"选择设置门数原则上不低于 5 门。其中，将"法律职业伦理"首次设置为法学专业的 10 门核心课程之一。

2018 年 9 月 17 日，教育部、中央政法委发布《2018 年意见》，强调"加大学生法律职业伦理培养力度，面向全体法学专业学生开设'法律职业伦理'必修课，实现法律职业伦理教育贯穿法治人才培养全过程。坚持'一课双责'，各门课程既要传授专业知识，又要注重价值引领，传递向上向善的正能量"。

2018 年 12 月 8 日，2018 年~2022 年教育部高等学校法学类专业教学指导委

---

〔1〕 吴晶、胡浩："一堂特殊而难忘的思政课——习近平总书记主持召开学校思想政治理论课教师座谈会侧记"，载《人民日报》2019 年 3 月 19 日，第 4 版。

〔2〕 张烁："高等教育教学质量'国标'发布"，载《人民日报海外版》2018 年 1 月 31 日，第 2 版。

员会成立大会暨 2018 年年会在京正式举行。[1] 教育部高等教育司司长吴岩、教育部高等教育司副司长徐青森，法学类专业教学指导委员会主任委员、全国人大常委会委员、全国人大监察和司法委员会副主任徐显明等 58 位委员参加了会议。吴岩司长指出，法学教指委要深入贯彻落实习近平总书记在中国政法大学考察时的重要讲话精神，着力推进"新文科"建设、培养卓越法治人才，重点做好八件事：一是加快推进卓越法治人才教育培养计划 2.0；二是积极推进一流专业建设；三是积极参与法学专业三级认证工作；四是打造法学"金课"；五是狠抓法律职业伦理教育；六是组织开展系列师资培训；七是推动国标落地落实；八是深入开展调研，提交高质量咨政报告。希望法学教指委充分发挥参谋部、咨询团、指导组、推动队的作用，带领中国法学教育越走越稳、越跑越快、越飞越高。[2] 其中，把狠抓法律职业伦理教育作为八件事之一，把一门课程提到如此高度，可见，法律职业伦理教育多么重要。

上述课程设置，对法律硕士培养的基本要求，对法学本科生的培养目标、素质的要求，实际上都是法律职业伦理的要求，在中国特色社会主义进入新时代的时候，高度重视"法律职业伦理"的课程地位非常必要。

四、法律职业伦理学科建设的路径

主要路径是：在法学一级学科增加设立"法律职业伦理学"二级学科。[3] 根据教育部公布的二级学科目录，法学一级学科下有 10 个二级学科，包括：法学理论、法律史、宪法学与行政法学、刑法学、民商法学（含：劳动法学、社会保障法学）、诉讼法学、经济法学、环境与资源保护法学、国际法学（含：国际公法、国际私法、国际经济法）、军事法学。在法学一级学科增加设立"法律职业伦理学"二级学科，在法学一级学科中可以起到统领、整合的作用。具体操作层面，特事特办，立即开放申报，全国首批遴选 10 个二级博士硕士学位授权学科。次之的路径是：发文鼓励在拥有法学（或者马克思主义理论、哲学）一级学科的大学等研究机构增加设立"法律职业伦理学"二级博士硕士学位授权学科。

目前，全国第一个增加设立"法律职业伦理"二级博士学科专业的是中国

---

〔1〕 陆娇："2018 年度法学教育十大新闻"，载《法制日报》2019 年 2 月 13 日，第 4 版。

〔2〕 陆娇："2018 年度法学教育十大新闻"，载《法制日报》2019 年 2 月 13 日，第 4 版。详细内容参见卢云开："2018-2022 年教育部高等学校法学类专业教学指导委员会成立大会暨 2018 年年会在北京正式举行"，载搜狐新闻网，http://www.sohu.com/a/281670770_367915，2018 年 12 月 13 日访问。

〔3〕 石先钰："推动'法律职业伦理'学科建设"，载《中国社会科学报》2019 年 3 月 13 日，第 5 版。

政法大学，2019 年 11 月 14 日已经发布《2020 年博士研究生招生章程》（含招生专业目录等）。二级博士学科专业为 0301Z9 法律职业伦理，研究方向为 01 法律职业伦理基本理论。

　　"法律职业伦理学"二级学科的人才培养方案，以博士层次为例，培养目标是：按照全面发展的教育方针要求，通过系统的学习和训练，使学生能够具备坚实的法学理论功底和系统的法律职业伦理知识，熟练掌握一门外国语，培养独立从事科学研究、教学工作、司法工作等领域的高级人才。具体要求如下：①熟练掌握马克思列宁主义、毛泽东思想、邓小平理论、"三个代表"重要思想、科学发展观，尤其是习近平新时代中国特色社会主义思想。②树立正确的世界观、人生观和价值观，掌握社会主义核心价值观，具有良好的职业道德、团结合作精神和坚持真理的科学品质，积极为社会主义现代化建设服务。③掌握坚实的法学基础理论和系统的法律职业伦理知识，对专业方向有比较深入的研究，具有从事本专业的理论研究与实践工作的能力。④掌握一门外语，能较熟练地阅读专业外文书刊资料。⑤养成理论联系实际的优良学风和实事求是、勇于探索和积极创新的科学精神。

法律职业伦理教育的困境和路径选择

闫永安　崔英姿*

一、问题的提出

为了维护法律职业者相互之间的正常职业关系，践行法治的基本要求，法律职业者在从事法律职业的过程中，必须遵循相应的行为规范与伦理规范。这不但是法律人的共识，也是国家制度建设的重要组成部分。早在 2011 年中央政法委联合教育部出台了《关于实施卓越法律人才教育培养计划的若干意见》（以下简称《2011 年意见》），明确提出了要"强化学生法律职业伦理教育"，凸显出法律职业伦理教育在法学教育中的重要地位，凸显出法律职业伦理教育对法律专业人才的重要性与紧迫性。该意见出台后，其在教学和实践中贯彻得并不到位。为此，近年来，为了提高法律职业伦理的学科地位，增强其在理论和实践中被重视的程度，国家在顶层对其进行设计的同时，也在制度层面作出了规定。如：党的十八届四中全会明确提出法治工作者队伍要实现"正规化""专业化"和"职业化"的要求，以全面推进依法治国，培养大批高素质法治人才。再如，中共中央办公厅、国务院办公厅于 2015 年印发了《关于完善国家统一法律职业资格制度的意见》（以下简称《2015 年意见》），提出了"加大法律职业伦理的考察力度，使法律职业道德成为法律职业人员入职的重要条件"。复如，习近平总书记2017 年在中国政法大学考察时提出"坚持立德树人、德法兼修"的高屋建瓴思想，强调了对法律职业者进行崇高道德修养的重要性和必要性。最高人民法院亦在同年召开的"法治人才基本素养"专题研讨会中提出，法律伦理底线尤其是

---

* 闫永安，中央民族大学法学院讲师。崔英姿，中央民族大学法学院硕士研究生。

廉洁底线的严防死守是法治人才的十方面基本素养之一。[1] 最后，教育部与中央政法委于 2018 年联合下发《关于坚持德法兼修 实施卓越法治人才教育培养计划 2.0 的意见》（以下简称《2018 年意见》）强调要厚德育，铸就法治人才之魂。加大学生法律职业伦理培养力度，面向全体法学专业学生开设"法律职业伦理"必修课，实现法律职业伦理教育贯穿法治人才培养全过程。坚持"一课双责"，各门课程既要传授专业知识，又要注重价值引领，传递向上向善的正能量。[2] 可见，国家在顶层设计和制度规定方面，将法律职业伦理教育已提高到相当高度，既将其作为法律职业人员入职的重要条件，又将其设置为法律专业学生必修课程。在注重价值引领的同时，更注重向上正能量的传递。这既引起了相关法律职业伦理理论研究的热情，也拓展了对其研究的深度，但在具体的教学实践中，对法律职业伦理的教育和再教育贯彻的现状并不理想。对于法律职业伦理的目标认识，却没有相应跟上。[3] 在本科法学教育阶段，即便是处于领军地位的法学院校，对于法律职业伦理课程属性和地位的认知也存在着明显的不足。[4] 在具体的司法实践中，也常出现违背法律职业伦理，突破道德底线，乱作为的现象。如部分司法官员突破底线，徇私枉法，贿赂腐败的事件常见报端。再如，部分律师缺乏诚信，为追求聚光灯下的"剧场效应"，实现名利双收，或故意泄露当事人的隐私，或不当行使辩护权，或咆哮"公堂"，甚至在全国造成了较为恶劣的影响。[5] 以法律职业伦理为研究对象的法学研究和教育虽然得到一定的发展，法学界对法律职业伦理教育的研究队伍越来越壮大，研究学术成果越来越丰富，但对于法律职业伦理现实教育情况却不容乐观，成长上也不及预期，这说明法律职业伦理的教育还仍然存在着被忽视、被边缘化的现实。国无德不兴，人无德不立。中国特色社会主义进入新时代，社会主义各项事业开启了新征程，国家对深化依法治国提出了新的目标与要求。法律职业伦理作为法学教育经验的反光镜，作为国家实在法的回音壁，必须在法学教育中矗立于应有的地位，得到应有的重视。这就要求法律人寻究其存在的困境，指明法律伦理职业教育的路径方向。

---

〔1〕 周斌："第三巡回法庭'法治人才基本素养'专题研讨会提出：培养司法人才十方面基本素养"，参见法制网，http://www.legaldaily.com.cn/zfzz/content/2017 - 05/22/content_7174017.htm? node = 81120，2020 年 1 月 4 日访问。

〔2〕 参见《教育部、中央政法关于坚持德法兼修实施卓越法治人才教育培养计划 2.0 的意见》（教高〔2018〕6 号）。

〔3〕 刘坤轮："'学训一体'法律职业伦理教学模式的实践与创新"，载《政法论坛》2019 年第 2 期。

〔4〕 刘坤轮："'学训一体'法律职业伦理教学模式的实践与创新"，载《政法论坛》2019 年第 2 期。

〔5〕 杭州保姆杀人案，律师关于管辖异议和不辩护的出格行为，某种程度上讲对律师的形象造成了较为恶劣的影响。

二、法律职业伦理教育存在的困境

可以说，先前职业伦理教育的缺失，造成形塑法律人法律职业伦理素养的不足，促进了《2015 年意见》和《2018 年意见》的颁布。但两份意见颁布后，按理说法律职业伦理教育应该因此取得广泛、深入的发展，理论研究上也应有更大成就。但骨感的现实却反映出在法律职业伦理教育中仍存在诸多困境，在新时代背景下仍面临诸多挑战。

（一）法律职业伦理核心课程设置的缺失和培养目标缺乏明确

"法律职业伦理是教法科学生于研究法律之外，注意到运用法律时在社会上所应有的态度。尤其是执行法律事务时，使他知识、技能、品性方面都有相当的准备。"〔1〕梳理法律职业伦理教育的历程，不难发现，中华人民共和国成立后，直至 2011 年，教育部对于法学专业核心课程的安排中没有关于法律职业伦理的内容。《2011 年意见》虽提出了"强化学生法律职业伦理教育"的理念，但在法学教育中，仍缺少对法律职业伦理教育的制度安排。《2015 年意见》针对法律职业伦理教育的缺失，加大了法律职业伦理考察的力度，并将其作为法律职业入职的重要条件，但并没有从根本上改变法律职业伦理教育不被重视的尴尬局面。根据相关资料：2018 年初我国开设法律职业伦理课程的高校约为 57.84%，其中授课对象为法律硕士与法学硕士的比例约为 89.29%，授课对象为法学本科生的比例约为 10.71%。〔2〕上述数据表明法律职业伦理开设的对象主要为法律硕士或者法学硕士，法学本科很少对此类课程进行涉及。绝大多数法学本科生无法在形成法律素养的关键时期接受法律职业伦理的教育，这是法学教育过程中令人担忧的现象，也十分不利于法学专业学生法律职业情怀与法律职业修养的培育，造成他们不能对法律职业伦理存在的真实意义进行深刻且透彻的理解。《2018 年意见》强制规定：加大学生法律职业伦理培养力度，面向全体法学专业学生开设"法律职业伦理"必修课。但笔者的教学实践表明，我国首批 60 所卓越法律人才基地院校的法学本科人才培养方案中，明确法律职业伦理教育的目标或者将其设置为必修课程的，均不超过 40%。法律职业伦理核心课程设置的缺失，体现了强专业、筑牢法学教育之本的固有传统，只注重法律知识和法律技能的学习，而无视法律职业基础和条件——法律职业伦理的培养。法律职业伦理教育的缺失，模糊或者淡化或使其失去了培养目标。

---

〔1〕 参见孙晓楼等：《法律教育》，中国政法大学出版社 1997 年版，第 17 页。
〔2〕 孙鹏、胡建："法学教育对法律职业伦理塑造的失真与回归"，载《山西师大学报（社会科学版）》2015 年第 1 期。

（二）法律职业伦理教育与法律专业知识教育严重失衡

"为政之要，惟在得人"。古有司马光"才者，德之资也；德者，才之帅也"之睿智思想[1]。这种"重贤"的价值观深刻影响了中国传统社会的人才政策与政治实践。在现实社会中，"德才兼备"在实践中仍然存在较大偏差。在高等院校中，大多数专业都存在"重理念灌溉，轻精神熏陶"的现状，在法学教育中也是如此，甚至出现明显的功利化色彩。高校对于优秀学生的判定的主要来源为学习成绩，在"唯成绩论"观念的引导下，学生将主要精力投入法学理论，对于不具有实际价值的法律职业伦理视而不见。在学习考核中，法律职业伦理相对于法学理论而言，被极大弱化、边缘化和无视化，权重极低，且书面的做题方式无法真正地对法律职业伦理道德进行实质性考察。法律职业道德教育失衡，使道德的天平慢慢倾斜，对于法律职业道德缺乏自主性与控制力。法律学生进入社会后，职位、收入、人脉、社会资源等极具物质化色彩的因素通常成为"优秀人才"的重要标准。据相关资料统计，在对某政法高校"杰出人才"身份统计的过程中发现，73.68%来自于党政机关厅级以上的领导干部，10.53%为大型企业的高管，5.27%是高校等事业单位的相关领导，来自著名律师事务所为2.63%，其他未担任相关职务者占比仅为7.89%[2]。

（三）法学教育中法律职业伦理形式化

美国法学家卡多佐认为："法律的生命始终不是逻辑，而是经验。"法学是一门实践性和应用性极强的社会科学，每门课程尤其是法律职业伦理必须经过实践的洗礼才能领悟精华。我国法学教育主要依赖于通过灌溉学科理念、单一教学模式进行形式化知识传输，尽管学生理论观念清晰，理论基础深厚，与生动、鲜活的法律实务缺少主导联动沟通，导致自身知识体系不完善。在法律职业伦理课程体系设置上缺乏层次，法律职业伦理只被单纯设置为理论课程，法律职业伦理技能培训课程缺位，实践性教学平台缺乏，法律职业伦理的培养未贯穿于法学教育的全阶段，知识教育与实践教育存在脱节现象。法律教育工作者忽视教学改革要求，按照固定模式刻板教学，即使学习了新的教学模式，在教学实践中也会由于缺乏经验、对教学改革模式认识不够、自身水平有限等原因，导致教学方法保守、教学模式单调，容易产生生搬硬套、课堂流于形式等种种问题。通过对10所高校法律院系本科生培养方案分析，无论是综合大学，抑或具有法学特色的政

---

[1] 出自北宋政治家司马光的《资治通鉴·周纪一》，意思是才能是德行的辅助，德行是才能的统领。司马光理想的用人标准是德才兼备。2018年5月2日，习近平总书记在北京大学师生座谈会上引用此语，表明立德树人，德法兼修乃是法律对其职业者的时代要求。

[2] 转引自姚明："高校法律院系法律职业伦理教育的问题及对策研究——基于部分法律院系的实证分析"，载《辽宁教育行政学院学报》2019年第5期。

法学校，尽管存在法律职业伦理培养要求，但培养目标不清晰，培养方法不明确，对法律职业伦理培养方案仅寥寥数语，并没有对学生起到实质性帮助[1]。在实习过程中，大多数学生的目的只为完成学校任务，缺乏自主学习能力，不主动尝试分析实际法律案件和培养解决纠纷能力。在实践总结阶段，缺少学生间的相互评判以及教师或者行业导师的点评，不利于法律职业技能和法律职业伦理的塑造与培养，致使付出与回报不成正相关比例，甚至收到事倍功半的效果。在法律工作者培训过程中，法律职业伦理教育培训频率较低，法律工作者学习态度不专，法律职业伦理教育培训者照本宣科，法律职业伦理教育成为可有可无的、无关紧要的摆设物。

三、法律职业伦理教育的路径选择

推进国家治理体系和治理能力现代化，是我国十九届四中全会作出的伟大而重大的决定。在实现该目标的过程中，国家要培养出大量德法兼修的优秀人才，是其必然要求。为了使《2018年意见》得到贯彻实施，以满足法治国家对法治人才的实际需要，应当从四个方面对法律职业伦理教育进行构建。

（一）提高对《2018年意见》的重视程度，彻底改变政策执行不力的现状

"厚德育，铸就法治人才之魂"，之所以作为该意见的第一个部分，体现的不仅仅是语言排序上的先后，其背后蕴含着更重要的内涵，法律职业伦理必须设置必修课，核心课程，以加大学生法律职业伦理培养力度，引领法学教育者、法学研究者关注、重视法律职业伦理教育的价值取向，传递向上向善的正能量。法律职业伦理教育在实践中呈现出的缺失或不足，恰恰体现了对该蕴含的理解失位。既然已经对法律职业伦理教育的重要性在理论和实践中均达成了共识，国家在制度层面也作出了安排，那就提高思想上的认识高度，对应当不打折扣的对政策进行贯彻执行。只有如此，才能真正摆脱和克服法律职业伦理教育存在的"雷声大、雨点小"的现状，才能真正做到将法律职业伦理教育贯穿法学教育全过程的实践。

（二）确立法律职业伦理专业核心课程地位，明确培养目标

法学教育成功的标志是培育出德才兼备的法律人，不断提高法律职业伦理课程在法学教育的核心地位的法学界共识，实现法律职业伦理课程纳入《法学类专业教学质量立格联盟标准》和《法学类专业教学质量国家标准》的核心课程体系之中，使之成为与民法、刑法等理论法有同等地位的全国法学专业必修课程。

---

[1] 10所高校分别为中国人民大学、清华大学、湖南大学、福建师范大学、南昌理工学院、中国政法大学、上海政法学院、中央民族大学、西北政法大学，西南政法大学。

安排专业教学团队对法律职业伦理课程负责，培养法律职业伦理专门人才。实现法律职业伦理课程全贯穿，与法律理论课、部门法学课及其他法学课程相结合，实现法律职业伦理塑造与法学教育教学的优质互动。高等法学教育是培养优秀法律人才的关键阶段，要重视高等法学教育法律职业伦理建设，有利于培养高素质的法律人才，有利于社会主义法治国家建设。对于法律工作者，加强法律职业伦理教育培训体系建设，严格统一组织管理，安排专门人员负责具体实施法律职业伦理教育培训，邀请从事法律职业的道德楷模或者优秀法律人才代表与法律工作者交流，使法律工作者实在感受法律职业伦理的价值。提高法律职业伦理教育相关内容的考核标准，设置法律职业伦理教育奖惩机制，对于考核合格或不合格的法律工作者进行奖励或者惩罚，提高法律工作者学习法律职业伦理热忱度，提高法律工作者专业知识与法律职业伦理的契合度。只有如此实践，才能使学生对法律职业的认识升华，避免其因没有被设置为核心课程，仅仅作为必修课程而面临走过场的局面。

在培养目标的确定上，根据《2015年意见》，应将法律职业教育作为从事法律职业的基础和必备条件，并将其与专业知识的学习和取得，以及法律技能的培养置于同等重要的地位。唯如此，方能显现法律职业伦理教育的重要性。

为了前述两个方面内容的实现，我国可以汲取西方发达国家法律职业伦理教育的先进经验，如在美国，1974年法律职业伦理教育已经日渐成熟，走在世界的前列，法律职业伦理早已成为美国法学院的必修课程，也是美国律师准入考试的必考科目，并贯穿于法律职业教育的全过程。从而完成对法律职业伦理教育理念的完善和创新，关注和加强对法治人才十个方面基本素养的培育。[1]

（三）重置法律职业伦理教育与法律专业知识教育的天平

习近平总书记2016年在全国高校思想政治工作会议上强调：高校立身之本在于立德树人，把"德"摆在教育的第一位。高校法学院对法律人才的价值评定标准，在很大程度上影响法律职业伦理教育的平衡。必须摒弃"唯成绩论"的错误认知，树立"德法兼修、以德为先"的人才培养观，真正将以德为先落到德法兼修法治人才培养的实处。确立法学专业成绩多元评定模式，提高伦理道德素养占比权重；积极利用校内宣传资源，重视道德熏陶，营造积极的校园文化氛围，形成良好道德的再孵化；组织开展以法律职业伦理为主题的娱乐活动，寓教于乐，组织开展对社会法律职业伦理热点问题的辩论或者演讲竞赛，使学生在思辨中得到启迪。纠正学生"功利思想"，构建社会对法学专业正确的评价导

---

〔1〕 江必新："创新法治人才培养机制"，载搜狐网，http://m.sohu.com/a/142260324_117927，2020年2月4日访问。

向，矫正"唯利是图""个人至上"等畸形价值观认识，淡化学习与工作中的功利化色彩，鼓励学生扎根于基层法治建设，为老少边穷地区法治建设做贡献，发挥法律职业伦理应有的作用。法律职业工作者的一言一行都是社会关注的焦点，法律工作者的职业伦理具有很大的社会示范效应，作为特殊社会工作人员，法律工作者理应具备比普通工作者更高的道德自觉，对违反法律职业伦理和法律职业道德的法律工作者实现零容忍且加大处罚力度。法律职业者对于法律的学习贯穿一生，法律职业伦理素养的形成也不是一朝一夕，实现法律职业伦理终生教育，加强与法学院校和司法部门的交流合作，建立优势互补、资源共享、良性互动的法律职业教育共同体，使律师、检察官、法官等法律人树立职业信仰，重视职业伦理，知悉法律良知，形成较高法律职业伦理操守，确保其深刻理解法律职业伦理教育要求，在司法腐败的道路上悬崖勒马。只有法律知识，断不能算作法律人才；一定要于法律学问之外，再备有高尚的法律道德。在日新月异的新时代，法律职业伦理教育必须跟上社会发展进步的速度，才能培养出"德法兼修"的法律人才。

目前，我国正处于日新月异的新时代，社会经济的发展突飞猛进。在商业经济的席卷之下，法律职业伦理教育的建设观念若无法与之齐头并进，会导致很多法律人的传统价值观与世界观受到各种思潮的冲击，产生"唯利是图""个人至上"等畸形价值观认识，在工作中显示出明显的功利化色彩，不甘心为基层法治建设做贡献，更不愿意为老少边穷地区的法治建设而奋斗。由于缺乏法律职业伦理教育，一些律师、检察官、法官等法律人为了谋取私利，违背职业信仰，蔑视职业伦理，无视法律法规，背叛法律良知，甚至误读、误解法律职业伦理教育的要求，将法律职业道德"技术化"，以法律职业伦理为令箭伤害公众道德感情，践踏公众道德信念，不顾道德准则要求，抛弃属于法律的公平、正义等伦理价值，存有侥幸心理，将国家利益、人民利益与社会公共利益位列次席，走向违法犯罪、贪污腐败、徇私枉法的错误道路，最终身陷囹圄。这严重损害了法律职业共同体的尊严与荣耀，破坏了公众对法律的忠诚与信任，对高标准法律共同体的建设与法律职业伦理体系的建设萌生负面影响，阻碍社会主义法治国家的建设。因此，必须重置法律职业伦理教育与法律专业知识教育的天平，并将二者置于同等重要的地位，不能厚此薄彼。

（四）开启实践与理论相结合教学模式

"法学实践教学法是提供给学生认识、分析和解决实际法律问题的机会，去感受法律知识获得的全过程，去体验法律职业的思维方法和职业技能，学会像法律职业者那样思考。"[1] 法律职业伦理的特性决定了实践教学在职业伦理教育的重要地位，伦理贯穿于整个法律行业和所有的法律职业实践，隐藏于各大部门法和其他法学课程中。伦理在理论上是一种认知，在辩证唯物主义认识论中有"实践是认识的来源"的观点，不通过实践，无法真正领悟法律职业伦理精髓。除加强学生理论功底外，推动高校与司法部门联系与合作，增加与法律实务主动联动沟通，通过实践性教学带领学生感受司法氛围，以法律职业人员的角色分析具体司法实务问题，认识实务司法规律，形成正确司法认知，感受法律职业伦理在实务中的塑造过程。在实践教学培养模式上，开启多元化教学模式，实现中国本土教学模式与西方教学模式嫁接，实现传统到现代的接轨，尝试模拟法庭教学、法律诊所教学、法律情景教学等新型教学模式，让实务经验丰富的老师带领学生从不同法律职业伦理角度分析各种案件，增强学生法律职业伦理思辨能力，让学生体会法律职业道德和法律职业责任感，形成良好的法律职业伦理精神。对于律师、法官、检察官等法律工作者，提供形式多样的法律职业伦理培训教育，提高法律职业伦理教育培训频率，在培训中根植法治理念和法律信仰，培养职业相对应的法律伦理、检察伦理、审判伦理，防止其脱离法律框架进行道德评判，对当事人作出偏向性个人判断，预防法律职业伦理理念与法律职业伦理实践的断裂，将法律职业伦理教育视为不可或缺的必需品。

四、结语

新时代的高端法律人才不仅要具备深厚的理论知识，更应当具备高级法律职业伦理，具备高尚的法律职业道德观。因此既要重视法律职业伦理课程，又不能单纯依靠理论灌输，法律职业伦理教育需要实践与理论相互并存、相互作用、相互影响。脱离了实践，只谈理论，无法进行理论与实践的取长补短。跳出法律职业伦理教育的固定板块，将废旧教学方法挪移出来，填入新鲜教学模式，重塑法律职业伦理教育方法，重建法律职业伦理模块在法学教育中所应有的地位。法律职业伦理具有强烈的民族属性，我们既要学习西方发达国家具有前瞻性、规范化的法律职业伦理，又必须立足于中国传统伦理与道德本质，探寻出能够适应当前需要的、融合中西的法律职业伦理教育路径。脱离中国国情照搬西方法律职业伦理规则，容易与中国传统道德相悖，与公众产生不可调和的伦理偏差，致使传统法律道德的惯性思维与现代行为模式产生紧张氛围，挑战法律职业者的职业伦理底线，不利于法律职业伦理长期历史生命的延续，无法成为法律职业者通行的圭臬。因此应从法律职业伦理教育内容、教育方法的选择上沿着中国特色社会主义

---

〔1〕 转引自张国骥："论美国的教育理念"，载《求索》2005 年第 3 期。

法治道路的方向前进，将社会主义法治理念贯穿于法律职业伦理教育全过程，重视法律职业伦理教育，实现法律职业伦理教育全覆盖，为社会主义法治国家输送真正有法律职业素养的高质量法律人才，让存在于"被遗忘角落"里的法律职业伦理重见阳光，让法律职业伦理教育具有真正的生命力，善于"羽化"，顺势而为，积极推动中国法治事业的进步，早日实现全面依法治国。

法律职业伦理的法经济学解读

徐燕飞　余贵忠*

以史为鉴，可知兴替。自古以来法者，治之端也，奉法者强则国强。法治作为一种治国方略和手段，是国家治理现代化的基本表征，法治化是国家治理现代化的必由之路。[1] 一个现代国家，必须是一个法治国家；国家走向现代化，必须走向法治化。诚然，完备而良善的法律规范体系不仅是建设法治体系的第一要义，而且是法治国家的基本标志。[2] 然而，"徒善不足以为政，徒法不足以自行"。法律的适用并非一个简单的机械过程，法治的贯彻落实更离不开法律人的职业伦理规范[3]，法治本质上乃法律人之治[4]。国家法治现代化的重心和实质，不仅在于法治体系和法治能力充分体现良法善治，更在于健全完备的法律职业伦理规范的支撑与制约。信仰作为法治的精神意蕴，新时代法治中国的实践运作应该寻觅并唤回法律职业伦理道德的良心，法律职业伦理制度的存在及其实践运作要以蕴涵法治的经济理性和伦理品性为规范引导与行为约束，方能为我国法治变革不断增添活力。[5] 个案推动法制改革，是我国现代法治发展进步最常见

* 徐燕飞，贵州民族大学人文科技学院专职教师。余贵忠，贵州大学法学院教授，博士生导师，校法律顾问室主任。

基金项目：2016 年国家社会科学基金项目"西南少数民族传统生态价值观对环境的影响和贡献"（项目编号：16XMZ052）；2017 年贵州省研究生教育创新计划项目"贵州旅游法庭运作的困境及对策分析"（项目编号：KYJJ2017025）；2018 年贵州省社科规划联合基金课题"乡村振兴战略实施的司法保障机制研究"（项目编号：2018GZLH05）。

〔1〕 张文显："法治与国家治理现代化"，载《中国法学》2014 年第 4 期。

〔2〕 冯玉军："中国法律规范体系与立法效果评估"，载《中国社会科学》2017 年第 12 期。

〔3〕 参见钱一栋："法治与法律人的伦理与技能"，载《浙江社会科学》2016 年第 5 期。

〔4〕 参见孙笑侠："法律家的技能与伦理"，载《法学研究》2001 年第 4 期。

〔5〕 参见姚建宗："寻觅制度的那颗善良的中国心"，载《东北师大学报（哲学社会科学版）》2017 年第 3 期。

的方式。法律职业伦理规范作为联接个案正义与司法能动性的纽带，个案正义的实现依赖于法律人的职业伦理规范。[1] 法律职业伦理规范与法律制度作为法治体系的重要组成部分，是不可分割、相互依存、相互补充的整体。法律职业伦理规范直接关乎司法的公信力和法律的尊严能否得到维护，更关乎新时代中国特色社会主义法治理论与法治道路的终极目标能否实现。因此，法治中国的建设必须立足于全面科学地剖析解读法律职业伦理的基础上，充分完善法律职业伦理规范体系，并对法律职业伦理提出更高的要求。

法律职业伦理[2]问题自来是法学研究的重点话题。目前，学界对法律职业伦理的研究，大多是从法理学视角进行规范式的价值研究，或从教育学视角进行教义学分析，抑或从伦理学视角进行实证式考察和探讨，这些研究范式无疑是必要的。但由于法律职业伦理具有鲜明的经济理性，故对其经济理性进行研究也是非常必要的。李树教授提出法经济学的基本理论逻辑是：经济理性和法律效率。基于法经济学视角剖析我国法律制度具有重要理论价值和实践意义，更应成为新时代法学的使命和担当。[3] 尽管有部分学者对法律职业伦理的经济理性展开过阐释论述，但其法经济分析的视角仍旧不全面，依然未能跳出法理论的学科视野。法律职业伦理的回归路径是大众化，大众化是法律职业伦理的基础价值源泉。[4] 传统"道义论"下的法律职业伦理忽视伦理道德的"义利性"，也不利于大众化法律职业伦理的回归。故从法经济学的视角剖析解读法律职业伦理，探索法律职业伦理规范整体发展运行的经济规律。借助规范分析和实证分析的研究方法，诠释和探析法律职业伦理规范体系的经济理性，为完善我国的法律职业伦理规范体系提供助力，从而推进新时代中国特色社会主义法治理论与法治道路的建设就显得尤为重要。

一、法律职业伦理法经济学分析的基点

由于法律的开放性和不确定性，决定法律职业伦理的存在基础和关键[5]。

---

[1]　参见邓江英、潘建明："创造性思维品质与个案正义的实现"，载《江西社会科学》2005 年第 8 期。

[2]　法律职业伦理是指作为法律职业共同体的法官、检察官、律师、法学家、仲裁员、公证员等等，在其法律实践活动中所应遵守和具备的符合法律职业伦理要求的法律信仰、心理意识、行为规范、价值追求和责任担当等一系列规则和规范的总和。

[3]　参见李树："经济理性与法律效率—法经济学的基本理论逻辑"，载《南京社会科学》2010 年第 8 期。

[4]　丁英华："'泛法制主义'的困境与救赎"，载《法律科学》2011 年第 4 期。

[5]　陈景辉："忠诚于法律的职业伦理——破解法律人道德困境的基本方案"，载《法制与社会发展》2016 年第 4 期。

法律职业伦理规范是调整法律职业共同体之间以及与社会其他各方面关系的行为准则规范，也是评价法律职业行为的善恶、荣辱的标准。[1] 法律职业伦理作为法律人与社会之间的职责分工以及调整职业伦理道德的准则和规范，它包含诸多方面的具体内容规则，更是一个复杂的综合体。法律职业伦理作为法律职业共同体的内部行为规则和规范，更作为国家法治体系内在标志和不可或缺的重要条件，它寓于国家法治体系和经济社会生活之中，并在维护社会法治秩序中发挥着伦理性和经济理性的双重调节作用。因此，法律职业伦理具有鲜明的伦理性和经济理性，故对其经济理性进行研究也是非常必要的。然而，现行的法律职业伦理研究范式，多采用外在的"机能主义"解释法律职业伦理，欠乏从内的解释；过度强调"伦理""道义"，忽视了法律职业伦理的经济理性；过多关注理论探讨，缺乏法律职业伦理实践操作的现实可行性。纵使基于法经济学思考的学者不同程度上涉及了法律职业伦理的经济理性，并在不同层次上阐述对法律职业伦理背后经济逻辑的理解，取得了一定的学术成就，但均对法律职业伦理的法经济学解读缺乏系统深入的论述。例如：王永立足于理性经济人假设，基于法律人职业伦理的行为抉择离不开物质利益的考量，运用成本—收益的方法分析法律职业伦理的作用机制；方韧通过"法律人"与"经济人"的比较分析，剖析两者的不同职业品性，可以清晰地看出两者在社会属性上存在共性，呼唤共同的社会职业伦理[2]。

根据马克思主义关于经济基础和上层建筑相互关系的原理，可知经济决定法律职业伦理，法律职业伦理对经济具有反作用。韦革通过分析伦理与经济的融合趋势，提出经济伦理化与伦理经济化，其中伦理经济化是指伦理观念和行为要受到经济原则的审视和相应的支持[3]；罗能生通过揭示伦理道德内在的经济法则，认为伦理道德的生成存在深刻的经济根源，伦理行为的抉择受经济法则的制约[4]；徐琳等提出伦理道德的经济功能是维护经济秩序，激发经济主体活力、影响主体效用、辅助产权界定[5]；郑立新从伦理的工具价值和内在价值剖析伦

---

〔1〕 张燕："论法律职业伦理道德责任的价值基础"，载《法学》2018 年第 1 期。

〔2〕 方韧："'法律人'与'经济人'的比较分析"，载《贵州社会科学》2005 年第 5 期；王永："法律职业伦理及其行为抉择的法经济学解析"，载《山东社会科学》2011 年第 9 期。

〔3〕 参见韦革："经济伦理化与伦理经济化"，载《华中理工大学学报（社会科学版）》1998 年第 1 期。

〔4〕 参见罗能生："伦理道德的经济分析"，载《吉首大学学报（社会科学版）》2000 年第 3 期。

〔5〕 参见徐琳、韩喜平："伦理道德的经济功能"，载《东疆学刊》1997 年第 1 期。

理新经济意义[1]；许崇正认为伦理经济学是一个有价值的独立学科[2]。对法律职业伦理进行法经济分析的理论前提和逻辑出发点是法律职业伦理与经济之间的辩证关系，正是由于经济和法律职业伦理在价值取向以及研究主题上具有共融性和共通性，所以对法律职业伦理的法经济分析才有理论基点。法律职业伦理与经济具有共通性、共融性，法律职业伦理凸显经济理性，并通过经济理性真正实现法律职业共同体的建构。同时，经济理性作为法律职业伦理的深层结构，也是法律职业伦理内聚力的表现。效益作为法律职业伦理与经济的中介，法律人与社会的效益价值追求更是法律职业伦理与经济的共有主题和内涵。一方面，随着社会经济的不断繁荣和法治国家、法治政府、法治社会的建设完善，伦理经济理论也得到普遍接受和认同，法律人的职业伦理体系发生重大变化，法律职业伦理规范的对象不断扩大，其内容规则由原有道德的范围扩大到非道德或技术性。另一方面，法律职业伦理作为法律共同体对待法律职业的伦理道德行为准则，对社会经济发展有引导、促进和保障作用。

理论研究的任何问题，只能是一定假设条件下的问题。理论研究的抽象程度及其合理性在很大程度上取决于假设条件的正确性。[3] 理论基本假设作为法律职业伦理法经济学研究范式的基础，是解释和验证法律职业伦理内在逻辑的重要前提，在法经济学理论的内部逻辑推导中起着重要作用。因此，本文立足于法伦理经济学的"伦理经济人"理论假设，认为"伦理经济人"在本质上仍是"经济人"。在社会经济系统中的人既受益于经济系统，又受益于伦理系统，更受益于二者的协调，他既追求社会道义的伦理价值，也追求经济效益最大化的经济理性。此外，还有法律稀缺性假设、不完全信息假设、有限理性假设等也是作为法律职业伦理法经济学理论分析基点的理论基本假设。

二、法律职业伦理法经济学分析的范式

法律职业伦理的法经济学分析范式，是基于法经济学的研究分析方法，对法律职业伦理背后的经济逻辑进行全面、准确地分析和归纳，为法律职业伦理提供有力的法经济学理论支持。法经济分析方法的多样性和法律职业伦理本身的复杂性，决定了不能从单一的视角对法律职业伦理进行经济分析。因此，文章分别从制度、产品、行为三个视角剖析法经济学视域下的法律职业伦理。文章立足于制度的法理剖析，结合产品的学理阐释，从行为的经济理性逻辑，可知法律职业伦

---

〔1〕 参见郑立新："伦理的经济意义新论"，载《伦理学研究》2005 年第 1 期。

〔2〕 参见许崇正："伦理经济学与 21 世纪马克思主义经济学的发展"，载《经济学家》2001 年第 6 期。

〔3〕 冯玉军："法经济学范式研究及其理论阐释"，载《法制与社会发展》2004 年第 1 期。

理的形成和发展有经济规律，其背后具有经济理性的支撑。法律职业伦理规范存在之所以必要，关键在于它是法律主体理性选择和效益最大化的法律制度。法律职业伦理说到底，就是一整套从组织到行为、从静态到动态以提高法治实效为目标的制度系统。

（一）基于制度的视角

以诺斯为代表的制度经济学派认为，制度就是规则，它是由一系列正式制度约束、社会认可的非正式制度约束及其实施机制所构成。其中，非正式制度是指社会自发生成的，并得到社会认可和普遍遵守的一系列行为规范，主要包括伦理规范、职业道德、价值观念、文化传统、意识形态等。[1] 作为正式制度和非正式制度结合的法律职业伦理规范就是由一系列的《中华人民共和国法官职业道德基本准则》《法官行为规范》《中华人民共和国检察官职业道德基本准则》《检察官职业行为基本规范（试行）》《律师职业道德和执业纪律规范》《律师执业行为规范（试行）》以及其他职业规范、伦理道德、法律信仰、行规业约等制度规范所构成的。法律职业伦理规范集政治性、公共性、职业性、抽象性、多样性等多重属性于一身，具有专业性和大众性相统一、自律性和他律性相结合、主观法和客观法相衔接等特点，在约束和规范法律执业群体中，一定程度上法律职业伦理规范比国家法律制度更重要、更实用。同时，完备而良善的法律职业伦理规范体系不仅是法治体系构建的第一要义，更是作为法治国家的基本标志。此外，制度经济学揭示了法律、伦理道德、职业规范等制度对经济发展影响，强调法律职业伦理制度的产生和发展受到经济基础的制约。因此，法律职业伦理的形成和运行发展过程中也受到经济基础的制约。Warren J. Samuels 等制度经济学派提出经济方法分析法学可以用来分析制度形成和发展的过程。[2] 因此，由众多法律职业共同体不断沉淀形成的法律职业伦理是可以探寻的，并具有一定的规律。

从制度的视角分析法律职业伦理，是将法律职业伦理看作一种法律职业伦理规范的制度安排，对其制度的生成路径、运作机制、影响法律执业行为的内在机理以及制度的作用等四个方面进行研究和分析。制度作为规范、管束、指导人们行为的一系列规则总和，法律职业伦理则是在人们调节自身职业职责与社会的伦理道德关系时，对法律执业行为进行规范、约束和引导。从伦理道德角度，可以将法律职业伦理看作是一种非正式制度，它通过内心的法律信念、价值追求、职业准则以及社会舆论对法律职业共同体的执业行为进行规范和约束的一种伦理制度。同时，法律职业伦理也是法律正式制度的伦理基础和有益补充。法律制度是

---

〔1〕 钱弘道："法律经济学的理论基础"，载《法学研究》2002 年第 4 期。

〔2〕 Warren J. Samuels, *The Legal-Economic Nexus*, 57 George Washington Law Review, 1989, pp. 1556-1578.

法律职业伦理的外化和具体规范，法律职业伦理是法律制度的内在性质。法律职业伦理是构建法治社会的"支柱"和"质料"，更是新时代中国特色社会主义法治理论与法治道路建设的题中应有之义。

将法律职业伦理作为一种制度分析，主要是从如下三个方面全面把握和考察法律职业伦理：一是对法律职业伦理制度生成路径的分析。基于制度的视角分析法律职业伦理生成路径，可知其主要有人为设计和自发演进两种路径。此外，根据法经济学的博弈理论，对法律职业伦理制度形成路径的分析可以看出，在既定的社会法律关系中，法律人的行动抉择，既受到个人因素的影响，也必然受到其他人行为模式的影响。法律职业伦理的经济理性作为一种意识现象，是法律共同体集体经济理性意识的体现，是法律人群体的经济心理积淀在面对规则和规范适用时，所做出的一种集体经济理性的共同行为选择。集体经济理性意识的形成并非是由个体经济理性意识的简单相加，而是被社会经济条件不断过滤积淀和理性抉择的过程[1]。法律职业伦理是法律人与社会、法律人与法律人重复博弈的合作，但是这种自发演进需要时间，为解决当前严峻的职业伦理问题，需要实行促进法律职业伦理制度形成的各种措施，这也就是法律职业伦理制度形成途径中的人为设计环节。二是透视剖析法律职业伦理制度是如何影响法律人的行为。作为一种非正式的法律制度，法律职业伦理制度的运行机制主要包括自律机制、他律机制和评价机制三个部分组成，通过这三种运作机制共同作用于法律共同体的法律执业行为，规范、引导法律职业共同体的行为抉择，同时也抑制非法律职业伦理行为。三是充分归纳总结法律职业伦理的作用。法律职业伦理制度与法律制度作为法治体系的重要组成部分，是不可分割、相互依存、相互补充的整体。单纯依靠某一种制度安排，并不能实现真正的法治。法律职业伦理制度的运行，增强法律职业共同体的向心力和凝聚力，提高法律从业者的职业素养和责任担当，从而节约制度运行成本，促进法治体系的完善。总之，完善各种制度的安排，推动它们的优势互补和有机结合，才是实现新时代中国特色社会主义法治理论与法治道路建设的最佳途径。

---

〔1〕 参见夏扬："中国法律传统的经济理性"，载《法学研究》2016年第5期。

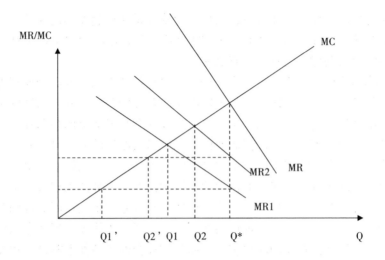

图1　法律职业伦理制度下的法律职业伦理行为的成本节约

　　假设行为主体甲实施同类的法律职业伦理行为，边际收益曲线分别为 MR1、MR2，边际成本曲线相同为 MC。根据边际收益等于边际成本的原则，以及效益最大化原则，甲乙分别提供的法律职业伦理产品最优量为 Q1、Q2。甲乙共同提供的法律职业伦理产品最优量为 Q*。按照各自边际收益的比例原则，甲乙分别提供的法律职业伦理产品的数量为 Q1'、Q2'。显然 Q1'≤Q1，Q2'≤Q2，即双方协商一致的行动会降低生产成本，提高生产效益，实现双方共同效益的最优化。

　　（二）基于产品的视角

　　以萨缪尔森、奥尔森为代表的公共产品理论认为，整个社会产品分为公共产品和私人产品两类。公共产品是指为满足社会公共的需要，由社会全体成员共同享有和消费，而不是仅为个人所单独享有和消费而生产的产品。法律职业伦理作为一种良善的价值观念、道德风尚及行为习惯，本身就是一种极具价值的社会公共资源。法律职业伦理作为一种稀缺的社会公共服务产品，既是法律对法律职业共同体提供的服务，也是对法律职业共同体对法治国家、法治社会提供的服务，而且这种服务产品具有公共产品的属性[1]。法律职业伦理对于实现新时代中国特色社会主义法治理论与法治道路建设的目标和任务具有非常重要的功能。因为，良好的法律职业伦理培养具有优秀的法学素养、坚定法治信念、勇于捍卫法治尊严和践行法治理念的法律职业人才，是法律职业共同体和良好职业环境形成

―――――――――

〔1〕　王永：“法律职业伦理及其行为抉择的法经济学解析”，载《山东社会科学》2011 年第 9 期。

的先决条件，为"实然法治"构建健全法治理念和成熟的法律职业环境，推进外部制度引导约束与内心道德自律规范的有机结合，对达成其职业使命发挥着重要功能，更是克服法律职业病的良方和提升司法公信力的必然要求。[1]

从产品视角对法律职业伦理进行法经济分析，是指将法律职业伦理作为一种产品剖析，对法律职业伦理进行产品分析的理论基点是法律职业伦理自身的效用功能。任何一个产品都有自身的功能和效用，法律职业伦理作为产品也不例外，它的功效主要表现在法律职业伦理能够改善社会法治环境、维护社会秩序、保障社会稳定，促进法治体系的完善，从而推进新时代中国特色社会主义法治理论与法治道路的建设等作用，这些功能和效用充分表明法律职业伦理是一种服务产品。同时，法律职业伦理效用的不可分割性、受益的非排他性以及消费的非竞争性也表明了这种服务产品的公共产品特征。所以，法律职业伦理可以视为一种具有公共产品特征的服务产品。

从产品视角对法律职业伦理进行法经济分析，有助于全面、准确地把握和解读法律职业伦理。一是有助于剖析和归纳出法律职业伦理自身独有的特质。法律职业伦理是由于社会对话、角色分工不同引起的法律人与社会之间职业伦理道德关系，将该职业伦理道德关系视为一种服务性质的公共产品，需要从产品的功能和效用入手，分析法律职业伦理公共产品的特质。其特质表现为法律职业伦理资源的内容和形式多样性、共享而又稀缺性、影响的持续性和广泛性等特性。二是有助于找出目前存在法律职业病态问题。基于法经济学下的产品视角的分析，主要是运用法经济学的均衡分析方法，分析法律职业伦理产品的供求，并判断其所处的状态。可知法律职业伦理的需求主体是法律人和社会，同时，该需求具有紧迫性、普遍性、不确定性。法律职业伦理主体水平高低的主要影响因素是法律人的职业待遇、受教育程度、道德风貌、法律信仰等。[2] 法律人作为法律职业伦理的供给主体，这种供给的特点是：供给方式的多元化、供给主体的广泛性、供给的自律性和他律性。供给数量受法律制度、法律人的法律观念和职业伦理水平、合作程度等供给成本约束因素的影响。法律职业伦理作为一种特殊的具有共享和服务性质的社会公共产品，很难通过有形的市场交换确定其市场的均衡价格和均衡数量。结合一般模拟公共产品的市场表现，可对法律职业伦理的供求均衡作出判断。法律职业伦理需求曲线是对全体法律人需求曲线和社会法治需求曲线的垂直相加，其中的任何一点都代表着法律人和社会法治在既定数量的法律职业伦理上所获得的边际收益之和。法律职业伦理供给曲线则是全体法律职业共同体

〔1〕 王永："在法治发展新阶段振兴我国的法律职业伦理——以'中国特色社会主义法律体系已经形成'为研究视角"，载《山东大学学报（哲学社会科学版）》2012年第3期。
〔2〕 参见李建德、罗来武："道德行为的经济学分析"，载《经济研究》2004年第3期。

the边际成本曲线，供给曲线与需求曲线的交点决定了法律职业伦理的均衡数量，即最优供给量。法律职业伦理实现最优资源配置的前提条件是法律人与社会法治边际成本之和与边际收益之和相等。导致法律职业伦理供应不足主要是由于免费搭便车的存在，所以，要实现法律职业伦理的最优供给，就必须规制和减少法律职业伦理的免费搭车现象。

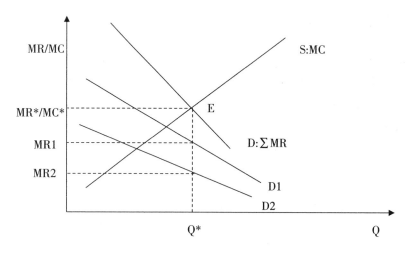

图 2　法律职业伦理的供求均衡

其中 D1 和 D2 分别代表法律人和社会对法律职业伦理的需求曲线，横轴代表法律职业伦理的数额，纵轴代表法律人在既定数额的法律职业伦理所得到的边际收益，S：MC 代表法律职业伦理的供给曲线，总需求曲线 D：∑MR 与供给曲线 S：MC 的交点 E，是法律职业伦理的均衡点，Q*代表法律职业伦理的最优供给量。

（三）基于行为的视角

以凯斯·R. 孙斯坦、克里斯蒂·朱斯、里查德·H. 西拉等为代表的行为法经济学，强调个人偏好与价值观受到社会环境的深远影响和型塑，主张将法律运作的效果和个人所处的社会环境与背景联系起来加以分析和考察，反对将个人理性抽象化和绝对化，从而避免可能发生的片面性和绝对化倾向。[1] 行为法经济学的基本研究对象是人类的行为，并对个体和群体的法律经济行为模式特征以及内在逻辑进行规律性的研究。法律职业伦理是以法律人的行为作为评价对象和最

---

〔1〕　冯玉军："论当代美国法经济学的理论流派——以学术传统为视角"，载《浙江工商大学学报》2014 年第 4 期。

138

初基点，并通过对其行为的指导、规范，从而明确法律人的行为规则。由于人性假设是行为法学分析的逻辑起点，"伦理经济人"基本假设作为法伦理经济学研究范式的基础，是解释和验证法律职业伦理行为逻辑的重要前提，在法经济学理论的内部逻辑推导中起着重要作用。

从行为视角对法律职业伦理进行法经济分析，是将法律职业伦理作为一种行为，运用法经济学成本与收益的研究范式和分析方法，剖析法律职业伦理的行为逻辑和经济理性。基于法律职业伦理行为视角的法经济分析，可知法律职业伦理行为不仅在伦理道德角度看是"义"的，而且在法律职业角度看也是"利"的。总之，法律职业伦理背后具有经济理性的支撑。法律职业伦理通过揭示法律人和法治社会的关系，论证了法律人对社会的职业伦理和道德义务，履行法律职业伦理规范，不仅是法律职业共同体的职业规范和规则，而且是每一个法律人必须遵守的法律规范，更是法治社会的必然要求。法律职业伦理行为具有普遍性，它包括法律人的法律执业行为，甚至言谈举止以及具体社会实践活动，它们都是法律职业伦理行为的重要部分。

从行为视角对法律职业伦理进行法经济分析，从如下三个方面全面考察和把握法律职业伦理：一是分析法律职业伦理行为的经济逻辑并找出其行为边界。法律职业伦理行为的经济逻辑是基于其行为的预期收益和预期成本。其中法律职业伦理行为的预期收益包括社会收益、经济收益和精神收益在内的多重收益，例如职业福利待遇、社会地位、职业前景等，而预期成本则是包括实施法律职业伦理行为的直接成本和机会成本的总和，例如教育成本、司法成本等。根据均衡理论可知，法律职业伦理的行为边界点是边际收益等于边际成本的点。二是对法律职业伦理进行评价。分析法律职业伦理行为的效益，基于新时代法治背景下，在将法律人与法治社会视为共同体的条件下，并以共同体的发展以及福利变化为基准对法律职业伦理行为进行经济效益的评价和剖析，可知，法律职业伦理在法经济角度法律职业伦理是"义"和"利"的有机结合，是一种帕累托改进的评价结果。三是探究非法律职业伦理行为应该受到抑制的原因。非法律职业伦理行为具有较强的负外部性，会损害其他法律职业共同体成员和司法公信力以及社会法治权威利益，搭便车行为则更会降低新时代法治国家、法治社会、法治政府进程的效率。其中非法律职业伦理行为包括反法律职业伦理行为和"搭便车"行为。

行为主体 i 实施法律职业伦理行为 j 的内在逻辑是：$R_{mj}^i \geq C_{mj}^i$

C_{mj}^i 表示行为主体 i 在实施法律职业伦理行为 j 时的成本。

R_{mj}^i 表示行为主体 i 在法律职业伦理行为 j 中的收益。一般地，以时间表示行为主体 i 的法律职业伦理行为抉择，由于在这段时间中行为主体 i 可能实施了 n 项法律职业伦理行为，因此就有：$R_m^i \geq C_m^i$。

其中：$R_m^i = \sum R_{mj}^i$ (j=1, 2, ……, n)

$C_m^i = \sum C_{mj}^i$ (j=1, 2, ……, n)

那么，R_m^i 取决于行为主体 i 的可支配收入 Y_d^i，取决于行为主体 i 的受教育程度 E^i，取决于社会伦理道德风貌 M_v。因此，法律职业伦理行为主体的伦理道德信念的自律水平的表达公式：

$$R_m^i = f\,(\,Y_d^i,\ E^i,\ M_v\,)$$

文章从法经济学的视域分析法律职业伦理，通过制度、产品、行为三个视角对法律职业伦理进行剖析和探讨可知：①法律职业伦理与经济是辩证统一的关系，两者在研究主题和价值取向上具有共通性、相约性，效益作为法律职业伦理与经济的中介，法律人与社会的效益价值追求更是法律职业伦理与经济的共有主题和内涵。②法律职业伦理作为一种有效的法律制度规范体系，是国家法治体系的有机和重要组成部分，法律职业伦理规范和引导法律人的执业行为，克服法律职业伦理的搭便车行为，主要依靠其自律机制、他律机制和评价机制的共同约束作用，从而在一定程度上对反法律职业伦理行为进行抑制。法律职业伦理制度的运作机制，增强了法律职业共同体的向心力和凝聚力，提高法律人的职业素养和责任担当，从而节约整体法律制度运行成本和司法成本，促进法治体系的完善。总之，完善各种制度安排，促进它们的有机结合和优势互补，才是实现新时代中国特色社会主义法治理论与法治道路建设的最佳途径。③法律职业伦理作为一种稀缺的社会公共服务产品，它既是法律以及法治社会对法律职业共同体提供的公共法律服务，也是法律职业共同体对法治国家、法治社会提供的职业规范服务，并且具有稀缺性和共享性等公共产品的属性。法律职业伦理的功能和效用主要表现在法律职业伦理能够改善社会法治环境、维护社会秩序、保障社会稳定，促进法治体系的完善，从而推进新时代中国特色社会主义法治理论与法治道路的建设等作用，法律职业伦理效用具有不可分割性、受益的非排他性以及消费的非竞争性等特性。法律职业伦理实现最优资源配置的前提条件是法律人与社会法治边际成本之和与边际收益之和相等。导致法律职业伦理供应不足主要是由于免费搭便车的存在，所以，要实现法律职业伦理的最优供给，就必须规制和减少法律职业伦理的免费搭车现象。④法律职业伦理行为是法律人与社会共同体的帕累托改进，立足于法伦理经济学的"伦理经济人"理论假设。在社会经济系统中的人既受益于经济系统，又受益于伦理系统，更受益于二者的协调，他既追求社会道义的伦理价值，也追求经济效益最大化的经济理性。

三、法律职业伦理法经济学分析的意旨

科学全面地解读法律职业伦理，首先，法经济学分析具有建设性。建设性解

释是契合法律实践活动，符合法律价值标准的解释行为。传统的道义论并不能给予法律职业伦理规范以明确清晰的解释。法律职业伦理起源于伦理道德，在我国法律界，一般不严格区分伦理与道德两词，然两者却存在实质差别：伦理倾向于客观性、规范性、社会性和客体性，更多强调责任；道德多含有主观性、浮动性、个人、个体的意味，倾向于个人感受。正如社会学中角色冲突理论与符号互动理论所诠释的那样，由于法律人法律职业伦理规范的可操作性以及明确性，因而，非道德的价值空洞是现代法律职业伦理的新困境。[1] 传统道义论虽在一定程度能应对道德两难对传统法律职业伦理的挑战，主张以儒家角色美德伦理学来超越现代西方法律职业伦理理论。[2] 然而，它过度强调法律职业伦理的伦理道德责任、德行、美德，脱离了伦理道德的经济内涵，现实中伦理道德以及德行修养是有层次差别的，不切实际地把高层次的法律职业伦理道德强加给普通法律职业群体，无疑不利于维护和支撑法律职业伦理的健康持续发展。其次，法经济学分析具有前瞻性。法律职业伦理规范不仅具有调整社会秩序的功能，而且具有建构社会秩序的功能，因而对其剖析解读应保持前瞻性。基于法经济学分析范式无论是从理论基本假设，还是从其内在的分析方法都体现着前瞻性的特质。法经济学分析范式的前瞻性具体展现在：强调制度的激励机制、产品的纳什均衡、行为的预期效益。道德作为社会的内生规则具有滞后性，它渐进的演变特性不具有社会变迁的革新性和进取性，且具有所谓的"制度惰性"，单纯道义论下的法律职业伦理作为传统的法律职业伦理的解释方式，很难适应新时代下我国日新月异的法治变革发展对法律职业伦理的现实需求。

正确引领法律职业伦理实践。法律职业伦理既是法律职业共同体的行为规范标准，也是一种伦理道德的善恶评价，更是一种经济理性的行为抉择，它既表现为一定的法律规范和制度，也表现为一种公共的服务产品，更表现为一种经济理性的法律心理意识。法律理论作为法律实践的重要支撑因素，通过法律实践理性、法律实践智慧和法律实践观念的中介、载体和桥梁作用应用于法律实践之中，是法律实践思维和法律实践思维方式的内在使命。[3] 因此，对法律职业伦理的法经济学分析，内化法律职业伦理行为收益和非法律职业伦理行为成本。从而，通过制度安排和构建社会机制保证具体的法律职业伦理行为得到最大的效益，遏制和打击非法律职业伦理行为。个案推动制度的重大变革，是现代司法发展中法治进步最常见最重要的方式。个案正义的实现依赖于法律人的职业伦理规

---

〔1〕 参见李学尧："非道德性：现代法律职业伦理的新困境"，载《中国法学》2010 年第 1 期。

〔2〕 参见王凌皞："应对道德两难的挑战——儒学对现代法律职业伦理的超越"，载《中外法学》2010 年第 5 期。

〔3〕 姚建宗："中国语境中的法律实践概念"，载《中国社会科学》2014 年第 6 期。

范，司法的目的是个案正义，追求个案正义须从司法能动性入手，联接个案正义与司法能动性的纽带便是法律职业伦理规范，司法能动性对法律职业共同体的职业伦理规范提出了更加严格的要求，良好和健全的法律职业伦理规范有助于实现个案正义，推动司法体制改革，实现司法正义，从而推进新时代中国特色社会主义法治理论与法治道路的建设。法律职业伦理的法经济学解读，其意旨在于科学全面地剖析研究法律职业伦理背后的经济理性，针对当前我国法治存在法律伦理供求失衡、法律运行成本高、实施效果偏离立法预期、法律伦理缺失、司法腐败、不信法等困境。因此，国家应当重视法律职业伦理的塑造，从法律职业伦理建设的视角，弥补国家法治的不足，进而提高法律运作效率和推动法治体系改革。中国法经济学研究应立足于中华民族的国情，以本土化为主体，根植于中华多元的法伦理文化传统，建构中国的法经济学派，为我国法学研究和法治建设做出实实在在的贡献。

"校航炸弹客"案中律师职业伦理问题的课堂讨论

刘 萍[*]

一、案件背景

"校航炸弹客"是 20 世纪八九十年代轰动一时的连环爆炸案,其造成的死伤人数虽非触目惊心,却成为美国历史上耗时最长,投入警力最多的案件。因其以大学和航空公司作为主要轰炸对象,由此产生了一个新的合成词 Unabomber——"校航炸弹客"(Un 指大学——University,A 指航空公司——Airline)。从 1978 年到 1995 年的 17 年间,"校航炸弹客"先后 16 次通过邮包寄出炸弹,造成三人死亡、数十人受伤,其中大部分受害者是大学校园的知识分子。"校航炸弹客"的真身名叫西奥多·卡钦斯基,他是一位高智商的反工业社会者,他曾就读哈佛大学,曾在加州伯克利大学执教,他邮寄炸药的目的,是希望人们正视高度发达的科技文明对人类自由的破坏与剥夺。最终导致炸弹客暴露的,是他要求《纽约时报》和《华盛顿邮报》发表他长达 35 000 字的《工业社会及其未来》宣言,否则就要炸毁一架民航客机。反复权衡后,美国政府作出妥协,将这篇文章全文刊登在华盛顿邮报,导致炸弹客的弟弟认出卡钦斯基的身份,最终将其抓获。

校航爆炸案审判过程中卡钦斯基与其律师之间的关系深刻反映了律师职业伦理中律师与客户之间的权力分配问题。笔者为课堂讨论的需要对此案进行了改编,主要参考本案上诉判决书——*the United States v. Kaczynski*,239 F. 3d 1108 (9th Cir. 2001),以及莱尔曼教授与施拉格教授合著的法律职业伦理教材——《法律实务中的伦理问题》[1]。

---

* 刘萍,南开大学法学院副教授。

[1] Lisa G. Lerman and Philip G. Schrag, *Ethical Problems in the Practice of Law* (Aspen Casebook), 4th Edition, 2016, pp. 322−326.

二、问题设计

在讨论这个案例之前，我们请学生将自己设定为一位经验丰富的刑事辩护律师，以强烈反对死刑而闻名，最终接受法庭的指定成为被告卡钦斯基的辩护律师。经过充分调查和研究，你告诉被告，他被无罪开释的可能性为零，即使判无期徒刑的可能也不大，结果几乎可以确定就是死刑。你告诉被告，只有两种可能的辩护途径：

1. 主张 FBI 获得搜查令的程序存在缺陷，构成非法证据，从而将在被告家中获得的炸药原料和制作记录等实物证据予以排除。

2. 以精神障碍为由主张不能对被告判一级谋杀罪，如果成功，他将有机会避免死刑而被判终身监禁，从而得以保全性命。

先来看第一个思路。如果非法排除证据的动议获得法庭支持，则政府无法证明被告与爆炸案之间的联系，法官很有可能会撤销此案，被告完全恢复自由。这一思路看起来最为理想，然而成功的希望极其渺茫，法官不大可能因为警方在获取证据时的行为瑕疵而放掉一个持续作案近二十年、给社会安全带来巨大威胁的炸弹客。

这样来看，你手里最好的牌就是通过主张被告精神障碍来保全他的性命。让人意外的是，被告坚决不肯接受精神障碍的辩护理由，那是他无法接受的耻辱，他甚至不能接受精神病学家的鉴定和评估，因为他强烈反对以人类思维为研究对象的科学，那是他一生致力于战斗的一个重要对象。如果无法与律师达成一致，他宁可放弃律师，进行自我辩护。

在这种情况下，请问你应该怎么做呢？当然，你还是会尝试一下非法证据排除的动议，尽管希望渺茫，但万一成功了呢？如果不出意外，法官会很干脆地驳回这一动议，案件很快进入实体审理阶段，那么，你将如何为被告进行辩护呢？经谨慎思考，你设计了以下三种方案：

方案一：完全按照被告卡钦斯基的提议，让他去说服陪审团接受自己的观念，即高度工业化的社会正在毁灭人类，他的炸弹袭击是警告和保护社会避免遭受更大的灾难，因而是正当的。

方案二：不顾被告反对，请法官下令对被告进行强制性的精神病评估，庭审中以精神障碍为由进行辩护。然而，当被告得知你正试图剥夺他作出重要决策的权利时，他可能会解雇你。

方案三：劝说被告接受精神病评估，告诉他：如果评估显示他没有精神障碍，你将使用这一结果来告诉法庭你不是疯子，而是真正关心人类社会未来的有识之士；如果评估显示他有精神障碍，你将不会在审判阶段使用这一结果，而只会在量刑阶段用来反对对被告适用死刑。但实际上，你真正的计划是，在审判阶段就直接提出被告精神障碍的辩护理由，你这是在欺骗自己的客户，但你认为这是能够挽救被告的唯一办法。

你会选择哪种诉讼策略？在每一种诉讼策略下分别面临何种职业伦理挑战？

三、问题解析

作为卡钦斯基的律师，你应该作出何种选择？为了回答这个问题，我们需要搞清楚，律师的职责究竟是什么？美国律师协会（American Bar Association，以下简称 ABA）制定的《职业行为示范规则》（以下简称《规则》）序言开宗明义，对这一问题作出了回答。"作为建议者，律师使委托人明确理解其法律上的权利和义务，向其解释这些权利和义务的实践含义；作为诉辩者，律师按照对抗制的规则，热诚地维护委托人的立场；作为谈判者，律师追求有利于委托人的结果，但是也遵循诚实对待他人的要求；作为评估人，律师考察委托人的法律事务，并就此向委托人或者他人报告。"可见，律师的职责是多元化的，而并非单一的。即便我们把 ABA 的这一规定进行简化，把律师的基本职责理解成客户谋求最好的结果，仍然会有问题：什么是最好的结果呢？谁是客户最佳利益的判断者呢，客户还是律师？在卡钦斯基案中，被告已向自己的律师作出明确交代：他宁死也不放弃自己的反工业社会论、宁死也不肯被世人认为是一个疯子。显然，在被告看来，以一个精神健全者的姿态向社会呈现自己的世界观，并此次警示世人，这是最重要的，为此他不惜性命。而律师却认为保全被告的性命是最重要的，为此有必要采取精神障碍辩护理由。律师和客户之间的这一分歧，是导致卡钦斯基一案律师职业伦理问题的焦点。认清这一点之后，我们再来逐一分析上文提出的诉讼策略是否合法，以及是否明智。

（一）方案一

方案一仅提出证据排除的动议，并主张被告的反工业社会观点是正确的，邮寄炸弹的行为也是正当的。前文已论及证据排除动议胜算不大，此处不赘述。至于任由卡钦斯基在法庭上主张其反工业社会论，并帮助其证明邮寄炸弹行为是正当的，是否可能成为律师的选择，答案也很清楚。可能会有人在一定程度上认可卡钦斯基的反工业社会论，即认为高科技的发展导致了人类的不自由，会带来人类的灾难、社会的动荡和生命意义的消失，但这一观点绝不可能在法律上为卡钦斯基邮寄炸弹的行为正名。作为律师，如果你任由客户在法庭上发表他的言论，不仅会加速陪审团对他的定罪，导致他最终被判处死刑，而且会让自己在法律界看起来像是一个笑话。

因此，这一方案虽然看起来最符合被告的价值观，但在法律辩论技术上却毫无可取之处，可以说是一种自我毁灭的行为。如果律师拒绝选择这一策略，依据何在呢？《规则》第 1.2 条就律师与委托人之间权力的分配作了规定，该条（a）项说，"律师应当遵循委托人就代理的目标所作出的决定，……应当就追求这些目标所要使用的手段同委托人进行磋商。…… 委托人就是否调解某事项所作出的决定，律师应当遵守。在刑事案件中，委托人就进行何种答辩、是否放弃陪审团审判以及委托人是否作证等事项同律师磋商后所作出的决定，律师应当遵守"。因此，我们可以认为，诉讼的目标等重要事项由客户决定，而实现诉讼目标的手段和方法由律师决定，但应同客户进行磋商。《规则》第 1.2 条的评论进一步说，"有些时候，律师和委托人可能就用来完成委托人目标所要使用的手段存在分歧。通常情况下，在用来完成其目标的手段上，委托人依从于其律师特定的知识和技巧，特别是在技术、法律和策略问题上"。既然卡钦斯基作了无罪答辩，那么他和律师的共识就是追求无罪的判决结果。至于采取何种辩护策略来实现这一目标，应由律师来决定。如果律师认为某一方案完全无助于诉讼目标的实现，甚至会适得其反，律师有权放弃这一方案。美国联邦最高法院在琼斯诉巴恩斯案[1]中也表达了这样的观点：律师有责任对诉讼策略的优劣进行甄别，提出最有可能满足客户利益的论据。根据《规则》第 1.14 条，律师应尽可能地维持一种正常的律师—委托人关系，但这并不意味着当委托人的意愿是通过诉讼进行自我毁灭时，就应顺从他们的意愿。

还有一个不可忽视的因素，就是律师本身的价值取向。卡钦斯基的律师是一个坚定的死刑反对者，这是真实的情节，在莱恩教授的教材中也强调了这一因素。这对学生是一个很好的提醒，让他们在代理客户、进行决定时，不要忘记自己的个性和价值观念，性格会影响人的选择。让学生在法律职业伦理课程中得到训练，很重要的一点就是让他们认识自己，不要把自己的因素排除在职业伦理问题之外。如果卡钦斯基的律师并非死刑反对者，可能不会那么介意死刑的结果，会认为完全尊重客户的意愿是律师代理的最高价值，可能会更倾向于选择方案一。那样的话，卡钦斯基的案件就会简单很多。

（二）方案二

方案二是尽管卡钦斯基反对，但为了避免死刑，请法官下令进行对他进行强制性的精神病评估，并以精神障碍为由进行辩护。

这一方案其实是剥夺卡钦斯基的自主权，完全不顾其自由意愿，律师可以这样做吗？卡钦斯基已向律师作出明确交代：他宁死也不放弃自己的反工业社会论、宁死也不肯被世人认为是一个疯子。而律师认为，不主张精神障碍就无法避

---

[1] Jones v. Barnes, 463 U. S. 1983, 745.

免死刑。可见，律师和客户在诉讼目标的认识上是有分歧的，客户誓死捍卫自己的世界观，而律师的最终目标是挽救客户的生命。

如果我们充分了解卡钦斯基的意愿，就会知道他想通过审判让公众了解，他是一个聪明、睿智、深刻的人类命运关怀者，而不是一个疯子。他甚至不接受精神病鉴定，因为心理学家和精神病学家很容易从他常年用炸药危害社会的行为、他一生的特立独行、离群索居诊断为偏执型精神分裂症。因此，对他来说，"不被看作疯子"或"避免精神病检查"是诉讼的目标，那么，根据前文所引《规则》第1.2条及其评论，律师必须将目标事项的决定权留给委托人，不能违背卡钦斯基的意愿对其进行强制性的精神病鉴定。

即便"避免精神病检查"不是代理的目标，但既然卡钦斯基的目标仍包括向世人证明他对工业社会攻击的正当性，这个目标对他来说比避免死刑更为重要。该证明包括有关他对自己行为动机的阐述，如果精神病鉴定的结论哪怕对他的心理能力有任何负面的评价，都难以让卡钦斯基及其律师证明其行为的正当性。因此，根据《规则》第1.2（a）条，律师不应该采取强制鉴定这一步骤。

如果卡钦斯基确实患有精神病，但却拒绝进行精神病鉴定，强制鉴定是不是必要的呢？《规则》第1.14（a）条敦促律师尽力与精神能力减弱的客户保持正常的律师—委托人关系，但根据《规则》第1.14（b）条，如果代理的是能力减损的委托人，律师合理地相信，除非采取措施，否则能力减损的委托人有遭受人身伤害或其他伤害的风险，律师认为，委托人不能为自己的利益行事，那么律师"可以采取合理必要的保护措施"，从而可以包括与有能力保护委托人的人进行咨询，或"在适当情况下，寻求任命诉讼监护人、保护人或监护人"。卡钦斯基已经被法庭裁定为有能力接受审判，但律师仍怀疑他的心智受损，在律师咨询的精神病专家看来，卡钦斯基很可能患有偏执型的精神分裂症。因此，律师似乎是可以根据《规则》第1.14条的指引，申请法院下令对卡钦斯基进行强制性的精神病评估，如果评估结果显示卡钦斯基确实患有精神疾病，那么就可以在审判中使用精神障碍的辩护策略。

然而，需要注意的是，《规则》第1.14条的评论5进一步指出，"对于能力减损的当事人，无论律师采取怎样的保护措施，都应当受到诸如下列因素的指引：已知的委托人的愿望和价值、委托人的最佳利益、尽可能不侵犯委托人的决策自主权的目标、最大化委托人的能力以及尊重委托人的家庭和社会联系。"律师清楚地知道，精神病学是卡钦斯基致力反对的目标之一，他最恐惧的事情莫过于被贴上疯子的标签，最担心他引以为傲的反工业社会理论被认为是狂诞的疯话，因此，即便律师怀疑卡钦斯基有精神病，在采取保护性措施时也应尽可能维护已知的委托人的愿望，尽可能维护委托人对自己事务的自主权。因此，律师对卡钦斯基进行强制性的精神病鉴定，是不符合律师职业伦理的。

即使不考虑法律职业伦理的因素，这一方案也很可能会失败，因为当卡钦斯基得知律师试图通过启动强制性精神病鉴定来剥夺他作出重要决策的权力时，他一定会反对，而法官很可能会命令律师遵照委托人的命令，拒绝对卡钦斯基进行强制鉴定。而且在这种情况下，卡钦斯基很有可能会解雇律师，另外聘请新的律师，或者亲自来承担辩护。卡钦斯基的反死刑主义的律师们绝不希望发生这样的结果，因为新的律师不一定会为避免卡钦斯基的死刑全力以赴，而卡钦斯基本人也似乎并不那么在乎自己的性命。

方案二比起方案一似乎更具有可行性，但仍然没有太多成功的希望，第三个方案会不会是一个更好的选择呢？

（三）方案三

方案三是一个折中的做法，由律师尝试劝说卡钦斯基接受精神病鉴定，这样来做他的工作：如果评估结果显示他没有精神障碍，可以用这一结果来帮助论证他对工业社会的反对和攻击不是疯子的行为，这就恰好迎合了卡钦斯基的想法；如果评估结果显示他有精神障碍，律师也不会在审判阶段用作辩护理由，而只会在量刑阶段用来反对将死刑适用在卡钦斯基身上。卡钦斯基很可能会同意这一计划，因为他坚信法庭会判自己无罪，所以不会有什么量刑程序，自己的精神评估结果也不会被拿上法庭去讨论。但实际上，反对死刑的律师们绝不会轻易放弃精神障碍的辩护策略，他们真正的计划是，如果精神病鉴定显示卡钦斯基有精神障碍，就可以根据《规则》第1.14条为他设定监护人，剥夺他的诉讼自主权，然后在审判过程中主张由于存在精神障碍，卡钦斯基无法形成进行一级谋杀的意图，因而不能被判处死刑。通过欺骗客户的方法来达到挽救客户生命的目的，律师可以这么做吗？

这是禁止的。《规则》第8.4条列举了律师在职业上的不当行为，其中的第（c）项禁止所有的"不诚实，欺诈，欺骗和虚假陈述"。在方案三中，律师将诱使卡钦斯基进行精神病检查，但不会向他透露检查结果的全部用途，这一行为具有欺骗性。这种不诚实行为也违反了《规则》第1.4条，因为它严重违反了律师应就完成委托人的目标所采取的方法同委托人进行合理磋商的义务。如果律师坚持这样做的话，卡钦斯基迟早会发现律师的真实意图，如前所述，律师与卡钦斯基之间关于诉讼最终目标的认识差异是不可调和的，此时，卡钦斯基很有可能会解雇律师，另外聘请其他律师，或是自己来承担辩护。卡钦斯基的律师当然不希望发生这样的结果。至此，我们再一次发现律师个人的性格和观念会对他们的选择发生多大的影响，如果不是那么坚决地反对死刑，律师完全可能选择第一个方案，或者在与卡钦斯基之间的冲突不可调和的时候，干脆退出代理。因为《规则》第 1.16（b）项第（4）款的规定，如果律师对委托人采取的行为有根本性的异议，则可以退出代理。卡钦斯基的律师不想退出代理，他们想留在这个案件中，尽一切可能避免卡钦斯基被判死刑。他们还有别的办法吗？

上文刚刚分析到，在方案三中，即使律师要将真实的诉讼策略对卡钦斯基进行隐瞒，也不可能拖太久，最迟到审判开始的时候，律师的真实计划就无法继续隐瞒，因为他们需要在开庭陈述的时候在法庭上公开阐明辩方的立场和理由。这时，卡钦斯基很可能会解雇律师，而法官总是会允许委托人开除他们的律师，但有一个例外：如果委托人在审判前夕解雇律师会造成不必要的审判程序的拖延，法官可以拒绝委托人的请求。那么，卡钦斯基的律师真的要碰碰运气将诉讼策略隐瞒到审判之前吗？这真的是一个好办法吗？

四、律师的选择

因此，三种方案都存在明显的缺陷，都会在一定程度上违反律师职业伦理的要求，使律师面临职业惩戒的危险。如何对卡钦斯基案进行代理对于律师来说，似乎变成了一个无解的问题，卡钦斯基的律师没有好的选择，只能在一些坏的选项中选择一个损害最小的。虽然不是所有的律师都会遇到卡钦斯基这样的委托人，但不可否认的是，真实世界里的律师日复一日地面临各种职业伦理的挑战，而如何选择永远是一个难题。

在真实的情景下，卡钦斯基的律师选择了第三个方案，他们确实诱使卡钦斯基做了精神病检查，并尽可能长时间地对他隐瞒了精神障碍辩护的计划。在审判之前，整整 18 个月的时间里，律师们尽力避免卡钦斯基与外界的接触，成功地对他隐瞒了准备在法庭上提出精神障碍的辩护计划。审判之前关键的 18 个月里，社会上关于卡钦斯基的精神状态讨论得沸沸扬扬，尤其是卡钦斯基的母亲和弟弟反复在公众面前谈论卡钦斯基的成长经历、家族精神病史等信息，释放出卡钦斯基有精神障碍这样的信息，但卡钦斯基本人一无所知。直到审判前夕，律师们才告诉卡钦斯基，他们计划在审判阶段就使用精神障碍的辩护理由。卡钦斯基激烈地反对，然后律师试图说服法官，应由他们而不是卡钦斯基决定是否提出精神障碍辩护。

卡钦斯基试图解雇律师，以避免提他们提出精神障碍的辩护理由。虽然另有律师愿意免费代理他，但法官裁定更换律师为时已晚，先前指定的律师将继续留在本案中，而且法官将允许他们提出精神障碍的变化理由。卡钦斯基说，根据联邦最高法院在法瑞塔诉加州一案[1]中的判决，他有权自己行使辩护权，法官也

---

[1] Faretta v. California, 422 U.S. 1975, 806.

拒绝了这一要求。穷途末路之际，卡钦斯基企图自杀。自杀未遂之后，卡钦斯基避免在审判中提出精神障碍辩护的唯一方法就是通过认罪来避免审判。检察官接受了认罪请求，卡钦斯基被判处终身监禁，他将在最高警戒的监狱终生服刑，不得假释。

宣判后，卡钦斯基以他的认罪请求是非自愿的为由提出上诉，希望撤销自己的认罪。他辩称，他被自己的律师欺骗，被剥夺了他为自己辩护的权利，等他决定行使自己的权利开除律师并自我辩护时却为时已晚。第九巡回法院维持了原判，认为卡钦斯基已同意接受精神鉴定用于量刑阶段，而在认罪之时，他并未受到任何威胁或欺骗。美国联邦最高法院也驳回了卡钦斯基的上诉请求。

卡钦斯基后在在信件中写道：他并不恨自己的律师，因为他们并无恶意，他们只不过是普通人……他们之所以会那样做，是因为他们需要遵循某些专业原则，他们认为自己别无选择。

佛蒙特法学院的迈克尔·梅洛教授长期关注卡钦斯基的案件，并在他狱中上诉的过程中给予了无偿的帮助，他陈述自己帮助卡钦斯基的理由，并非在于对卡钦斯基个人的同情，而是因为这个案件中的法律问题和伦理问题。[1] 卡钦斯基被剥夺了自我辩护、接受审判的宪法权利，他作出认罪的决定，仅仅是因为他不愿被宣布为精神病人。尽管律师协会《职业行为示范规则》中就律师与客户之间权限分配的方式、沟通的方式等问题作了较为明确的规定，然而，某一事项上的决定权究竟应归律师还是客户，是一个极为常见的问题。在涉及生死的死刑罪案件中尤其如此。刑事辩护律常常为了客户的利益竭尽全力，死刑案件中的律师往往会更加努力，但因此会产生的一个职业伦理问题是，律师为了保证自己的诉讼策略不被打扰，可能会显得有些专断。梅洛教授指出："刑事辩护律师有时会家长式行事，以免客户脱离自己的控制；卡兹钦斯基的案件可以作为马歇尔大法官在巴恩斯案中的异议观点的例证：辩护律师本身是被告因被指控犯罪而受到的惩罚之一。"[2]

---

〔1〕 Michael Mello, *The Non-Trial of the Century: Representations of the Unabomber*, 24 Vermont Law Review., 2000, p.445.

〔2〕 Michael Mello, *The Non-Trial of the Century: Representations of the Unabomber*, 24 Vermont Law Review., 2000, p.502.

"德法兼修"视域下中国法律职业伦理之重构

高 林*

2017年5月，习近平总书记在中国政法大学考察时提出"坚持德法兼修，培养大批高素质法治人才"，对我国法律人职业伦理规范提出了更高的德行要求和法治素养。2018年9月，教育部和中央政法委联合发布《关于坚持德法兼修实施卓越法治人才教育培养计划2.0的意见》，把"法律职业伦理"作为法学专业必修课程之一。新形势下，有关中国法律职业伦理的建设成为学界和教育界讨论的热点，培养德法兼修、明法笃行的高素质法治人才成为法学教育的重要目标。

一、"德法兼修"下法律职业伦理法理分析

(一)"德法兼修"的内在机理

1. 法治蕴含着基本的道德判断。法律与道德的关系是一个古老的命题。法治中的法律必须是良法，即以道德为基础，体现人类道德的基本内涵，如自由、平等、公正等价值。在人类社会控制方式上，道德与法律密不可分、互相交织。表现为两个方面：一是将社会公众的道德规范转化为法律规范。[1] 二是将法律规范转化为道德规范。即不同时代，根据社会发展而将某些不再重要的，或者民众不再经常违反的法律规范转化为道德。[2]

2. 道德与法律的功能互补。一是法律调节的范围总是有限的，即"法律之

---

* 高林：中国人民大学法学院博士生、国家检察官学院河南分院副教授。

基金项目：2018年河南省高等学校青年骨干教师培养项目"德法兼修背景下法学教育改革研究"（2018GGJS280）阶段性成果。

〔1〕 杨伟清："道德的功用与以德治国"，载《中国人民大学学报》2019年第2期。

〔2〕 参见宋远升："刑事司法裁判中的利益衡量"，载《政法论丛》2017年第2期。

所遗忘，道德之所补"，法律的滞后与僵化使得某些情形下，道德的介入和调节成为必要；二是道德虽然存在强制性，但只是一种内在强制，更多依赖自我否定和内心谴责来发挥作用，而法律表现为一种强有力的外在制裁力和具体的行为指引。

3. 道德与法律的共生共荣。法律对人的约束力是消极的，表现为事后的惩处；道德对人的约束力是积极的，可以事先预防。因此，"法律治近，道德治远。"[1] 新时代法律与道德的互助共生，集中体现为：一方面，应用道德价值分析法律职业中各种道德困境，避免法律职业者整体的"道德迷失"；另一方面，为法律职业者应对新的法律环境寻找合乎新时代的道德观念。[2]

（二）法律职业伦理的基本范畴

"法律职业伦理应被界定为法律职业者在从事法律职业过程中，为了维护相互之间的正常职业关系而应遵从的行为准则。"[3]

1. 法律职业伦理主体。法律从业人员的多样性与复杂性，造就了对于主体范围的不同认识。如德国，法律职业中法官和公务员始终占据多数，辩护人则为少数。美国学者埃尔曼在《比较法律文化》一书中把法律职业分为五类，涵盖了法官、检察官、代理人、法律顾问、法律学者等人群。在我国，"法律职业"通常包含：法官、检察官、律师、法律教学与研究人员。可以继而划分为典型性法律职业和非典型性法律职业。典型性法律职业包括法官、检察官、律师、仲裁人、公诉人；而非典型性法律职业包括警察、法律顾问。[4]

2. 法律职业伦理客体。客体是与主体相对应的，是指法律职业伦理主体的行为所影响和作用的对象。一般包括三个方面：一是法律职业伦理价值，法律职业的价值决定了法律职业伦理的价值走向；二是法律职业伦理关系，这些关系有些表现为法律关系，有些表现为伦理关系，但是都需要符合法律职业规范和伦理规范的要求；三是法律职业伦理行为，法律职业伦理规范本质上都是行为规范，如法官独立行使审判权。[5]

3. 法律职业责任。"责任概念是一个多关系的、结构性概念。"[6] 法律职业责任，是法律从业者违反法律和道德规范而应承担的责任，其包括刑事责任、行

---

〔1〕 参见王伟："法德并济：社会治理的最优选择"，载《齐鲁学刊》2015 年第 6 期。

〔2〕 参见王申："法律职业伦理规范建设必须回应新时代的道德需求"，载《南京社会科学》2019 年第 1 期。

〔3〕 刘晓兵："法律职业伦理及其实现"，载刘晓兵、程滔编著：《法律人的职业伦理底线——法律职业伦理影响性案件评析》，中国政法大学出版社 2017 年版，第 1 页。

〔4〕 参见许身健主编：《法律职业伦理论丛》（第一卷），知识产权出版社 2013 年版，第 41~47 页。

〔5〕 参见许身健主编：《法律职业伦理论丛》（第一卷），知识产权出版社 2013 年版，第 41~47 页。

〔6〕 参见甘绍平：《应用伦理学前沿问题研究》，江西人民出版社 2002 年版，第 120 页。

政责任、民事责任、纪律责任等。

（三）法律职业的道德责任

法律职业伦理基本准则是有关法律职业内部关系以及法律职业共同体与社会关系的行为准则，是评价法律职业行为善恶、荣辱的重要标准。[1] 在我国新一轮司法改革中，法律职业伦理的建设被升到前所未有的高度，被教育部列为法学必修课之一。中国法律职业的道德责任和伦理规范都根植于我国司法改革实践中，法律职业伦理建设需要回应新时代中国的道德需求。[2]

1. 法律职业道德的普遍特点：在法律社会实践中，法律职业道德表现为客观性与主观性的统一。一方面，法律职业道德必须依据法律职业伦理形成，具有一定的客观性；另一方面，法律职业道德基于法律职业者自身的道德品格、道德行为动机而形成，与法律人的主观心理状态等因素密切相关。可见，法律职业伦理既是法律职业道德的前提，又是法律职业道德的现实基础。[3]

2. 中国法律职业道德的特点：从中国古代的"为政以德"到"德礼政刑"，都强调道德的教化作用和对"德性"的培养。在此，德性是一种向善的品质，是自律性的；道德除了向善性，还有道德规范的含义。传统中国由于家庭伦理与政治道德同构，其道德要求也贴近日常伦理，这种影响一直持续到近现代。在信息化时代，中国法律职业道德如何衔接传统与现代，是需要思考的一个命题，而"德法兼修"，为传统中国德治价值的现代性展开，提供了一种契机。[4]

（四）法律职业的伦理价值

法律职业的伦理价值，即法律职业所追求的目标。公正价值，涵盖了法律职业伦理的基本价值追求。古希腊有一个著名法谚："公正是一切德性的总汇。"[5] 在法治社会，司法就是公正的化身。法律职业作为司法权的现实载体，决定了其为社会正义奋斗的高尚职业精神。与之相呼应，构建法律职业制度的目的，即是在处理多元化社会纠纷中彰显正义这一永恒的司法价值观，来保障法官、检察官、律师等法律职业者能够公正、无畏、无偏见地适用法律。[6] 党的十六大报告指出："社会主义司法制度必须保障在全社会实现公平和正义。"之后党的十七大、十八大报告中，"公平正义"的语境和内涵丰富了许多。可见，法律正义是法律职业的价值基础和终极目标。

---

〔1〕　参见张燕："论法律职业伦理道德责任的价值基础"，载《法学》2018 年第 1 期。

〔2〕　王申："法律职业伦理规范建设必须回应新时代的道德需求"，载《南京社会科学》2019 年第 1 期。

〔3〕　参见张燕："论法律职业伦理道德责任的价值基础"，载《法学》2018 年第 1 期。

〔4〕　李凤鸣："依法治国语境下传统中国德治思想的价值转换"，载《法学》2019 年第 1 期。

〔5〕　参见宋希仁主编：《西方伦理思想史》，中国人民大学出版社 2010 年版，第 74 页。

〔6〕　参见李学尧：《法律职业主义》，中国政法大学出版社 2007 年版，第 212 页。

二、西方法律职业伦理发展经验分析

考察英美法的发展历史，可以发现有一个显著特征，即法治观念的践行与法律职业的兴趣密切相关。西方法律职业逐渐具备了以下四种特性：一是掌握专门的法律知识与技能；二是致力于社会公正和福祉；三是实现自我管理；四是享有良好的社会地位。[1]

（一）西方法律职业伦理与法治精神紧密相连

法治发展到相对成熟的阶段，这是法律职业共同体形成的基本前提。[2] 二者显然存在一种"共生"关系。在西方长期的法治进程中，法律职业伦理成为法律职业生存的基本法则，法官、检察官、律师、仲裁员等法律职业者的职业伦理有共同的理念基础，同时又呈现出差异化的一面。

（二）西方法律职业伦理与规范功能的实现

与法律制度的起源相似，西方法律职业伦理在发展上经历了习俗——不成文习俗——成文规范——法律规范的不同阶段。法律职业伦理规范功能的实现取决于两个关键因素：一是法律职业者的自我约束。当具有普遍意义的伦理准则转变为法律职业伦理时，法律人需要准确领会和运用公正理念，才能实现法律与道德的平衡。这其中关键点，在于法律职业者的自我警醒和自我约束能力。[3] 二是深受行业组织和法学院的影响。如美国，行业组织对法学教育的影响形成了一个良性循环系统。1924年美国律师协会发布的《法官伦理准则》罗列出34条法官应当遵循的行为准则，对指引和规范法官行为起到重要作用。此后，美国司法会议制定了《法官行为准则》，并沿用至今。关于律师职业资格申请标准，在1896年，申请者必须具有高中学历且有两年法学院学习经历；到1930年，有4个州要求必须具备法学学历，还有33个州要求申请律师执业资格的人必须具备3年以上学徒见习经历。[4] 行业组织通过设立独立的律师职业资格考试，提高行业准入门槛，法学院据此培养出来的优秀职业律师又提高了律师行业的整体水平，进而律师协会再次对法学教育强化标准要求。

（三）形成独立发达的职业自治机构

社会分工和专业发展的结果，导致法律职业是一个自主自律的职业群体。一

---

〔1〕 参见许身健主编：《法律职业伦理论丛》（第一卷），知识产权出版社2013年版，第4~5页。

〔2〕 徐显明："对构建具有中国特色的法律职业共同体的思考"，载《中国法律评论》2014年第3期。

〔3〕 王申："法律职业伦理规范建设必须回应新时代的道德需求"，载《南京社会科学》2019年第1期。

〔4〕 江春华、胡赤弟："行业组织对美国法学教育的影响研究"，载《宁波大学学报（教育科学版）》2018年第6期。

方面，对专业领域的事项，只有内部同行评议并经专业人员自主判断后，才能保证予以适格的处理。另一方面，法律职业自治机构的产生，也可视为社会赋权的结果。职业者以自己的专业知识和技能为社会服务，而社会回馈以相应的荣誉、地位等。法治以法律职业为运作的载体，而法律职业则维护法治并从中获得成就。[1] 如英国，辩护律师的管理机构是四大律师学院和辩护律师总会理事会。美国的律师组织包括美国律师协会、州律师联合公会和市、县律师会。[2] 美国律师协会自1878年在芝加哥市成立以来，一直是美国法律人士的共同自治组织，拥有共同的身份特征、价值追求和清晰的社会边界。[3] 通过这种独立的职业自治机构，促进了法律职业的发展、行业自律行为和法学教育质量的提升。

（四）法律职业伦理与社会道德的良性互动

一方面，法律职业伦理与社会道德有所区别，表现为：一是法律职业伦理通常蕴含着社会道德的一般要求。诚信、公正、效率、不徇私情等价值同为二者基本内容；二是法律职业伦理有时与社会道德存在交错与冲突，二者并非总是同向的。这种差异，究其原因，在于运用法律方法的技术理性要求法律人的职业行为建立在法律专业思维之上，而非基于普通社会个体对某个事件的道德判断。另一方面，法律职业伦理与社会道德紧密相连。法律职业指向公共服务，无论是法院的司法行为，还是律师的代理行为，都在为社会提供公共保护。庞德将法律职业的公共服务精神视为一个成熟的司法体制的先决条件。[4] 法律职业伦理与社会道德的这种良性互动，促进了法治社会的发展。

三、我国法律职业伦理的问题意识

（一）法律职业伦理规范不够体系化

一方面，我国在法律职业伦理规范建设上初步取得成效。《法官法》《法官职业道德基本准则》《检察官法》《检察官职业道德规范》《律师法》《律师职业道德规范和执业纪律规范》《公证法》《公证员职业道德基本准则》《中国国际经济贸易仲裁委员会、中国海事仲裁委员会仲裁员守则》等一系列法律规范性文件对不同领域的法律职业者提出伦理规范要求，形成了法律职业伦理规范体系的雏

〔1〕 张志铭："法律职业道德教育的基本认知"，载《国家检察官学院学报》2011年第3期。

〔2〕 兰薇："论西方法律职业共同体的发展模式"，载《中南民族大学学报（人文社会科学版）》2014年第3期。

〔3〕 江春华、胡赤弟："行业组织对美国法学教育的影响研究"，载《宁波大学学报（教育科学版）》2018年第6期。

〔4〕 参见许身健主编：《法律职业伦理论丛》（第一卷），知识产权出版社2013年版，第310~312页。

形。另一方面，这些规范不够体系化，法律、行政法规、行业规范等呈现碎片化状态，不仅各种规定效力层次混乱，而且内容重叠甚至冲突，导致操作性不够强。如对比欧美国家已体系化的律师职业伦理，我国作为律师职业活动指南的律师伦理体系尚未健全。[1]

（二）法律人职业伦理水平良莠不齐

法律职业是一个开放的职业共同体，法律伦理亦有层次之分。上者如职业美德的践行，中者如职业纪律的遵循，下者如职业底线的恪守。我国法律职业伦理整体向好，但仍存在一些问题。当前我国法律阶层由于缺乏坚强的法治信仰支撑，导致一系列危机的发生。以律师这一行业为例，呈现出两极化特征，不乏公益律师和法律援助律师，坚守正义理念，乐于奉献；亦不乏个别律师为谋求私利而违背职业道德。法官、检察官亦是如此，法律职业伦理道德失范现象层出不穷，如法官集体嫖娼案、检察长受贿案等。职业伦理的沦丧现象，促使人们反思职业伦理规范的重要性。

（三）法律职业伦理的认同感不够

由于我国没有西方那样悠久独立的法律职业发展史，长期以来，民众对法律职业主体的了解不足，评价亦有所偏颇。加之中国法律职业发展时期比较短暂，仅仅三十余年，法律职业者内部缺乏自我认同，更面临法律信仰的缺失。在社会大变革的背景下，功利主义思维往往占据上风。如果法律沦为法律职业者谋取私利的工具，可以预见，法律职业共同体的成员将会丧失彼此的身份认同，届时，法律职业共同体将面临分崩离析的危险。[2]

（四）法学教育与职业伦理教育融合度不够

我国提供法学教育的主体多元且复杂，造成一定程度的法学教育内部的混乱，导致学科教育与职业教育、职业教育与博雅教育相互混淆。多年来的实践结果表明，职业伦理教育在法学教育的实施效果并不明显。法律职业教育内容过于空洞，教材陈旧、师资匮乏、教学形式单调等问题凸显。这是因为法律人职业伦理观念的形成，并非来源于说教式道德教育，更多的是来自于以法律职业为导向的技能训练。这种职业技能训练，也并非单一的照搬式的案例教学或者诊所式教育所能满足的，更需要一种制度化、系统化的改进。[3]

---

〔1〕 许身健："欧美律师职业伦理比较研究"，载《国家检察官学院学报》2014年第1期。

〔2〕 公丕潜、杜宴林："法治中国视域下法律职业共同体的建构"，载《北方论丛》2015年第6期。

〔3〕 余涛："卓越法律人才培养与理想的专业法学教育——以法律职业为视角"，载《西部法学评论》2013年第4期。

四、"德法兼修"视野下法律职业伦理体系建构

（一）加强法律职业伦理规范建设

1. 法律职业伦理是一种制度性诉求。法律职业伦理涵盖了职业品德、职业纪律和职业责任等基本内容，关乎社会公共生活。为达成职业共同体的共识，往往需要以规范的形式呈现出来，将一些原本抽象的伦理观念予以确定化，使之具有一种刚性的强制力。因而，伦理性必然蕴含于法律职业领域的每个角落，呈现于具体规范之中。

2. 确立法律职业者共同伦理。法律职业可以细分为法官、检察官、律师、执法人员、法学研究人员等诸多门类。专门的法律教育、严格的职业训练、统一的知识背景以及模式化思维方式等成为他们的共同特性。职业道德建设是一个从他律到自律的过程，强调的是自我德行的提升。法律人作为一个社会精英团体，需要具备共同的素养，涵盖了法律语言、法律知识、法律技术、法律思维、法律信仰和法律伦理六个要素。前四个要素属于技能范畴，后两个要素为伦理范畴。[1]

3. 明确法律职业者的专有伦理。在"德法兼修"框架下，探讨法律职业共同体的共同伦理与专有伦理规则的统合。法律职业共同体对职业伦理的坚守更多体现在各自的职业领域内，如何破解纷繁复杂的法律实践给出的道德困境。对于法官、检察官、律师、法学家等来讲，对职业伦理的理解会有所侧重，比如对法官更倾向于公正和平等，对检察官更倾向于忠诚和严明，对律师更强调诚信和勤勉，等等。[2]

（二）法律职业伦理回应新时代的道德需求

1. 坚持把立德树人作为法律职业者培养的中心环节。在我国，法治人才培养是一项立体工程。法律实施需要道德支持，道德践行离不开法律保障，国家治理需要法律和道德的协同力量。只有法律职业者具有普遍高尚道德情操，才能致力于法治水平的提升和公民福祉的实现。因此，要加强道德教育、弘扬中华民族传统美德，着重培养人文情怀、法治精神、实践能力和社会责任感。[3]

2. 注意法律职业伦理与社会道德的适当剥离。如前所述，在一些极端案件中，法律职业伦理与社会大众的普遍道德判断可能会出现偏差，这种差异是客观

---

〔1〕 周蔚文："法律职业伦理关怀与法学教育的价值回归"，载《法律适用》2014年第4期。

〔2〕 李峣："超越概念化：法治思维视角下的法律职业伦理研究路向"，载《社会科学研究》2014年第6期。

〔3〕 黄进："坚持立德树人 德法兼修 培养高素质法治人才"，载《法学教育研究》2017年第4期。

存在的，无法用对错或者优劣来衡量。但是，这并不意味着应当消弭二者的差异，而是应当使法律职业伦理的规范要求更加具体、清晰，并力所能及地普及大众，以期获得理解和认同。需要明确的是，在需要进行职业判断时，法律职业伦理应当优先个体道德意识来选择。将法律职业伦理与社会道德适当剥离，更易于法律人的选择适用。如忠诚、公正、清廉等，可以作为法官、检察官的职业伦理要求，但"刚正不阿""乐于奉献"等更多反映出法律职业人的个人修养和道德水准。[1]

（三）增强法律信仰和职业认同感

1. 培养法律职业共同体的法律信仰。法律与信仰作为一种要素内在融合，形成一个具有完整内涵的独立范畴。从"生成"角度，既强调法律形成中的信仰因素，又肯定信仰形成中的法律对象。[2] 法律，是法律职业群体安身立命之基，而且法律人对于法律的态度，对普通民众具有极强的示范效应。因此，法律职业者应树立法律至上的理念，成为精神上高度统一的信仰共同体，进而在法律实践中折射出法治的内在意蕴和精神气质。只有法律职业共同体不断地树立和强化这种内心确信，才能以法的精神和原则公正处理案件，形成精神合力，引导社会整体法治意识的提升进步。

2. 重视法律职业活动的同质性。法律职业共同体的"共同"体现在何处？相同的法学教育背景、相同的价值追求、相同的法律思维方式等因素，构成了一群有着公共精神的道德共同体。法律人在良知上、操守上的训练有素，加之对法治崇高性的共同理解，使得他们成为法治事业的共同体，成为维护法治的坚强卫士。[3]

（四）强化法律职业与法学教育的内在联系

1. 丰富法律职业伦理课程内容。从域外法考察看，国外法学教育也在试图兼顾学术教育和职业训练两方面内容。如美国法学院，把职业道德与专业课程相结合。在技能训练的同时加入特定的职业道德问题，如律师忠诚义务、保密义务等；或者在课程中有意识地创设各种道德困境，让学生经历智力与情感的双重挑战；或者通过录像形式呈现部分故事场景，指出可能存在的道德问题。简而言之，美国法学院通过课堂上大量的实例研讨，提高法律人的道德敏感性和道德执

---

〔1〕 参见许身健主编：《法律职业伦理论丛》（第一卷），知识产权出版社 2013 年版，第 314~315 页。

〔2〕 邢国忠："改革开放以来法律信仰研究的回顾与前瞻"，载《社会主义核心价值观研究》2018 年第 6 期。

〔3〕 徐显明："对构建具有中国特色的法律职业共同体的思考"，载《中国法律评论》2014 年第 3 期。

行力。[1] 我国高校法学院可以在"法律职业伦理"课程的基础上,另行开设"法律与道德""律师失职行为"等与法律职业伦理相关的辅助课程。

2. 探索面向真实客户的实践教学模式。我国的法学实践教学中常提倡的案例教学法、模拟法庭教学、诊所式教育等,大多由于缺乏制度化的组织管理而导致难以落实,达不到理想的职业训练效果。[2]

鉴于法律职业共同体的发展水平,决定了一个国家法治进步程度。在"德法兼修,培养大批高素质法治人才"的培养目标下,法律职业伦理对于我国法律职业共同体成员的重要性、对于法治社会发展的重要性不言而喻。法律职业共同体的培育与建构是一项复杂的社会工程,需要全体法律人凝聚共识,回应新时代的道德需求,加快法律职业伦理规范建设,努力践行法治理念。

---

〔1〕 廖鑫彬:"美国法学院的法律职业道德教育模式研究",载《社会科学家》2014 年第 8 期。
〔2〕 余涛:"卓越法律人才培养与理想的专业法学教育——以法律职业为视角",载《西部法学评论》2013 年第 4 期。

法律伦理的基本范畴

法律关系伦理精神的价值结构形态

赵一强*

新时代，必须更好地坚持依法治国与以德治国相结合，使法治和德治在国家治理中相互补充、相互促进、相得益彰，推进国家治理体系和治理能力现代化。中华人民共和国成立 70 周年以来，学界对作为治理方式的法律与道德的已有研究成果，主要集中于法律与道德的联系与区别、法治和德治的辩证关系、法律职业伦理、法伦理学学科构造等方面。本文旨在对法律与道德之间的深层价值联系进行重点挖掘，通过剖析法律与道德深层价值关联模型，发掘法律关系伦理精神结构形态，推进法治与德治的有机统一，提升人类命运共同体伦理共识。

一、作为"理论范型"的"法律关系"

"法律关系"是法学领域的框架性概念，法律作为一种古老而常新的社会调控工具，通过"法律关系"对社会现实产生影响。法律就其主要功用来看，是作用于社会，而不是作用于自然或人的心理世界。自然界存在着不以人的意志为转移的客观规律，客观规律具有确定性、稳定性、普遍性，人类只能探讨、因循、利用，但却无法改变规律自身。人的心理世界属于思维意识领域，内心的活动不通过法律来调整，而是交由伦理道德去规范。那么，为什么社会实体需要法律来调整？因为既定社会是历史、区域与人物的组合，历史发展阶段存在差异，区域资源分布各不相同，人与物的天赋秉性与气质类型多种多样，如果要维护人类求生拒死、趋利避害、持续繁衍和发展的天然本能，如果要推动人类物质文明、精神文明乃至生态文明的进步，如果要在自然界呈现人类的卓越能力、宏大

---

* 赵一强，河北经贸大学法学院教授。
基金项目：国家社会科学基金项目"法伦理的精神哲学形态研究"（17BZX093）。

气魄和永恒魅力，就必须对多样化的时间、空间、物象及其为数众多的各种构成元素进行分析、引导和整合，从而保证前进的统一目标和形成规模性合力。在这种统一目标、协调节奏、建构合力的过程中，需要物质要素、制度要素、文化要素等的共同参与。社会共同体的存在和发展既需要科技力量，也需要制度安排和文化激励，分别对应着内容发展、规范进步、精神提升。

从其最初始的功能来说，法律是一种规范，但这种规范却不同于图腾规范、道德规范。法律规范不但有确立秩序作用，还有制度保障作用，甚至还有引导作用。但是，法律在不同社会形态中发挥作用的范围并不相同，罗马私法与近代的民法典的调整范围虽然都包括继承，但后者显然比前者的内容要丰富许多。同样，人工智能时代法律的调整范围也不会与工业文明时代相同。调整范围反映出法律对社会实体的参与程度、参与力度、参与深度。最能反映调整范围变化的概念就是"法律关系"。社会有机体之间存在各种各样的社会关系，包括经济关系、教育关系、文化关系等，其中归属于法律调整的部分关系是法律关系。法律关系概念的三个构成要素的变化，具体体现出法律调整范围的变化和进步。法律关系主体元素中种类的增加、客体元素中客体对象的增加、内容元素中权利类型的增加、义务类型的增加、责任类型的增加等变化都是法律调整范围改变的"显示屏"。法律关系是个抽象概念，却具有具象的基础。法律关系的种类反映法律对社会的调控程度，每种法律关系又包含无法定数的案件，而这些案件的总和就构成了法律关系的实际边界或者说是法律能够实际发挥作用的领域。

法律关系贯穿于法学理论、法律制定、司法实践之中，是其中的"概念符号"或"理论范型"。"法律关系"这一概念的存在，使得法律得以与其他社会调控工具区分开，形成了"法律思维"；也使法律制定中拥有了引导思维指向的"法律导图"；更使法律实践中具备了"定分止争"的"法律平台"。"法律思维、法律导图、法律平台"不仅宏观地存在于理论、规范、实践等大的领域，也存在于具体行业、具体单位、具体部门、具体个体等中观或微观领域。法律调整的是人与人之间的关系，人是生物性、社会性、精神性存在的统一体，通过对社会性存在的合理调整，有效促进生物性、精神性以及社会性自身的进步及三种属性的内在协调和外在和谐，从而在意识、意志甚至意识与意志统一的实体维度培育和保持法律的尊严、法律的效力和法律的光辉。坚持法律关系，坚持依法行事，才能维持和发展"科学立法、严格执法、公平司法、全民守法"的理想局面。

二、整体性的"伦理精神"

张文显先生说："现代法律精神必然包含着社会主义人文精神，并以此作为其思想道德基础。"[1] 法律离不开道德，道德也离不开法律。法律与道德是一对"孪生姐妹"，不存在没有道德含量的法律，也不存在没有法律的道德。"法律道德化"与"道德法律化"并非现代法治文明建设过程中的新生现象，这种融合在法律产生伊始或道德起源时就已经存在。历史上的德法融合、德法两分、德法再融合是一种现象性存在，现象性存在无法割断两者的实质性联系。离开道德的法律没有灵魂，离开法律的道德没有保障。现实生活中，对法律的敬畏往往超过对道德的敬重，法律具有立竿见影的效果，而道德的效果却未必能马上看到。但是，只有坚守作为法律灵魂的道德，才能更好地实现法律的目标，才能确保每一个案件都体现公平正义。那么究竟什么是伦理精神呢？

"伦理精神"是我国伦理学家樊浩先生率先提出并进行了深刻诠释的重要伦理概念。樊浩先生认为，伦理精神是社会内在生命秩序的体系，它体现人们如何安顿人生，如何调节人的内在生命秩序；伦理精神是民族伦理的深层结构，是民族伦理的内聚力与外张力的表现；伦理精神的层面体现的是人伦关系、伦理规范、伦理行为的价值取向，对民族社会生活的内在生命秩序的设计原理，民族伦理精神的完整结构与伦理性格生长发育的过程。[2] 宋希仁先生指出："'社会伦理'是与'个体道德'相对应的范畴，并与个体道德一道构成伦理学研究的两个基本方面。"[3] 伦理精神与道德精神不同，伦理精神侧重于整体，它涵盖了道德精神，而道德精神强调个体道德修养，它以伦理精神为基础或旨归。伦理精神强调为整体的存在和发展所需要的精神理念，法律关系的伦理精神关注的重点不是个体如何成为完备的人，而是重点思考为社会整体法律秩序提供价值路径保障。

整体性存在中均包含伦理精神。整体与个体是相对性概念，整体在更大的整体中是个体，个体相对更小的个体来说则是整体。个体组成整体、整体再组成更大的整体，最后形成作为全体的整体。"家庭—民族—人类、区域—国土—世界、短期—中期—长期"可以看作从微观走向宏观、从个体走向整体的逻辑推演。无论什么层次的整体，其中都蕴含着能使整体自身存在和运行的伦理精神，区别仅在于站位不同、目标不同、结构不同。当较小的整体过渡为较大整体的个体时，较小整体的伦理精神就成为较大整体伦理精神的组成部分。于是，每一级整体都能顺畅运行，而作为全体的整体也会高端有效。人的有限理性表征为理论理性和实践理性两种，前者表现为意识，对应思想，后者表现为意志，对应行为，这就是说，如果要具备伦理精神，就不单要具备实现"单一物与普遍物"统一的意

---

[1] 张文显：《法学的理论与方法》，法律出版社 2011 年版，第 131 页。
[2] 樊浩：《中国伦理精神的历史建构》，江苏人民出版社 1992 年版，第 29 页。
[3] 宋希仁主编：《社会伦理学》，山西教育出版社 2007 年版，第 4 页。

识或理论知识，更要具备实现"单一物与普遍物"统一的意志或行动能力，进而将这种意识与意志、理论与实践结合起来，达到一种"伦理的造诣"。这种伦理的造诣，就是真正拥有了伦理精神同时自身也为伦理精神所拥有，这就是《道德经》第二十三章所说的"同于道者，道亦乐得之"。

伦理精神本身是一个有机生态。樊浩先生说："伦理精神生态应当包括人的伦理生活、道德生活以及形成主体的人伦精神和道德精神的基本要素和基本结构，同时体现人伦精神、道德精神和人的伦理生活的基本原理。由此才能形成有机的生态。"[1] 伦理精神自身由各种相互联系、相互影响的元素所组成，因而形成一个整体性的发展变化的存在。伦理精神与其所处的社会文明中的其他价值因子如文化、经济、社会等的互补互动和对立统一，构成伦理精神的价值生态。伦理精神的价值合理性的标准，既不是抽象的伦理规范或伦理目的性，也不是抽象的经济发展或生产力标准，而是社会文明的整体发展。当伦理精神进入既定时空的现实社会，就会催生诸种文化，而伦理也会隐藏自己的本来面目而成为现实世界能够理解的伦理文化或者伦理自身。虽然从表面上看，伦理主要关注的是善的研究，但是善的研究又离不开对真理的把握，同时也联结着美学，因此，伦理精神实际处于从本体世界到现实世界之意义世界的关联地位。这个意义世界主要通过价值理念引导形成的价值目标、价值规范、价值行为等综合作用而实现，需要对伦理精神中的价值形态予以分析。

三、法律关系伦理精神结构形态的价值元素

法律关系可以分为不同的种类，一般法律关系与特殊法律关系、实体法律关系与程序法律关系、民商法律关系与刑法法律关系、物权法律关系与债权法律关系，等等。我们以其中的实体法律关系为基本分类依据，探讨伦理精神结构形态。理由在于，在实体与程序之间，实体法是目的，而程序法是保障。依照法律传统，一般可将实体法分为公法和私法两种，那么法律关系就可以分为公法法律关系、私法法律关系两种。另外，实践中还存在着一种公私兼顾的典型的法，但一般将其归入民法，那就是婚姻法。婚姻法是公私兼顾或公私兼容的法律规范，一方面，婚姻法执行的是国家要求的婚姻制度，另一方面，尊重婚姻主体的意思自治，即婚姻自由原则，并不是完全地调整国家与民众的纵向关系或民众之间的横向关系的法律。由于婚姻涉及男女两大部类的关系处理，而作为婚姻结果的家庭又是社会成员的生存、发展、繁荣的基础平台，所以，婚姻法是非常重要的法律存在。"现代的国法，是以区别其全部为公法或私法为当然的前提的，对于国

---

[1] 樊浩：《伦理精神的价值生态》，中国社会科学出版社2001年版，第140页。

家的一切制定法规，若不究明该规定属于公法或私法，而即欲明瞭其所生的效果和内容，盖不可能。"〔1〕公法与私法的区分标准既有"主体说""意思说"，又有"利益说""社会说"，我们采取以主体为基础的意思说，既要考虑法律关系双方的主体属性，又要考虑到意思或意志的由来。如果一方意志将另一方意志包并，那就是公法；如果是双方意志的相合，那就是私法；如果既有意志包并，又有意志相合，那就是公私属性兼有的法。依照这种理解，我们可以将法律关系的伦理精神分为公法法律关系的伦理精神、私法法律关系的伦理精神和公私兼顾法律关系的伦理精神三种。

（一）公法法律关系伦理精神："命令与服从"

法律总是存在于共同体中。"一切共同体的法可以理解为人为的、思维着的精神产品：一种思想、规则、原理的体系。这种体系本身可以同一个器官或一部作品相媲美，它是由多种相应的活动本身产生的，即由实际的练习作为一种业已存在的性质的——物质的变化形成的，是在从普遍向特殊的进步中产生的。因此，它自身就是目的，尽管以奇特的方式，显得与那个整体有必然的联系，它就属于那个整体，源于那个整体，本身就是那个整体。"〔2〕共同体是人的意志完善的统一整体。"意志是世界的物自体，是世界的内在内容，是世界的本质和生命。可见的世界、现象只不过是意志的影子。因此生命不可分割地伴随着意志，犹如影之随形，有意志，也就有生命，有世界。"〔3〕当整体中的国家意志包容个体意志或者说个体意志需要依照国家意志的要求去行为时，那么就形成了公法，而在此公法中，最重要的价值理念是命令与服从。

黑格尔说："国家是绝对自在自为的理性东西，因为它是实体性意志的现实，它在被提升到普遍性的特殊自我意识中具有这种现实性。这个实体性的统一是绝对的不受推动的自身目的，在这个目的中自由达到它的最高权利，正如这个最终目的对单个人具有最高权利一样，成为国家成员是单个人的最高义务。"〔4〕国家是实体，自身发展是目的。成为国家成员、成为国家公民是单个人的义务。国家与个人是整体与个体的关系，整体的发展进步能够促进个体的发展进步，个体的努力与工作成果的积累能促进整体的发展。"国家是这样的一个社会：它在一个共同的主权之下组织和约束起来，以求达到由人性决定的某种终极的、合理的、坚定不移的目标。这个终极目标最重要的价值是国家成员的普遍幸福，它包含着

---

〔1〕 ［日］美浓部达吉：《公法与私法》，黄冯明译，中国政法大学出版社2003年版，第3页。

〔2〕 ［德］斐迪南·滕尼斯：《共同体与社会——纯粹社会学的基本理念》，林荣远译，商务印书馆1999年版，第287页。

〔3〕 ［德］叔本华：《作为意志和表象的世界》，石冲白译，商务印书馆1982年版，第12页。

〔4〕 ［德］黑格尔：《法哲学原理》，范扬、张企泰译，商务印书馆1961年版，第253页。

人、财产以及由此衍生的所有的自然和实定权利的安全。"[1] 国家终极目标的实现需要合力，而合力的形成需要共同意志和统一安排，需要权利分配和国家强制力保障，需要安定团结和有序高效，公法恰恰在这些方面发挥着重要作用。《韩非子·有度》中说："国无常强，无常弱。奉法者强则国强，奉法者弱则国弱。"贝卡利亚说："刑罚的目的仅仅在于：阻止罪犯再重新侵害公民，并规诫其他人不要重蹈覆辙。"[2] 法律是主权者的命令。公法中的命令与服从是对法律制定程序、法律精神、国家大局的服从，命令与服从是公法的主体双方所秉持的价值理念，它们构成纵向法律关系伦理价值结构。

（二）私法法律关系伦理精神："平等与协商"

社会共同体中除了纵向的法律关系之外，还有横向的法律关系，即私法关系。私法首先承认个体的法律地位，尊重个体的意思自治和自我选择。社会共同体中个体之间的关系，可以是有联系、无联系、偶然联系三种。其中存在联系的情形，又可以包含不同的分类。从联系的时间看，分为长期联系、中期联系、短期联系；从联系的内容看，有人身联系、财产联系、知识产权联系；从联系的起源看，有血缘联系、地域联系、精神联系；从联系的性质看，有正常联系、反常联系、中间联系；从联系的方式看，有思想联系、语言联系、行为联系；从联系的态势看，有主动联系、被动联系、相遇联系；等等。在所有这些及其他类型的个体之间的相互联系中，私法所关注的是那些有助于人的生存、发展和繁荣的正常性交往，非正常交往不被赋予法律效力。在正常性交往中，主要侧重人身、财产、智力成果等方面的保护，对于超越其保护范围的事项以调整范围为界限予以隔离或交由其他法律部门或当事人自决。

《荀子·王制》认为"能群"或"社会性"是人的基本特征，"人类生而需要互助"是基于本能的自然原则，每个个体或基于个体的私人团体，均被逻辑推断为懂得维护和追求自己生存和发展所需适当利益的独立主体，于是以"私法神圣、身份平等、意思自治、等价有偿"等理念为基础构建起私法框架或私法体系，鼓励在相互的联系尤其是合同交易中坚守"诚信"，满足生活和经营的实际需求。其中，最重要的两个价值理念即平等与协商。马克思指出："平等是在实践领域中对自身的意识，也就是人意识到别人是和自己平等的人，人把别人当作

---

〔1〕 ［美］艾伦·沃森：《民法法系的演变及形成》，李静冰、姚新华译，中国法制出版社2005年版，第153页。

〔2〕 中共中央马克思恩格斯列宁斯大林著作编译局编译：《马克思恩格斯选集》（第2卷），人民出版社1972年版，第48页。

和自己平等的人来对待……它表明人对人的社会的关系或人的关系。"〔1〕平等的核心在于人与人同等对待。博登海默说："法律平等所意指的不外是'凡为法律视为相同的人，都应该以法律所确定的方式来对待'"。〔2〕平等是指法律地位平等，法律面前人人平等。协商是指特殊意志之间充分交流形成共同意志的过程。这个共同意志作为特殊意志的交集反映了当事人双方需求的满足，也为进一步合作提供了程序基础。协商尊重当事人的意志自由，意志自由所反映的是个体自身发展规律的运行阶段。自我选择、自负其责是潜在的生命规则，协商就等于尊重当事人的人生发展规律。不能动用欺诈或强迫手段从事私法活动，即使出现争议和纠纷，也应主要以平等协商、说服教育、和解调解方式进行处理。

（三）公私兼顾法律关系的伦理精神："合作与共享"

古罗马法学家西塞罗说："由于自然赋予生物的共同特性是具有繁衍后代的欲望，因此人类的最初联系是夫妻关系，然后是和子女的关系，再后来是组成一个家庭，一切都共用。这便是城邦的开始，并且可以说是国家的起源。"〔3〕婚姻是男女两大部类的相遇，更是法律关系之始和伦理之始，自古至今受到社会的重视。但是，婚姻法一般被视为私法的组成部分，但其中关涉到纵向服从意志的公法属性却并没有得到太多重视。现代婚姻法的私法属性主要体现在尊重当事人的意志自由上，即"婚姻自由原则"，同时还伴随着"男女平等"原则；而其公法属性主要体现在"一夫一妻"制、"保护妇女、儿童和老人的合法权益"原则上。婚姻是当事人之间的私事，但婚姻又是人类社会的公事，"婚姻逃避症、婚姻游戏症、婚姻恐惧症、婚姻买卖症"等都无利于人类社会的繁衍和发展，因此各个国家一直力图建构完备的婚姻法予以调整。美国现代家庭法认为，"以现代法律的角度来看，婚姻是一种身份，一种契约，一种财产形式，一种信托关系，它构建了一个新的法律实体——家庭"，〔4〕《中华人民共和国婚姻法》（以下简称《婚姻法》）第4条规定："夫妻应当互相忠实，互相尊重；家庭成员间应当敬老爱幼，互相帮助，维护平等、和睦、文明的婚姻家庭关系。"

婚姻是基于情感、利益还是精神需求，这是各国立法首先要解决的问题，无论是契约说、制度说、婚姻伦理说、身份行为说，无不体现了对这一前置问题的尝试性回答。我们认为，婚姻是情感共同体、利益共同体、精神共同体的统一。

---

〔1〕 中共中央马克思恩格斯列宁斯大林著作编译局编译：《马克思恩格斯选集》（第2卷），人民出版社1972年版，第48页。

〔2〕 ［美］E.博登海默：《法理学——法哲学及其方法》，邓正来、姬敬武译，华夏出版社1987年版，第286页。

〔3〕 ［古罗马］西塞罗：《论义务》，王焕生译，中国政法大学出版社1999年版，第55页。

〔4〕 夏吟兰：《美国现代婚姻家庭制度》，中国政法大学出版社1999年版，第5页。

没有感情，就没有吸引力，因此也就没有婚姻基础。利益是婚姻的条件，没有适当的物质利益保障，生活就难以继续。婚姻不是与人的一生相伴的现象，是与青春期或生育期相伴的现象，当青春期或生育期过后，如果没有精神共同体理念在场，作为婚姻结果的家庭及其成果必然形同虚设或化为乌有。"男人和女人结合的目的和意义不在于种族，也不在于社会，而在于个性，在于个性对生命的完满和完整性，对永恒的追求。"[1] 情感共同体、利益共同体、精神共同体不仅是个历时性概念，也是共时性概念，同时共存于婚姻实体之中。法律应当同时保护这三者，社会现实也需要为这三者的实现创造或提供便利条件，因为婚姻不仅是私事，还是关涉社会发展的大事。夫妻财产关系或婚姻财产关系是婚姻法律关系的重要内容，但不是唯一内容。如果对财产关系而不是人身关系或精神关系过度关注，会加重婚姻领域的利益价值取向。婚姻中包括夫妻关系、父母子女关系、兄弟姐妹关系，其中最重要的是夫妻关系。夫妻关系需要合作与和谐。合作是过程，和谐是目的。由于男女两性的自然性、社会性、精神性存在着一些不同，这就需要双方各自发挥自己的优势而弥补自己的劣势，相互配合、共同合作，实现家庭目标、完成家庭天职，达致夫妻双方在时空、物象、行为风格等方面的一体和谐。《国语·郑语》有言"和实生物，同则不继"，和谐才能促进事物发展。

公法法律关系中的"命令与服从"、私法法律关系中的"平等与协商"、公私兼顾法律关系中的"合作与共享"整合在一起，共同构成了法律关系伦理精神的结构形态。严格来说，这种结构形态是在法律整体范围内而不是在法律之外的价值生态。任何法律规范，首先是国家强制力保障实施的行为规范，也就是说是在国家公共意志的关注、选择和决定之内或之后所形成的价值生态，因此也就具备了法律整体的性格特征和使命要求。在法律范围之内，任何一种法律关系的价值取向都不能完全替代其他类型，而是处于一种动态发展的结构性稳定之中。无论学理探讨、法律制定，还是司法实践、公民守法，如果在遇到具体案件时能首先以其所对应的伦理精神形态结构中的价值取向为标准去思考，那么案件的处理就不但会合法、合理、合情，还会符合国家治理和社会正义的深层次要求。当所有人都能听从"我们人类共同的声音"，[2] 实现"单一物与普遍物"统一的时候，人类社会共同体的伦理精神就会持续成长。[3]

---

〔1〕 [俄]别尔嘉耶夫：《论人的使命》，张百春译，学林出版社 2000 年版，第 313 页。

〔2〕 万俊人：《寻求普世伦理》，北京大学出版社 2009 年版，第 33 页。

〔3〕 本文的修改版（"论'法律关系'的伦理精神"）载于《河北经贸大学学报（综合版）》2020 年第 1 期。

论价值权衡论证的道德根据

陈伟功*

在启动法律推理程序之前，有一种预设的"结论"其实已经或明或暗地出现在人的意识中了。可以说，直觉往往跑在理性思维之前，而逻辑推理、修辞论证只是对已直觉到的某种"结论"进行证实或证伪。理性思维为了保持客观性和确定性，因此力图摆脱情绪、臆测、幻想等非理性的纠缠，这也就是"价值中立"观念在理性思维领域被置于崇高地位的重要原因。但在理性思维之前，其实价值及其判定已经乘着直觉的翅膀在人的意识中占据了重要位置，追求确定性的理性思维则坚守怀疑的精神要冷峻地对价值秩序进行一番分析、衡量，以判定最终由哪种价值起决定性作用。本文拟对此观点进行论证，并主张在理性思维的传统中，在一些有代表性的法律案件审判中，实际上存在着一种比较稳定的"价值秩序"，而这种"价值秩序"表现为所生活的世界的一种道德根据。"虽然在上个世纪，我们费尽心机地想使司法自由裁量无立锥之地，但事实业已证明，规则和机械仍旧无法适用在某些场合。当今的趋势，是扩大自由裁量的范围，而不是去限制它。使自由裁量变得可以容忍的正确方法，或许就是承认此时我们已进入了伦理学的领域，而伦理学同样是一门科学，并且也包含了一些原则。"[1] 庞德的这段话恰好说明，本文的努力也许是值得的，应该不会一无所获。

一、"先在"的价值

人不仅具备会思考、有理性的本质特征，更具备有意识、能感受的原初本性。在其通过语言、运用各种工具进行理性地思考之前，实际上人已经通过自己

---

* 陈伟功，北京第二外国语学院研究生院国际化联合培养博士项目主任。
〔1〕［美］罗斯科·庞德：《法律与道德》，陈林林译，中国政法大学出版社 2003 年版，第 86 页。

的整个身体及其各种感官对包括自身在内的世界进行了感受，而这些感受有的可以通过语言表达出来，有的则难以表达甚至表达不出来。在感受中，必然要遇到一些"抗阻"，或者说，正是由于有了"抗阻"的存在，人的感受才得以产生；如果没有"抗阻"，也就没有感受。这些"抗阻"就是其感受到的对象，如果某对象引起有意识的注意，人就会主动地去了解、辨认这些对象究竟是什么、它们怎么样。马克斯·舍勒指出："抗阻是一个现象，它以直接的方式只是在一种追求中被给予，亦即只在一个意欲中被给予。在它之中并且只有在它之中，对它的实践实在的意识才被给予，这种实践实在同时也始终是价值实在（实事和价值事物）。"[1] 而价值就是这样一种"抗阻"，人在直觉感受中与其相遇，而意识则可能对此产生好奇，进而努力去弄清价值是什么、价值怎么样。因此，这种"遭遇"是首要的、先在的，好奇、认识、分析等则紧跟其后。

那么，价值作为一种特殊的"抗阻"，其特殊性表现在哪里？首先，价值必须依附于某种"价值物"而存在，否则，价值就不能表现出来。当然，这里所说的"价值物"并不一定特指某种"物体"，而是指称那些现实的存在。比如，人们一旦进入一个陌生的环境，一定会先了解那里有什么规矩、有什么法律制度，并告诫自己千万不要违法。这些规矩和法律条文就是"价值物"，法律价值则依附于其上。这里的法律价值主要指社会秩序稳定，人的权利得到保护，义务能够被强制实施等。其次，价值能够被人的"直观"或"直觉"感受到。例如，价值最通常的特征是"有用性"，即其能够满足人们的某些需要，这就是价值物在被人们感受到时，依附于其上的"有用性"价值就表现出来了。当然，价值物是被人的身体感官感受到的，而价值则不是通过身体的感官被人感受到的，它的"通道"是意识的"直观"或者说"直觉"。最后，价值世界非常丰富，不仅有"有用"的价值，还有真、善、美的价值，有生命健康的价值，更有精神方面崇高、神圣的价值，更不用说平等、公平、正义等价值了，价值不可能被穷尽地列举完，甚至可以说，有多少修饰性的词，比如形容词、副词等，就至少有多少价值。对于如此纷繁复杂的价值世界，绝不能仅仅以"有用"与否来对其进行价值判定。显然，如此众多的价值不可能具有相同的"价值"，即，在测量的意义上它们不可能是同一个重量级的，应该有高有低、有深有浅、有大有小、有长有短等，能不能从某一个维度对价值进行一种排列？下文将对此进行分析。

---

[1] ［德］马克斯·舍勒：《伦理学中的形式主义与质料的价值伦理学》，倪梁康译，商务印书馆2011年版，第212页。本文关于价值及价值秩序的观念全部来自对舍勒这本书的研究，本文在语言表述与观念描述方面与舍勒的思想在细节处并不完全一致，这只是由于融入了笔者自己的感受与思考，同时也是一种权宜之计：为了将艰深的价值理论叙述得简单一些而已。

二、"客观"的价值秩序

如果同时从不同维度对众多价值进行比较和评估，试图得出一种价值秩序，那难度一定很大，但仅从一个维度得出一种价值秩序还是可能的。问题是，仅从这个维度得出的价值秩序能够适用于别的维度吗？也许这个问题本身并没有答案，但循着这条思路去考察却可以获得不少有价值的信息资料，并使我们的思维得到很有效的训练。本文仅能够限于从"直观"的维度进行考察，以便于得到在未经理性思维加工、尚未运用语言进行表达的原初的价值秩序。当然，直观虽然走在理性思维和语言表达之前，但我们要把直观感受到的内涵重新用语言表达出来，这就需要现象学的"加括号"或者说"搁置"的方法，以便尽可能"还原"原初的直观内涵，从而呈现出价值间应有的秩序来。

我们先来做一个思维实验，反思人生活在世界中，必然会感受到哪些"抗阻"。

1. 食物是最根本的对象，人这种有机体要活下去，必须先满足饮食之需要，那么，所有食物本身当然有价值，但人并不仅仅以享受这些食物的价值为满足。即人们常说的"人吃饭是为了活着，而活着不是为了吃饭"，饭本身具有自身的价值，而依附于这种价值之上的就是生命价值。因此，包括食物在内的任何财产本身一定具有自己的使用价值和交换价值，但位于这些价值之上的却是生命价值。排除任何前提性条件，假如这些财产与当下言说者无关，那么，他们可能都会认可"生命价值"高于财产本身的价值；对于财产所有者而言，他可能就不完全这么认为，他当然认为他的生命价值要高于这些财产的价值，但别人的生命价值就不一定如此了。但从本质上来看，他认为自己的生命价值更高于财产价值，这是直观；而不认为别人的生命价值更高于财产价值，这实际上是一种"价值的颠覆"，即把更低的价值置于更高的价值之上，属于自欺欺人，即"价值的欺罔"。从而反证了生命价值高于财产价值这一事实。

2. 必然有比生命价值更高的价值，如，人们为什么有时候宁愿舍弃生命而维护某种价值？这一现象表明，被维护的价值更高于生命价值。除了"价值欺罔"之外，我们还需思考高于生命价值的那一位阶的价值。君子不食"嗟来之食"，志士不饮"盗泉之水"，西方传统中有"决斗"的习惯，这是为什么呢？显然，比生命更珍贵的是人人能够感受到的"尊严"，这是一种人格价值，这种唯一性的个体价值相互不可替代。生命价值是由人的身体所感受到的，而这种人格价值却是由人的心灵所感受到的。如果从反面来讲，当人格价值遭遇毁灭时，人们宁愿舍弃自己的生命；当然大量的事实也表明，人们在一些特定环境中会忍辱苟活，如果说苟活是为了维护或争取比人格价值更高的价值，那么，这样的行为本身也就又具有更高的价值了；如果苟活仅仅是为了生命本身，那么，这可能就更清楚地反映了"价值的颠覆"，因而会被人们唾弃，比如叛变、不忠、投降等行为，这些行为所毁灭的则是比人格价值更高的价值了。

3. 如果说人格价值是属于个体的价值，那么，属于共同体的价值则又高于这些人格价值了。为什么共同体价值高于人格价值呢？可以说，这是我们能够直观感受到的本质现象，难以通过分析、推理或论证等方法来证明，这些证明的工作当然是值得去做的，而实际上这种原初的本质直观却是后继的分析、推理、论证等工作的基础。我们可以通过一些现象而直观感受到某种本质，这是一条形而上学的原理，是我们的意识从事进一步思考的基础。人们在一些特定环境中会舍弃自己的生命价值、人格价值而去维护共同体的价值，比如，警察打入贩毒集团内部，屈尊忍受与毒贩沆瀣一气的耻辱，冒着生命危险搜集证据的英勇行为，就是为了维护人类共同体价值的安全而宁愿牺牲自己的生命价值与人格价值。而毒贩却为了金钱不惜放弃自己的生命和人格价值，吸毒者为了满足一时的快感而宁愿放弃包括生命、人格在内的价值，诸如此类，这些都是价值的颠覆。

上述文字简略地对价值及其秩序进行了概要式的描述，也许基本能够提供一种进行理性思维的框架。这个直观到的框架是原初的被给予的基本事实，我们可以进一步丰富这个框架，尽可能比较详尽地完善这个价值体系，那样一定可以建立一套扎实的价值理论体系，从而可以更深入地体会、理解并践行我们的社会主义核心价值观。不过，这个工作是一个长期而艰辛的积累过程，在此不再赘述。本文的目的是在这个框架基础上为法律推理探寻其价值基础和道德根据。考夫曼引用拉德而鲁赫的文字，其中提出三个价值主体："个人主义的社会、超个人主义的生活整体、超人格的共同体"，[1] 其相关讨论与本文既有联系，又有区别，这说明对价值及其秩序的直观、描述有其理论意义，但仍有必要在开放的视域中不断完善这种框架。

三、"反思"的理性思维

法律人在第一时间面对案件时，往往是先产生一些直觉，他意识到相关的价值，对事实与应当怎么做有了初步的判断和假设，然后就寻找各种证据来对它们进行证实或证伪。一般情况下，事实清楚，法律依据确凿，那就没有什么可犹豫的了，按照法律条文进行处理，这是没有任何悬念的。问题是，有些案件比较复杂：往往是事实很清楚，但可能适用的法律依据之间产生冲突；或者法律虽有规定，但在具体情况下依法处理却与情理相悖；或者虽没有明确的法律规定，但行

---

〔1〕〔德〕阿图尔·考夫曼：《法律哲学》，刘幸义等译，法律出版社 2011 年版，第 189 页。

为本身的确违背人性或社会良俗；等等。在不能一目了然而进行判定，必须进行权衡、斟酌时，一定是对相关的价值及其秩序的认识不明确，对相应的价值无法做出识别和比较。这时，就需要在理性基础上对价值进行反思。

也就是说，法律人此时通过直观感受到了价值，但价值及其秩序并没有被清楚地呈现出来，因此必须对这些模糊的价值直观进行反思，清理掉无关紧要的表象，把握住案件事实的本质。现象学上称这种方法为"搁置"或"加括号"，也就是要拭去那些遮蔽事实的面纱，而还原、呈现价值本身。比如，有些案件事实很清楚，但它损毁的是什么价值，还有待于进一步考察。比如"四川南江县'婚内强奸'案"，法院判决的结果是：四川省南江县人民法院以被告人吴某与被害人王某"夫妻关系还处于存续状态"为由，认定被告人的行为不构成强奸罪；[1] 而"上海青浦区'婚内强奸'案"，法院判决的结果是：以"被告人王某与被害人已不具备正常的夫妻关系"为由，"认定其行为构成强奸罪"。在这两个案件中，事实很清楚，判定行为是否触犯了《刑法》时，法官却以"夫妻关系"是否正常为依据来断定"强奸"行为是否构成"强奸罪"，从而忽略了妇女的身体自主及其人格价值。这样的判决理由，就是用"夫妻关系"这张面纱遮蔽了身体及人格价值。如果说这样的案件尚属简单明显，尚且出现论证和推理不充分的裁决，那么，遇到那些复杂的疑难案件时，则更容易导致草率和不充分的裁决了。

发生在美国的"海因斯诉纽约中央铁路公司案"中，事实很清楚，小男孩爬上河堤的一个跳板准备跳水时，被铁路公司所有的电线杆上掉下的高压电线电死，该案的问题是，铁路方是否应该承担损害赔偿责任？下级法院认为不应该，理由是小男孩"非法入侵"铁路方的土地；而上诉法院则判决被告即铁路方应承担赔偿责任，理由是比起"土地所有权"来说，个人生命健康更应该得到优先保护。这个案件说明，价值及其秩序就在那里，人们通过自己的直观应该能够感受到，但这种感受也许是模糊的，应当通过理性的反思，还原价值秩序，使具有更高位阶的价值得到保护。然而，正如王洪教授所说的："在大多数情况下，法律并没有规定这些利益或价值的选择次序或排列等级。一旦面临法律冲突，就可能面对不同利益或价值之间的一场激烈角逐，就需要法官在具体案件中且在正义的天秤上对冲突的利益或价值进行比较与权衡并最终作出选择。"[2] 法律虽然没有规定价值秩序，但价值及其秩序却是一种现实存在，此时法官们要做的工作就是要通过理性思维去发现它们，并以此为根据进行法律推理。博登海默说：

〔1〕 王洪：《法律逻辑学》，中国政法大学出版社 2013 年版，第 131 页。
〔2〕 王洪：《法律逻辑学》，中国政法大学出版社 2013 年版，第 150 页。

"一个时代的某种特定历史偶然性或社会偶然性，可能会在社会利益中规定或强制制定某些特殊的顺序安排，即使试图为法律制度确立一种长期有效的或固定的价值等级并无什么价值。"[1] 显然，这种观点一方面试图从社会历史中寻找法律推理的依据，一方面却又否认这些依据的稳定性、持续性，而采取一种权宜之计，信手拈来，随手可弃，只求当下有用即可。事实上，人类社会历史的发展表明，一直有一种比较稳定而长久的价值秩序在存在着，人们一直在为揭示它们而进行着努力奋斗。比如，法律的正义价值高于生命价值，这难道不是苏格拉底之死所揭示的永恒真理吗？

四、"权衡"的法律论证

法律人如果对原初被给予的价值进行冷静地、理性的反思，也就相当于对案件的认识经过了假设、分析、推理阶段，此时，他自己基本已经有了答案，而且自己相信这个答案是正确的，剩下的工作就是进一步用语言论证，在最后这个阶段，不仅要更充分地说服自己，更重要的任务是说服听众。在事实论证方面，要使听众相信自己对事实的推理是有效的，而且使案件事实本身得到"还原"，正如发生在美国的辛普森案中，辩护律师所做的"精彩"的事实推理那样，[2] 这当然是法律论证的一个方面；不过，本文要讨论的是，面对清楚的法律事实，如果法律规定也很明确，但其中充斥着左右为难的价值冲突时，法官如何进行判决，如何进行论证才能以理服人？这里的价值权衡论证就不得不诉诸价值秩序，以此作为道德根据来说服人心了。卢曼认为："以道德为依据有（令人难以承受的）弊端，这就是不得不否认在判决强制压力下被否定的法律观点具有道德依据。"[3] 本文赞成卢曼在此之前对"疑难案件"的分析，但他似乎没有意识到"被否定的法律观点具有道德依据"与追求更高阶价值的判决并不矛盾，也就是说，实现较低阶的价值固然也是道德的，但实现更高阶的价值也是道德的，道德价值之间也是可以比较的，两善相权取其重的价值选择本身就是其道德依据。

价值秩序就是人心能够感受到的道德规律，顺应这种规律就可能说服人心，否则，任何判决都有可能留下难以挽回的遗憾。比如，发生在美国的"罗伊诉韦德案"中，胎儿的生命权与孕妇的健康和自由权发生了价值冲突，[4] 无论选择保护前者还是后者都难以说服人心，但如果像美国最高法院所作的裁决那样，将

〔1〕 ［美］E. 博登海默：《法理学——法哲学及其方法》，邓正来、姬敬武译，华夏出版社 1987 年版，第 385 页。转引自王洪：《法律逻辑学》，中国政法大学出版社 2013 年版，第 150 页。

〔2〕 王洪：《法律逻辑学》，中国政法大学出版社 2013 年版，第 253~254 页。

〔3〕 ［德］卢曼：《社会的法律》，郑伊倩译，人民出版社 2009 年版，第 165 页。

〔4〕 王洪：《法律逻辑学》，中国政法大学出版社 2013 年版，第 154~156 页。

孕期分为三段（前 3 个月、3 个月~6 个月、7 个月之后），分别保护孕妇的选择权、健康权以及胎儿的生命权，则比较合情合理地化解了价值冲突，从而提供了解决类似疑难案件的法律智慧。可以说，这种将一个完整的过程分解为几个不同的阶段，运用相应的法律规定加以保护不同的权利，确实是一种智慧。不过，对这个案件的分析依然存在不同的观点，美国联邦政府司法部首席律师、哈佛法学院教授弗里德就代表布什政府提出了推翻罗伊判例的法律意见，主张"国家应当根据多数意见，而不是根据最高法院的判决去制定规制堕胎的法令，为此必须全面推翻罗伊案确立的规则"。[1] 本文基本赞成不论是立法还是判决，都"应当根据多数意见"，不仅如此，更要考察多数意见背后的价值选择。虽然有谚语说"真理掌握在少数人手中"，但大多时候，大多数人的价值选择还是正确的。人数的多少不是一个绝对标准，人数背后的价值选择才是最终应当被反思、分析、论证的内容。在罗伊案中，美国最高法院的大法官们很有智慧，是因为他们把握住了个人自由选择的这种人格价值要高于胎儿的生命价值，这并不是说某人的人格价值比他人的生命价值更高，而是抽象地说，"人"的人格价值高于生命价值，具体到一个个体的人，他的人格价值也要高于他的生命价值，而胎儿的生命与孕妇的生命是连在一起的，虽不能混同，但毕竟是完整的一体，因此可以说，孕妇的人格价值依然更高。但是，如果考虑到胎儿的生命不只属于他自己和母亲，而且还是国家的宝贵财富时，问题就更加复杂了。因为，共同体的价值是更高一阶的，所以，禁止堕胎就是基于这种价值选择而做出的法律规定。

由上述讨论可知，当生命价值、人格价值、共同体的价值发生冲突时，多数人一般会依次选择更高位阶的价值，这是一般原则，具体到某个案件中，这种选择有时却变得更加纠结和为难。其中的原因在于，不同的行为指向不同的价值选择，而这些价值并没有构成一个有维度的、扁平的、可量化的世界，而是需要人们不断地去研究，进行更为细致的本质化的还原，进一步探讨深层次的价值规律。考夫曼说："原则上不能抽象叙述一般法律原则在论证上有何种效力方式，而只能依个别事例来解说。"[2] 例如上文所提及的一个问题：某人的人格价值与他人的生命价值相比，哪个更高？我们的回答应该是：他人的生命价值当然要高于某人的人格价值。那么，在这种情况下，怎么生命价值却高于人格价值呢？因为，这是从另一个维度进行考察的：从不同的价值载体来看，他人的价值一般要高于自我的价值，这不是自贬、自谦等，而是说，从自我的维度来看，他人的生命不是单独地呈现在我面前，而是连同他的人格、他所属的共同体一起作为一个

〔1〕 王洪：《法律逻辑学》，中国政法大学出版社 2013 年版，第 156~157 页。
〔2〕 ［德］阿图尔·考夫曼：《法律哲学》，刘幸义等译，法律出版社 2011 年版，第 203 页。

整体而呈现的，这么多的价值加在一起，当然要比自我的个体人格价值要更高了。列维那斯说："承认他人，因此就是穿过被占有之物（组成）的世界而到达他人那里，但同时，又通过礼物而建立起共同体与普遍性。"[1] 这就是说，他人与世界联系在一起，一般性地承认他人的价值高于自我的价值，正是基于这个理由。

一个个体、共同体与一个更大的共同体的价值相比，一般会认为共同体越大，价值越高，这是一般性的原则，在具体的案件中，则需要更为细致的分析。比如在"纽约时报公司诉美国案"中，[2] 言论自由与国家安全的价值相比，到底哪个更高？凭借直觉，可能会得出后者价值更高的结论，但将此案置于当时美国对越南战争的具体环境中，言论自由所代表的厌战舆论则似乎代表了比美国政府更大的共同体的价值取向。因此，美国最高法院最终以政府"举证不足"为由而判《纽约时报》胜诉，这不得不引起我们对价值权衡论证复杂性的深入思考。虽然"举证不足"常是法官在裁决疑难案件时避实就虚的一种技巧和智慧，但这种智慧也许是法官在洞察到更高价值又不能以语言轻易地将其表达出来时所采用的技巧。而法律逻辑作为一门学科则必须研究这些智慧背后所隐藏的本质和规律。我们之所以认为这种裁决很有智慧，是因为它所体现的价值选择符合我们心中的价值排列顺序，至于价值究竟是如何排列的，虽然很不容易搞清楚，更不容易道出来，但这正是理论工作者应该关注的领域。

五、结论

法律裁决必须实现法律正义，而法律正义实际上是对各种价值的权衡，最终使价值的颠覆现象尽量得到纠正，从而恢复各价值在比较中体现出来的平衡，这种平衡也就是指正常的、善的价值秩序得到维护，避免较低价值僭越较高价值的混乱现象。价值秩序并非临时的规定或偶然的发现，而是深深地扎根于人们心中的良知公序，法律人在遇到疑难案件的价值冲突时，只有依据这种价值秩序才有可能得出合情合理的裁决，进而才能说服人心，实现法律的目的。然而，对价值及其秩序的理论研究并没有穷尽所有可能性，因为这是一个开放且不断发展的观念体系，它与人的实践如影随形，随着人类社会的发展，价值体系也在发展，必须将这个体系深入地揭示出来，才有可能解释并完善现在的法律实践。富勒说："如果有人要求我指出可以被称为实质性自然法的那种东西——大写的自然法——的无可争议的核心原则，我会说它存在于这样一项命令当中：开放、维持

---

〔1〕 ［法］伊曼纽尔·列维纳斯：《总体与无限：论外在性》，朱刚译，北京大学出版社2016年版，第52页。

〔2〕 王洪：《法律逻辑学》，中国政法大学出版社2013年版，第157~162页。

并保护交流渠道的完整性，借此人们可以彼此表达人们的所见、所感、所想。"[1] 本文认为，价值秩序正是这样一种自然法的核心原则，它不能仅仅是一些理论工作者思辨和研究的领域，也应该是所有法律人通过交流不断丰富和完善的话语体系。

---

〔1〕 ［美］富勒：《法律的道德性》，郑戈译，商务印书馆 2009 年版，第 215 页。

法律与医学的法理和伦理交互

李　政*

一、引入：为什么要思考法律与医学的交互关系

法律与医学好似一对孪生兄弟，经常互相比拟，二者都是人类最古老的实用学科，与我们的日常生活联系密切。法律注重规范社会，医学旨在治疗人体。在世界上最古老的大学——意大利博洛尼亚大学（意大利语：Università di Bologna），法律与医学齐头并进，是最早设立的三大学科中的两个（另一为神学）。作为两大学科的从业者，医生自诩为掌控人体运行规则而判人生死康疾的裁决者，法律人也经常自比为医治社会疾病的医生；医学家们埋头梳理希波克拉底的著述，法学家们则精心研究查士丁尼的法典；医生和法律家的训练和管理也有相近之处，实习课是法学院也是医学院的重要课程，病例分析与案例分析一样是锻炼分析与解决问题能力的有效途径，从业执照是医生也是律师执业之前必须获取的；在许多国家，医生与律师是两种高收入、高社会地位的职业，培养这二者的医学教授和法学教授的薪水也大多比他们其他专业的同事要高[1]。

那么同作为专业性学科（discipline）或者专业性职业（profession），法律和医学，两者之间到底有何关系？在医学发展的过程中，医学与法律时常发生碰撞并产生出一系列问题。在现实中，这类碰撞可能更多地发生在法律实践领域，比如刑事法中的诸多与医生、医疗相关的罪名，民事法中十分多见的医患纠纷案件等。然而，医学对法律的冲击是否可能发生在法律理念或者伦理理念层面呢？比如说能否从医患纠纷案件中提升出法学观念的某些变化或革新，能否从非法行医

---

* 李政，中国政法大学国际法学院博士，中国外文局中国互联网新闻中心文化科技金融融合（华南）示范基地主任。

[1]　慕槐："法学和医学"，载《法学研究》1996 年第 4 期。

罪中找寻出一些法哲学的思考脉络，诸如此类。沿着医学的发展之路探寻，可以发现，医学的每一次进步其实都促进了法律观念的革新。因为医学直接干涉人的身体，这种物理性体验很容易带来精神性体验的变化，而精神性体验的变化往往生发出对社会性（即群体精神性）体验的改变。以堕胎技术为例，在该技术不甚发达的时代，因为其失败率和致死率比较高，所以选择做这一手术的人很少，因此不会带来什么社会问题，而到了 19 世纪，因为医疗卫生水平及堕胎技术本身的提升，这项技术的成功率迅速增加，而因堕胎致死的人数急速减少，因此越来越多的人能够从物理性层面接受堕胎手术。而当物理层面的这种体验传递到精神层面之后，一方面，部分女性开始公开反对"禁止堕胎法案"，认为堕胎是女性的权利，是始于自然法的自由权利的延伸；另一方面，基于这种权利意识的萌发，初期的性解放思潮产生，并借由堕胎技术而得到物理性的支持。上述两方面的社会变化，使得法律观念也随之改变，虽然至今为止，仍有少数国家因为宗教或传统的影响禁止堕胎，绝大多数国家都不再禁止堕胎，并从理念层面上承认了女性的法律权利是有别于男性的，基于特殊的生理原因，必须在法律上给予女性特别的权利保护。从堕胎技术的例子可以看出，医学技术的进步是可能引发法律观念的革新的。

基于医学进步的历史，尤其是新近的医学技术大变革，本文试图思考物理性技术变革背后隐藏着的精神性观念变化，尤其是这种观念变化体现出来的法理与伦理的交互引申。

二、切入：医学技术的进步与法律的应变

人类是高等智慧生物，其高等智慧的表现之一，便是有自我觉悟，即人类能够认知、感受、改变、控制甚至终止自我的存在。在这种自我觉悟的基础上，人类自诞生伊始便开始治疗自身出现的各种病痛，原始形态的医学自此产生。随着人类对世界认识的不断拓展，自身技术的不断进步，医学从最初的神巫之术发展成为系统化、科学化的理论体系。五千多年前，中国上古传说中的黄帝便撰写了著名的中医基础著作《黄帝内经》，虽然有学者考证此书为后人伪托，但至少可以说明，古代中国在很早的时候便形成了独立的系统的医学科学。在中医持续进步的同时，无论是古希腊、古罗马、阿拉伯世界，还是中世纪的欧洲，医学都是人类科学谱系中必不可少且极其重要的一环。在哈维发现血液循环系统之后，现代以外科手术为基础的医学科学诞生了，它在随后的数个世纪中极大地改变了人类的生活面貌，在人类对抗疾病的永恒战争中，人类将一步步走向更为有利的位置。进入 20 世纪，医学技术更是取得了突破性的发展，一系列疑难疾病被攻克，一系列先进的诊疗技术被发明，一系列新药被使用，而其中最为重大的两大事件

分别是：其一，基因技术的发明，沃森和克拉克发现基因的双螺旋结构之后，人类终于将目光转向构成生命的基础结构，这令世人欢呼雀跃，然而，当时人们没有想到的是，基因技术将对人类提出医学、伦理、法律等方面无可回避的巨大挑战；其二，艾滋病等全球性传染疾病的出现，艾滋病、SARS、禽流感、超级病毒，这些此前从未出现过的疾病以其超强的传播性与致死率成了人类不得不面对的全新挑战。

一方面是人类疾病与医疗需求的增加与更新，另一方面是医学科技的进步与发展，人类与医学的关系就是这样不断地彼此推动。然而，医学的发展毕竟不是纯粹自然属性的行为，它不可能脱离人类社会的诸多社会属性的规范。近年来，医学虽然取得了巨大的突破，但其导致的社会问题也是数见不鲜。以法律领域为例，从安乐死到代孕，从堕胎到医疗纠纷，从器官移植到精子银行，一项项医学进步背后都隐藏着巨大的法律风险。本文将透过鲜活、真实甚至残酷的案例，来切入医学与法律的交叉区域，思考医学技术的进步是如何改变法律的。

（一）器官移植：这是我的身体，但这又不是我的身体

案例：刘某森诉纽约大学医学院，纽约市皇后区地方法院。

刘某森于 2002 年在纽约大学医院接受肾脏移植手术，7 个月后因癌症去世。其植入的肾脏来自一名中风去世的妇女，她患有子宫癌而不自知。刘某森接受移植手术后，腹部剧痛不止，最后不得不把植入的肾脏摘除，此时才发现肾脏上满是癌瘤。刘某森的遗孀状告纽约大学实施移植手术的医疗小组，认为他们应该为丈夫患癌症死亡负责，索赔 300 万美元。皇后区一个陪审团裁定，纽约大学医院无需为此承担责任。医院方面辩称，医院获悉肾脏来自癌症病人为时已晚，此后尽了最大努力评估形势，并向病人提供意见。医院发表声明说，手术班子没有预料到，甚至没有想象到会出现这样的手术结果。刘某森去世时年仅 37 岁，因患有糖尿病而洗肾 4 年。手术医生在手术 6 周后才得知捐赠肾脏来自癌症病人。刘某森在 2002 年 2 月 25 日接受肾脏移植，当年 8 月摘除植入的肾脏，9 月去世。刘某森遗孀认为，医生应该立刻建议病人摘除植入的肾脏。其律师认为，医院让病人承受生命危险。医院方面则辩称，它把危险告知了病人，尊重病人的选择，同时积极监视肾脏的癌症征兆。但是，化验没有发现任何异常，尽管肾脏重新摘除后上面满是癌瘤。医院方面承认，刘某森的癌症来自移植手术，由此造成病人死亡。但是，医院方面聘请的专家声称，刘某森患有免疫系统癌症，这种癌症会影响接受移植的病人。而原告方面聘请的专家认为，刘某森的确死于子宫癌。

器官移植是医学科学的重大突破和重要领域，它曾经被称作医学奇迹，是人类借以摆脱某些疾病困扰的重要治疗手段。器官移植技术一直都在进步，全球众多知名医院皆能开展器官移植手术，如前述案例提及的纽约大学医院，便是全美

最繁忙的移植手术医院之一，在过去 21 年间做过 1300 多例肝脏和肾脏移植手术，其中只有约 1% 的器官移植病人因移植而发生死亡或被传染疾病，可见，该项技术还是十分发达和安全的。

案例中的刘某森因一起器官移植手术而莫名其妙感染上只有女性才会罹患的子宫癌疾病，这在过去的医学中本是不可能发生的，而因为器官移植技术的发达，反而带来了这一特殊的风险。器官移植带来的观念挑战可以概括为一句话：这是我的身体，但这又不是我的身体。这句话应当作如下解读：

如同古希腊神话中的怪兽凯米拉（Chimera）一样，杂交或者较低层次的生物移植都被人类认为是一种难以接受的事物。凯米拉作为羊身、狮头和蛇尾结合的怪物，在希腊语和英语中都有着"妄想、奇怪"的意思，并一直是"怪物"的代名词。在器官移植技术刚刚出现的年代，器官移植作为具有类似于凯米拉情形的技术，确实挑战了人们的思想观念，因为它试图改变由神天然确定的人的器官而以人力取代之。而现在，器官移植已经普遍为大众所接受，甚至连更加接近凯米拉情形的人兽杂交技术都已经处于不公开实验的阶段，该项技术更多的不再是在伦理而是在法律层面对人类提出挑战。

1. 在移植了他人的器官之后，我的身体就不再在自我所有这个简单范畴之内了。因为移植的器官来自器官源人，如果这个人去世了，则受移植人和器官源人之间的法律关系相对简单清楚，但如果这个人依然存活，则受移植人与器官源人之间的法律关系就会非常复杂。与此同时，因为器官移植需要通过第三方即医院来实施，因此，第三方在很多时候也会介入器官移植双方当事人之中，使基于一个身体器官的法律问题涉及三方法律关系。器官移植技术也改变了个人的身体在法律上的原有定位，身体不再是绝对由个体自由支配的对象了，一方面，它可以成为诉讼的对象；另一方面，自己的身体可能涉及他人的权利。在器官移植之后，我的身体便不再只是我的身体了，它是涉及三方利益关系的身体，牵扯到三方的权利义务关系。

2. 器官移植是否有法律上的合理性。支持者认为，这一技术符合治病救人的人道主义，体现了人类崇高的献身精神，因此符合法律的正义原则和自由原则，是合理的。因为法律上的正义所追求的就是给予每个人的行为以公平正义的评判，而法律又特别保护和嘉奖那些追求公平与正义的行为。器官移植既然具有拯救人的身体与生命的物理性的正义，那么就必然应该具有法律与伦理上的精神性的正义，同时，法律应当尊重自由行为，当行为不违背基本法律规则时，便应当是自由的，既然法律没有规定器官移植违法，则基于意思自治的器官移植（包括器官买卖）应当是合法的。但反对者则认为，器官移植有太多的功利主义色彩，特别是这一技术中有一些尚待开发和改进的领域，在这些领域中进行的实验或者临床操作有巨大的医学风险，继而也伴随着法律风险产生的可能性。因此，必须以法律严格规范之。而且，器官移植很多情况下不能适用普通商品基于意思自治达成交易的规则，因为器官是不可再生且具有人身性的物品，与人之健康、尊严及法律权利密切相关，轻易交易甚至作为一项规模化的生意，完全违背了传统的法律伦理，伤害了公序良俗的法律原则，再者器官移植的高昂费用，也有巨大的功力色彩而非人道精神，这项技术使社会差距被放大和凸显，如果法律认可这一行为，不符合法律作为社会共同观念所应承担的弥合社会差距、引导社会平等之目的。

3. 如果允许器官移植，则立法应当如何规范这一技术及由其产生的法律关系呢？这里简要梳理一下各国器官移植立法的主要法律规则。一般而言，在活体器官移植的情况下，移植必须得到捐赠人的明确同意，而且同意必须在真实自愿的基础上作出。在决定死者的某一器官或组织是否可以移植时，则应以死者生前所作出的明确的或可推定的意思表示来决定，当死者的意愿缺乏足够可靠的声明或其他因素而难以确定时，就按照其最近亲属的意愿决定。同时要特别注意对器官移植商业化运作的禁止，特别是要采取措施防止利用捐赠人或其亲属的经济困难而取得器官移植的供体。对于器官移植过程中及结束后发生的医疗事故该如何确定责任的问题，一般原则是，医院以其最高预期为限承担责任，即医院必须将其基于现有技术手段所能预见到的风险详尽列举并充分告知手术对象或其亲属，确保其在充分知情的前提下签订手术协议，如果发生了超出上述预期风险之外的情况，则应当属于医院的免责范围，除非受害人能够举出足够的证据证明医院有过失而不应免责[1]。

虽然，在器官移植问题上还存在着巨大争议，但是从目前世界各国的立法情况来看，除少数阿拉伯国家外，大多数国家都逐步认可了器官移植的合法性，但各国立法进度不一，例如中国至今没有出台全面规范器官移植的单行法。总之，无论如何，都应当将这一重要的医疗技术置于更加规范化的控制之下，使其成为救死扶伤之"道"，而非牟利取财之"术"。

（二）精子银行：这是我的父亲，但这又不是我的父亲

案例：布丽塔妮诉纽约爱丹特实验室精子银行，纽约州法院[2]。

1994年，布丽塔妮的母亲唐娜·多诺文试图利用冷冻精子受孕生一名孩子，经过一番调查之后，唐娜最终决定从纽约的爱丹特实验室精子银行购买精子。当

---

〔1〕〔美〕斯科特·伯里斯、申卫星：《中国卫生法前沿问题研究》，北京大学出版社2005年版，第195~205页。

〔2〕扬子晚报："美试管婴儿患有遗传病，状告纽约'精子银行'"，载环球网，https：//tech. huanqiu. com/article/9CaKrnJlObA，2020年3月2日访问。

时爱丹特实验室精子银行向唐娜保证称，他们的捐精者均通过了最严格的筛选，从而确保银行内的精子都拥有最好的基因。1995 年 4 月，"爱丹特实验室精子银行"将唐娜购买的"G738 号捐精者"的精子邮寄给了唐娜的医生，后者随即令唐娜成功怀上了一名试管婴儿。1996 年 1 月，唐娜顺利地生下了女儿布丽塔妮。然而唐娜不久发现女儿布丽塔妮出现了智力低下等异常症状。1997 年 12 月，布丽塔妮被确诊患上了一种名为脆性 X 综合征的遗传疾病，导致她出现严重精神损害。而更进一步的基因检测表明，唐娜本人并非脆性 X 基因的携带者，布丽塔妮的生物学父亲"G738 号捐精者"才是。尽管如此，爱丹特实验室精子银行仍一再向唐娜担保，其女儿布丽塔妮所出现的症状和脆性 X 综合征无关，而且也不可能是唐娜当年所购买的精子所引起的结果。直到 2008 年，唐娜看到《美国遗传医学期刊》上的一则相关报道之后，她才终于知道女儿的疾病肯定与爱丹特实验室精子银行出售的所谓"优质精子"的遗传缺陷有关。随后，唐娜决定以女儿布丽塔妮的名义，将爱丹特实验室精子银行告上法庭。然而棘手的是，无论是现有的法律体系还是以往的审理先例，几乎没有法律可以适用于这一案件。最终，根据购买关系，布丽塔妮以"经销商违反《产品责任法》"为由来控告精子银行，并要求获得巨额赔偿。根据《产品责任法》，布丽塔妮无需证明"经销商"（精子银行）存在疏忽大意的行为，而只需证明其提供的"产品"（精子）不安全而且造成了顾客损伤即可。布丽塔妮的律师丹尼尔·希斯特称："他们采取了多少保障措施都无关紧要，关键是他们的产品存在缺陷而且令客户受到了伤害。"然而，根据宾夕法尼亚州法律，出售"人体组织"的经销商将不受《产品责任法》制约，而这显然对受害人布丽塔妮非常不利。庆幸的是，纽约州的法律并没有规定这样的"免责条款"，最终，联邦法官决定在纽约州审理此案。

布丽塔妮诉纽约爱丹特实验室精子银行案是历史上第一例"精子银行案"，而爱丹特实验室精子银行则是美国历史最久、规模最大的一家精子银行。精子银行一般采取严格的保密制度与免责制度，经过严格筛选出来的精子提供者与精子使用者理论上是不可能有任何法律关系纠葛的。然而因为精子本身具有生物性，其质量高低尤其是遗传学层面的特性很难通过现有技术检测出来，故而在现实中，仍然不可避免地存在着精子提供者、精子使用者以及精子银行三方之间的纠纷。比如，一旦发生如布丽塔妮案的情形，精子银行与精子使用者被卷入诉讼漩涡，而精子提供者也将有可能失去隐私保护，动摇隐私协议的基础，因为其将有可能作为证人出席法庭质证，被迫卷入诉讼之中。

对于精子银行技术（或称人工授精技术），其更加严重的法律诉讼情形以及它对于法律理念的更加激烈的冲击在于，它可能引发人工授精生育的子女对精子提供者主张亲属权。如果捐精出生后的孩子在获知自己的身世之后，主张对于生父的一系列权利怎么办？"这是我的父亲，但这又不是我的父亲"，这句话最为恰当地描述了这种困境。当生物学意义上的父亲并非法律意义上的父亲的时候，法律将如何处理这一特殊情况呢？如果简单参照领养子女的情形处理，显然是不合适的，因为养父母、亲生父母与子女之间的三方关系并没有隐私协议的遮蔽，而隐私协议是精子银行存在的法律基石之一，显然，揭开隐私协议，使三方按照领养关系安排法律上的权利义务是难以实现的。而如果严格遵守隐私协议，免除了捐精者作为生父的义务，然而，对于孩子而言，剥夺其最起码的知情权即知道自己的父亲是谁的权利，实在是太残忍了，其困境也远超出法律层面，而深入到伦理层面，引发严重的伦理问题。由上观之，精子银行技术使得法律必须从理念至实践层面都做出改变，通过构建新的权利模式来解决这类特殊的亲属权的问题，并在实务操作中使意思自治、隐私保护、权利救济与伦理底线四者尽量达到平衡。

另外，除精子银行技术带来的冲击之外，精子银行诉讼本身也会引发巨大的法律理念及实践挑战，比如，它可能引发集团诉讼。许多精子银行担心，布丽塔妮对爱丹特精子银行提起的诉讼可能引发此类诉讼的泛滥，而一旦将来其他精子购买者都找各种借口起诉精子银行，或者直接采取集团诉讼方式的话，后果将是灾难性的。作为一项处于研究中和进步中的技术，过于承重的诉讼负担将彻底地将这一技术带向死亡。集团诉讼（class action）是20世纪法律史上的重要发明，它的出现极大地改变了法律诉讼的理念与实践操作。它是指一个或数个代表人，为了集团成员全体的共同的利益，代表全体集团成员提起的诉讼。法院对集团所作的判决，不仅对直接参加诉讼的集团具有约束力，而且对那些没有参加诉讼的主体，甚至对那些没有预料到损害发生的相关主体，也具有适用效力。集团诉讼的出现，改变了法学理念上的许多传统观点，比如，基于交易或合同的权利及其主体具有相对性，故而为救济这类权利而提起的诉讼必须是合同相对人之间的诉讼，而集团诉讼将一系列人作为交易的相对人，即将此时权利的主体人格集体化，并通过集体化的权利主体，施加更大的诉讼压力，以使得权利能得到更好地实现与保障。精子银行技术的特殊性之一，便是一个精子提供者的精子可以被多次使用，且人工授精技术具有高度标准性，因此，这一技术产生的合同纠纷极其适宜于集团诉讼。然而，集团诉讼本身并非最佳诉讼模式，而是一种"次好的"的诉讼模式，是在一系列同质性权利主体受到相同或类似权利侵害时，因为单一诉讼成本太大或者胜诉可能性不高而采取的，它本身有着不可回避的缺陷，比如，因为诉讼主体太多，这类诉讼时间往往很长，取证过程十分复杂，律师费用极高，对被诉方而言诉讼成本太大，双方律师达成和解的激励很强等。精子银行技术将对集团诉讼的理念及其实践产生很大的挑战与冲击。

然而无论精子银行技术将对法律产生怎样的影响，因为人类生殖力受到环境破坏、竞争压力增大等因素的影响不断降低，这一技术的继续使用和发展是必须且必要的。法律需要做的，是尽量控制这一技术不利的溢出效应，使其真正解决人类的生殖难题，成为良善象征的"送子观音"。

（三）整形技术：这是我，但这又不是我

案例：W 诉香港特区政府，香港高等法院[1]。

香港一名"变性女子"W 接受手术由男变女后，申请与一名男子结婚，但因出生证填写的性别仍是男性，未能成功进行婚姻注册。W 为此申请司法复核，香港高等法院裁定其败诉，但香港终审法院最终于 2013 年认定其胜诉，此案由此成为香港婚姻多样性司法争议的源头之一。

香港高等法院法官在败诉裁定书中指出，虽然社会已较为接纳及同情变性人，但仍未有足够理据改变法律；而婚姻问题是关乎社会及法律的议题，政府应就性别认同、性取向及同性婚姻等敏感议题向公众征求意见。W 小姐对判决感到失望，表示会上诉。她的代表律师在庭外说："It's not the end of the war.（战争尚未结束。）"政府发言人表示欢迎裁决，认为有关的事宜涉及广泛的社会政策及基本价值，政府有需要并会继续聆听社会人士的意见。W 小姐于是申请司法复核。案件经审讯后，法官颁下 105 页判辞。法官虽然判 W 败诉，但特别撰写《后记》指出，我们处于瞬息万变的世界，保障基本权利的法例也应随时代演变，强调本案只按今日香港情况而判决，对日后同类案件未必有决定性。此外，法官希望政府不把这次结果当成胜利，而希望本案会变成催化剂，政府会就性别认同、性取向、变性人面对的困难以及同性婚姻等议题征询公众意见，从中得悉社会大众对这些敏感议题的看法。

而在终审判决中，终审法院五位大法官中有四位判 W 胜诉，他们在判词中指出："《基本法》第 37 条和《人权法》第 19 条都保护结婚权利，虽然婚姻制度要有规限，但他们认为这不能够损害权利本质。"该判词还指出："如今的香港融合了多种文化，婚姻概念里'传宗接代'的重要性已经大大减低，如果在处理变性人婚姻权利上，将焦点集中在出生时的性别，则会违反结婚权利的大原则。婚姻条例禁止 W 与男性结婚，实际上已是完全禁止她结婚。"

从过去到现在，甚至延续到未来，人类改变自我的欲望或曰梦想从未中断过。古希腊神话中有安普莎（Empusae）这样的半驴半人，会变化成妓女、母牛或者美丽的少女，引诱人类。古罗马诗人维吉尔则写出了著名的《变形记》，专

---

[1] "香港终身法院裁定：变性人有权以新性别结婚"，载人民网，http：//hm. people. cn/n/2013/0513/c42272-21466235. html，2020 年 10 月 2 日访问。

门记述神话中那些善于变形的神怪。在中国古代神话中，也有易容术的身影，蒲松龄的小说《画皮》，则讲述了一个鬼怪换脸变人的惊悚故事。改变自己的容貌以变成另一个自己，甚至改变自己的身体和性别变成另一个人，是人类"异想天开"的不懈追求。进入 20 世纪，随着精细外科手术的产生与发展，借助先进的显微仪器与精确化的计算机定位等技术，"改头换面"的整形医学得以快速进步，逐渐成为一门重要的外科医学门类，从改变五官的整容，到改变乳房的整形，再到改变性别的变性，这一外科医学门类彻底地实现了人类改变自我的梦想。然而，梦想的到来往往伴随着沉重的付出，整形技术，正如罗马教廷批判它的理由，"任意操控本该由上帝实施的神力"，在实现技术狂欢的同时，确实没有妥善地考虑到其隐藏着的巨大社会风险，尤其是法律风险。

1. 从法律角度看，整形技术具有高度风险性和高度不可逆性，实施这一手术必须具备相当的心理准备，因此，这一手术的协议设计应当与其他类手术的协议设计有所区别，它必须规定有"接受手术者在生理和心理上达到实施该项手术的充足标准"等类似条款，并对医患双方的权利义务关系及免责情形作出更为细致和严格的规定，以防止这一高风险手术带来的高诉讼风险。尽管如此，现实中还是经常出现因整形失败甚至致残、致死等更严重情形下的诉讼，如著名整形专家陈焕然就曾深陷整形手术失败被索赔的诉讼之中，而超女王贝的"整形死"事件则更是将这一技术的法律风险带入公众视野。那么，应当如何控制这一技术可能引发的法律风险呢，本文认为，只有一条道路：严格立法。现在的整形手术市场，犹如战国时代，群雄割据，各自实行自己的一套标准，没有统一的法规规制这一市场，在逐利欲望驱使下，整形医院往往不顾及基本的医疗安全保障，也不与患者签订严格标准的手术协议，盲目开展手术，其结果必然是手术安全性降低，法律风险性加大。

2. 整形技术对法律更为严峻的挑战在于，它使得许多传统的法律安全保障模式面临失效风险。比如说，人脸是识别一个人的重要标志，在众多法律文件中，以人脸为主要鉴别内容的鉴别方式被普遍采用，然而，整形技术可能彻底地破坏这一鉴别系统的可靠性，因为人脸是可以改造的，就算是更具区分性更不易伪造的指纹识别模式，在更为先进的整形技术试图挑战指纹这一人体部位时，也有着可以预见的危险。如果说，这种较低层次的整形技术还只是从技术层面向法律发起挑战的话，那么，整形技术中的集大成者——变性技术对法律理念与实践的冲击则是全面而深远的。前述案例所揭示的，便是变性人因身份转换而发生的系列权利诉求。"这是我，但这又不是我"，这句话概括出了经过整形手术尤其是变性手术之后个体身份认同的迷失。法律上的很多权利安排是以性别为基础的，比如婚姻权、生育权等，一旦性别转换，由此必然带来法律上身份的模糊，导致身份权保护的真空状态，而因身份与该个体产生法律联系的其他人（例如配偶）的权利义务也同样进入一个模糊和尴尬的状态。法律如何从理念和实践上解决这一问题，将是一个长期性的话题。较之于法律理念，变性技术带来的伦理（包括法律伦理）冲击可能更大，一个男人一夜之间变成一个女人，这对于公众情感而言确实冲击太强烈，虽然支持者一直强调性心理倾向是生理性和先天性的，但是，性别所承载的社会伦理内涵太多了，很难让人们一时接受它的随意改变。甚至连"中国变性手术第一刀"陈焕然也表示，"不会再做变性手术，因为孽债太多"[1]，此话虽有迷信之意，但也无疑表明了这一技术本身深重的伦理负担。

在电影《剪刀手爱德华》里，用一双魔术般的剪刀手可以随便改造人的爱德华，却无法体验普通人生活的乐趣，他的双手在拥有魔力的同时也阻碍了他接触这个世界，接触他想要的生活，甚至连拥抱所爱的人也不行，因为手会伤害到爱人。整形手术的困境恰如影片里的爱德华，拥有改变人类构造的魔力，却又可能伤害到人类，也使得自己无法得到合理的社会认可与地位。为了解决整形手术的困境，使它真正造福人类，法律必须对其施以更加严格的规制，并从法律伦理的高度，通过立法向大众表明，法律所保护的技术是有边界的，法律的伦理底线是大众情感而非技术追求。

三、深入：法律与医学的交互与对话

上文是从医学技术进步的角度切入，分析了医学的实质性发展对法律理念与实践的冲击。本文试图深入下去，就医学与法律的交叉区域进行深入发掘。下述三点命题深入探究了法律与医学交互对照的理论意义及其之间开展对话的现实必要性。

（一）柏拉图与亚里士多德的比喻：由医学来理解法治与人治

在《理想国》中，柏拉图曾就法律的本质做过这样一个著名的比喻：医生的教科书与他的经验。有这样一个外科医生，他将在一段相当长的时间里离开他的病人，于是他把他的药方和指示写下来，让病人自己拿药服用。现在假定医生提前回来，或者由于神祇的作用，或者由于风的作用，或者由于其他意想不到的原因，病人的病情发生了变化，或者有更好的方法来治疗他病人的疾病，那么，这个医生仍然实施他原来的药方呢？还是根据发生变化了的情况给病人服用新药呢？[2]

---

〔1〕 陈焕然博士在公开场合和私人场合都表达过这一观点，即对变性手术渐生疑虑，但是，在其任职的中国医学科学院整形医院的实验室内，变性手术的各类解剖学研究依然在进行。

〔2〕 ［古希腊］柏拉图：《政治家》，黄克剑译，北京广播学院出版社1994年版，第95页。

柏拉图的这个比喻是有关法律与医学的最为经典的比喻之一，通过这个比喻，柏拉图要说明的，其实是"法治"与"人治"的关系问题。[1] 医生的"书本理论之诊疗"恰如"法治"，"实际经验之诊疗"恰如"人治"，社会之病，到底是以书本之法治治疗好呢？还是以经验之人治治疗好呢？直到今天，这个问题都是法学界与政治界的难点和热点议题，然而在柏拉图那里，答案是明确的：人治优于法治。社会之病的特点是不确定性和可变化性，按照事先拟定好的法律文本来施行统治和解决各类社会事务，当然是一种不理想的手段，更加合理的做法应当是，由理性的、有经验与智慧的人来治理国家。当然，柏拉图的人治之人绝非常人，而是所谓的"哲学王"，是拥有高度理性和高度道德教化的人，他认为"除非哲学家成为我们这些国家的国王，或者我们目前称之为国王和统治者的那些人物，能严肃认真地追求智慧，使政治权力与聪明才智合二为一；那些得此失彼，不能兼有的庸庸碌碌之徒，必须排除出去。否则的话……对国家甚至全人类都将祸害无穷，永无宁日。"[2] 这恰如一个真正的好医生应当结合自己的诊疗经验根据不同情况给病人施以治疗，而非照本宣科，按章下药，那样只能是个庸医。

其实，这个比喻背后还隐藏着从柏拉图法律观与到亚里士多德法律观的演进历史。柏拉图在早期著作《理想国》中，是坚定地赞同"哲学王式人治"的优越性的，当然，这个哲学王统治的理想国只能是早年柏拉图的一个理想主义乌托邦；在中年的著作《政治家篇》中，他依然坚定地讥讽法律的作用而抬高智慧的价值，故而在此书中提出了上述比喻；然而随着年岁渐长、阅历日深，现实必将告诉他一个残酷的真相："哲学王"是不存在的，至少在其所处的古希腊不存在；因此，步入晚年的柏拉图逐渐清醒和理智，他写出了另一部著作《法律篇》，在这里，他开始检讨理想主义的"哲学王"观念的可行性，并基于此，开始考虑法治的诸多方面。他认为，智慧的统治优于法律的统治，但是比较起无智慧的统治来说，制定法或者成文规则则是"次优的选择"。[3] 因此，理想的"哲学王"式智慧的统治外化为不那么理想的契约式法律的统治，柏拉图完成了对自己理想主义政治观的妥协或者升华。法治与人治的关系纠缠了柏拉图一生，而那个著名的比喻也一直伴随着他的思想，见证了他的思想发展脉络。亚里士多德则显然不愿意步老师的后尘，他是坚定的法治支持者，他明确提出："法治优于一人之治"。[4] 他也打了一个类似的比喻，"埃及的医师一般依成法处方，但

---

〔1〕 徐爱国："柏拉图关于法律的三个比喻"，载《法制资讯》，2008年第4期。

〔2〕 ［古希腊］柏拉图：《理想国》，郭斌和、张竹明译，商务印书馆1986年版，第214~215页。

〔3〕 ［古希腊］柏拉图：《政治家》，黄克剑译，北京广播学院出版社1994年版，第103页。

〔4〕 ［古希腊］亚里士多德：《政治学》，吴寿彭译，商务印书馆1965年版，第167~168页。

如果到第四日仍不见疗效，他就可以改变药剂"〔1〕。也就是说，人治的基础必须是有稳定性的法律存在，不得随意施之。他又指出，医师自身患病时常请别的医师为其诊断，目的是防止自己受到情绪的影响，对自己的疾病作出错误判断，所以求助于中立无偏私的名家。即法治是理性统治，人治难免具有情绪性甚至兽性，因此，必须坚持法治先于并优于人治，因为"法律恰恰正是免除一切情欲影响的神祇和理智的体现。"〔2〕

从上述关于医学的比喻中，我们得以梳理出了从柏拉图到亚里士多德的法治与人治观的演变，法律与医学的交互对照理解，具有极为深刻的理论价值。

（二）另一个比喻：法律与道德之关系恰如西医与中医之关系

法律与道德之关系是法哲学上一个重要而复杂的问题，两者到底该如何界定，该如何区分，有何关联性，不易把握。本文认为，不妨引入形象思维，将法律与医学彼此对照，用西医来比喻法律体系，用中医来比喻道德体系。

法律更注重证据，对西医来说，更重视诊断疾病的证据，没有证据的情况下，即使医生有丰富的临床经验，也不会过于激励探索。道德更倚重现实中的经验和约定俗成的一些观念，对中医来讲，就是更激励医生用大多数时候的经验来诊治疾病。法律是国家发展的必要条件，作用范围更为宽广，威力更为巨大。道德更注重日常生活中规则的精细调整，自由且变化更活跃，西医承担了范围较广的诊疗疾病的责任；中医却常常在很多西医无能为力的情况下大显身手。法律像西医，在没有基础和各种条件完备的情况下是很难自身进步的，也很难有自我调整和自我突破的能力；道德像中医，在很多宽泛且细微的地方，更积极地发挥着自己的作用。社会问题和矛盾主要靠法律解决，但碰到大问题、大矛盾，因为过于系统性和复杂化，法律反倒束手无策，此时道德则可以发挥巨大的作用，比如在战争中国家法制崩坏的状态下，靠道德来维系社会秩序的情形。

其实，上述比喻反过来也是成立的，即西医如法律，中医如道德。西医治疗肾炎和肝炎这样的问题，有时也无能为力，恰如法律之失效，这个时候，通过中医的系统疗法，也会有所突破，恰如道德之驯化。

在现代法治国家，越来越出现一种倾向，即倡导法治与德治的结合，当然这种结合不同于古希腊法治与智者之治的结合，也不同于中国汉唐以来的"德主刑辅"的传统治国观念，它是建立在更加民主化、现代化、文明化基础上的法律与道德的联合，追求一种"和谐"的社会治理状态，而这种法治与德治的结合，又恰似医学界颇为推崇的"中西医结合疗法"，中西医从各自不同的理论体系与

〔1〕［古希腊］亚里士多德：《政治学》，吴寿彭译，商务印书馆1965年版，第169页。
〔2〕［古希腊］亚里士多德：《政治学》，吴寿彭译，商务印书馆1965年版，第169页。

技术模式出发诊疗同一疾病，显然其效果要好于各自单独的诊断，而人体经由如此严密的诊疗，达到"和谐"的健康状态的可能性也大得多了。

（三）法律与医学需要从实践、理论和伦理三个层面开展实质性交互和对话

法学界与医学界自说自话的情况非常严重。除了已经入法的与医学有关的问题之外，两者貌似没有什么交集。法律人对医学问题的失语一直十分严重，例如医疗过失的认定问题，在司法实践中几乎都是由医生按照医学标准加以认定，法律人没能在其中发表任何有法律价值的意见。与此同时，医学界对于法律问题也不敢轻易发表意见。

医学对于法律的回避也许影响不至太大，但法律对医学的失语影响则十分巨大。本文以法律为基点，因此更多地思考法律对医学失语，而不愿开展对话的原因。"一直以来，法学研究与法律实践都困囿于自己的一片天地，既不愿意与其他学科发生联系，也不愿意突破纯理论偏好，走向实际生活，消除在法学研究与实务中的追求抽象的美和宏大的美的错误倾向。"[1] 其实，面对现实问题，抽象与宏大的理论通常显得无能为力。抽象的理论只是研究工具，它指导我们对具体问题进行研究，然而，它并不能代表法学研究与法律实践工作的全部。法学作为一门入世的学问，必须回应社会现实的呼吸与搏动，必须从观察、解决现实问题的过程中提升本学科的理论水平与实务水平。以医学为例，近年来医学技术的发展进步远远超过人们的想象，其带来的颇具现实意义的法律疑难问题层出不穷。如果回避这些现实问题，比如——主动出卖自己器官者有没有可供保护的权利，捐精出生的孩子可否要求生父履行某些自然属性的义务，整形技术是否是逃避法律规制的一种手段，变性人的法律地位怎么确定——法律回避这些问题的后果只能是越来越多的疑难情况的发生，使得法律在未来不得不面对更多的自然科学技术带来的挑战。因此，开展法律与医学之间的实质性对话，十分有必要。这种实质性对话，应当分为三个层次：第一层次，实践与技术层面的对话，即法律实务中应当引入医学的技术手段与操作规则，以解决相关的法律实践问题，比如引入医学标准以界定死亡、引入医学技术进行刑事责任年龄测定、基于人工授精的特殊情形改变传统亲属权规范、根据器官移植现状规定专门的格式合同等，同样的，医学也应当引入法律的相关技术与规则，以保障自身的发展。第二层次，理论层面的对话，即法律理论及法律伦理应当能够体现与接纳医学技术进步带来的新的思维，比如人工授精技术对亲属权观念的挑战、变性整形技术对身份权观念的挑战等，而医学在理论展开上，也应当遵从基本的法律准则，不可肆意突破现有法律基础原则而任意发展，导致不可收拾的"违法"的医学技术的出现，譬

---

[1] 这一论断是清华大学申卫星教授在其民法课堂上提出的，此处予以引用。

如备受诟病的克隆人技术。第三层次，哲学理念与伦理层面的对话，一切学问最终都是对人自身及其存在的追问与解答，都会在哲学层面完成对本学科的最高层次的概括与总结，都会从伦理角度对人提出价值与人性的关照，因此无论是医学还是法学，当深入到医学哲学与法哲学层面时，总是会有许多可对照的内容，[1] 比如上文所述的"经验诊疗法"与"理论诊疗法"对照于"人治"与"法治"的相似性，或者西医理念与中医理念对照于法律与道德的相似性。而从伦理的角度，两者的对话空间则更大，同为关照人性之学术，法律医治社会痼疾，以求人性之向善，医学规范人体运行，以求身体之健康，其伦理原则是一致的，都有着人性善的基本取向（虽然许多人认为法律应当基于人性恶，但若如此，法律便只能沦为低层次的惩戒工具了，何谈法治？而现代意义的法则更是以人性善为价值出发点的），都有着人道主义的基本立场，都试图尊重与保障人的"自由、尊严、正义"，都怀揣着对人类的理想主义的信仰，这种相似性从《日内瓦希波克拉底誓言》与《关于律师作用的基本原则》这两个国际性文件的道德观与价值观的高度一致性中可见一斑，这正是两者开展有意义的对话的可能性基础。

四、结语

在思考法律与医学的法理和伦理交互关系的过程中，我们不得不感慨人类的睿智，人类最早产生的三门学问医学、法学与神学（哲学），一个关照身体、一个关照社会、一个关照精神，这三门学问，都是具有终极性意义的学问。《马太福音》第七章第十三节说："你们要进窄门。因为引到灭亡，那门是宽的，路是大的，进去的人也多；引到永生，那门是窄的，路是小的，找着的人也少。"[2] 经过严格研究、设计与操作的法律与医学，正是众生前行路上要过的那两道窄门，虽然因为其严格而都显得窄小，但通过了它，人类便可走向"永生"。

---

〔1〕 这种可对照性，也许可以理解为清华大学江山教授提出的"同构"概念。即法学与医学在一定层面上是同构的，基于此，两者对话的通畅性可得到保证。参见江山：《人际同构的法哲学》，中国政法大学出版社 2002 年版，第 50 页、第 313~315 页。

〔2〕《圣经·新约》，中国基督教三自爱国运动委员会、中国基督教协会 2008 年版，第 8 页。

法治时代亟需法律伦理

印　波　邓莉泓 *

　　清末变法以来，我国不断师夷长技以制夷，推进外国法律移植，试图在创立法治社会的目标下构建完整先进的法律体系，但法律实施中的伦理困境从未消弭。从中华人民共和国成立之初至文革，法治建设历经发展，遭遇动荡停歇。自改革开放以来，我国立法者对外国法的学习借鉴一直在持续，立法技术化特征日趋明显。昼夜不息的立法活动让人们逐渐身陷严密法网之中，普通民众看似循规蹈矩的日常活动却可能导致诉讼，近年来曝光的一些热点案件甚至冲击普通民众朴素的正义观念。

　　中国传统社会长期的伦理型统治下，"仁义礼智信"诸类纲常伦理教育对于中国人的行为规范仍然发挥着不容小觑的力量。在更多道德中性的专业领域，普通民众的智慧需要与法律赛跑，利用规则而不是服从规则，规避规则而不是遵循规则。法律到底应该以什么样的面孔出现在生活之中呢？在中国当代法治社会的语境之中，如何妥善处理法治与德治的关系，如何看待法律的形式合理性引发的伦理冲突，如何树立起法律的普遍权威呢？

一、旧时代，伦理之于社会生活的法则垄断

（一）儒家伦理成为指导社会生活的最高原则

　　"伦理"是指人与人之间相处应当遵循的道德原则。"伦理"一词，最早见

　　* 印波，北京师范大学刑事法律科学研究院副教授。邓莉泓，北京师范大学刑事法律科学研究院硕士研究生。

　　基金项目：国家社科基金项目"刑事司法业务考评对程序性法律后果的冲击与反制研究"（14CFX068）、中国行为法学会项目"审判中心视野下辩护人庭审询问权若干问题研究"〔（2017）中行法研008号〕。

于《礼乐·乐记》。《礼乐·乐记》曰："乐者，通伦理者也。"东汉郑玄注为："伦犹类也。理，分也。"《说文解字》认为，"伦，从人，辈也，明道也；理，故从玉，治玉也"，《孟子·滕文公上》有言"圣人有忧之，使契为司徒，教以人伦，父子有亲，君臣有义，夫妇有别，长幼有序，朋友有信。""伦理"从最早的"分类之道"逐步演化为调整"君臣、父子、夫妇、长幼、朋友"的人际关系的原则与规范。孔孟的儒家伦理将道德的自我修养和以伦理原则指导政治生活提高到了空前绝后的地位。孔子曰，"道之以政，齐之以刑，民免而无耻；道之以德，齐之以礼，有耻且恪"；"为政以德，譬如北辰，居其所而众星共之"。传统社会中建立在人伦之上的"德治"强调修身、齐家、治国、平天下都必须将道德评价一以贯之，以善恶正邪，处理人际社会关系是否符合通行的道德原则来评价人的各项行为，以此实现传统社会中的伦理理想。

（二）传统德治社会伦理评价统率法律评价

中国古代是伦理社会，对应地，中国古代法律亦是伦理法；伦理评价统率法律评价，法律和伦理没有界限；以刑法推行伦理，使伦理刑法化，是中国古代社会法律的典型特征。[1] 在此基础上，伦理自人出生始，便深入四肢百骸，深刻影响着人的思想和行为。时至今日，不少人仍然将行为的伦理评价放在法律评价之前，为了义气不惜践踏法律的悲剧仍时有发生。伦理道德在中国社会的价值理念中具有穿透社会阶层和文化背景的强大力量，这一点是作为舶来品的西方法治理念所难以匹敌的。道德不仅塑造了中国传统社会的精神面貌，也依然持续影响并塑造着中国当代社会，因此法律与伦理的冲突在所难免。

二、新时代，"法治与德治相结合"的社会治理原则

（一）法治与德治的兼顾

法治和德治不可分离、不可偏废，法律伦理兼顾法律技术和伦理道德，是将法治与德治相结合的具体体现。在推进国家治理体系和治理能力现代化进程中，坚持依法治国和以德治国相结合，这不仅是国家治理的重要任务，也是国家治理能力的重要体现。习近平总书记在中共中央政治局第三十七次集体学习时强调："法律有效实施有赖于道德支持，道德践行也离不开法律约束。法治和德治不可分离、不可偏废，国家治理需要法律和道德协同发力。"

（二）法治与德治的互辅

中国特色社会主义核心价值观倡导富强、民主、文明、和谐，倡导自由、平等、公正、法治，倡导爱国、敬业、诚信、友善，为当代中国社会生活提供了最

---

〔1〕 参见李建华等：《法律伦理学》，湖南人民出版社 2006 年版，第 9 页。

普遍的伦理指导和最广泛的行动指南。这些具有伦理属性的凝练话语应当为我们所信仰，也当然为法律的实施提供了内在的支持。来自普通民众的内心信服和普遍服从为伦理入法提供了正当性的基础。偏离社会主义核心价值观的法律难以得到推行，缺乏法律保障的社会主义核心价值观同样会面临无法落地的困境。在大力推进建设社会主义法治的同时，我们必须承认普通民众的法治意识仍有欠缺，法治建设仍需党和政府自上而下地大力推进。虽然法治具备德治所不具备的优势，但是德治有更加深厚的文化传统，法治仍需依赖德治的指引和论证。不仅如此，这种德治应当是新型德治，而不是三纲五常。法律伦理中已经包含了对公民基本人权的保障、正当程序等新型道德元素，这些元素有利于对公权力加以限制和约束，有利于为社会主义市场经济保驾护航。

三、立法的普遍性权威需要法律伦理提供正当性的辩护

（一）法律法规应体现社会价值目标

以善恶正邪为标准的行为道德评价能树立也能瓦解法律的权威，立法的普遍性权威需要法律伦理提供正当性的辩护。[1] 立法活动中的法律伦理指导立法实践，为立法实践提供理性基础和正当性辩护。既要求立法实践具备合法性，立法应符合宪法和立法程序；也要求立法内容的合理性，使立法全面凸显社会正义、平等、公平、自由的价值，才能真正创制良法。[2] 正如中共中央办公厅、国务院办公厅印发的《关于进一步把社会主义核心价值观融入法治建设的指导意见》中所指出的，立法工作中需要加强伦理的检视。一方面，"使法律法规更好体现国家的价值目标、社会的价值取向、公民的价值准则。加快完善体现权利公平、机会公平、规则公平的法律制度，依法保障公民权利，维护公平正义"。另一方面，"注重把一些基本道德规范转化为法律规范，把实践中行之有效的政策制度及时上升为法律法规，推动文明行为、社会诚信、见义勇为、尊崇英雄、志愿服务、勤劳节俭、孝亲敬老等方面的立法工作"。

（二）刑事立法的正当性辩护亟待法律伦理的批判

尽管我国已基本建成中国特色社会主义法律体系，但是中国距离法治社会的科学立法仍然任重而道远。近年来刑法的犯罪圈不断扩大，犯罪化的倾向日益显著，许多刑事立法的正当性辩护亟待法律伦理的批判。何时启动国家机器，何时行使刑罚权？以下案例引发的法律伦理争议依然经久不息。

1. 内蒙古农民收购玉米获刑案涉伦理争议。王某是内蒙古自治区巴彦淖尔

---

〔1〕 参见刘爱龙：《立法的伦理分析》，法律出版社 2008 年版，第 22 页。

〔2〕 参见李建华等：《法律伦理学》，湖南人民出版社 2006 年版，第 95~100 页。

市临河区的一位普通农民，除了种地之外，每年农闲时，王某还会从其他农民家中收购玉米卖到粮库。自 2008 年起，王某收购玉米的生意一做就是 7 年。2016年，一审法院以被告人王某没有办理粮食经营许可证和工商营业执照而进行粮食收购活动，违反《粮食流通管理条例》相关规定为由，依据《中华人民共和国刑法》第 225 条第 4 项的规定，以非法经营罪判处王力军有期徒刑 1 年，缓刑 2年，并处罚金人民币 2 万元。内蒙古农民收购玉米获刑案判决一经发布，即在社会掀起轩然大波。

仅仅因为没有取得工商行政部门登记和粮食行政管理部门的审批资格，普通的农民王某便被打上了犯罪的标签。王某案背后引发的伦理恐慌，莫过于越织越密的法网可能让每一个普通人因为不知情而行差踏错，身陷囹圄之中。我国传统儒家伦理思想从未试图在国家公权力和个人自由之间划定一条清晰的界限，但是当国家刑法的制裁严重干扰到普通民众的生活，法律与伦理之间的冲突就容易被放大，容易挫伤普通人对法律的忠诚和信赖。

2. 天津赵某涉枪案中的法律伦理争议。赵某摆射击摊营利时被公安查获，当场收缴的 9 支枪形物，经鉴定 6 支为能正常发射、以压缩气体为动力的枪支。一审法院以非法持有枪支罪判处赵某有期徒刑 3 年 6 个月，赵某不服原判，提起上诉。2017 年 1 月 26 日，天津市第一中级人民法院二审综合考量各方因素，对其量刑依法改判，以非法持有枪支罪判处赵某有期徒刑 3 年，缓刑 3 年。

赵某案业已审理完毕，但刑事立法背后对普通百姓的伦理关照究竟应当如何实现，如何在刑事司法活动中拉起一根伦理保护的底线，并没有得到彻底解决。赵某案，同样激起民众对法律的质疑和愤懑——这样的法律到底是在维护民众的福祉，还是在扰乱安定的生活？

四、司法活动需勇于从法律伦理原则出发守住公正的底线

（一）个案的法律适用需满足公众的伦理期待

司法活动需要勇于从法律伦理中汲取力量，守住公正的底线。司法活动中的法律伦理实为纠正正义，[1] 以中立的审判机关居中裁判，调整当事人之间的权利、义务、责任，为社会保留最后一道正义的底线。司法活动中的法律伦理内涵十分丰富，其中包含了自由、正义、公正、人权、法治等至关重要的伦理价值理念，唯有经过个案的司法活动，司法活动中的法律伦理精神才能从书面上静止的规定转变为当事人实实在在的权益。立法不仅是行为规范，同时也是裁判规范。定分止争的裁判活动一旦违背公正的底线，就将对社会的秩序造成极大的损害。

---

〔1〕 参见李建华等：《法律伦理学》，湖南人民出版社 2006 年版，第 165～168 页。

然而，长久以来，某些个案中机械化地适用法律无疑违背了基本法律精神，违背了公众的伦理期待。究其根本，审判者不敢将个人的伦理道德情感引入司法的适用，片面强调法律的形式特征而忽视解释方法的灵活运用，极大地损害了普通民众对法律的伦理认同。霍姆斯在《普通法》开篇就说："法律的生命不在于逻辑，而在于经验。对时代需要的感知，流行的道德和政治理论，对公共政策的直觉，不管你承认与否，甚至法官和他的同胞所共有的偏见对人们决定是否遵守规则所起的作用都远远大于三段论。法律包含了一个民族许多世纪的发展历史。它不能被当作由公理和推论组成的数学书。"审判者担负着比立法者更重的担子，审判者直接参与个案的裁判，处断当事人的财产甚至人身、生命权宜，枉法裁判自然应受到社会的严厉谴责，一成不变地固守立法者的本意，不考虑具体个案的情境，不考虑当时当地的社会现实和伦理习惯，枉顾更高的法律原则和道德原则，机械地适用法律也一样可能制造不公的个案。[1]

1. 昆山刘某反杀案缘何大快人心。2018年8月27日21时30分许，刘某驾驶宝马轿车在昆山市震川路西行至顺帆路路口，与同向骑自行车的于某发生争执。刘某从车中取出一把砍刀连续击打于某，后被于某反抢砍刀并捅刺、砍击数刀，刘某身受重伤，经抢救无效死亡。

昆山刘某反杀案视频在网上流传后，众多网民群情激愤，纷纷声援无辜的于某。在普通民众看来，于某在面临生命危险之时出手实属迫不得已，最终刘某毙命系咎由自取。许多法学界专家也呼吁将于某的行为认定为特殊正当防卫，进而令于某不必为刘某的死亡承担刑事责任。江苏省昆山市公安局经过缜密侦查，并商请检察机关提前介入，最终认定于某的行为属于正当防卫，不承担刑事责任，依法撤销案件。显然，公安机关将于某的行为认定为正当防卫，回应了公众的伦理期待，捍卫了普通公民在遭遇他人行凶之际暴力反击的法律权利，也为将来见义勇为、与恶徒斗争的好人好事打上一针强心剂。

2. 孙某案缘何民怨沸腾。孙某涉嫌寻事滋事罪一案于2019年1月3日移送至官渡区人民法院后，办案部门发现孙某系1998年一审被判处死刑的罪犯，昆明市委遂及时向云南省委报告。省委高度重视，要求对该案深挖彻查，依法办理。官渡区人民法院于2019年3月18日决定对其实施逮捕，公安机关对孙某2010年4月刑满释放后涉嫌的违法犯罪开展全面侦查，发现孙某及其团伙成员先后有组织地实施了聚众斗殴、开设赌场、寻衅滋事、非法拘禁等违法犯罪，涉嫌黑恶犯罪。2019年4月，中央扫黑除恶第二十督导组进驻云南后，将该案作为重点案件进行督办；5月，全国扫黑办又将该案列为挂牌督办案件，并派大要案督

---

〔1〕 曾粤兴：《刑罚伦理》，北京大学出版社2015年版，第70~71页。

办组赴云南指导、督促案件办理工作。7 月 26 日，云南省高级人民法院作出决定，依法对孙某强奸、强制侮辱妇女、故意伤害、寻衅滋事案启动再审。

孙某案一经报道，群众一片哗然，质疑声、抨击声此起彼伏。孙某在死刑立即执行的判决下偷生 20 年还能重获自由的离奇故事极大地挑战了公众的伦理底线，刺激了底层民众的内心，大众频频发出社会不公、司法不公的呼声。普通民众在这场孙小果逃脱死刑的舆论风波之中，关注的不是云南省高院二审改判孙某死缓的判决理由，也不是因操纵减刑程序获得重大立功认定，而是意识到法律面前人人平等的基本原则长时间被孙某之流所践踏。从法院到监狱，从审判到执行，云南省政法口塌方式腐败扭曲了最根本的善恶是非的观念，权力任性的方式打破了普通民众对政法机关最基本的信赖。要求彻查孙某案件背后的黑暗势力是对法律权威的挽回，更是对公众伦理观念的重构。

（二）从历史演进的思路处理伦理与法律对行为评价的分歧

时代正在飞速发展，不止法律规范本身，指导民众社会生活的经济理想和道德认知准则也都在发生着深刻的变化。在这样一个变动不安的时代，完全恪守立法者在立法时的本意，将导致法律适用陷入死板僵化的困境之中；在刑事司法中，这可能导致被告人受到过于严厉的刑罚。赵某案中，一审法院的判决招致民众种种不满，原因皆在于"情理"二字。试想一个兢兢业业、吃苦耐劳、摆摊打气球的老婆婆，日日早出晚归、辛辛苦苦一辈子不过是想多赚一点钱补贴家用，老婆婆可能已经摆摊数年，也常见其他人在城市的广场或者夜市摆摊，她大概从来不会想到小小的气枪会被认定为真枪，有朝一日被公安机关抓获，还扣押了她日常营业的摊子，甚至被判处实刑，但这样的事情却真实地发生了。司法活动中遭遇的种种难题，并不仅仅是法律技术上的解释方法的正确适用，更多是妥善处理道义与法律对行为评价的分歧。道德从内在指引着我们的行动，为善的行为提供伦理动机；法律从外在约束着我们的行为，惩罚对他人、对社会造成恶害的行为。道德是柔性的，法律是刚性的，刚性的法律不仅囿于立法者在立法时理性能力的局限性，还囿于无法应对时代发展的滞后性。刚性的法律既可能是惩罚犯罪的利刃，也可能是践踏人权的马蹄。刚性的法律需要得到审判者坚守的伦理原则的润滑。

五、程序正义应是法律伦理的题中应有之义

（一）法律伦理应力图维护程序正义

法律伦理的内涵价值不仅仅局限于法律规范的正当性、合理性以及法律适用与法律解释符合公众的伦理期待和法律精神，法律伦理的内在价值也囊括了法律程序的运行迅速、理性，能够促进、实现和维护实体正义。程序正义是看得见的正义，程序正义为当事人参与诉讼提供各种程序权利的保障，通过明确各专门机关的职权和设计利害关系人各方参与的诉讼程序，为纠纷的解决提供制度和组织的保障。因此，法律伦理不仅应力图实现实体正义，也要推动程序正义的实现。程序正义不是传统文化的产物，相反，源自于西方古老的自然正义的传统。程序正义的落实在刑事司法中面临现实的困难，需要由法律伦理吸收保障当事人人权、促进控辩平等对抗等新的道德元素，为程序正义找到伦理基础。程序正义能够涵盖的内容很多，包括自己不做自己的法官，对有利害关系的案件办案人员应当自行回避；侦查活动中获取的非法证据必须排除，禁止对犯罪嫌疑人、被告人实施刑讯逼供；坚持证据裁判原则，未经依法质证不得作为定案依据；保障控辩双方平等对抗，保障控辩双方平等的诉讼权利；等等。刑事司法活动中的法律伦理除了维护当事人的实体权利，还应当力图使无辜之人免受刑事诉讼程序的折磨，及时终结不必要的刑事追诉活动，让被告人在刑事诉讼进程中充分发表意见，获得迅速的裁判。

1. 章某非法证据排除第一案。2012 年 7 月 18 日，宁波市中级人民法院对宁波市鄞州区人民检察院依法提出抗诉的章某受贿案作出终审判决，以受贿罪判处章某有期徒刑 2 年，并没收其违法所得。此案一审法院援引《关于办理刑事案件排除非法证据若干问题的规定》（以下简称《排除非法证据规定》）的规定，排除检察院指控的部分证据的宣判，曾被认为是我国"非法证据排除第一案"，鄞州区法院指出"虽然，控方出示、宣读了章某的有罪供述笔录、自我供述，播放了章某有罪供述的录像片段，提交了关于依法、文明办案，没有刑讯逼供、诱供等违法情况的说明，但是不足以证明侦查机关获取章某审判前有罪供述的合法性。"法庭调取了章某的体表检查登记表，证明章某在被审讯时受伤的事实，控方又不能作出合理解释。依据《排除非法证据规定》第 11 条，对被告人审判前供述的合法性，公诉人不提供证据予以证明或者已提供的证据不够确实、充分的，该供述不能作为定案的依据。故章某审判前的有罪供述不能作为定案的根据。章某及辩护人提出侦查机关违法获取章某审判前有罪供述的意见予以采纳。一审法院排除了检察机关提交的部分证据，只认定章某自己承认的收受 6000 元，判章某犯受贿罪，免予刑事处罚。

章国锡案判决引起国内法学界的高度关注，该案被称为适用《排除非法证据规定》第一案，该规定出台于 2010 年 7 月 1 日。中国人民大学法学院教授陈卫东指出，非法证据排除在刑事诉讼法中也有一些规定，但多少年来，只是"写在纸面上的法律"。在实践中，几乎找不到非法证据排除的司法案例。章某案判决是第一例通过非法证据排除的程序排除指控被告人的有罪证据，不仅法学专家、学者好评如潮，也获得了舆论的一致褒奖。除了深入贯彻程序正义的原则以外，章某案还体现出人民法院对被告人的人道主义关怀，以及审慎处理受贿案件中的被告人有罪供述，以证据裁判为原则公正审理的法律伦理新思想，为当代社会主义法治理念做出了贡献。

2. 雷某案中警方执法行为饱受程序争议。2016 年 5 月 7 日 20 时许，警方接群众举报，昌平区霍营街道某小区一家足疗店内存在卖淫嫖娼问题。民警在将涉嫌嫖娼的男子雷某带回审查时，雷某抗拒执法并企图逃跑，警方依法对其采取强制约束措施。在将雷某带回公安机关审查过程中，雷某突然身体不适，警方立即将其送往医院，后经医院抢救无效死亡。雷某家属和律师先后前往北京市公安局昌平分局治安支队、北京市公安局昌平分局及昌平区检察院，提出尸检诉求，并希望警方能够公布执法记录仪视频，还原真相。平安昌平微博凌晨通报，称雷某在逃跑过程中激烈反抗，不但咬伤民警，还将民警拍摄设备打落摔坏。此外，有相关物证可证实雷某存在嫖娼行为，并支付了 200 元嫖资。

雷某案中警方之所以几度遭受舆论的指责和质疑，归根结底在于涉案民警执法行为不规范，不符合正当程序原则。在普通民众的眼中，警察暴力执法，与雷某的突然死亡存在洗不脱的干系。如果涉案民警能够严格按照执法程序，事先告知身份，并且办理相关手续后依法对雷某采取行政拘留，那么各方都将无从指摘。程序正义在个案中，不仅为当事人提供了基本的程序权利保障，更重要的是，为执法人员提供了保险绳，使执法行为及所收集的证据取得合法性基础。

（二）法律伦理禁止滥用程序

1. 法律伦理禁止侦查机关滥用权力启动刑事诉讼程序。早在 1989 年，公安部就印发了《公安部关于公安机关不得非法越权干预经济纠纷案件处理的通知》，此后公安部和最高人民检察院陆续发布多项通知整治违法违规干预经济纠纷的情况。然而，现实中仍然有办案机关为了谋取经济利益或者侦查人员收受对方当事人贿赂，故意插手经济纠纷。办案人员通常以涉嫌诈骗罪、合同诈骗罪、职务侵占罪等罪名，按照刑事案件程序查封扣押"涉案财产"，采用侦查手段追缴相关债务，甚至对纠纷当事人采取刑事拘留等强制措施。此后，收取"办案费"，或以追究刑事责任相威胁，让当事人家属拿钱赎人。最终对"犯罪嫌疑人"取保候审，并对案件撤案处理。这无疑是侦查权的滥用。从程序外观上看，这些案件的处理往往严格符合法定程序，依法办理相关手续。但办案机关却背离了基本的伦理原则和刑事诉讼的目的，滥用权力启动刑事诉讼程序，必将导致普通民间纠纷受到不公正的处理，当事人的实体权利得不到保障。伦理审查，有利于刺破程序的面纱，遏制专门机关的违法行为，使无辜卷入刑事诉讼程序的被告人得到程序权利的保障。

2. 法律伦理禁止当事人滥用诉讼程序。2015 年 11 月 1 日起施行的《中华人民共和国刑法修正案（九）》增设了虚假诉讼罪，第35条规定在《刑法》第307条后增加一条，作为第307条之一。第307条之一第1款规定："以捏造的事实提起民事诉讼，妨害司法秩序或者严重侵害他人合法权益的，处3年以下有期徒刑、拘役或者管制，并处或者单处罚金；情节严重的，处3年以上7年以下有期徒刑，并处罚金。"现代法治国家的重要特征是建立公正高效的司法制度，任何企图滥用诉讼程序、损害他人合法权益的行为都应当受到法律的制裁。当事人依照法定诉讼程序向人民法院寻求公力救济，诉讼程序本身即蕴含着公共利益，受到国家强制力的保障。当事人应当遵循诚实信用原则，合理地利用诉讼程序维护实体权利，而非以捏造的事实提起诉讼，妨害司法秩序，损害案外人的合法权益。

六、法律秩序建构与形成需要社会伦理秩序的认可和互动

在中国从人治社会向法治社会、从计划经济社会向市场经济社会、从传统自然农业社会向现代市场工业化社会转型时期，文明秩序的进步不仅在于法律数量的增加与法律体系建构的完成，更在于已有的法律获得全体社会成员的普遍服从与遵守。[1] 而后者绝非法律自身所能实现的，它必须依赖法律文化的建设，依赖民众对法律的虔诚信仰。而民众对法律的虔诚信仰不可能脱离原有的社会伦理基础和价值体系。法治需要善法，善法意味着法律伦理的发达，促进法律与伦理的相互融合，以伦理动机推动民众对法律的自愿服从，唯有如此，才能迎来社会主义法治社会。

---

〔1〕 於兴中编著：《法治与文明秩序》，中国政法大学出版社2006年版，第22页。

法律伦理译丛

职业秘密*

艾德里安·埃文斯（著）/许身健（译） ◀

一、引言：摇摇欲坠的秘密世界

想象这样一种情况：你是一家大型律师事务所的主管。刚刚一位高级合伙人告诉你：他/她有了外遇，对方是律所一家大客户公司的首席法务顾问。你的合伙人和这位首席法务顾问都各有家室。据你了解，至今客户公司里还没有其他人了解这件事情。对此，你会怎么做？

尽管双方都努力保密，但办公室恋情不可避免地会为人所知，因此这一特殊的秘密终将难以保密。但客户公司会对这件事大白天下满意吗？对于客户，你本人或你所在的律所是否应对此负有保密义务？你的合伙人同事是否了解什么是利害冲突？除了搞清楚你的合伙人同事是否希望一切保密之外，客户公司还认为什么事才是利害攸关的呢？事件最终公诸天下之时，你本有机会做些什么却未能出手，那么你的律所是否会因此而受到指责？

律师保守秘密，亦如常人。但我们作为律师，所保守的某些秘密可能有所不同。在担任律师的过程中，我们从客户身上获得一些信息时，会被要求对此保密。非律师身份的人通常可以无需顾虑任何特定的法律后果而披露这些"秘密"，但我们却可能因违反了对客户的保密义务而受到惩罚，甚至被起诉。在上述案件中，客户公司可能认可的一个做法是：尽管你对此外遇事件并不负有正式的保密义务，对客户公司而言，无论如何你一旦知情就应告知客户公司，那么所有利益相关者才可为公司分析此事件可能造成的重大影响。

---

* 选自澳大利亚艾德里安·埃文斯（Adrian Evens）教授、中国香港特区胡惠生教授与许身健教授合著的英文专著《*The Good Chinese Lawyer*》一书的第六章，本章作者为 Adrian Evens 教授。

这种选择意味着你的同事会回避你，那可能就是忠于客户的代价。幸运的是，大多数的商业律师会意识到，与企业客户的高管发生不当关系是一件非常危险的事情，但这并不意味着商业律师或其他任何法律界人士可以承担自由散播秘密的责任。本章将探讨律师的秘密世界：当律师对客户的业务非常了解时，他们应遵循的原则、例外以及挑战其道德标准的情况。

（一）确定秘密的范围

律师面临的第一大挑战就是搞清楚目前秘密的内容是什么，或许，秘密并不多。在邮件、社交媒体被高度监视，用于记录、分享和联系各种私人信息、对话和图像的摄像机镜头软件被高度监视的大环境下，为什么我们对秘密过于焦虑，而社会的其他人在尽可能地曝光？以下是一些已知的降低隐私性机制：

1. 国有卫星和商业卫星对毒品在哪儿生产和建筑物在哪儿修建的定位能力正在迅速增强，全球监控图像每天多次更新。

2. 百度地图，可以清晰地拍摄到许多街道的情形。

3. 智能手机内置的应用程序通常会默认记录用户的坐标并通过 GPS 传输给互联网服务提供商。

4. 网上信用卡支付容易被黑客入侵，其所有者身份容易被本地和海外犯罪分子盗用。

5. 公共交通智能卡，例如香港八达通卡，其中大约有数百万的公共交通用户已经向警察和交通局登记了他们的姓名、地址、交易记录、票价类型、直接借记卡或信用卡细节。

6. 超市和零售商会员卡，多会记载个人信息，购买产品的类型、地点、日期和时间，并与数据中心、分析师、邮递公司和打印机共享这些信息。

7. 即便云存储对于任何想要获得访问权限的人来说都是相当透明的，包括律师在内的每个人都将他们的信息储存在漏洞非常多的"云"中。

8. 最重要的是，许多国家的政府部门（国家安全机构、证券监管机构、税务局、社会保障和法律援助）越来越一体化的"社会信用"系统，将各自的数据库结合起来，努力建立国内全面的、每个人都可搜索的个人资料。

作为律师，我们努力保守客户秘密，但可能并不一定比其他人有效。例如，在当今大数据时代，未加密的电子邮件对执业律师来说近乎不专业，但很少有律师会对他们的电子邮件进行加密。我们的生活和任何用文字书写的"秘密"都有可能暴露出来。我们甚至不需要身份证即可被查证"确为本人"。

无论个人隐私多么重要，我们确实需要考虑是否真的对所有律师工作的保密性有着充分的尊重，尤其是律师本身越来越依赖互联网办公的情况下。意识到"保密"这件事没有现实的可能性，仅仅是一种希冀，这样难道不是更好么？

（二）关注泄密的主要途径

数据泄漏在中国日益受到关注。2018 年，香港一家旗舰航空公司宣布，其全球 940 万客户的数据未经授权被访问，这是香港数据泄露最严重的事件之一。同年，上海一家酒店集团报告了中国最大的数据泄露事件之一，这起事件涉及 1.3 亿名客户。越来越多的客户数据上传存储到了云盘，云盘里的"数据"也更不安全，可能也无法实际从这个特权中受益。因为在使用云盘的国家，这些数据或许早已泄露。云存储"泄露"的原因如下：

1. 包含客户秘密的数据通常仍由律师通过未加密的电子邮件发送到云端，因此，云端提供商及其外包承包商通常都可以使用这些数据。当然，未加密的电子邮件可能会被计算机算法仔细检查和存储，以便关联关键字。这些联系对于世界各地的安全部门全力打压恐怖主义和监查政治首脑、有组织犯罪和全球金融动向等工作具有重要意义。这些人中的许多人都安排其律师储存信息。可以说，未加密的云存储本身意味着信息披露和放弃了客户秘密。即便律师使用本地、现场的数据备份来防止数据损坏也徒劳。

2. 即使客户数据加密用于传输和云存储，只有加密的完整性和计算创新的速度允许方可得到保护。随着量子计算在未来十年逐渐起步和发展，它将极大地提高处理能力，以至于稳定的加密技术（即保密性）可能变得越来越没有意义。

3. 云端技术提供商通常会将云端控制转包，甚至会将其转送给一个以腐败贿赂为名的国家。

4. 云端提供商及其分包商（通常位于腐败盛行的经济体）必须对其员工进行审查，以确定其过去是否存在安全漏洞。这个过程在技术上很困难，很容易被员工破坏，而且持续操作成本也很高。因此，员工筛选可能不够充分。

5. 律师完全依赖于他们与云端提供商达成的第一次契约。他们与实际操作"云"的分包商没有合同，因此在出现问题时只能间接访问这些分包商。在"云"中很难保证发现过程。

6. 存在域外立法（例如，英国 2010 年《反贿赂法》或美国 2001 年《爱国者法》）和涉外安全服务的风险，导致云端提供商合同失效。

众所周知，律师的云存储中包含可能具有蕴含商业价值的信息，因此他们的服务器是政府和其他公司的"高风险"黑客攻击目标。因此，客户需要充分了解公司的云端提供商细节，以及他们的律师对其首席承包商的实际监督的情况；最后，由于依其定义而言，云服务器的是由律所外部控制的，而且由"不受控制的"个人管理，因此，基于云的信息屏障的一部分如果直接由律所控制，可能保持完整，否则将不可避免地瓦解。

二、专业保密仍然很重要：国家保密、保密和客户特权

虽然很多信息都不是秘密，但我们仍然需要谨慎地对待客户，他们基于对律师的相信而提供他们的信息。否则，很难发展相互尊重的双方关系或提供任何严谨的法律咨询。显然有一些秘密仍然是合乎道德的，客户至少需要知道我们明白这一点。这意味着鼓励我们的客户充分和坦率地披露信息，作为我们的代理的基础，更广泛地说，培养他们对我们作为律师的信任，以及对法律体系的信任。无论这看起来多么困难，我们至少需要让我们的客户知道，我们不会谈论他们告诉我们的事情，前提是保密不会对他人造成伤害，也不会损害重要的公共利益。

保密性是指我们试图附加到积极的、社会正义的维度上的概念，即努力保守秘密，尽管更广泛的社会群体和媒体可能有不同的标准。

在中国，《中华人民共和国刑事诉讼法》（以下简称《刑事诉讼法》）适用于所有公民，当然也包括律师。《刑事诉讼法》规定任何了解刑事案件细节的个人都有义务作证。但是，《中华人民共和国律师法》（以下简称《律师法》）规定律师应对从委托人或其他不希望披露的人得知的信息保密。如果你面对这样两部法律的冲突，你会如何做？因此，中国的律师可能会面对两难境地，由于公民有义务为刑事案件的细节作证，而如果这些细节是他们从委托人那里得来的，他们必须得对此保密。

保密原则和《刑事诉讼法》都尽可能地在合理保密和应当公开之间取得平衡。在中国，保密信息指的是在不与国家安全发生真正冲突的前提下，从当事人或其他不希望信息被披露的人那里得来的信息。

《中华人民共和国保守国家秘密法》（以下简称《保守国家秘密法》）第9条规定："下列涉及国家安全和利益的事项，泄露后可能损害国家在政治、经济、国防、外交等领域的安全和利益的，应当确定为国家秘密：①国家事务重大决策中的秘密事项；②国防建设和武装力量活动中的秘密事项；③外交和外事活动中的秘密事项以及对外承担保密义务的秘密事项；④国民经济和社会发展中的秘密事项；⑤科学技术中的秘密事项；⑥维护国家安全活动和追查刑事犯罪中的秘密事项；⑦经国家保密行政管理部门确定的其他秘密事项。政党的秘密事项中符合前款规定的，属于国家秘密。"

如果你从客户处得到了一些"可能损害国家在政治、经济、国防、外交等领域的安全和利益的"信息，对于国家或国家公职人员而言可能并不是秘密。然而，在实践中，哪些信息有可能"损害国家安全和利益"常常并不明确。我将在这章的最后探讨信息可能被认定为国家秘密的情形。

在中国香港特别行政区和其他与中国有贸易往来的地区和国家，除地区法律

强制披露外，必须保守客户秘密，例如与恐怖主义、贪污腐败、逃税和反洗钱等有关的内容。

此外，在中国香港特别行政区和其他适用普通法传统的国家，客户保密责任还带有另一层次的复杂性，因为这些地区和国家的客户保密责任包括客户特权。我们之所以提到客户保密责任和客户特权，是因为这对中国法学学生和律师了解外国法律制度来说，是至关重要的，以备将来他们涉足外国贸易法或国际外交，或与香港律师合作开展项目。

客户保密责任是对客户忠诚义务的一种实际表现。在中国香港特别行政区和其他一些国家，特权信息只是所有保密信息中很小的一部分。下图解释了他们之间的关系：

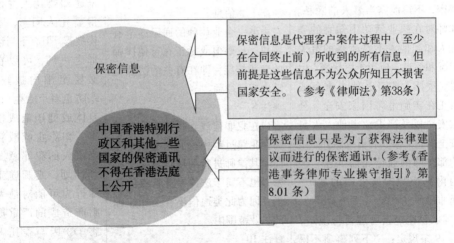

保密信息

中国香港特别行政区和其他一些国家的保密通讯不得在香港法庭上公开

保密信息是代理客户案件过程中（至少在合同终止前）所收到的所有信息，但前提是这些信息不为公众所知且不损害国家安全。（参考《律师法》第38条）

保密信息只是为了获得法律建议而进行的保密通讯。（参考《香港事务律师专业操守指引》第8.01条）

图1 中国香港特别行政区法律中保密和特权的区别

例如，在中国香港特别行政区和其他普通法国家，如果你和客户是在中心夜总会见面，并在谈话过程中提及其内部审计办公室内幕交易员的身份，那么这时便可能会产生保密但不享有特权的信息。你不能将这些信息透露给别人，因为保密是你工作的一部分，但由于该信息并不是以获取法律建议为主要目的而透露的，因此该信息不享有保密特权且可以在香港法庭上公开。在这种情况下，法庭可能会强制披露该信息。

下表列出了客户保密责任的相关义务，该表还比较了客户保密责任在中国内地、中国香港特别行政区和中国台湾地区的不同法律地位。注意：每个司法管辖区，主要的保密例外以加粗突出显示。

表 1　中国的客户保密性

内地	中国香港特别行政区	中国台湾地区
《中华人民共和国律师法》第 38 条规定："律师应当保守在执业活动中知悉的国家秘密、商业秘密，不得泄露当事人的隐私。律师对在执业活动中知悉的委托人和其他人不愿泄露的有关情况和信息，应当予以保密。但是，委托人或者其他人准备或者正在实施危害国家安全、公共安全以及严重危害他人人身安全的犯罪事实和信息除外。"内部律师的通信无需保密，因为内部律师同属公司的雇员，而非律师。《国家秘密定密管理暂行规定》第 19 条规定："下列事项不得确定为国家秘密：①需要社会公众广泛知晓或者参与的；②属于工作秘密、商业秘密、个人隐私的；③已经依法公开或者无法控制知悉范围的；④法律、法规或者国家有关规定要求公开的。"	《香港事务律师专业操守指引》第 1 卷，第八章。"律师对其客户负有法律和专业责任，必须严格保密在专业关系过程中获得的与其客户的业务和事务有关的所有信息，除非客户明确或默示授权或法律要求披露上述信息，或除非客户已明示或默示放弃该责任，否则律师不得泄露上述信息。"在香港，企业律师的通讯亦享有特权，只要他或她正在行使律师的专业技能，即在有关的法律范畴内担任律师。评注 8客户在犯罪前或在持续犯罪期间为在犯罪过程中得到指导或帮助而向其律师进行的通信不属于秘密，也不属于法律专业特权的范围，因为此类通信不在委托律师的执业范围内。评注 10不同条例要求披露的情况，例如，《防止贿赂条例》（第 201 章）；《税务条例》（第 112 章）及第 8A，8AA，8B（2）节及《法律职业者条例》（第 159 章）及第 IIA 部分；反清洗黑钱相关条文，见《贩毒（追讨得益）条例》（第 405 章）；《有组织及严重罪行条例》（第 455 章）；《联合国（反恐怖主义措施）条例》（第 575 章）；律师会执业指引及会员通告 08-59、08-361、08-362、08-756 及 09-360。	"律师职业道德守则"第 33 条："律师应当对受理事项的内容严格保密，未通知委托人并征得委托人同意，不得披露。但有下列情形之一的，可以在必要范围内披露：①防止对个人生命、身体或健康造成损害。②防止或减轻当事人的犯罪意图和计划，或既遂犯罪行为可能对他人财产造成的严重损害。③因与委托人之间的委托关系发生争议，需要提出认定或反对；或者在民事、刑事案件的受理过程中成为被告，或因此会受到纪律处分。④依照法律或者本法规定应当披露。"

在保密方面，会出现非常私人的以及重大的公司法律问题。前者涉及这样一个例子：与世隔绝的老年人或残疾父母丧失了自己作出决定或照顾自己的能力，这样的情况越来越普遍。我们的父母中有许多人很高兴我们能够照顾他们，为他们作决定，但是他们中也有些人越来越独立，无论在什么情况下，都决心为自己作决定。

这些事情大多不涉及国家秘密。例如，设身处地为父母想想，作为一个年长的父亲，你可能会坚持让你的孩子不要干涉你的生活，但同时你的内心深处也知道，你越来越没有能力照顾自己。然后，你和你的儿子在如何支付你的费用上产生了分歧。你变得心烦意乱，找了个律师，请律师帮忙管理你的收入和资产——他们会因此得到一笔费用。你坚持要求你的律师对你儿子保密。作为长子，你的儿子是否可以坚持让律师告知你们的曾经谈的那些事？一般性道德（见上文第三章和第四章）将帮助你决定怎么做。

现在转换角色，想想如果你是律师会发生什么？你是听从你的客户（父亲），还是他的孩子？你应该为谁的利益而服务？你应该告诉孩子他们父亲的经济状况吗？如果孩子指控你为了自己的经济利益操纵客户，你又该如何保护自己呢？《律师法》第38条（见上文）规定，你必须保守父亲的秘密，但你意识到他的儿子可能只是想确保他的父亲不被你操纵。为了抉择怎样做，你必须首先按照前面章节所述的方法根据一般性道德原则分析你的选择，然后根据《律师法》去衡量不同选择的后果。

作为一名优秀的中国律师，你会怎么做呢？什么场景偏向同情，什么场景偏向尊严？如何决策将最大程度维持儿子对父亲的尊重？如果你违反了保密协议，你的客户（这位父亲）可能如何看待这些事情：这位父亲可能想如果律师未经允许就与客户之子交流，律师理应受到批评甚至因其行事鲁莽损害个人独立性而受到起诉。

政府和法院设置的客户保密规则只能在一定程度上帮助我们。例如，除律师外，尚不清楚保密义务是否应扩展到员工和雇员。从实践上讲，必须将保密义务扩展到员工和雇员，这个理念才能起作用。此外，"严重危害个人安全"的定义也不明确。人类社会十分复杂，我们不能够完全依靠法律法规进行判断、采取行动，我们必须在理解普遍道德后再决定行动方式。明确列出哪些行为可行，哪些行为不可行，不可能跟上现实需求。上文我们已经讨论过隐私受损的问题，我们还应注意到保护秘密信息的措施会失效。只要不涉及国家秘密，那些从未涉及个人隐私或者因公众知晓或遭到泄密进入公众领域而不再保密（即不存在保密用途）的信息是不受保护的。

接下来的章节举了一家企业和外部律师的例子，用于说明如果律师面对大规模不道德行为和腐败活动时保持沉默，未能完整履行其道德义务，过度认同客户公司利益的行为会导致什么样的后果。外部律师会与特别重要的客户的关系过于紧密，致使律师难以保持其独立性或不受客户影响。世界法律职业化的根本原则之一是律师应不受其客户影响，而律师们大多时候没有重视这个原则。

这种距离感，也被称为律师和委托人在相互接触中的自主权，是本章开头小故事中不当关系的危险之处。律师需要自尊的美德。那些不能与自己的客户保持适当距离的律师，或者那些认为律师必须完成自己所有要求的客户，可能不会理解这一原则。在这种情况下，适当的保密性可能不仅会被破坏，而且会被用来支持被动的欺骗：也就是说，为了维持谎言什么也不说。

即使在中国内地，当雇主或客户的行为不合理或违法时，公司内部或外部的律师往往会保持沉默，他们似乎经常与客户并肩站在一起，与客户一起"堕落"。事后他们很少说"我们错了"。在这种情况下，公司内部律师的羞耻、遗憾或悔罪感往往不会出现在他们的公开声明中。这种被误导的保密性可能会被认为是那些律师的适度忠诚，他们也遭受了损失，但如果所涉公司行为不端，那么这种忠诚——通常是一种强大的美德和儒家原则——也可以被视为是错误的。

总之，保密性和用户特权，普遍意义上使得国际贸易体系更有底气。在使用该系统的过程中，多数律师也达成共识，认为这些原则运作得当，原因在于他们通常鼓励客户们信任律师。取得信任，对于律师来说，是最重要的能力，是核心的儒道，是成败的关键。如果客户不信任，任何东西都无法在现行制度中发挥良好作用，而且会滋生腐败，司法系统也将被贿赂和利益导向的互通有无来主导。但是，公司的主要律师不合时宜的沉默，以及由此可见的在他们为公司或个人工作的过程中，不但有周期性失职，而且还公然勾结，这可能是一个重大问题。

有道德的律师要非常明白，什么时候该说，什么时候不该说——他们在私人利益和公共利益之间走钢丝。在进行判断时，下列情形中的特殊情况，通过参照每个司法区的一般道德和当地保密法，来斟酌与保密和特权相关的最重要的东西。我们现在所讨论的保密，是在假定场景中处理社交媒体与腐败问题。

三、保密——社交媒体

正如我们在这一章一开始所讨论的，在社交媒体时代，"保密"几乎是一个明日黄花的概念。但是为回应客户的信任，律师必须为客户保守秘密——除非披露这些秘密可能是客户授意的。

社交媒体和保密性

你是一位成功的高级刑事辩护律师，在上海执业。你已经同意为男子"A"

辩护，他因支持恐怖主义而被拘留。虽然你还不能与 A 对话，也不能直接得到他的指令，但他的家人已经联系过你。上海市人民检察院日前查获一张由 A 持有的 SIM 卡，该卡以 A 的哥哥"B"的名义注册，后者最近被指控在上海国际机场入口处引爆炸弹。爆炸造成数人死亡，公众愤怒，人民检察院受到舆论压力。

A 的家人表示，爆炸发生前几天，A 的哥哥为了安全起见把 SIM 卡交给了他，只说这张卡很重要。家属说，A 不知道接下来会发生什么，也没有试图使用 SIM 卡或查看卡上的联系人，但人民检察院称，卡上有参与爆炸的其他恐怖分子的详细资料，A 知道 B 的所有计划。

人民检察院连日约谈了 A，并在微博上多次发表声明，暗示 A 正在向他们提供许多相关信息。你认为人民检察院使用社交媒体是为了暗示公众你的当事人有罪，所以你决定将 A 有严重的阅读障碍和其他精神障碍这一信息公之于众，以反驳人民检察院将 A 视为是恐怖分子的公开暗示。

你在微博上发布了 A 的病历报告细节，表示他实际上无法使用电脑或手机。

人民检察院对你在微博上发布的内容感到不满，并向上海市律师协会投诉你泄露 A 的病历报告的行为违反了律师的保密规定。

在你向律师协会提出的任何支持你行为的论点中，你应考虑哪些相关问题？

伦理道德与儒家原则

在你向全世界宣布你的客户实际上是电脑盲，并使他当众丢脸时；在未经客户明确许可，而只是获得了其家人的同意后，你自作主张在微博上发布了客户的医疗报告时，你是否真正尊重了客户信息的秘密性原则呢？

另外，不要忘记，律师需要表现出对司法系统的尊重，不能破坏其程序规则，而这些规则的目的是确保公众压力不会施加于尚未决定的案件。

但也许你在微博上的披露更多地显示了对人民检察院和对这个国家的尊重，但如果一个无辜的人被定罪，而证据表明他其实什么都不知道的话，这种尊重的意义就被削弱了。

道德伦理要求你在对人民检察院的能力和效率提出挑战时，必须具备足够的勇气。

你对被拘留的当事人所表现的同情是值得赞扬的，就像你希望看到正义得到伸张的决心。

在这种情况下，尊重和正义，哪种伦理原则更占优势？

结果论

发微博可能会使你给 A 辩护难上加难。原因是这样的做法让人民检察院感到难堪，也可能触犯国家秘密，因为你发的微博暗示了检察官的不称职。

对上海市律师协会的纪律投诉也可能会对你的执业造成严重影响。

然而，也可以这样想，在国家保密规定的一个例外情况下，公众有"需要知道"的权利，这样他们就可以提高警惕，继续寻找参与爆炸和恐袭的其他同谋。如果这是真的，那么你发的微博会产生很好的后果，这也是合乎道德的。

而且，由于 A 的身体状况的确让他有很大可能被判无罪，与 A 有关的一切都只涉及正常的刑事事项，与 B 有关的国家保密事项无关，而且也不应意味着 A 会面临任何惩罚。公众已经从微博上了解到了这一点，他们也会认为对 A 的无罪释放是国家作出的公正判决。

康德伦理学

初步问题：如果你不能和 A 说话，也不能确认 A 的家人是否被 A 允许和你说话，那么他真的是你的客户吗？在这种情况下，你代理他并在微博上公布他的病情，对 A 来说公平吗？

如果你不采取行动，人民检察院的不正当言论无法在更广泛的层面引发讨论，这些不当言论或许意味着 A 被定罪的可能性加大，那么你的不采取行动，对 A 来说是公平的吗？

适用法律和行为规则

《律师执业管理办法》第 38 条规定，律师应当依照法定程序履行职责，不得以下列不正当方式影响依法办理案件：制造舆论压力，攻击、诋毁司法机关和司法制度；违反规定披露、散布不公开审理案件的信息、材料，或者本人、其他律师在办案过程中获悉的有关案件重要信息、证据材料。

但是，《国家秘密定密管理暂行规定》第 19 条规定，需要社会公众广泛知晓或者参与的事项，不得确定为国家秘密。

如果这种情况发生在中国香港特别行政区，《香港律师职业行为》第 1 卷第 8 条规定：披露被当事人默示授权的，允许违反当事人保密性。如果这起案件发生在中国台湾地区，"律师道德守则"第 33 条可能会以"对当事人健康造成风险"为由允许披露。

关于恐怖主义和保持沉默的结论

在这种情况下，职业行为准则可能允许披露，但从来没有要求披露。所以你需要确保你的想法，平衡了道德和法律的一般方法：即对 A 的公平，对其案件的后果，勇于行动和对中华人民共和国儒学法律的尊重。如果公众需要知道，以保持警惕，就不涉及国家秘密。

如果你确定医疗报告正确无误，则应在微博上披露 A 的病情，并向律师协会断言，你的披露可使 A 的审判公正。

四、保持沉默——腐败

当情景从恐怖分子转移到腐败的公司时，我们也需要做出判断。众所周知，最负盛名的公司，其名誉和它的主要执行官以及经理的诚信一样坚实。以下情况虽是虚构的，但其中的基本原理仍然很重要。

保密以掩盖腐败和贿赂——向墨西哥出口机械

为了在美国边界墙建成后的一段时间内向墨西哥出售掘进机，一家重要的设备出口商同意以"运输费"的形式向墨西哥大量行贿。这些费用据说是在机器由船运输到达阿卡普尔科码头后再用于陆路运输的。但是这些费用似乎直接返还给政府官员了，在几年间总计达数百万人民币。

在边境墙的某些部分"神秘下沉"的同时，挖掘机也在进入墨西哥。美国机械出口商注意到这一点之后，贿赂行为变得十分明显。

起初，出口商利用其良好的公共声誉，对其上述行为进行否认。但最终，这些否认太令人难以置信，最高人民检察官开始进行调查。为争取几天的优势，出口商的内部律师将所有的公司文件和计算机文件发送给在 C 国设有办事处的外部律师事务所 D 所，以确保公司内部或云服务器中不留有任何记录。然后，内部律师告诉 D 所，所有这些信息都是秘密信息，现在或将来都不能泄露给任何人。他和首席执行官将费用支付给 D 所后，匆匆离开该国。

道德和儒家尊重原则

知名度很高的 D 所显然会拒绝最初的聘用，但是在他们收到指示并同意保密时，任何有组织的贿赂计划是否会隐瞒他们是令人怀疑的。更有可能的是，贿赂的事实只会在内部律师和首席执行官逃离后才变得显而易见。届时，D 所将有一个选择：使用客户秘密性原则尽可能长时间地阻拦任何可能的调查，这也许有助于维持他们在其他客户中的信誉。或采取切合实际的做法，放弃保密，并尽快发声。

维护客户的秘密性表明了对前客户的忠诚和对专业关系的尊重，但是在这种情况下，保守客户的秘密也会助长贿赂，这就是不尊重 C 国。另外，披露确认贿赂的文件是明智、审慎的，并且是对 C 国制造和出口程序完整性的尊重，这些行为都有助于提高 C 国的国际贸易声誉。

后果论

您是负责该客户的 D 所合作伙伴，一旦您意识到贿赂的规模和聘请 D 所的真正原因，后果也已经可以预知。您是否会在内部（即在 D 所内部）争辩尽快披露全部信息，还是在尝试保守秘密来确定如何做以及如何回应其他客户，来延迟足够长的时间"管理"该问题？尤其是外国客户，如果您立即将文件移交给检察官，他们会做出反应吗？

从结果论者的角度出发，在这些选择之间作决定取决于为寻求正确结果而拥有的责任感以及常识性的认识，即贿赂的揭发将很容易，而难的不仅仅是如何避免不良影响。

结果论是一种道德方法：这不是一种无价值的计算，即某人评估损害最小的不同后果；而是在一系列令人沮丧的选择中，哪种行动方式可能会为最大数量的人带来最大利益？

当丑闻爆发时，您将权衡出口商的企业雇员失业的风险，并通过采取保密措施消除批评，评估保护外部律师的极短期利益的可能性。如果以最大的利益为准则，那么即使您和外部律师对丑闻一无所知，但是适当的优先策略是尽快承认贿赂。坚持在内部尽早、彻底披露贿赂行为是负责任的、符合道德的和现实的，因为检察院几乎不会认为延迟是合理的。

延迟的最可能后果是，当发现外部律师实际上在帮助企业，通过隐藏文件和计算机文档的秘密来掩饰企业犯罪行为时，外部律师将失去自己的诚信声誉。

延迟可能带来的一个积极后果是，您的其他客户以及外部律师的客户通常可能会认为，在屈服于不可避免的情况下同意向检察院提交文件之前，您试图将保密作为一项重要的专业原则。

康德逻辑学

外部律师对于全职律师公平的关注是值得考虑的，特别是如果外部律师最初不确定发生了什么，因此延迟与最高人民检察官合作的决定。如果保密性是一种当客户知道自己有麻烦时可以获取法律咨询的合法机制，那么为什么这种保密性的主张也不公平，至少在外部律师考虑自己的立场是如此的？

但是，关于公平的一个更根本的问题是，外部律师有权不被用来掩盖其（前）客户的违法行为。从根本上说，机械出口商欺骗外部律师是不公平的，而且外部律师有权通过将贿赂证据移交给最高人民检察官来保护自己。

适用法律和行为准则

与大部分其他大国一样，在中国大陆，客户保密不能保护行贿以及固定合作伙伴的洗钱行为。请参阅《刑事诉讼法》第48条，该条规定保密内容不包括涉及危害国家安全的刑事犯罪的事实和信息。

在中国香港特别行政区《防止贿赂条例》第201章和中国台湾地区（"律师道德守则"，第33条第2款）中，"防止或减轻……可能由于客户的犯罪意图和计划或已实施的犯罪行为而导致的他人财产的严重损失"，在这种情况下，客户保密不具有约束力。

关于保密责任可疑索赔的结论

一般的道德（在这种情况下包括后果主义，康德道德，美德道德和儒家原则）都能够简单地判断出证实贿赂文件的立即披露是正当的，并忽视那些以违反保密责任为由的要求不正当索赔的人。中国的适用法律都支持披露。

立即披露的决定也支持那些将保密范围限制在合法目的之内的人，即真正的协助他人获得法律建议。

五、结论

上述情景证实，律师对什么内容应当适当保密的理解可能与一般道德是一致的。

但是，如果在更广阔的社会环境中，放弃个人的隐私权正逐步合理化，并影响到诸如此类的案件，那么律师依赖这一概念的合理期还能持续多久？

如果在更广阔的社会环境中，保密性正逐渐消失，那么如何避免律师的辩护（有时依赖于保密性）失去效用呢？本章重点介绍的案件是大多数律师希望永远不会面对的棘手问题。但是，本章确定对一般道德与可适用的法律交叉的过程进行分析提供了一条解决途径。如果我们作为律师在每一个案件中都不遵守规则，不是有勇气、程式化地将一般道德作为所有决定的考虑因素，那么律师在极端的刑事和民事案件中扮演的角色形象将会继续受到损害，而不是得到维护和正名。

然而，在主流的案件（即不涉及国家保密问题的案件）中，恢复律师为客户保密的合法性似乎越来越有必要，这并不是为了隐藏客户的可疑行为，而是因为律师保守秘密的能力仍然在司法中占有重要地位。如果行为不涉及国家，那么良好的司法要求我们，作为律师要保守"好的"秘密，这样才能做到尊重父母子女和其他人际关系，并保留我们所有人都需要的正常隐私。

在大多数案件中，保密很重要，因为如果客户认为您会泄密，他们将不会完全信任您，不会向您提供有关其问题的完整信息。而且，如果您倾向于认为保密原则似乎有很多例外情况，应在客户讲述之前做出提醒，这就是有效的客户关怀。在适当的案件中，您还可以提醒他们，现代社会监视介入性日益增强。随着技术的进步，每个人的保密可靠性越来越低，因此，与其试图规避泄密，还有其他一些非常务实的动机促使客户在一般道德范围内执行工作。

归根结底，决定以充分的理由保守秘密可能是增加社会稳定的道德行为。当您出于"正当"理由保守客户秘密，而不是为了逃避税收或支持其他犯罪活动时，即使在任何事件中科技都可能导致日后的泄密，您也坚持了保密的重要部分。因此要利用您的一般道德知识（来自第三章和第四章）以及《律师法》，在考虑到所涉及的公共和私人利益的情况下，明智地决定何时需要保守客户秘密。

加拿大司法职业伦理导论

——《应用司法伦理》一书序言

皮埃尔·艾曼纽（著）/王世柱*（译）

魁北克地方司法伦理调查委员会从 1978 年成立至今，共受理了 2193 件针对法官的投诉，经过初审后，有 1386 件不予受理，受理后有 612 件被撤案，83 件不予调查，有 112 件进入调查程序，其中有 36 件经调查后不成立，56 件中法官被惩罚，4 人被罢免，16 人因自行辞职或其他因素未能追究。该委员会一旦受理当事人对法官的投诉，就由 15 个成员组成的司法伦理调查委员会在 5 周之内协商确定是否立案，以及如何处理该案，从实际情况看，大部分的投诉都不予立案。而立案的依据并不是对法官的判决进行审理，而是审查法官的个人行为是否违反法官职业伦理规范，而且法官的不当行为应当是发生在法庭之外，才可能进行审查。

如果该委员会决定立案，则将进入调查阶段，任命一个审核员去调取更多的信息，并且仔细倾听当事人的意见，综合考虑案件的性质与具体情形，以决定是否召开听证会。

调查程序是公开程序，采取类似于法院公开开庭的方式进行，其间有专门的律师协助调查，律师的调查费用由司法部承担，调查完毕后，如果认为投诉成立，法官将被惩戒或被罢免，一般情况下仅采取惩戒措施，如果要罢免则须向司法部提出建议，同时把案件移送上诉法院审核，上诉法院审核后将移交省政府决定罢免，同时向社会公众公开相关信息。

一、司法伦理的追溯

司法权的合法性来源于公民的信任。公民的一致同意是民主理念的基石。法

---

* 王世柱，北京商顺律师事务所主任，中国政法大学博士后。

律的强制力来源于公众的认同感，公权力并没有天然存在的合理性。司法在大多数场合中是对抗其他专断权力和组织的最后一道防线，司法是民主生活的基础，故民众对司法具有极高的期待。但司法权的这种特殊性却将其摆在了一个非常微妙的境地：既然司法是对抗专断的最后一道防线，其本身就不应演变为专断权力。司法作为解决纠纷的权力，是根据案件事实和时代价值对不法行为进行规制，但司法权本身也同样要受到规制，因为世上不应存在绝对权力。

就实体法的角度而言，制约是上诉审和复审的基本功能。就法官的日常活动而言，"司法伦理规范"和"地方司法伦理调查委员会"发挥相当于上诉审和复审的功能。两者建立了一个组织机构对司法的内部活动进行监督，这对增强公众对司法的信心具有基础性作用。同时，司法伦理也是一个不断发展和演变的过程，通过不断调整法官的行为规范，使之与公众期待和社会集体价值观相适应。"司法伦理规范"和"地方司法伦理调查委员会"的存在提醒我们，法官也是一个生活在社会中的平凡之人，如同其他的公权力行使者一样，法官的权、责、利也必须相适应。

就法律与司法的关系而言，法官应常三省吾身，永怀公正之心，这对确保司法面前人人平等十分必要，而司法面前人人平等是建立在法律面前人人平等这一基本原则之上的。加拿大宪法确保每一个公民都享有平等的权利，不因社会条件、宗教信仰、性别等因素之不同而受到区别对待。这是一种负面清单列举式的平等，以禁止政府基于特定差异而区别对待公民。法律面前人人平等意味着法律实施机构对所有法律主体平等地施加义务。这一原则还可简明地阐述为"获得平等对待是一切法律的一致性要求，任何法律制度必须蕴含平等的内在品质"。然而，一致性并不仅仅表现为对法治（蕴含着司法如何对待公民）的一致性和稳定性的阐释，如在司法领域就衍生了司法伦理的标准问题，但司法伦理本身并不是逻辑自洽的，无法单纯使用"善"与"恶"加以评判，其仅仅是组织机构管理其成员的规范而已。同样，司法伦理的设定并不能毕其功于一役，相反地，其必须符合社会价值与公众呼声。法官职业伦理规范本身仅仅是一个原则性的声明而已，其具体含义与实际操作依赖于司法伦理调查委员会以具体案例作出阐释。就此而言，司法伦理调查委员会阐释伦理标准的活动，是对伦理规范进行动态解释的过程。同时，该委员会大多认为，准确理解伦理义务意味着对伦理规范标准的原义解读。该委员会作出的处分决定，充分说明令人满意和真实的伦理标准，来自于对伦理规范及其精神的合理解释。现代民主制度起源于竞争性权力的分立，从而实现相互的审查与平衡，并随之演化为机会平等理念以及对少数人权利的保护。以上提到的伦理问题，是民主理念的一种具体阐述。

近三十年来，机构的透明性和责任相当性成为民主体制的额外诉求。平等概念的扩大化意味着公民对公共机构的管理问题产生了广泛兴趣，且这种兴趣日益浓厚。公权力的运行被逐步认为是暂时的，且受制于新的规定。伦理考量也是该运动的一部分，权力不再被认为是客观或抽象的必需品，其必须获得公众的支持。这种新诉求不仅适用于公权领域，而且广泛适用于包括商业机构在内的所有社会机构。200 年前，托克维尔就认为，自由的精神一旦闯入社会活动的某个领域，随后总会蚕食整个疆土，职业伦理也是如此，职业伦理毫无疑问将占领所有的社会组织系统，司法系统也不例外。司法伦理的特定目标是个体性和集体性的统一。就个体性而言，伦理问题需要法官注重审视自己的行为，在特定的范围内与社会的期待相适应。就集体性而言，伦理问题引发了这样一个讨论，即社会公众不断质疑法官活动的幅度与限制问题，司法伦理调查委员会的职能就是不断引导这种讨论，从中发展出一套有效指导法官行为的准则。但这并不是抽象的过程，司法伦理是介于合法性与透明性之间的一个问题。同时也意味着社会期待与司法制度要求之间的合拍共振。伦理问题既需要反思惯例与法规之间的合理平衡，也需要反省同时期的司法实践。

二、司法伦理

司法伦理：介于合法性与透明性之间的规则。司法机构从诞生之日起，就带有浓郁的神秘主义色彩。深色法袍、庄严法庭、抽象深奥的法言法语等，均在塑造司法机关远离群众的形象。赫尔墨斯的神秘主义可被视为这类组织的内在本质要求和其功能得以发挥的必备要素：保持神秘是基于对其自身的社会功能进行维护的需要。过去的机构，无论宗教组织还是军队抑或社会俱乐部，都"犹抱琵琶半遮面"，保持神秘有助于这些机构维护自身权威的稳定性。但伦理运动的风起云涌，改变了这种稳定性。开展这场运动的潜在理由在于，机构的合法性来源于其透明性。维护机构的长久权威，并不是在该机构成员受到质疑时，以沉默来淡化影响。这种变化所展现的，并不仅仅是一种新型伦理规范的涌现，而是反映了整个社会的透明化需求。进一步说，这场运动影响了公共组织机构的固有观念，摒弃了那种认为暴露和治疗不良现象将损害公众对机构信心的陈腐观念，恰恰相反，暴露和治疗不良现象是维护机构合法性和权威性的前提条件。这种伦理规则超越了沉默的诱惑。司法系统的活动属于公共活动，司法系统在机构的公共合法性与审慎性沉默之间寻求其合法性基础，最终公共合法性战胜了审慎性沉默。

司法伦理标准的设定，旨在保护公众而非法官。进一步说，保护法官形象不应当被视为表面价值，即使法官的形象需要保护，也并非因他本人的需要而得到保护；只有从司法的合法性建立在公众的信任这一点考虑，才可能考虑保护法官的形象。这种信任很大程度上来源和形成于法官的日常审判活动中，使法官有能力满足当事人不断变化的司法需求。实践中，很少有人会热衷诉讼，但每个人都期望一旦官司缠身，能够得到一位经验丰富、客观公正、独立正直的法官主持公道。即使公众能如愿以偿得到公正审判，公众信任并不能无限制地强化，它必须靠司法机构不断自我检讨方能实现，一个精致的平衡由此建立，保护公众的权利成为保护法官的基本前提。

每个提交司法复审的案例，均涉及两个可变因素。调查委员会必须在监督的比例原则与事件的典型性之间寻求平衡。对法官的监督建立在比例原则的基础之上，它必须评估该案例对社区的伦理期待造成的冲击力。简言之，我们在遵循先例时，也要重视司法伦理的可变性，如果一个看似并不显著的行为产生了新的重大社会反响，就值得重新评估其危害性。投诉的立案一般情况下意味着法官的行为或态度与社会的期待不相符合，而司法伦理的上诉程序则起到对特定时期的社会价值进行评估的作用。每个特定案例都必须基于经验和数据分析作出决定，然而却存在这样一种情况，即在过去理所当然被批评的行为，在今天看来或许就是恰当的，或许被更加严厉地谴责。如果典型性超越了比例原则，一个新的司法伦理规范也就由此诞生。

三、协调社会期待与法官行为

法官在法庭和社会中的行为需要满足两个方面的规则，一是行为低调保守，二是对世俗世界的不断自制。就第一方面而言，作为法官的特殊礼仪就是法官不得鼓动社会争执。这是引导法官行为的现实考量，从某种程度上引导法官与世俗生活保持适当距离，但这一点应当谨慎地使用，并且保证其必要性，它可以让法官排除社会的影响，增强法官对现实进行评价的客观性，有助于避免法官成为一个"过分考究社会合理性"的消息灵通人士，因为这种个体常常对司法裁判产生不当影响。但是，法官同时也需要对案件所涉问题具有渊博的社会经验和知识，并与社会保持一定的亲密关系。有时，脱离社会实践会导致法官成为各行各业的"门外汉"，导致公权力的行使者不了解社会。这不可避免地使以下两种义务之间产生紧张感，即法官行为保守低调的义务与其和社会保持联系的义务。这种紧张关系把组织文化从社会价值观念中分离出来，使每一个群体和组织都发展出自己的文化，并将其与社会隔离开来，从而形成自己独特的群体文化。与其他组织相比，司法系统更具有这种自我隔离的倾向性。在各种群体与组织中，共同完成任务与共同接受挑战能够培育团队精神，从而培育成员的团队自豪感。司法伦理委员会的组成人员并非法官，司法伦理的调查程序本身能够提供一种办法，以解决法官团队精神培育与法官行为调查之间的紧张关系。司法伦理调查程序本身可以在司法功能的内在需求与总体司法体系、对特定法官的社会期待之间达到平衡。换句话说，司法伦理实践是法官的内在性观察与外部性考量的统一。尽管公众普遍认为司法机关的工作不可或缺，但这不应成为其自傲的托词。这一点，可从对法官的投诉进行评估的过程中得到证实：就当事人对法官投诉进行评估，旨在找到司法机构与社会期待之间的最大平衡点，因此这种平衡随着时代发展而不断演变。需要进一步探索的，是如何找到这种内部与外部的最佳平衡点。

此外，还有另外一种紧张关系存在于道德、纪律、组织三个模式的司法伦理之间。司法伦理调查实践可被视为评估法官是否正直的程序（道德模式）、惩戒法官不当行为的机制（纪律模式）、保持司法系统与社会期待之间协调性的永恒过程（组织互动模式）。而组织互动模式的司法伦理，正是魁北克省关于司法伦理的理论与实践的基本模式。研究表明，公众希望法官的社会道德水平高于常人，从而驱使公众从道德层面评价法官的行为。当司法伦理采纳这种观点时，实际上却额外加重了法官的道德义务。值得玩味的是，这种观点意味着我们期待法官生活必须远离平常百姓，意味着法官必须在某种程度上异于常人，忽略了法官在日常生活中"越轨"行为的偶然性和遵守苛刻道德规范的诸多困难。进一步说，法官必须是如此的完美：在一个和他即将作出的判决有关联的社区里，法官不必了解甚至应当忽略其作为一个普通公民的基本存在。那么，我们之中有谁是生活在这样完美的世界，当我们在这个世界与他人对簿公堂时，我们能得到一个完美无瑕主体的审判——造物主？机器？虽然对法官行为的道德化要求偶尔会导致对法官的投诉，但这些投诉仅极少数能够成立。

也可从纪律的角度对司法伦理予以探讨，显然这是美国的传统。这种视角下的司法伦理建设，对法官的伦理义务和惩戒措施进行严格的法典化，法官被含蓄地界定为特殊的职业群体，并通过高度细节化、限制性列举的方式对法官伦理义务进行严格界定。司法伦理的规范清单随着司法主体与法庭遇到的新问题增多而不停地拉长。然而，虽说法官活动的主要内容可以纳入纪律约束程序，但其劣势也是相当明显的，它使法官与投诉者之间的抗辩成为司法伦理调查活动的主旨，由此得出这样一个结论：司法伦理是惩戒性法律的一个分支，司法伦理调查将成为一门完全独立的法律学科，它拥有自己的学科特征和主旨，司法伦理建设已经完全法律化了。

当我们概览魁北克省司法伦理调查委员会作出的投诉决定时，我们就会发现，其司法伦理建设的目的是预防、教育和教训吸取式的，目的在于确保法官的行为与公众的期待步调一致，而非简单的惩戒和开除。

司法伦理实践，并不仅限于衡量法官行为的道德性，更重要的是反映公众对法官职业的期待。从本质上说，司法机关通过其特定成员被惩戒的案例来提升司法机关的整体形象。进一步说，司法伦理调查的意图，并不仅在通过列举"害群之马"作为反面典型，或树立法官优于其同胞的道德形象，而是保护公众并且宣示司法机关的这一决心：司法应当顺应不断变化的社会期待。司法伦理工作的目标是把司法视为一个职业整体，一损俱损、一荣俱荣。

从本质上说，魁北克省的司法伦理工作是组织性的司法伦理模式。司法调查委员会的决定是面向公众的，致力于满足公众对公权力机关的透明性要求。既然其决定是面向公众的，其司法伦理工作就是一项集体活动。这也能解释为什么委员会决定的真正价值并不在于对不当行为训诫、除名，而是在于从各级委员会决定的每个投诉案例中总结出要点。通过这种方式，司法伦理的连续性就在驳回投诉与开除法官之间的灰色地带得以建立。司法伦理调查委员会必须定期将这些决定规范化。这种程序是司法伦理组织性模式的一部分，也是本书所讨论的重要内容。

四、司法伦理的理论和实践基准

司法伦理不可能忽略社会现实而人为设定。因此，本书深入研究了不断增加的司法伦理案例。此外，本书还对两种较为极端的情形进行分析，一种情形是法官与当事人近距离亲密接触，而另一种情形是法官对当事人漠然置之。两种情形显示，法官作为司法权行使者，在安排他们的行为时，不得不考虑现实的社会实际，法官需要在正式礼仪与行为随意之间进行不断的平衡。当然，法庭上的礼仪还是必需的，法官有义务注重礼仪，许多到庭的人（当事人或旁听庭审的公众）偶尔会抱怨法官对其职位的礼仪性缺乏敏感。一个正式的法官形象传递这样一种信息，即司法系统完全根据自己的职业参考体系发挥其功能，而对这一点毫不知情是不可理喻的。司法伦理委员会的有关决定都会涉及性别、残疾、社会分层、伦理起源等问题，它指出了社会个体与社区组织对法官的期待。另一方面，许多投诉针对法官的不当幽默与过度随意，这说明司法系统与其工作的严肃性并不总是协调一致的。

这些相互矛盾的请求，蕴涵着当今法官必须面对的困难，并引发了对司法系统可接受性的强烈质疑。法官经常遇到一些敏感的情形，法官在这些情形中已不再适用传统的规范性工作流程，其中较为典型的是，那种由专业律师代理的对抗性民事案件庭审，已经不能全面反映当今司法系统的常态，当今的公民选择自我代理、大量匿名的集团诉讼、当事人的多元文化背景、司法调解的广泛使用等。这些因素都需要法官在司法过程中进行个性化参与，不同程度的参与在给司法带来更多的人文气息的同时，也增加了法官职业伦理风险。法官的这种参与是让司法系统更有亲和力的前提，同时也产生了新的行为模式和沟通方式，法官甚至在工作中大量使用日常生活中的"大白话"，这些可以让法官打破职业的固化和刻板形象。因此，法官要想在司法系统中保持亲和力与可接受性，就必须在正式礼仪与行为随意之间找到新的平衡点，同样，这个界阶的确定又引发了新的司法伦理问题。

对司法系统理解的多样性的反思，取决于所涉当事人是个人还是组织。当法律与财政优先考虑公司与组织诉讼而非个人案件时，个人的异议也就随之产生。如果法官总考虑案件的不对称性，那当事人对法官感到不满也就顺理成章了。

如今，法官被当事人及公众监督，只要法官的活动发生在一个主张个人自治与公众参与的透明的社会，公众就不再是问题的纯粹中立者和代理人。渴望倾听胜于渴望胜诉。公众的投诉更多针对司法系统的认知，更多关注法官的社会活动，这种观点推开了重重疑惑之门：我们能对法官有怎样的期待？正义究竟是什么？

附：加拿大魁北克省司法伦理规范

法官职业伦理委员会有两个司法伦理规范，一个适用于全职法官，另一个适用于兼职的市政法官。

一、全职法官司法伦理

1. 法官应当在法律范围之内实现司法公正。

2. 法官应当清正、庄严和尊荣地履行职务。

3. 法官有责任提升职业能力。

4. 法官应当回避任何利益冲突，以免对自己忠实履行法定职责产生任何影响。

5. 法官不仅要实现公正与客观，更要显得公正与客观。

6. 法官应当勤勉履职，不遗余力发挥司法功能。

7. 法官应当避免从事任何与其司法角色不相符合的活动。

8. 法官在公共场合的行为方式应当低调、沉着、谦恭。

9. 法官应当在履职范围之内服从首席法官行政事务的管理。

10. 法官应当坚守清正廉洁、捍卫司法独立，最大限度实现社会的利益和正义。

二、兼职市政法官司法伦理

1. 法官应当在法律范围内实现社会正义。

2. 法官应当清正、庄严和尊荣地履行职务。

3. 法官有责任提升职业能力。

4. 法官应当回避任何利益冲突，以免对自己忠实履行法定职责产生任何影响。

5. 法官不仅要实现公正与客观，更要让人看起来显得公正与客观。

6. 法官应当勤勉履职。

7. 法官应当避免从事任何与其市政法官身份不相符的活动。

8. 法官在公共场合的行为方式应当低调、沉着、谦恭。

9. 法官应当坚守清正廉洁、捍卫司法独立，最大限度实现社会的利益和正义。

普通法国家的法律伦理研究：法律和法律忠诚的起源

W. 布拉德利·温德尔（著）／尹超*（译）

我很感谢尹超先生，他不仅向中国学者介绍了我的作品，还更广泛地介绍了英美法系的法律伦理研究。正如我与朋友（有时是智识上的陪练）戴维·鲁班（David Luban）共同撰写的一篇文章中所讨论的，[1] 美国的这一学术领域起源于 20 世纪 70 年代，当时的道德哲学家对律师职责标准的"中立的党派性"（neutral partisanship）态度提出了批评。英美法系的律师一直重视对客户忠诚的义务，坚持认为他们被允许（甚至被要求）首先维护客户的利益。即使客户的愿望与社会的利益相悖，那也没有关系。但是，正如美国律师常说的那样，律师的职责是在法律的范围内为客户利益做积极辩护。这一责任是作为实在法和社会习俗而存在的，但它经得起伦理观点的审查吗？许多道德哲学家对此表示怀疑。鲁班本人在该领域最具影响力的一本书中主张，对抗性制的制度、程序和规范至多是不够务实合理。[2] 然而，同样由于客户忠实、热心的代理而权益受损的人所提出的任何严苛道德要求，律师对于职业角色需要与道德主体的身份相分离的指控，几乎没有任何辩护的机会。由查尔斯·弗里德（Charles Fried）和斯蒂芬·佩珀（Stephen Pepper）[3] 发表的两篇重要论文，为法律伦理的标准概念

---

* W. 布拉德利·温德尔，康奈尔大学法学院教授。尹超，中国政法大学法学教育研究与评估中心副教授。

〔1〕 David Luban & W. Bradley Wendel, *Philosophical Legal Ethics: An Affectionate History*, 30 Geo. J. Legal Ethics 337 (2017). 本文已被翻译发表，参见尹超："美国法律职业伦理哲学：温情的历程"，载《法律与伦理》2019 年第 2 期。

〔2〕 David Luban, *Lawyers and Justice* (1988).

〔3〕 Stephen L. Pepper, "The Lawyer's Amoral Ethical Role: A Defense, a Problem, and Some Possibilities", *1986 Am. B. Found. Res. J. 613*; Charles Fried, "The Lawyer as Friend: The Moral Foundations of the Lawyer-Client Relation", *85 Yale L. J.* 1060 (1976).

（standard conception）进行了辩护，但这两篇论文都被认为存在缺陷或不完整。当我开始在该领域进行研究时，鲁班的观点被广泛接受，而且大多数以哲学为导向的学者认为，律师的许多职责在其职业角色中被视为理所当然，但他们却缺乏正当理由。

作为一名曾经的执业律师，以及接受过哲学研究生训练的人，我觉得这是不对的。律师一定不会相信他们的行为在道德上没有得到支持。当然，总存在一些疑难案件，律师会欣赏偶尔出现的具有挑战性的道德困境。例如，来自芝加哥的奥尔顿·洛根（Alton Logan）一案就涉及一名刑事辩护律师，其当事人向其承认了一桩谋杀案，而另一名男子正为案受到刑罚并等待执行。[1]严格遵守保密义务可能会导致无辜者的死亡。律师可以理解为什么这个案子会引发重大的伦理问题。然而，在很大程度上，他们认为自己在大多数时间里为大多数客户所做的事情，并不缺乏正当理由。我同意这一观点，并把研究法律职业的普遍道德正当性，视为我作为学者的使命。三篇论文构成了我于2010年出版的《法律人与法律忠诚》（Lawyers and Fidelity to Law）一书的核心部分。[2]该书的主要论点是，哲学家们一直在错误的方向上为律师的职业角色寻找正当理由。学者应将法律伦理理解为政治哲学的一个分支，而不应试图将其建立在一般道德或普通道德的基础上。现代自由社会面临的根本问题是宗教、道德和其他信仰的多样性，这些信仰涉及什么构成了一个良好的人类生活，什么是理性的人应该追求的目标。人们共同生活在社区里，任何个人的利益都不可避免会与他人利益发生冲突。伦理多元化使得仅通过推理和对话难以达成一致意见。自由社会发现自己处于杰里米·沃尔德伦（Jeremy Waldron）所说的政治环境中。[3]尽管在道德价值上存在合理分歧，但人们还是希望建立一个稳定、和平的社会，并承认需要一套程序和制度，以便在社会成员之间确立所有人都能接受的权利和义务。

在有时被称作道德冲突的"制度解决方案"（institutional settlement）之中，政治共同体的建立可以帮助公民实现权利的法律和法律机构——立法机构、法院和律师职业。这样就可以理解，律师的职责与建立一个相对稳定且可及的（accessible）权利义务框架的需要有关；在道德多元化背景下，政治共同体的成员可以将这一框架作为处理彼此关系的基础。事实证明，这些职责与传统中立的党

〔1〕 I used this case as a recurring example in my introduction to philosophical legal ethics. W. Bradley Wendel, *Ethics and the Law: An Introduction* (2014).

〔2〕 The early papers were, "Legal Ethics and the Separation of Law and Morals", *91 Cornell Law Review 67* (2005); "Professionalism as Interpretation", *99 Northwestern University Law Review 1169* (2005); "Civil Obedience", *104 Columbia Law Review 363* (2004). （该书已被翻译出版，参见［美］W. 布拉德利·温德尔：《法律人与法律忠诚》，尹超译，中国人民大学出版社2014年版。）

〔3〕 Jeremy Waldron, *Law and Disagreement* (1999).

派性模式非常接近。律师应以合理的谨慎和勤勉，协助客户了解和利用法律制度所赋予的法律权利和特权。在《法律人与法律忠诚》一书中，则指的是公民的合法权益（legal entitlements）律师有一种独特的职业义务，即表现出对法律的尊重，不从事滥用或歪曲法律制度所规定的权利的行为。值得注意的是，律师不仅通过诉讼提供获得合法权益的途径，而且还在提供法律咨询、协助客户遵守法律以及规划和安排各种类型交易的过程中提供这种途径。在协助客户获取或维护其合法权益时，律师不应受其自身道德信仰或对公共利益判断的影响。这些问题在一个多元社会中是可以讨论的，其解决应依靠法律体系的制度和程序。然而，通过在代表客户时暂停自己的道德判断，律师可能会显得放弃了道德主体地位，或者在极端情况下容忍不公正。因此，我研究法律伦理的重点是，必须处理好个人自治与法律声称是其主体的权威之间的紧张关系。借鉴约瑟夫·拉兹（Joseph Raz）的著作，[1] 我认为法律具有实际的权威，因为它使多元社会的公民能够比其他社会的公民做得更好，为了能与他们认为自由平等的其他人一起生活在一个社会中。

《法律人与法律忠诚》的评论人提出了许多异议。他们辩称，我对法律制度主持正义的能力过于乐观，事实上许多国家的法律、政治和经济制度普遍是不公正的，甚至在基本公正的制度中也有许多不公正或愚蠢的法律；在我看来，讲伦理的律师必须对现状表现出盲目忠诚，并对不公正的权威表现出顺从；法律可以被解释为任何意义，因此法律制度和律师不能履行我所描述的稳定功能；不可能从法律推理或客户代理中排除道德判断；或者，反而言之，我信奉一种不可信的法律形式主义的法理学立场，在这种立场中法律被认为是自我解释的。还有一些评论人将《法律人与法律忠诚》中的立场称为"实证主义法律伦理"（positivist legal ethics），将其与被称为法律实证主义的法理学观点正确地联系在一起。[2] 法律实证主义的核心主张是，法律允许的事情并不一定在道德上被允许。[3] 因此，对《法律人与法律忠诚》的主要批评之一，是它与道德的无关。如果律师的职责是就合法权益向客户提供咨询，并促进他们使用合法权益，而且合法权益可以（如实证主义者所主张的）在不涉及道德原则的情况下确定，那么法律伦理的主题似乎就完全被切断了道德来源。这肯定是有悖常理的，或者至少是对一些学者

---

[1]　In particular Joseph Raz, *The Morality of Freedom* (1986).

[2]　See, for example, Amy Salyzyn, "Positivist Legal Ethics Theory and the Law Governing Lawyers: A Few Puzzles Worth Solving", *42 Hofstra L. Rev.* 1063 (2014); Benjamin C. Zipursky, "Legal Positivism and the Good Lawyer: A Commentary on W Bradley Wendel's Lawyers and Fidelity to Law", *24 Geo. J. Legal Ethics* 1165 (2011).

[3]　John Gardner, "Legal Positivism: 5 1/2 Myths", *Am. J. Juris.* 199 (2001).

预期的一种降低，这些学者坚持认为法律伦理的标准概念应受道德审查。

在关于《法律人与法律忠诚》的评论研讨会的特稿中，我曾试图回答一些具体的批评。[1]实证主义法律伦理将律师的角色与道德分开，这一更大的批评需要更持久的回应。在最近的一篇论文中，我重新审视了拉兹的权威概念和政治环境的理念，这是本书论点的核心。[2] 道德实际上应当被注入律师的角色之中，而不是与之分离。尽管在道德价值上存在着一阶分歧（first-order disagreement），法律仍可以被理解为政治共同体的公民表达对他人自由和平等的尊重的一种手段，认可、相互尊重和问责是律师作为客户代理人的基本道德价值。律师使客户能为自己行为的正当性提供理由，而这些理由必然涉及政治共同体所建立的法律框架。这并不像西蒙（Simon）所说的那样，是一种关于法律或法律伦理的威权观念。相反，它是从公民之间的责任和问责关系的角度来理解法律价值的一种方式。

我对《法律人与法律忠诚》得到回应感到满意。它已经被普通法领域的法律伦理共同体所接受，并与蒂姆·戴尔（Tim Dare）、爱丽丝·伍利（Alice Woolley）、凯特·克鲁泽（Kate Kruse）、诺曼·斯伯丁（Norman Spaulding）、丹尼尔·马尔科维奇（Daniel Markovits）等人的著作一起，被视为我和鲁班所称的法律伦理哲学研究第二次浪潮的一部分。我也希望这个简短的介绍和本书的评论，对中国学者探讨法律伦理哲学有一定裨益。

---

〔1〕 W. Bradley Wendel："Legal Ethics Is About the Law, Not Morality or Justice：A Reply to Critics"，*90 Tex. L. Rev.* 727（2012）.

〔2〕 W. Bradley Wendel："The Rule of Law and Legal-Process Reasons in Attorney Advising"，*99 B. U. L. Rev.* 107（2019）.

社区忠诚：对社区律师的辩护

安东尼·阿尔菲里（著）/尹超*（译）

作者注释： 我很感激查尔顿·科普兰（Charlton Copeland）、艾德里安·巴克·格兰特－阿尔菲里（Adria Barker Grant－Alfieri）、艾伦·格兰特（Ellen Grant）、阿米莉亚·霍普·格兰特－阿尔菲里（Amelia Hope Grant－ Alfieri）、帕特里克·古德里奇（Patrick Gudridge）、伊登·哈林顿（Eden Harrington）、凯特·克鲁泽（Kate Kruse）、大卫·鲁班（David Luban）、利·奥索夫斯基（Leigh Osofsky）、史蒂夫·佩珀（Steve Pepper）、比尔·西蒙（Bill Simon）、史蒂夫·维茨纳（Steve Wizner），尤其是布拉德利·温德尔（Bradley Wendel），感谢他们的评论和支持。我还要感谢何塞·贝塞拉（Jose Becerra）、艾略特·弗尔萨姆（Eliot Folsom）、埃里卡·古登（Erica Gooden）、弗朗西斯科·金科内（Francesco Zincone）、罗宾·斯查德（Robin Schard）以及迈阿密大学法学院图书馆工作人员的研究援助和《德克萨斯法律评论》（*Texas Law Review*）编辑人员的尽职工作。

"许多律师……对社区行动持怀疑态度。"[1]

一、前言

2011 年 7 月，美国迈阿密戴德县（Miami Dade）的地方长官卡洛斯·吉梅内

---

* 安东尼·阿尔菲里，迈阿密大学法学院院长特聘学者，法学教授，伦理与公共服务研究中心主任。尹超，中国政法大学法学教育研究与评估中心副教授。

〔1〕 Interview by Zona Hostetler with Gary Bellow, Professor of Harvard Law School, in Cambridge, Mass. (Mar. 17, 1999).

兹（Carlos Gimenez），为了解决 4 亿美元的预算缺口，提出要关闭大迈阿密
（Greater Miami）的 13 个图书馆，包括位于椰子林镇西（Coconut Grove Village
West）（西树林社区，the West Grove）的维里克公园图书馆（Virrick Librar-
y）；[1] 西树林社区是一个贫穷的加勒比裔美国人（Afro-Caribbean-American）
社区，[2] 由迈阿密大学法学院历史性黑人教堂计划（Historic Black Church Pro-
gram）提供服务。[3] 现在已进入第四年，历史性黑人教堂计划通过与椰子林行
政联盟（the Coconut Grove Ministerial Alliance）的伙伴关系，向西树林社区水平
低下的（主要是低收入的）居民，提供教育、法律和社会服务方面的多学科资
源；椰子林行政联盟是一个由历史性黑人教堂计划和其他当地非营利实体、服务

---

〔1〕 Matthew Haggman & Martha Brannigan, "Proposal to Shutter Miami-Dade Libraries Draws Fire", *MI-AMI HERALD* (*July* 14, 2011), http: //www. miamiherald. com/2011/07/14/v-fullstory/2314852/proposal-to-shutter-miami-dade. html.

〔2〕 Arva Moore Parks, "History of Coconut Grove", in *REIMAGINING WEST COCONUT GROVE* 20, 20-23, *Samina Quraeshi ed.*, 2005, documenting the history of the West Grove.

〔3〕 Founded in 2008, the Historic Black Church Program arose out of a student-driven community-outreach initiative combining the historic preservation of churches, the conservation of neighborhood cultural and social resources (libraries, parks, and schools), and the open, expanded access to legal rights education and provider of referral services. Building upon the legal-political practices of the civil rights and poor people's movements of the late twentieth century, the initiative emphasizes organizing faith-based coalitions and mobilizing local nonprofit groups in cooperation with public agencies (prosecutor and public defender offices as well as police and fire departments) and in partnership with private entities (banks, small businesses, and real estate developers) to assist communities beset by concentrated inner-city poverty. A confluence of socioeconomic factors public-sector neglect, private-sector disinvestment, and nonprofit-sector abandonment-have rendered inner-city communities across the nation highly susceptible to continuing and oftentimes permanent impoverishment. The Historic Black Church Program seeks to combat that impoverishment through community education, nonprofit institution building, and civic participation. The case study presented here stemmed from events occurring during the summer of 2011, in which the Historic Black Church Program served in a limited advisory role primarily in its capacity as a member of the Coconut Grove Ministerial Alliance, a consortium of Historic Black Churches. *Historic Black Church Program*, CENTER FOR ETHICS & PUBLIC SERVICE (University of Miami School of Law, Coral Gables, Florida), Fall 2010 & Spring 2011, at 1, 5.

提供者和学校组成的联盟，该联盟以基层社区组织和法律权利动员为目的。[1]
迈阿密戴德县的官员公开声称，这些即将关闭的图书馆"是根据两个标准挑选
的：用途和地理位置"。[2] 然而，由于关停超出比例原则地对低收入有色人种社
区造成了不利影响，遴选过程引发了严重的问题和对阶级偏见和种族敌意的广泛
怀疑。[3]

与全国许多县的图书馆系统努力为本已庞大且不断增长的低收入人群提供教
育一样，[4] 迈阿密戴德县的图书馆"不仅作为借书和参与扫盲计划的资源，而
且还提供急需的互联网服务"。[5] 尽管维里克公园图书馆被描述为"空间上非
常有限的设施"，但据报道，它"为大量青少年和成年人提供了丰富的教育体
验"。[6] 因此，西树林社区的倡导者和民选官员，都对地方长官提议关闭维里克
公园图书馆提出了抗议，他们声称"与为社区所提供的价值相比，图书馆的成本

〔1〕 On the Historic Black Church Program, see Anthony V. Alfieri, "Against Practice", 107 *MICH. L. REV.* 1073, 1090-92 (2009); Anthony V. Alfieri, "Integrating Into a Burning House: Race- and Identity-Conscious Visions in Brown's Inner City", 84 S. CAL. L. REV. 541, 592-601 (2011) (book review) [hereinafter Alfieri, *Integrating Into a Burning House*]; Anthony V. Alfieri, "Post-racialism in the Inner City: Structure and Culture in Lawyering", 98 GEO. L. J. 921, 927-28 (2010) [hereinafter Alfieri, Post-racialism]; CTR. For ETHICS & PUB. SERV., UNIV. of Miami SCH. of Law, Historic Black Church Program: 2011-2012 Projects (2011) (on file with author) [hereinafter Historic Black Church Program: 2011-2012 Projects]; and CTR. For ETHICS & PUB. SERV., UNIV. of Miami SCH. of Law, Strategic Plan (2011) (on file with author). The Program operates jointly with the University of Miami's College of Arts and Sciences and Schools of Architecture, Communication, and Education to supply faculty and student opportunities for civic engagement, service learning, and community-based research.

〔2〕 Haggman & Brannigan, *supra* note 2. County officials commented: "Some (libraries) are proposed to be closed because of light traffic, while others are targeted because another library is nearby." *Id.*

〔3〕 *See* Luisa Yanez, "Miami-Dade Mayor Carlos Gimenez Holds First Virtual Town Hall Meeting", MIAMI HERALD (July 14, 2011), http://www.miamiherald.com/2011/07/14/2315006/miami-dade-mayor-holds-first-virtual.html (documenting the mayor's receipt of a complaint suggesting that the libraries selected to be closed were largely those in "black or poor neighborhoods"); *see also* Matthew Haggman & Martha Brannigan, "Miami-Dade Commission Supports Mayor's Proposed Tax Plan, but Spares County Libraries", Miami Herald (July 19, 2011), http://www.miamiherald.com/2011/07/19/v-fullstory/2321502/miami-dade-commissionsupports.html (noting that the mayor's budget proposal was modified due to the concerns over closing libraries that were "particularly vital to lower-income groups").

〔4〕 Miami-Dade County officials report that "the Miami-Dade Public Library System is the eighth largest public library system in the country with 48 branches in neighborhoods throughout the county". See *Capital Plan-Building Beyond Books*, MIAMI-DADE PUB. LIBR. SYS., http://www.mdpls.org/info/capital-dev/watchus-grow.asp.

〔5〕 Haggman & Brannigan, *supra* note 2.

〔6〕 Jackie Bueno Sousa, "Library Anecdote Doesn't Tell Whole Story", Miami Herald (July 26, 2011), http://www.miamiherald.com/2011/07/26/2331540/library-anecdote-doesnt-tell-whole.html (quoting Miami-Dade County Commissioner Xavier Suarez).

是最低的"。[1]

在地方长官宣布关闭图书馆的几天内，西树林社区教堂的牧师和社区领袖开始散发反对关闭维里克公园图书馆的电子邮件，并呼吁采取政治行动加以阻止。为了帮助规划和评估各种战略选择，历史性黑人教堂计划开始评估一系列政治和法律策略，包括有限的直接服务的代理、县域影响的诉讼和立法改革等可行的建议。直接服务的代理需要招聘公益性服务顾问（例如法律服务组织和营利性律师事务所），根据受害原告方（如西树林社区的家庭和孩子）的请求，提供合理的诉讼理由（例如，公民权利的差别性影响主张和受教育的州宪法权利主张），以及形成适当的救济（例如宣告性救济和强制性救济，后者需要一种不切实可行的证据来证明所受伤害是不可弥补的，以及在案情上取得成功的可能性）。更令人生畏的是，影响性诉讼或判例诉讼（impact or test-case litigation）需要多名协理律师的合作，以及对政党地位和阶级证明的复杂计算。相比之下，法律改革需要地方长官办公室和县委员会的关键决策者进行私下和公开的游说。

此外，历史性黑人教堂计划探索了可能的非法律替代方案，比如通过私人筹款来填补预计的图书馆预算缺口，以及将维里克公园图书馆实际搬迁到附近的教堂或学校。此外，该计划还考虑了媒体活动（例如社论和信件）、公众抗议（例如游行、集会或静坐）以及政治压力（例如，向监管机构报告选定的公职人员，以调查在其他事项中持续存在的不道德或非法的行为），[2] 所有这些都是为了说服当地市政和县官员，帮助动员公众反对闭馆提议。[3]

综上所述，这种传统的且时有争议的政治法律战略和战术，对社区律师来说得心应手。"社区律师"的概念在法律职业的文献中已经根深蒂固。[4] 这些文

---

[1] *Id.*

[2] Plainly, the instrumental reporting of public officials for unethical or unlawful conduct to regulatory agencies in unrelated matters for the purpose of gaining leverage in bargaining over community resources presents issues of both ordinary morality and substantive justice.

[3] It is important to note that neither the faculty nor the students of the Historic Black Church Program ultimately recommended any of the legal-political actions under review here, though such actions assemble the common core of options frequently available to community lawyers.

[4] By community lawyering, I mean neighborhood-based representation on behalf of underserved individuals, groups, and organizations in the form of direct-service, impact, or test-case litigation, legislative law reform, transactional counseling, and legal-political organizing.

献的范围很广，包括公民权利和贫困法的研究，[1] 诊所教育和技能培训课程，[2] 以及跨学科学者的实证研究。[3] 的确，美国民权和穷人运动的历史，突出了社区律师在法律宣传和政治组织中的作用。[4] 同样地，法学院课程设计和校园向社区拓展的发展，也使得了社区律师模式更广泛地融入法学教育。[5] 同样，法律与社会学者的著作，也强调国内外律师业共同体或"事业"的重要性。[6]

[1] On community lawyering in civil rights and poverty law, see generally Raymond H. Brescia, *Line in the Sand: Progressive Lawyering, "Master Communities", and a Battle for Affordable Housing in New York City*, 73 ALB. L. REV. 715 (2010); Scott L., *Cummings, Community Economic Development as Progressive Politics: Toward a Grassroots Movement for Economic Justice*, 54 STAN. L. REV. 399 (2001); Sheila R. Foster & Brian Glick, *Integrative Lawyering: Navigating the Political Economy of Urban Redevelopment*, 95 CALIF. L. REV. 1999 (2007); and Laurie Hauber, *Promoting Economic Justice Through Transactional Community-Centered Lawyering*, 27 ST. Louis U. PUB. L. REV. 3 (2007).

[2] On community lawyering in clinical education and skills training, see generally Alicia Alvarez, *Community Development Clinics: What Does Poverty Have to Do with Them?*, 34 FORDHAM URB. L. J. 1269 (2007); Juliet M. Brodie, *Little Cases on the Middle Ground: Teaching Social Justice Lawyering in Neighborhood-Based Community Lawyering Clinics*, 15 CLINICAL L. REV. 333 (2009); and Karen Tokarz et al., *Conversations on "Community Lawyering": The Newest (Oldest) Wave in Clinical Legal Education*, 28 WASH. U. J.L. & POL'Y 359 (2008).

[3] For empirical and interdisciplinary scholarship on community lawyering and legal services, see Laurie A. Morin, *Legal Services Attorneys as Partners in Community Economic Development: Creating Wealth for Poor Communities Through Cooperative Economics*, 5 U. D.C. L. REV. 125 (2000); Jeanne Charn & Jeffrey Selbin, *The Clinic Lab Office* 3-13 (2010) (unpublished manuscript) (on file with author). *See also* D. James Greiner & Cassandra W. Pattanayak, "Randomized Evaluation in Legal Assistance: What Diference Does Representation (Offer and Actual Use) Make?", 121 YALE L. J. (forthcoming 2012), available at http: //ssrn. com/ abstract-1708664 (assessing the impact of poverty-law outreach, intake, client selection, and service delivery); Anthony Alfieri et al., *Reply to Greiner and Pattanayak* (Jan. 2012) (unpublished manuscript) (on file with author).

[4] On the intersection of legal advocacy and political organizing in community lawyering, see generally Scott L. Cummings & Ingrid V. Eagly, *A Critical Reflection on Law and Organizing*, 48 UCLA L. REV. 443 (2001); Loretta Price & Melinda Davis, *Seeds of Change: A Bibliographic Introduction to Law and Organizing*, 26 N.Y.U. REV. L. & Soc. CHANGE 615 (2000-2001).

[5] On curricular models of community and related public-interest lawyering in legal education, see generally Martha F. Davis, *The Pendulum Swings Back: Poverty Law in the Old and New Curriculum*, 34 FORDHAM URB. L. J. 1391 (2007); Louis S. Rulli, *Too Long Neglected: Expanding Curricular Support for Public Interest Lawyering*, 55 CLEV. ST. L. REV. 547 (2007); Gregory L. Volz et al., *Higher Education and Community Lawyering: Common Ground, Consensus, and Collaboration for Economic Justice*, 2002 WiS. L. REV. 505; and W. Lawson Konvalinka, Book Note, *More Than a Poor Lawyer: A Study in Poverty Law*, 89 TEXAS L. REV. 449 (2010).

[6] On community-lawyering strands in cause lawyering, see John O. Calmore, *A Call to Context: The Professional Challenges of Cause Lawyering at the Intersection of Race, Space, and Poverty*, 67 FORDHAM L. REv. 1927 (1999); Scott L. Cummings "Mobilization Lawyering: Community Economic Development in the Figueroa Corridor", in *cause lawyers and social movements* 302, 302-36 (*Austin Sarat & Stuart S. Scheingold eds.*, 2006); and Jayanth K. Krishnan, *Lawyering for a Cause and Experiences from Abroad*, 94 CALIF. L. REV. 575 (2006).

　　这篇评论将在 W. 布拉德利·温德尔重要的新书《法律人与法律忠诚》的背景下，为社区律师业提供伦理辩护。[1] 以他先前在法律伦理方面的杰出作品[2]以及当代道德和政治哲学家的著作为基础，[3]《法律人与法律忠诚》提出了一种法律伦理理论，将"法律忠诚"（fidelity to law）作为自由民主社会中律师工作的中心义务。[4] 温德尔在关于法律忠诚概念的道德和政治论证中提出，要将政治合法性作为律师决策的规范性基准。[5] 此外，其将律师的职责建立在"民主立法和法治"的基础上这一论点，从而将律师业的伦理和规范价值定位于"政治领域"，而不是普通道德或社会正义。[6] 通过捍卫一种将对法律（而非客户或社区利益）的忠诚作为律师核心义务的法律伦理理论，温德尔力图恢复将合法性作为律师规范理想的观念，并引导律师进入一个正式、程序性的宣传和咨询系统，该系统在很大程度上独立于实质性司法目标。[7] 温德尔将法律伦理的评价框架，从对普通道德和实质正义的关注，转向对政治合法性和程序合法性的考虑；我认为这种变化将使社区律师面临新的规范性批判，并侵蚀他们在美国法律和社会中至关重要的工作的正当性。

　　本评论分为三个部分。第一部分阐述温德尔"法律忠诚"概念及其规范性的实在法基础。第二部分在温德尔的伦理框架内考察社区律师的意义和正当性。第三部分概述一种不服从和反抗的局外人伦理，作为社区律师的另一种行为方式。

---

　　[1]　*W. Bradley Wendel*, *Lawyers and Fidelity to Law* (2010). For helpful discussion of the ethics of community lawyering, see generally Shauna I. Marshall, *Mission Impossible?*: *Ethical Community Lawyering*, 7 CLINICAL L. REV. 147 (2000).

　　[2]　*See generally* W. Bradley Wendel, *Lawyers as Quasi-public Actors*, 45 ALTA. L. REV. 83 (2008); W. Bradley Wendel, *Legal Ethics and the Separation of Law and Morals*, 91 CORNELL L. REV. 67 (2005); W. Bradley Wendel, *Legal Ethics as "Political Moralism" or the Morality of Politics*, 93 CORNELL L. REv. 1413 (2008); W. Bradley Wendel, *Razian Authority and Its Implications for Legal Ethics*, 13 LEGAL ETHICS 191 (2010); Alice Woolley & W. Bradley Wendel, *Legal Ethics and Moral Character*, 23 GEO. J. LEGAL ETHICS 1065 (2010).

　　[3]　*See* John Rawls, Political Liberalism, at xxxvi (2005) (exploring ideas of "justice as fairness" and the "political conception of justice"); Joseph Raz, *The Claims of Law*, in *the authority of law*: *essays on law and morality* 28, 28-33 (2d ed. 2009) (remarking on the law's requirement of adherence to legal rules even when there are compelling reasons for deviating from those rules).

　　[4]　Wendel, *supra* note 21, at 7-9.

　　[5]　*Id.* at 2, 11, 15, 47-48, 55, 89-92, 98-99, 130.

　　[6]　*Id* at 2.

　　[7]　*Id* at 2, 4, 23, 42, 157, 215 n. 19.

二、法律忠诚作为积极律师行为的规范性辩护

"最大的问题……是律师会拒绝直接与社区组织者和社区活动人士合作……"[1]

温德尔"法律忠诚"的道德律师概念，是建立在政治合法性的基础上的。他将政治合法性定义为通过"公民的尊重和忠诚"而获得的"政治安排"（political arrangements）的性质或品质，这种忠诚幸免于公民的争吵和非正义的法律。[2] 根据这一定义，政治合法性构成了一种激活关系和调解"国家权力与公民之间"紧张关系的规范性戒律。[3] 通过将律师的职责引导到"民主立法和法治"的思考，温德尔将律师业的伦理价值从普通道德和实质正义领域，重新定位到"政治领域"。[4] 在这样的安排之下，律师业的价值是源于对法律的忠诚，而不是对客户、非客户利益或更广泛的社区利益的追求。[5]

在温德尔的"法律忠诚"概念中，法律赢得了文化和社会的"尊重，因为它能够区分原始权力和合法权力"，或者更直接地说，能够将强制力与合法性区别或分离开来。[6] 他解释说，这种能力"使一种特定的理由说明"或经过深思熟虑的判断，得以"独立于权力或偏好"。[7] 他补充说，通过公共协商和理性判断，有代表和无代表的公民都可以在社会中以一种有秩序、正规的方式获取合

---

〔1〕 Interview by Zona Hostetler with Gary Bellow, *supra* note 1.

〔2〕 Wendel, *supra* note 21, at 2.

〔3〕 *Id.*

〔4〕 *Id.*

〔5〕 *Id.* at 2, 26, 44, 49−50, 67, 71, 87, 89, 122−23, 168, 175, 178, 184, 191, 210; *see also id* at 80 (explaining that the law does not permit lawyers to seek out every possible lawful advantage for their clients); *id.* at 84 (describing how lawyers may attempt to change the law through good−faith arguments only).

〔6〕 *Id.* at 2; *see also id.* at 3 (defining the concept of legality in terms of the "difference between the law and what someone−a citizen, judge, or lawyer−thinks ought to be done about something, as a matter of policy, morality, prudence, or common sense"); *id.* at 119 (distinguishing individual from institutional decision making); *id* at 202 ("The claim of legality is, in essence, the avowal of having evaluated a scheme of legal entitlements and constraints from the perspective of one who regards them as creating reasons for action as such.").

〔7〕 *Id.* at 2; *see also id.* at 14 (describing how participants in a legal system act as if the law is not radically indeterminate and noting how legal reasoning results in an objective range of reasonable interpretations); *id.* at 61 (explaining that the law must be regarded as intrinsically reason giving in order to make a distinction between a legal right or permission and lawbreaking); *id.* at 130 (discussing how even if one grants that the legal system needs political legitimacy, lawyers' roles are not limited to facilitating the access of individuals to legal meaning making); *id.* at 160−61 (distinguishing agent−neutral reasons from agent−relative reasons, which are not morally mandatory).

法权益（legal entitlements）。[1] 温德尔认为，与偏好、兴趣或欲望不同，合法权益是"由整个社会（以程序的方式）公平地和（以政治共同体的性质）集体地赋予的"。[2] 在温德尔看来，"通过公平程序所制定法律的合法性"，引起公民出于道德而非经济或政治原因所"接受"权利的政治合法性。[3] 这样，合法性就不需要诉诸普通道德、个人和集体正义或公共利益等更高层次的法律主张。[4]

即使具备了关于合法权益和政治合法性的原理——以及对公民所赋予的自然道德推理的神秘自信——温德尔承认，美国法律和文化的流行话语包含着"对违法行为的大量认可"，尤其是为了正义的目的。[5] 事实上，他从大众文化中发现，人们普遍欣赏法律对公民及其欲望的工具性价值，但对法律对社会及其需求的内在价值却缺乏尊重。[6] 温德尔承认，无论在文化和社会中如何被认可，法律"都不会以道德的方式结束对一件事的辩论"。[7] 他承认，出于道德和政治的原因，辩论可能包括"公开批评、抗议、非暴力反抗和其他旨在改变法律的行为"。[8] 尽管如此，他仍坚持认为"律师负有尊重法律的义务"，最好是基于公

---

〔1〕 *Id.* at 2; *see also id.* at 6 (claiming there is value in lawyers' work within a system that maintains legitimate procedures and establishes a stable basis for coexistence and cooperation); *id.* at 8 (remarking that a lawyer's ability to help a client in a legal manner is limited by the client's legal entitlements); *id.* at 123 (explaining that there is room for dissent even in a well-ordered society where dissenters respect and obey fair and just institutions).

〔2〕 *Id* at 2; *see also id* at 197 (suggesting that official authority is ultimately derived from a community's practices); *id.* at 265 n. 62 (mentioning that the goal directedness of any practice is a noncircular source of obligations internal to the practice). On legal authority, legislation, and consent, *see* Jeremy Waldron, The Dignity of Legislation 124-66 (1999).

〔3〕 Wendel, *supra note* 2 1, at 2; *see also id.* at 62 (labeling as "good citizens" those who take the law as a source of reasons for action instead of merely as a source of negative consequences). Wendel's privileging of moral conviction over economic or political interest goes largely unexplained.

〔4〕 *Id.* at 2, 9-10, 29, 56, 120, 210.

〔5〕 *Id.* at 3 (noting popular images of "heroic" lawyers marked by their willingness "to bend the rules in pursuit of substantive justice"). See generally William H. Simon, Moral Pluck: Legal Ethics in Popular Culture, 101 *COLUM. L. REV.* 421 (2001) (profiling three prominent portrayals of lawyers and discussing popular culture's exaltation of their legal transgressions in pursuit of basic moral values).

〔6〕 *See* Wendel, *supra note* 21, at 2 (citing the ability of citizens to gain power through appeal to legal entitlements); *id* at 3 (repeating the attitudes of some clients that the law should be followed only if it helps accomplish their goals); *id* at 82 (describing some lawyers' view that their role is to press their clients' interests "right up to the boundaries of the law"); *id* at 114-15 (remarking on the popular conception of the law as "an irritant, rather than something that deserves allegiance").

〔7〕 *Id* at 3; *see also id.* at 107 (recognizing that the existence of moral pluralism may conflict with the legal norms established in society); *id.* at 115-16 (asserting that the law legitimates certain actions in a pluralistic society).

〔8〕 *Id* at 3.

民服从实在法的民主精神如此行事。[1]

出于政治理论的目的，温德尔假设，在"一个合理运作的民主政治秩序"下，法律象征着"在相对和平与稳定的条件下共同生活在一起的人们的共同成就"。[2] 按照这种民主的观点，法律提供了"使公民能够解决分歧的程序，否则这些分歧将仍然难以得到解决，从而无法在共同项目上进行合作"。[3] 在呼吁律师尊重法律的同时，温德尔敦促通过"公开、合理可行的程序，使公民能够达成临时解决方案"，来解决社会冲突和争议——简而言之，"使合作行动能够响应某些集体需要"。[4]

从这个公共立场延伸出去，温德尔集合了道德律师的双重政治目的。从一开始，他就试图重新将合法性理念确立为律师的一个规范性标准。在整个过程中，他还努力引导律师在用来"取代实质正义所需要的分歧"的实证法体系中发挥作用。[5] 对于温德尔来说，"将评价的参考框架从普通道德和正义转向对政治合法性的考虑"，改变了"律师规范性批评的术语"。[6]

从这个角度来考虑迈阿密和其他地方社区律师的情况。通常从事广泛的民权

---

〔1〕 *Id*; *see also* W. Bradley Wendel, *Civil Obedience*, 104 COLUM. L. REv. 363, 424 (2004) (contending that "lawyers have an obligation to respect the law and maintain its capacity to serve as a framework for coordinated action").

〔2〕 Wendel, *supra* note 21, at 4; *see also id* at 2 (asserting that law enables civil interaction by performing an equalizing function); *id* at 91 (stating that law is essential to the political order of a society, allowing people to coexist peacefully).

〔3〕 *Id*. at 4; *see also id*. at 89 (asserting that laws are societally instituted procedures for resolving disagreements that establish the framework for cooperation); *id* at 96-98 (exploring the types of disagreements that make law necessary and arguing that law facilitates the existence of societies with a diversity of viewpoints).

〔4〕 *Id*. at 4 (citing the settlement function as a "larger-scale phenomenon" that "supersedes diffuse disagreement over normative issues by replacing the contested individual moral and political beliefs of citizens with a shared social position"); *see also id*. at 99 (noting that "members of society might reasonably opt for the use of procedural mechanisms to transcend the disagreements that divide them, and to establish a framework for coordinated action").

〔5〕 *Id*. at 4; *see also id*. at 10 (arguing that to "regard professional duties . . . as aiming directly at justice or other moral notions such as efficiency or autonomy, would essentially vitiate the capacity of the legal system to supersede disagreements about these values"); *id*. at 26 ("The main argument in this book is that in the majority of cases, a fully worked-out moral analysis of what a lawyer ought to do will conclude that the lawyer has an obligation of fidelity to the law that precludes reasoning on the basis of ordinary non-institutional moral values"); *id*. at 54 (asserting that "one of the most important functions of the law is to supersede uncertainty and disagreement and provide a resolution of competing claims of right, so that citizens can coexist and work together on mutually beneficial projects").

〔6〕 *Id* at 4; *see also id* at 87-89 ("Considerations associated with the value of legality and the rule of law provide reasons for lawyers to act with fidelity to law, rather than acting on the basis of the moral and nonmoral considerations that would otherwise apply in the absence of the lawyer client relationship").

和扶贫工作，以社区为基础的律师，经常对国家认可的阶级偏见或种族敌意的模式和做法提出挑战，这些模式和做法体现在歧视和差别对待上——重复出现的模式和做法越来越教条地与联邦和州法院的攻击绝缘。温德尔所修订的评估框架，不再对这种由律师所主导的挑战的规范性批评进行道德和正义的考虑——而正是这些考虑对谴责种族歧视和经济不平等至关重要。相反，他的框架将对此类律师挑战的规范性批评，转向基于权利的权益、政治合法性和程序合法性的考虑，并因而倾向接受歧视和差别对待，认为这是民主的立法者在分配稀缺资源时平衡相互竞争的社会利益的善意尝试，[1] 比如迈阿密戴德县关闭社区图书馆的决定。社区律师为客户（特别是有色人种的客户和社区）提供咨询意见，向其说明是否可以对国家所批准的种族歧视和种族差别待遇的模式或做法进行战略性抵制。这种规范性的重新评估将对社区律师的批评，从指控他们的行为存在道德上的错误（即蔑视非客户的、多数人享有的政治权利），转向指责他们的行为实际上玷污了他们作为"法律滥用者"（abusers of the law）的名声。[2]

在温德尔的规范性效价（normative valence）上，律师滥用法律的指控源于从道德推导出的"尊重构成法律体系的制度、程序和职业角色"的义务。[3] 为了证明法律和法律制度是值得普遍尊重的，[4] 温德尔引用了"与自由民主国家公民伦理相关的政治规范考量"。[5] 温德尔运用约翰·罗尔斯（John Rawls）及其"判断的负担"（burdens of judgment）的概念，从多元化和分歧的角度来解释公民道德。[6] 他对道德多元化的接受，源于对不同利益和能力的承认，并以自

---

〔1〕 *See id* at 4（"The effect of shifting the evaluative frame of reference from ordinary morality and justice to considerations of political legitimacy is to change the terms of the normative criticism of lawyers"）；*id* at 86（asserting that "the legal entitlements of clients, not client interests, fix the boundaries of lawyers' duty of loyalty to their clients"）；*id* at 122（"The fundamental obligation of the lawyer's role is fidelity to the law itself. The law supersedes moral disagreement and provides a basis, however thin, for social cooperation and solidarity"）；*id* at 177（pronouncing that the "obligation of fidelity to law must be understood in context, with some lawyers having greater latitude than others to assert less well-supported legal positions on behalf of clients"）.

〔2〕 *Id.* at 5；*see also id.* at 86（summarizing a "Principle of Neutrality" in which the boundaries of a lawyer's duty of loyalty are fixed by clients' legal entitlements rather than ordinary morality）.

〔3〕 *Id.* at 5.

〔4〕 *Id.*

〔5〕 *Id.*；*see also id.* at 115（positing a moral obligation to obey even unjust laws provided that such laws "do not exceed some limit of injustice"）.

〔6〕 *Id.* at 5；*see also id.* at 55（rejecting the argument that society's need for law arises from the inherent selfishness and inadequacy of its members）；*id.* at 92（locating Rawls's "burdens of judgment" in the context of non-ideal ethics〔citing RAWLS, *supra* note 23, at 55-58（1993））〕. By the burdens of judgment, Wendel means "the indeterminacy in practice of our evaluative concepts, due to empirical uncertainty and moral pluralism." *Id.* at 5.

由民主和不可避免的价值冲突告终。[1] 出于对民主社会和价值多元化的承诺，温德尔赞同在法律、文化和社会方面的"公平合作条款"，尽管"在全面性道德理论层面上存在深刻而棘手的分歧"是屡见不鲜的。[2] 在这种意义上，在积极的立法和法律适用程序中——例如在立法预算编制的起草和执行中——表现出来的合作公平促进了合法性。[3] 在温德尔看来，"在法律、政治、文化和社会中，通过公平的民主程序进行治理是值得尊重的"。[4] 因此，他注意到，律师（甚至社区律师）"通过在一个维持合法程序以建立一个稳定的共存与合作基础的制度内工作，做出了一些有价值的事情"。[5]

民主治理、公平程序和政治合法性的自由主义背景，构成了温德尔法律伦理观的核心道德内容，这一观点与英美法律职业中占主导地位的伦理标准概念（standard conception）密切相关。[6] 在很大程度上，温德尔捍卫了标准概念，尽管在形式上对其进行了修改。其概念调整是从三个原则中挑选出来的：前两个原则指导律师行为，而第三个原则塑造律师行为的规范性评价。[7] 第一个是党派性原则（the Principle of Partisanship），它要求律师"在法律允许的范围内为其客户谋取利益"；[8] 第二个是中立原则（the Principle of Neutrality），它使律师可以

---

〔1〕 *Citing* RAWLS, *supra* note 23, at 56-57（positing that the sources of reasonable disagreement the burdens of judgment-derive from differences in people's total experiences, the ways in which they assess and weigh moral considerations, and the ways in which they assess and evaluate conflicting and complex evidence that bears on their judgments）; Katherine R. Kruse, *Lawyers, Justice, and the Challenge of Moral Pluralism*, 90 MINN. L. REV. 389, 396-402（2005）（contending that the sources of moral pluralism can be categorized and explained as arising from "epistemological difficulty" "value pluralism", or the differences in people's "cultural identities and experiences"）.

〔2〕 Wendel, *supra* note 21, at 5.

〔3〕 *See id.* at 5-6（arguing that citizens in a democracy must agree on certain, tolerably fair lawmaking procedures）; *id.* at 99（discussing perceived imperfections in the legislative process）; *id* at 101-02（arguing that congressional-lawmaking procedures are fundamentally legitimate despite some perceived imperfections）.

〔4〕 *Id.* at 6; *see also id.* at 88（suggesting that respect for the law is warranted where the procedures for making, interpreting, and applying laws are legitimate）.

〔5〕 *Id.* at 6; *see also id* at 86-105（arguing that the capacity of the legal system to treat citizens equally through the application of legitimate and fair procedures for making and applying law vindicates the rule of law, even where some outcomes work injustice, because fair procedure enables citizens to resolve disagreement cooperatively）.

〔6〕 *See id.* at 5（insisting that the book will argue that the legal system is worthy of respect by virtue of its reliance on political normative considerations relating to the ethics of citizenship in a liberal democracy）; *id.* at 28-30（discussing the standard conception of legal ethics）.

〔7〕 *See id* at 6（"The Standard Conception consists of two principles that guide the actions of lawyers, and a third principle that is supposed to inform the normative evaluation of the actions of lawyers"）; *id* at 28（discussing the three principles that constitute the Dominant View）.

〔8〕 *Id* at 6; *see also id.* at 29-30（enumerating the three principles that constitute the Dominant View）.

不考虑"客户事业的道德性"或"为促进客户事业所采取特定行为的道德性",假设"两者都是合法的"。[1] 第三个是非问责原则（the Principle of Nonaccountability），律师对前两个原则的遵守以及对制度的遵守，使温德尔得以得出这样的结论，即"第三方观察者和律师本人都不应将律师视为不法之徒"，至少"在道德上"是这样。[2]

与传统标准概念压倒一切的工具性逻辑相反，温德尔认为"律师应该采取行动保护客户的合法权益"，而不是简单地追求他们的私人利益或公共偏好。[3] 对温德尔来说，法律授权律师通过律师与客户的委托关系为客户代理，并"对这些权利的合法使用设置了限制"。[4] 他认为，通过展示"法律制度应该得到公民的忠诚""律师将被视为在社会中扮演一个合理的角色"，因此他们将积累甚至可能重新获得职业的伦理价值。[5]

三、将法律忠诚作为对社区律师的一种规范性批评

温德尔指出："我不确定，这种以政策和直接行动为导向、以社区行动为纽带的法律服务项目能否真正奏效。"[6]

温德尔基于法律忠诚的法律伦理概念，对社区律师业提出了严肃的规范性批评。在法律伦理理论中，法律忠诚塑造了律师的职业责任；在为该理论辩护时，温德尔既重塑又强化了角色分化道德的基本前提。由于沉迷于"在社会中扮演一个角色，为自己的错误行为提供了一个制度性借口"这一主张，他指出，角色分化的道德概念，与更普遍、更引人注目的普通道德概念有所不同。[7] 例如，对许多社区律师来说，通常在与社区居民和团体的街头协作中，普通道德的要求引导着他们的工作。尽管这种差异会对个人和职业产生影响，但温德尔认为，"角

---

[1] *Id* at 6.

[2] *Id.* ; *see also id.* at 29-31（"The Principle of Nonaccountability means that, as long as the lawyer acts within the law, his or her actions may not be evaluated in ordinary moral terms"）.

[3] *Id.* at 6; *see also id* at 31（arguing that "the legal entitlements of clients, not client interests, should be paramount for lawyers"）.

[4] *Id.* at 6.

[5] *Id.* at 7; *see also id.* at 6 n. *（remarking that "since fidelity to law, not client interests, is a principal difference between this view and the standard conception, the position here might be referred to as the fidelity to law conception, the entitlement view, or something similar"）.

[6] Interview by Zona Hostetler with Gary Bellow, *supra* note 1.

[7] Wendel, *supra* note 21, at 7; *see also id* at 20（explaining the distinction between ordinary and role-differentiated morality）; *id.* at 31（introducing the conflict between the standard conception and ordinary morality）.

色通过必须重视的理由考量排除角色之外的人，做了真正的规范性工作"。[1] 这种特定于角色的例外规范的排除，缩小了温德尔对某些制度角色和实践的评估参考框架，当这些角色和实践被应用于社区律师时，它们会在多种多样的情形中限制他们的工作。他承认，这些角色和实践需要更高层次、更系统的一般性道德正当性，而不仅仅是在局部环境中的常规逐案应用。[2] 为此，他将律师的角色与多元化社会公民身份所体现的一系列价值联系起来，在这个多元社会中，"个人的日常生活由政治制度全面调节"。[3] 然而，这种联系并没有把被主流政治制度剥夺和否定全部权利和特权的公民个人联系在一起，正如西树林社区的历史所表明的那样。

在多元社会中，当客户或环境要求律师以倡导者、建议者和顾问的职业身份行事时，对公民价值的尊重塑造了温德尔对律师的理解。根据这一认识，律师在维持甚至保存多元社会的主要机构（即法院、立法机构、行政或监管机构）方面，发挥了"微小却重要的作用"。[4] 温德尔认为，通过关注这些机构并使它们保持"良好的工作秩序"，[5] 律师的角色具有"重要的道德权重"。[6] 这一权重连同其公平和合法性的基本准则，都依赖于"一种独立的公共生活道德"。[7] 他认为，在这方面，律师更像政治官员，而不是普通的道德主体。[8] 这种相似性为温德尔提供了建立一种新制度的机会，这种制度以公民对法律和合

---

〔1〕 *Id.* at 7; *see also id.* at 20 (linking this role-based morality to the creation of genuine duties related to a larger system of general morality); *id.* at 23 (suggesting that ordinary morality justifies the larger structure of which role-differentiated morality is a part).

〔2〕 *Id.* at 7, 27, 122.

〔3〕 *Id.* at 7; *see also id.* at 90-91 (arguing that a system is just if it adequately enables citizens with different moral viewpoints to participate equally in democratic institutions); *id.* at 116 (suggesting that lawyers best serve the value of legality if they act not on what they perceive to be required by morality but rather to facilitate settlement of normative disagreements).

〔4〕 *Id.* at 7.

〔5〕 *Id.* at 7; *see also id.* at 64 (describing lawyers who shirk their responsibility to keep the system in "good working order" as "Holmesian bad men"); id at 84 (condemning lawyers who act as "saboteurs or guerilla warriors" by failing to respect "existing positive law").

〔6〕 *Id.* at 7; *see also id.* at 62 (differentiating between "good" and "bad" citizens based on factors that motivate compliance with, and regard for, the law).

〔7〕 *Id.* at 7; *see also id.* at 23 (contending that "one of the principal arguments in this book is that legal ethics is part of a freestanding political morality"); *id.* at 26 (clarifying that "freestanding values," while not "unrelated to ordinary morality," are largely dependent on the "institutional context"); *id.* at 33-36 (analyzing Stephen Pepper's "first-class citizenship" model and concurring with David Luban's criticism of that model); id at 156-57 (clarifying that people can remain "moral agents" while "grounded in freestanding political considerations" including "the inherent dignity and equality of all citizens, and the ideal of legitimacy").

〔8〕 *Id.* at 7.

法性价值的尊重为基础，将公众伦理和律师伦理交织在一起。[1]

与温德尔口中具有公德心的"政治"律师不同，社区律师在工作中遇到的"公共生活道德"被严重削弱。像西树林社区的公共生活，就揭示了类似贫困社区数十年的经济遗弃和政治忽视。迈阿密和其他地方的低收入家庭受到集中贫困的打击，其公共生活缺乏"工作"（working）社会的基本机构特性，比如便利的就业市场、公立学校、社会服务和公共交通。在这些日益绝望和沮丧的情况下，社区律师在温德尔的形式主义禁令下挣扎，主要以尊重法律和合法性的公民规范为基础，来构建他们的角色。

然而，以此为出发点，温德尔又回到了党派性原则，声称法律同时对"允许的辩护施加了限制"和"构建了律师的角色"。[2] 在温德尔看来，法律的构建功能和合法权益，在本质上起着授权律师代表客户行事的作用。[3] 他强调，合法权益表达的是"权利的主张，而不是利益的要求"，[4] 是一种在政治权力、文化主导地位和社会经济等级等方面所作的历史性偶然区分。温德尔没有提及这些关键的偶然性，忽视了像西树林社区这样的种族隔离社区，其合法权益的历史性缺失和缩水。他认为，合法权益的独特性使律师职业职责的标准概念，从积极保护客户的合法利益转向保护客户的合法权益。[5]

除了这种转向，温德尔的标准概念权益观，还要求律师不仅认识而且肯定法律的正当性。[6] 对温德尔来说，这种认识承认了法律应该且事实上是"值得认真对待的"。[7] 它还承认，法律解释应"善意地充分考虑其含义，而不是简单地将其视为阻碍客户实现目标的障碍"。[8] 这种双重认识推动了温德尔的如下主

---

〔1〕 *Id.* at 8, 10, 18, 48–49, 85, 87, 92, 117, 131.

〔2〕 *Id.* at 8.

〔3〕 *See id* (pointing out that a client's "extra-legal interests . . . do not convey authority upon an agent to act in a distinctively legal manner on behalf of the client") ; *see also id.* at 6 (previewing the notion that the law "empowers lawyers to do anything at all for clients") ; *id* at 52 (explaining that the client's legal entitlements serve as the basis of the lawyer's power to act on behalf of the client) ; *id.* at 129 (providing examples of lawyers' use of clients' procedural entitlements to challenge the existing distribution of entitlements).

〔4〕 *Id.* at 8; *see also id.* at 54 (concluding that lawyers are prohibited from adopting unreasonable interpretations of clients' legal entitlements "simply because it would be advantageous to their clients if they did so").

〔5〕 *Id.* at 8, 115–17, 123–55.

〔6〕 *Id.* at 8, 167–68.

〔7〕 *Id* at 8; *see also id.* at 40 (observing that clients are entitled to the type of protection from their lawyers that a friend may provide, "which is to have the interests of an individual taken seriously, as against the claims of the wider collectivity").

〔8〕 *Id.* at 8. But *see id.* at 85 (acknowledging that "there may be cases in which legal injustice cannot be interpreted away" and providing as an example the legal principle of "separate but equal" as it existed in the early twentieth century).

张——"律师必须基于真正的合法权益向客户提供建议，并主张或仅依赖那些在诉讼或交易代理中有充分依据的权益"。[1]

真正合法权益的主张，将社区律师道德批评的基础，从普通道德或非正义的立场改变为对法律的不忠诚。[2] 这种不忠诚将法律伦理和律师的职业义务与"尊重法律和法律制度"联系在一起。[3] 把对法律和法律制度的尊重提升到规范层面，本质上是将法律视为一种"值得公民和律师忠诚"的社会成就。[4] 毫无疑问，大多数社区律师认可这种看法，会依法给予法律正式的尊重，并给予法律体系制度上的忠诚。大多数人还赞赏法律在确立合法权益和维护法律保护方面的社会成就，包括"官方机构承认被剥夺权利的公民反对强权的能力"。[5] 从这个意义上说，他们与温德尔一样，肯定法律是合法的，并值得认真、善意地解释。但是，他们的解释视野超出了合法权益的既定范围，不论真假。与城市贫困和种族不平等进行日常斗争，必然需要创造性地扩大传统律师的角色和职能，扩展宪法、成文法和普通法的权益。对道德和正义的考虑，促进了法律角色、功能和权益的增强。

温德尔将法律的社会功能，与"理性地解决经验的不确定性和规范性争议联系起来"。[6] 温德尔认为，与这一功能相一致，法律根据不断变化的"政治环

---

〔1〕 *Id* at 8. Wendel's dual recognition also concedes the frequent difficulty in differentiating "between a loophole or malfunction, on the one hand, and a genuine legal entitlement on the other." *Id*.; *see also id*. at 115 (comparing the refusal to justify positions on the basis of legal entitlements to the "expression of bare desires, like a toddler throwing a tantrum"); *id* at 123 (defending the notion that "the ethics of lawyering is constituted principally by the political obligation of respect for the law, not ordinary moral considerations").

〔2〕 *See id*. at 7-8 (calling attention to the conceptual wrong turn in legal ethics in utilizing the toolkit of ordinary ethics to address the problems of lawyers and suggesting instead that lawyers strive to ensure their reliance on legal entitlements in litigation or transactional work, a reliance sufficiently well-grounded in the law); *id*. at 123 (advocating for a theory of legal ethics that "has something to say about when the obligation of fidelity to law runs out in the face of substantive injustice"); *id* at 128 (explaining that a lawyer's refusal to assist a borrower in asserting a legal entitlement would be "to deprive a client of that very thing for which the role of lawyer is constituted").

〔3〕 *Id*. at 9; *see id*. at 123 (grounding the ethics of lawyering based on respect for the law, as opposed to "ordinary moral considerations"); *id*. at 132 (arguing that lawyers are ethically prohibited from employing extralegal means to combat injustice).

〔4〕 *Id*. at 9; *see also id*. at 158 (arguing that actors in the political realm "display allegiance to a conception of moral responsibility with procedural justice at the foundation").

〔5〕 W. Bradley Wendel, *Legal Ethics Is About the Law, Not Morality or Justice: A Reply to Critics*, 90 TEXAS L. REV. 727, 737 n. 43 (2012) ("I will admit to worrying that treating the law instrumentally will result in a long-term impairment of its capacity to underwrite demands for respect by the powerless").

〔6〕 Wendel, *supra* note 21, at 9; *see also id* at 210 (contending that adherence to the law is preferable to asking lawyers to be loyal to inconsistent ideas about the public interest).

境",[1] 提供了"合作活动的基础"。[2] 借用杰里米·沃尔德伦（Jeremy Waldron）的观点，政治环境的概念不仅意味着，为团体合作行动营造宽容的氛围分享社会利益,[3] 而且还意味着开放竞争立场和尊重参与者的争端解决程序，二者都与对谈判、解决和稳定的承诺相一致。[4] 与罗尔斯（Rawls）的观点相呼应，温德尔解释道，为解决争端而量身定做的程序，以及与"公平的门槛标准"相挂钩的程序，"可以让人们就原本难以解决的分歧达成合理的解决方案"。[5] 只要法律"在政治环境中充分回应公民的需要",[6] 那么这种公平程序就会使法律合法化。值得赞扬的是，温德尔承认合法性与权威之间有时会存在差距，他指出无论它们的控制多么合法，"法律都可能是不公正的"。[7]

社区律师在社会经济功能失调和法律政治冲突的条件下工作，这些条件同样以经验的不确定性和规范性争议为特征。由于等级制度（hierarchy）的影响，这些条件阻碍了政治上的合作与协商，部分原因是在稀缺资源（比如县图书馆的资金）的分配上存在分歧，还有部分原因是阶级和种族的不平等。在相关和可靠的范围内，温德尔的公平程序既没有解决也没有消除等级制度的条件，这些条件破坏了边缘人群法律和法律制度的合法性。法律和法律制度未能对公民的经济和社会需要作出充分回应，从而保护和更新了社会经济的等级制度，其权力主张就不具有合法性。

尽管如此，温德尔赋予法律制度广泛而深刻的能力，以解决公众对文化和社

---

[1] *Id* (citing Jeremy Waldron, *Law and Disagreement* 86, 101 (1999)).

[2] *Id* at 9.

[3] *Id.* at 9-10; *see also id.* at 18-19 (claiming that legal ethics entails the application of a political normative system that is informed in part by the capacity of law to enable cooperation); *id* at 36 (noting that legality is important because it enables societal coordination and stability); *id* at 54, 93, 98 (describing law as a way to stabilize and coordinate the interests of citizens in light of both substantive moral disagreements and mundane disagreements).

[4] *See id.* at 9 ("Procedures that meet a threshold standard of fairness permit people to reach a reasoned settlement of what would otherwise be intractable disagreement"); *id.* at 116 ("In a pluralistic society, the law provides a framework for coordinated action in the face of disagreement"); *id.* at 129 (describing the law as creating a framework of moderate stability and indicating ways lawyers can challenge settlement).

[5] *Id.* at 9; *see also id.* at 88 ("Rawls believes that reasonable citizens may subscribe to a diversity of reasonable comprehensive doctrines, but from within those comprehensive doctrines they may be able to endorse a political justification for a fair scheme of cooperation"); *id* at 92-96 (explaining that fair procedures are needed to resolve disagreements between citizens that disagree about matters of morality or justice).

[6] *Id.* at 9; *see also id.* at 98-113 (arguing that a political system must meet a minimum, imperfect standard in terms of providing access to the political process in order to be considered legitimate).

[7] *Id.* at 9 (defining authority in terms of "the justified claim to create obligations"); *see also id* at 115 (arguing that there is an obligation to follow unjust laws); *id.* at 119 (noting that institutions such as prosecutors' offices can reach unjust results).

会价值的分歧。[1] 他认为，法律的目的是"根植于解决冲突和确定共同行动方针的社会程序，创造一个或多或少自主的理性领域"。[2] 在这一领域内，律师的义务源于并遵循温德尔所称的"法律的人为理性"（artificial reason of law），而无需考虑普通道德理由和实质正义的需要、利益或成本。[3] 他认为，这种人为理性渗透于法律体系的制度角色和实践，从而促成了"社会团结和相互尊重"。[4] 这种对社会和合法性贡献的价值以及与之相关的法律的"道德价值"，使律师的角色在道德上受到尊重。[5]

温德尔在律师的角色中发现了道德的尊重和社会的效用，特别是当律师的角色在促进"使稳定、共存和合作在多元社会中成为可能的复杂制度并得到运作"时。[6] 为了实现合法的社会利益（social good），温德尔敦促律师将法律制度和客户的合法权益，想象成有效地"超越（override）那些本应适用于不以相同职业能力行事的人的考量"的理由说明因素。[7] 这项超越条款禁止社区律师考虑"在决定如何代表客户行事时的普通道德考量"。[8] 该条款植根于对法律的尊重，即使在法律本身——这里指的是地方立法的强制性预算削减——似乎是出于种族敌意或意在加剧种族不平等的情况下，它依然有效。[9]

可以肯定的是，温德尔承认，根据为确保法律变革而制定的标准程序，律师

---

〔1〕 *Id.* at 9, 123.

〔2〕 *Id.* at 10; *see also id.* at 96, 112, 123 (stating that law provides a framework for reaching decisions when there is disagreement about moral judgments).

〔3〕 *Id.* at 10.

〔4〕 *Id.* at 10; *see also id* at 101 (emphasizing that normative debate could be endless without this function of the law); *id.* at 246 n. 113 (referencing "the connection between legality and mutual respect").

〔5〕 *Id.* at 10; *see also id* at 49-50, 85 (declaring that a client's entitlements are a moral imperative per se, independent of ordinary moral considerations).

〔6〕 *Id.* at 10; *see also id.* at 98 (claiming that in the context of disagreement, the value of the law is in its treatment of disagreeing parties as equals).

〔7〕 *Id.* at 10.

〔8〕 *See id.* at 10 (warning that a citizen's or lawyer's right to "refuse to obey" law "would open a whole new arena of disagreement, this time over whether procedures were sufficiently representative, transparent, accessible to all citizens, and so on"); *see also id* at 158 (describing "a moral justification for what seems like an exclusion of morality from professional life"); *id.* at 167-68 (citing reasons as to why the lawyer-client relationship should be structured by the ideal of fidelity to law and not to clients).

〔9〕 *See id.* at 203-04 (arguing that even where the requirements of antidiscrimination law are ambiguous, lawyers maintain fidelity to the law rather than enable their clients to contest its substantive meaning); *see also id.* at 10-11 (claiming that the lawyer's role should not be understood in ordinary moral terms and affirming the principle of legality as itself a social good); *id.* at 88-89 (stating that duties of lawyers must be oriented toward respect for the law itself even if a lawyer believes that a particular law is unjust); *id.* at 107 (emphasizing the importance of lawyers obeying and respecting the law).

应该"自由地挑战不公正、浪费或愚蠢的法律",无论是采取"民权诉讼、影响性诉讼、集体诉讼、宪法侵权索赔、游说"还是"其他手段"。[1] 这一让步的关键,在于"利用法律程序挑战不公正的法律与颠覆它们之间"的区别。[2] 对温德尔来说,对法律忠诚的义务在道德上限制了律师仅为捍卫客户的合法权益而采取狭隘的行动。[3] 他承认,在辩护或咨询中缩小普通道德判断的空间,这剥夺了律师作为"朋友或明智的顾问"为客户服务的自由。[4] 在这个有限的职业领域内,律师扮演着准政治行动者的角色,主张和保护客户的合法权益以及相应的"政治和法律价值",以对抗众所周知的"国家强制力"。[5]

当法律和法律制度要求实施道德上不被鼓励的(尽管在政治上是合理的)行为时,比如遵守地方长官不公正的指令关闭维里克公园图书馆,温德尔对合法性的政治价值的承诺,以及他对制度所规定角色的重要性的认识,为社区律师制造了不和谐。[6] 温德尔推测,这种不和谐如果得不到支持,实际上可能会提高律师在分析有害行为对客户和非客户的后果时的审议水平。[7] 即使这些后果及其背后的动机,似乎因受到种族影响而显得不公平,温德尔政治道德的伦理要求仍然存在。[8]

应用到西树林社区,温德尔的政治道德要求,实际上排除了反对关闭维里克公园图书馆的社区居民的代表性,因为他们在教育、扫盲和平等保护方面的宪法

---

〔1〕 *Id* at 11; *see also id* at 84 (emphasizing the importance for lawyers to work within the law when challenging oppression); *id.* at 123 (acknowledging that just legal systems can and do enact unjust laws that require challenges); *id.* at 129 (noting that "lawyers are encouraged by professional tradition to…challenge injustice"). Wendel declares: "Using the legal system to challenge unjust laws is one of the most noble things that lawyers do. " *Id.* at 11.

〔2〕 *Id* at 11; *see also id.* at 118 (giving an example of a lawyer who subverted the government's case in a murder trial); *id.* at 132 (advocating that lawyers should use legal means to oppose injustice).

〔3〕 *Id.* at 10-11; *see also id.* at 122-43 (describing the implications of legal entitlements for the practice of law).

〔4〕 *Id.* at 10-11 (mentioning that lawyers "contingently may be friends or counselors in addition to serving as expert legal advisors," though pointing out that "those additional roles are optional from the standpoint of the political justification of the lawyer's role"); *see also id* at 34-35 (exploring lawyer-client personal and political relationships).

〔5〕 *Id.* at 11; *see also id.* at 34-37 (assessing the role of client autonomy within the legal system and concluding that lawyers have an ethical duty to justify their actions based on the legal entitlements of clients and not the interests or preferences of either clients or lawyers).

〔6〕 *See id.* at 11 (distinguishing between political and social morality and the scope of obligations required by each); *id* at 18 (same); *see also id.* at 49-50 (contending that lawyers are obligated to prioritize political morality and its commitment to the value of legality); *id.* at 85 (concluding that "lawyers should act with reference to their clients' legal entitlements, not ordinary moral considerations").

〔7〕 *Id.* at 12.

〔8〕 *Id.* at 12, 85-105.

和法律利益缺乏合法权益的支持。公平地理解，无论当前联邦和州法律的背景如何不确定，都不能产生一个合理解释的适当范围，足以支持任何表面上的或在此情况下适用的挑战，尽管对抗制给予了一定的自由空间。[1] 与温德尔的观点相反，参与制定和评估法律论证的所谓技巧，源于律师的内在观点（the internal point of view）[2]——比如创造了不可信的宣告性和强制性的救济形式——既不能产生反思性平衡（reflective equilibrium），也不能为社区倡导者带来伦理的一致性，他们正在努力使关闭维里克公园图书馆的合法性，与道德代理和正义促进的职业责任相调和。[3]

四、社区律师与不服从和反抗的伦理

"所以我参加了抗议活动"。[4]

对于贫穷社区（像西树林社区）的民权和扶贫律师工作而言，温德尔关于道德律师的内在观点，及其在维里克公园图书馆争议背景下所附随的法律忠诚义务，揭示的不是合法性和正当性，而是种族化的权力、专制的秩序和独裁的冲动。[5] 当情况表明，种族偏见和令人反感的歧视掌握在占主导地位的社会阶级手中时，伦理的一致性和反思平衡都无法指导律师。[6] 相反，这种情况下比

〔1〕 *See id.* at 13, 206 (acknowledging that in some cases, but not all, statutory law is subject to multiple interpretations).

〔2〕 *Id.* at 15 (asserting that there are "better and worse ways to go about interpreting and applying the law"); *see also id.* at 177 (arguing that "ethical lawyering is often a matter of knowing what may be done, given legal ambiguity or uncertainty"); *id* at 198-200 (contending that "it is essential that a theory of legal ethics take account of the way the content of the law may be contestable" and emphasizing the role of judges and lawyers in ensuring that this is the case).

〔3〕 *Id.* at 16, 87, 206-07.

〔4〕 Interview by Zona Hostetler with Gary Bellow, *supra* note 1.

〔5〕 William H. Simon, *Authoritarian Legal Ethics: Bradley Wendel and the Positivist Turn*, 90 TEXAS L. REV. 709, 710 (2012) (book review). Simon remarks: By gesturing towards positivism and by surrendering to less reflective authoritarian impulses, Wendel's argument underestimates the extent to which social order depends on informal as well as formal norms and adopts a utopian attitude towards constituted power. The book persistently treats as analytical propositions what are in fact empirical assertions for which Wendel has no evidence. *Id.*

〔6〕 *See id* ("Acentral theme Wendel shares with some other recent theorists of legal ethics is that concerns for justice must be subordinated to the needs of social order.").

尔·西蒙（Bill Simon）呼吁转向正义[1]和社会团结[2]。种族不公正和反对多数团结的主张，都导致了法律上的混乱。的确，社区律师的任务是"挑战法律"（challenge the law），且他们这样做的努力应该受到赞扬，而不应被视为"威胁"。[3] 正如凯特·克鲁泽（Kate Kruse）所言，"规范性争议的此起彼伏，可以被视为一个自由公正社会的偶然事件，而不是一个障碍"。[4] 社区律师不应固守律师政治道德的"刚性和僵硬"[5]观念，而应考虑客户或社区情况的"道德和实用性"。[6] 在西树林社区已经衰败的情况下，现在正处于失去对公众扫盲至关重要的社区资源的危险，实践道德需要一种不服从和反抗的民主伦理。[7] 在有色人种低收入社区的背景下，民主的律师[8]提供种族和身份意识相关策略的

---

〔1〕 *Id.* at 721（"Lawyers should focus on the direct consequences of their actions and should try to vindicate justice in the particular case…"）; *see also* David Luban, *Lawyers and Justice: An Ethical Study*, at xvii, xxii–xxiii（1988）（proposing that "lawyers are uniquely situated to … make the law more just" and "urging a professional ethic" by which lawyers engage in "moral activism" by "self-consciously promoting unrepresented interests"）; *Deborah L. Rhode, In the Interests of Justice: Reforming the Legal Profession*, 17（2000）（maintaining that lawyers "must accept greater obligations to pursue justice"）; *William H. Simon, The Practice of Justice: A Theory of Lawyers' Ethics*, 9（1998）（defending an approach to ethical decision making that requires lawyers to "take such actions as…seem likely to promote justice"）.

〔2〕 Simon, *supra* note 120, at 722.

〔3〕 Katherine R. Kruse, *Fidelity to Law and the Moral Pluralism Premise*, 90 TEXAS L. REV. 658, 658（2012）（book review）.

〔4〕 *Id.*

〔5〕 Stephen L. Pepper, *The Lawyer Knows More than the Law*, 90 TEXAS L. REv. 691, 706（2012）（observing that "in Wendel's vision the overall morality and practicalities of the situation are not a necessary part of the conversation with the client"）.

〔6〕 *Id.*

〔7〕 *See* Janine Sisak, *If the Shoe Doesn't Fit … Reformulating Rebellious Lawyering to Encompass Community Group Representation*, 25 FORDHAM URB. L. J. 873, 878（1998）（"Rebellious lawyering mobilizes, organizes, and empowers clients to formulate a collective response to issues poor people face. It demands cooperation and collaboration between clients, lawyers, and other lay professionals in an effort to overcome the oppression inherent in the poverty law context"（footnote omitted））; Paul R. Tremblay, *Rebellious Lawyering, Regnant Lawyering, and Street-Level Bureaucracy*, 43 HASTINGs L. J. 947, 948（1992）（suggesting that lawyers who represent socioeconomically and politically subordinate clients have "an obligation to empower clients that largely translates into concepts of mobilization, organization, and deprofessionalization"）.

〔8〕 *See* Ascanio Piomelli, *The Challenge of Democratic Lawyering*, 77 FORDHAM L. REV. 1383, 1386（2009）（urging that those lawyers who work collaboratively with low-income people and people of color and their communities to push for social change should be understood as performing "democratic lawyering" because democracy is central to their aspirations, values, and methods）; David A. Super, *Laboratories of Destitution: Democratic Experimentalism and the Failure of Antipoverty Law*, 157 U. PA. L. REV. 541, 546–49（2008）（arguing that democratic experimentalism-the dominant approach to antipoverty law over the last four decades-has had major shortcomings and should be replaced by a substantive model of antipoverty law that takes a more proactive approach to fighting poverty）.

宣传和咨询，这些策略来自法律、合法性和合理性之外的传统异见。[1] 由民权运动开发并由种族批判理论扩展的种族和身份意识表征方法，将重塑温德尔的道德律师观。从民权运动的角度，温德尔可以将局外人、尊严恢复的叙事和授权关系整合在一起，以矫正迈阿密戴德县的法律与法律制度公开与隐秘的羞辱。无论该叙事和授权关系多么复杂和困难，通过巩固基层组织和动员，使律师能够打破关于对手角色和工艺功能的传统观念。这种突破的基础，是将不同社区的声音和故事融入律师工作过程中。从种族批判理论来看，温德尔也可以将社区参与的价值与公民对话交织在一起，尤其是在多数和少数社区之间。只有通过对话才能在道德上承认经济正义和社会团结方面的跨种族共同利益，这一点在维里克公园图书馆得到了体现。在像西树林社区这样的种族隔离社区，法律和法律制度早已失灵；律师的坦率、合作和种族意识对话，是基于法律和政治战略（例如，直接服务的代理、全县范围的影响性诉讼和立法改革）和其他非法律战术的实际考虑（如私人集资举措、教堂和学校的合作、媒体宣传、公众抗议和施加政治压力等），进行规范性评估的最佳途径。

五、结论

尽管在西树林社区和美国其他历史性种族隔离社区，贫困和种族不平等的状况十分严重，但温德尔告诫律师（包括社区律师），不要直接以正义为目标，也不要在其法律政治宣传和咨询决定中考虑普通道德。相反，他敦促律师以民主合法性和法治的政治价值作为伦理决策的指导，并在法律体系的基本制度和程序中发现道德和正义的自然核心。他认为，这一发现引起了人们对强大行动者和专制权力的道德对抗。根据温德尔的观点，从这种理想的立场出发，律师可以以一种平等尊重和保护所有公民不受权力和特权腐败影响的方式，合理地参与法律和法

---

[1] *See* Anthony V. Alfieri, Gideon *in White Black*: *Race and Identity in Lawyering*, 114 YALE L. J. 1459, 1463 (2005) (examining the work of John Hart Ely and sketching "community-centered guidelines for lawyers laboring to advance the legal, political, and economic interests of unrepresented individuals and groups"); Alfieri, *Integrating Into a Burning House*, *supra* note 5, at 601 (noting that "new directions in advocacy may come through the adoption of a flexible, race-conscious and identity-conscious vision of community-based empowerment"); Alfieri, *Post racialism*, *supra* note 5, at 956, 963 (proposing that in order to be effective, civil rights and poverty lawyers must understand, or uncover, how cultural and structural forces in low-income and minority communities interact to create collective outcomes for those living in the community, so that these lawyers can enable their clients "to engage in authentic self-elaboration, to obtain equal treatment, and to exercise the liberty of full participation in cultural and social environments"); Anthony V. Alfieri, (*Un*) *covering Identity in Civil Rights and Poverty Law*, 121 HARv. L. REV. 805, 806 (2008) (arguing that effective legal change should not be measured on a case-by-case basis, but rather "by the degree to which disadvantaged individual clients are able to collaborate in local and national alliances to enlarge civil rights and to alleviate poverty").

律制度的创设。

律师社会角色和功能的价值，及其在维持法治和保护政治合法性方面的规范意义，怎么强调都不过分。尽管律师主张现行法律制度在程序和实质方面存在缺陷，但律师的角色和职能，从其对法律忠实和道德义务的内在特质出发，确保了立法和法律解释中的公平程序。温德尔担心，如果过于积极地面对法律形式和内容上的缺陷，就有可能重新引发规范性争议，播下政治不和谐的种子，并导致社会不和谐，而这种不和谐通常会受到法律的蓄意压制，从而使个人自治和集体合作的秩序受到威胁。[1] 然而，赋予律师准政府官员的身份，并将他们紧紧束缚在为保护客户合法权益而组织起来的狭隘的制度角色和工艺职能中，这并不能解除法律所受到的威胁，因为这种威胁源于以少数族裔为基础的普通道德和社会正义诉求。这只能保证律师会再次走出法律，重新唤起在西树林社区类似情况下出现的不服从和反抗的精神。

---

〔1〕 Wendel, *supra* note 21, at 208–11.

法律忠诚与道德多元化的前提

凯瑟琳·R. 克鲁泽（著）/尹超*（译）

作者注释：我要感谢每一位参与这次对话的人，感谢他们的友谊、指导和精神上的陪伴。你们使法律伦理成为一个令人兴奋和值得研究的领域，这对我和其他许多人来说都是如此。我要特别感谢史蒂夫·佩珀（Steve Pepper）和 W. 布拉德·温德尔（Brad Wendel）对这篇文章的点评，以及本·齐布尔斯基（Ben Zi-pursky）在对温德尔著作的多次有益讨论中分享自己的想法。

W. 布拉德利·温德尔是法律伦理理论新前沿的开拓者。温德尔追随威廉·西蒙的脚步，打破了道德理论在法律伦理中长期占据主导地位的局面，认为法律伦理的本质应该是律师法理学（jurisprudence of lawyer）。[1] 温德尔没有探讨"一名好律师是否可能成为一个好人"这一更传统的问题，而是将注意力集中在"成为一名好律师意味着什么"这一问题上。法律实践的核心功能之一是法律解释。客户之所以寻求法律咨询，是因为他们想了解法律规定了什么，以及法律如何约束他们的选择。温德尔认为，由于律师有权通过法律意见来解释和宣布法

---

* 凯瑟琳·R. 克鲁泽，拉斯维加斯内华达大学威廉·S. 博伊德法学院教授。尹超，中国政法大学法学教育研究与评估中心副教授。

〔1〕 W. Bradley Wendel, Lawyers and Fidelity to Law 194–200（2010）. William Simon's early work was based on jurisprudential theory. See generally William H. Simon, *The Ideology of Advocacy: Procedural Justice and Professional Ethics*, 1978 WIs. L. REV. 29, 33–34.（hereinafter Simon, *Ideology of Advocacy*）（arguing that "to take the value of individuality seriously would require the abandonment of the Ideology of Advocacy and of legal professionalism" and that "respect for the value of law itself may require the repudiation of legal professionalism"）. His break from moral theory became explicit in William H. Simon, The Practice of Justice: A Theory of Lawyers' Ethics（*hereinafter Simon, Practice of Justice*）. I have written more about this movement in Katherine R. Kruse, *The Jurisprudential Turn in Legal Ethics*, 53 ARIZ. L. REV. 493（2011）.

律，他们有忠实地解释法律的职业责任。[1] 在《法律人与法律忠诚》一书中，温德尔对律师履行这一职业责任意味着什么进行探讨。

温德尔曾经写道，法律伦理必须是"'自始至终都是规范性的'，民主理论证明了法律功能理论的正当性，而法律功能理论又证明了律师角色概念的正当性"。[2] 在《法律人与法律忠诚》中，温德尔用两个相互关联的论点，提出并捍卫了这样一个关于律师业的综合理论：一个是功能性论点，法律值得尊重是因为它有能力在一个道德多元化的社会中解决规范性争议；一个是规范性论点，法律值得尊重是因为民主立法过程尊重公民的平等和尊严。这篇评论集中在温德尔的"自始至终都是规范性的"论证链中的一个环节：他从道德多元化的前提转向"法律的功能是解决社会中的规范性争议"这一结论。

笔者从实践和理论两方面，对温德尔的举措提出质疑。实际上，法律有能力解决道德争议（至少是社会无法解决的最深层次的争议，因为它是合理的道德多元化的结果），这是值得怀疑的。这很重要，因为温德尔"自始至终都是规范性的"观点的深层次含义是，法律为我们做一些自己做不到的事情的能力，是我们尊重法律的来源。[3] 更重要的是，在一个道德多元的社会里，我们是否应该用法律来解决规范性争议，笔者对此表示怀疑。温德尔认为，我们需要解决这些争议，这样我们才能继续前进并组织我们的事务，尽管我们在价值观上存在严重分歧。然而，笔者认为，这种扰乱法律的努力不应被视为一种威胁：对于一个自由而公正的社会，无休止的规范性争论只能被看作是一个事件，而不是一个障碍。

一、温德尔基于道德多元化前提的论证

《法律人与法律忠诚》重新诠释了传统党派的（partisan）和道德中立的律师角色道德，奠定了法律伦理的法学理论和政治理论基础。与温德尔的早期作品一样，[4]《法律人与法律忠诚》既认同律师对律师管理法最低限度的技术遵守，也不能简单地将律师的道德价值作为指导。虽然温德尔过去曾认为法律职业价值

---

〔1〕 Wendel, *supra* note 1, at 189.

〔2〕 W. Bradley Wendel, *Professionalism as Interpretation*, 99 Nw. U. L. REV. 1167, 1176-77 (2005).

〔3〕 *See* Wendel, *supra* note 1, at 89 ("The procedures of the legal system … constitute a means for living together, treating one another with respect, and cooperating toward common ends, despite moral diversity and disagreement. The values of dignity and equality therefore underwrite the claim of the legal system to have a right to the respect of citizens").

〔4〕 *See generally* W. Bradley Wendel, *Public Values and Professional Responsibility*, 75 NOTRE DAME L. REv. 1 (1999) (outlining an approach to the study of values in the legal profession).

是多元的,[1] 但之后他将其法律伦理理论集中于一个最重要的价值：对法律的忠诚。温德尔重塑了律师在客户合法权益方面的党派性（partisanship）责任——"恰当地解释法律实际上为客户提供了什么"[2]——而不是对客户法律利益的积极追求。[3] 而且，温德尔将律师对客户目的保持道德中立的传统职责，重新诠释为尊重法律的权威，即使这种权威与法律的实质正义存在分歧。[4] 温德尔将法律伦理置于一种深受哈特实证主义影响的法理学中。温德尔对法律的忠诚排除了玩弄法律的伎俩和不正当行为，这些做法把法律的一般意义理解为律师、法官和法律制度的其他参与者公认的解释实践中所理解的意义。[5] 这些共享的解释实践形成了他所称的法律界的"承认规则"（rules of recognition），[6] 允许律师判断某些解释比其他解释是否更合理。[7] 温德尔还认为，对法律的忠诚要求律师从一种内在观点（an internal point of view）来看待法律，这种观点认为法律是"关于某事"的——目的是认可行为是有益于社会的行为。[8] 他认为，法律是一个能与道德分离的理性领域，律师通过向客户提供行为的法律理由，来展示对法律的忠诚。[9] 作为一个推论，尽管律师可以自由地提供道德建议，但法律忠诚阻止了律师通过秘密地废除不公正的法律，或者"把道德建议伪装成法律允许的判断"，[10] 将他们的道德判断纳入法律代理之中。

影响温德尔律师法理学的哈特式实证主义，更是以法律的合法性理论为基础（自始至终都是规范性的）。[11] 温德尔坚持认为，法律的合法性必须建立在独立于其内容的基础上，他将合法的法律制度定义为，甚至能为那些认为法律实质上不公正的人提供尊重法律权威的基础的法律制度。[12] 温德尔认为，在一个以合理的道德多元化为特征的社会中，对法律实质正义的评估不能为法律合法性的共

---

〔1〕 *See id* at 37 (stating that "a satisfying account of professional responsibility must allow for plural values"); *see also* W. Bradley Wendel, *Value Pluralism in Legal Ethics*, 78 WASH. U. L. Q. 113, 116 (2000) ("The foundational normative values of lawyering are substantively plural and, in many cases, incommensurable").

〔2〕 Wendel, *supra* note 1, at 59.

〔3〕 *Id* at 78-79.

〔4〕 *Id.* at 88.

〔5〕 *Id.* at 190-94.

〔6〕 *Id.* at 196-98.

〔7〕 *Id.* at 186.

〔8〕 *Id.* at 196.

〔9〕 *Id.* at 194-195.

〔10〕 *Id.* at 139.

〔11〕 *See supra* note 3 and accompanying text; *see also* Daniel C. K. Chow, *A Pragmatic Model of Law*, 67 WASH. L. REV. 755, 816 n. 286 (1992) (explaining that the persuasive power of law, which stems from the "political justification" of rules, forms the crux of Hart's positivism).

〔12〕 Wendel, *supra note* 1, at 87-88.

同判断提供基础，因为公民会对衡量正义的规范性标准产生分歧。[1] 制定法律所依据的程序的公正性，也为合法性提供了一个同样不稳定的基础，因为在一个多元社会中，理性的人会对用以判断程序公平的标准产生分歧。[2]

虽然温德尔并没有把它们分开，但他为在一个道德多元化的社会中确立法律的合法性，提供了两个相互关联的论证：一个是功能性论证，另一个是规范性论证。温德尔的功能性论证，是建立在法律能够将无理性的要求转化为合法权益的基础上的。[3] 温德尔认为，即使是那些不同意法律的实质正义的人也应该尊重法律，因为法律建立了一个稳定的框架，公民在这个框架内可以协调他们的活动，尽管一个道德多元化的社会存在深刻、持久和最终不可调和的规范性争议。[4] 借用杰里米·沃尔德伦（Jeremy Waldron）的说法，温德尔认为，作为一个道德多元化的社会，我们处于"政治环境"（circumstances of politics）之中；这意味着我们认识到需要一个稳定的合作框架，却无法就该框架的规范性基础达成一致，但我们认可并致力于平等相待和相互尊重。[5] 法律提供了一种方法，能超越基本规范性争议的竞争性要求，并将其转化为公认的合法性标准。[6] 根据温德尔的观点，这是一项重大成就：法律"使我们所居住的社会有可能形成一个可行的和持久的共同体，其特点是宗教和伦理观点的多样性"，因为法律允许我们"认识到彼此之间的义务，并通过我们所处的社会的政治机构进行调解，尽管存在实质性的分歧"。[7] 温德尔认为，因为法律为社会做了一些它自己难以做到的事情，所以法律具有实践权威：法律对规范性争议的解决为我们提供了一个遵守法律的理由，而这与法律是否正确地解决了争议无关。[8]

温德尔的功能性论证是由一种规范性论证支撑的，这种规范性论证认为，法律应该受到尊重，因为制定法律的民主立法过程尊重公民的平等和尊严。[9] 温德尔指出，有一些方法可以解决社会中的规范性争议，但这些方法在正常情况下并不具有吸引力，比如任命一个独裁者。[10] 通过使用强制力解决规范性争议可能会迫使公民遵守法律，但它不会为公民提供尊重法律权威的理由。也存在解决

---

〔1〕 *Id.* at 88.
〔2〕 *Id.* at 102.
〔3〕 *Id.* at 89.
〔4〕 *Id.* at 97.
〔5〕 *Id.* at 90.
〔6〕 *Id.* at 91.
〔7〕 *Id.* at 97.
〔8〕 *Id.* at 107–13.
〔9〕 *Id.* at 89.
〔10〕 *Id.* at 98.

争议的随机方法（比如抛硬币）或者腐败方法（比如受贿）。[1] 在温德尔看来，随机或腐败的过程将不会为法律权威提供必要的尊重，因为它们所提供的解决办法将不会以潜在因素的平衡为基础。为了获得尊重，法律通过使用合理响应公民的参与要求的公平程序，必须是温德尔所谓平等的道德约束过程的产物。[2] 温德尔认为，当法律根据"充分……响应公民参与的要求"的过程作出决定时，法律才获得合法性。[3]

温德尔关于尊重法律权威的功能性论证与规范性论证之间存在张力。如果没有规范性论证的支持，功能性论证就会沦为制裁所支持的力量，无法为哈特的"内在观点"将法律作为指导社会行为的独立来源提供基础。[4] 然而，如果规范性论证为程序公正和参与设定了过高的标准，那么法律解决规范性争议的功能性能力就会被削弱，成为关于社会中存在争议的公平观念的二阶争议（second-order controversies）。[5] 温德尔解决了张力问题，有利于最终结果。[6] 温德尔为公平设定了一个相对较低的门槛，[7] 即只要法律是根据反映公民之间"大致平等"的"相当公平"的程序制定的，就要求民众对法律的忠诚。[8] 温德尔认为，想索求更多将会使法律丧失"解决冲突和为协调行动建立临时基础"的能力。[9]

由于这种低门槛，温德尔的功能性论证，最终完成了其法律伦理理论中的大部分工作。功能性论证为尊重法律权威提供了一个独立的理由：因为在一个道德多元的社会中，规范性争议确实难以解决，而法律将相互竞争的规范性要求转化为公认的合法性标准的能力，是一项值得尊重的成就。而且，与纯粹的规范性论证相比，功能性论证起到了重要的限制作用；规范性论证认为，法律应该受到尊重，因为（而且仅在一定程度上）法律是根据公平且包容的立法过程制定的。[10] 由于可以寄希望于公民对法律程序的公平提出不同意见，解决规范性争议的功能性需要，公平程序的标准仍然非常宽松。

---

[1] *Id.* at 111.

[2] *Id.* at 91.

[3] *Id.*

[4] *See id.* at 102（explaining that setting the bar of legitimacy-which is discussed in the normative argument-too low risks allowing an authoritative regime）

[5] *Id.* at 101-02.

[6] *Id.*

[7] *Id.* at 102.

[8] *Id.*（emphasis omitted）.

[9] *Id.*

[10] *See id* at 101-02（asserting that while the normative requirement of fairness is an important aspect of legitimacy, the functional requirement of finality must predominate in order to avoid political gridlock）.

二、道德多元化前提的结论是什么

在道德多元化的前提下，我们有可能对温德尔的观点提出异议，并认为社会比温德尔所描绘的更具有正常的凝聚力。作为一个应对法律伦理道德多元化挑战的同路人，我不会采取这种做法。[1] 相反，我对温德尔关于道德多元化前提的结论提出了两个问题：①作为一个实践问题，法律是否有能力解决由道德多元化前提所引起的各种深刻而棘手的道德争议；②作为一个理论问题，我们是否应该让法律来发挥这种解决功能。

（一）道德多元化的前提

道德多元论的前提在本质上是这样一种主张，即在社会中可能存在（也确实存在）多种合理的道德观点。[2] 在一个道德多元的社会里，人们对道德判断的分歧，是建立在从各种哲学和宗教来源中得出的相互竞争的道德综合概念的基础上的，而这些概念都不能从自身理论框架之外的角度客观地被认为是"对的"或"错的"。合理的道德多元化的主张，并不是简单地认为道德分歧存在于社会之中，而是认为道德分歧是合理和可预见的。正如约翰·罗尔斯（John Rawls）所说，道德和宗教观念的多元化是"人类理性处于持久的自由制度之下……的自然结果"，是现代民主社会的一个永恒特征。[3]

由于法律的普遍适用，它宣布了适用于不同道德观点的社会规范，并对违反这些规范的行为予以制裁。然而，为了有效地确保社会安宁，这些声明必须被认为是合法的。当被制定成法律时，社会规范成为特定的语言，这为法律语言的技术操作开辟了空间。对不服从法律将受到相关的制裁的规定，同样为公民提供了规避法律制裁的空间，他们的态度就像典型的霍姆斯式（Holmesian）坏人，"只关心物质后果……（法律）知识使他能够预测"。[4] 由于这种在法律范围内的解释和实施的"游戏"，任何法律上的规范性争议的解决，都将不断地被公民的解释游戏和隐蔽的不服从所破坏，因为这些公民持有与法律的解决相悖的强烈道

---

〔1〕 *See* Katherine R. Kruse, *Lawyers, Justice, and the Challenge of Moral Pluralism*, 90 MINN. L. REV. 389, 396-402（2005）（comparing and contrasting different theories on the sources of moral pluralism but embracing moral pluralism as a whole）.

〔2〕 WENDEL, *supra* note 1, at 88.

〔3〕 John Rawls, *Political Liberalism*, at xxiv（2005）.

〔4〕 Oliver Wendell Holmes, Jr., *Justice, Supreme Judicial Court of Mass: The Path of the Law*, Address at the Boston University School of Law（Jan. 8, 1897）, in 10 HARV. L. REV. 457, 459（1897）.

德信念。[1]

如果解决规范性争议是法律的目的和功能，那么温德尔的合法性标准——法律必须能够以一种使那些认为它被错误决定的人满意的方式来解决规范性争议——就是正确的适用标准。为获得对法律权威一定程度的尊重，从而排除这种做法，法律必须做的不仅仅是在一场规范性意志的社会斗争中成为胜利者。法律必须为尊重提供一个足够强大、可以超越道德理由的理由，避免法律触及那些认为法律被错误决定的公民不可避免会触及的范围。

（二）在一个道德多元的社会中，法律能否解决规范性争议

温德尔对法律解决规范性争议的方式的描述可以看作是一个寓言，其叙事结构将深刻而持久的规范性争议暗示为麻烦，而法律则是将社会从不和谐中拯救出来的英雄。[2] 在这种叙述中，社会无法通过推理来摆脱深刻而棘手的规范性争议，但仍然需要解决规范性争议，这样社会才能在相对和平与和谐中前进。为了解决这个问题，社会将一件事情提交到法律程序，法律程序将争议转化为社会能够达成一致的既定法律。简单地说，温德尔的功能性论证就是，尽管我们与法律的内容存在道德分歧，我们也应该尊重法律，因为法律为我们做了一些我们无能为力的事情：法律将我们从道德多元化中拯救出来。[3]

在这一部分中，我认为温德尔关于法律解决规范性争议的寓言式叙事并不完全准确。虽然法律在法律与社会规范之间复杂的相互作用中发挥作用，法律与社会规范既描述在规范性竞争的领域和法律的大舞台上遵守法律的微观决策，也描述社会运动，但是将规范性争议翻译成法律语言，并不能实现温德尔功能性论证所依赖的解决功能。如果法律缺乏解决社会中深刻而持久的规范性争议的能力，那么温德尔关于法律合法性的功能性论证就会失效。如果事实证明，法律是一个非自治领域，即使翻译成法律术语，其中深刻而持久的规范性争议也持续存在争议，那么我们就没有特殊理由仅仅因为它们是法律而尊重实在法的临时解决办法——立法行为、司法裁判和宪法修正案。

---

〔1〕 *See Simon*, *Practice of Justice*, *supra* note 1, at 37–41 (identifying interpretation and enforcement as the most important problems with the "Positivist premise" of legal norms); Simon, *Ideology of Advocacy*, *supra* note 1, at 44–46 (explaining that citizens use their "procedural discretion to thwart the enforcement of the substantive rules… in accordance with their individual ends").

〔2〕 This is an implicit reference to the work on narrative structure by Anthony Amsterdam and Jerome Bruner. *See Anthony G. Amsterdam & Jerome Bruner*, *Minding the Law* 158–59 (2000) (describing two Supreme Court decisions on race-based controversies as "averting . . . catastrophes" and comparing the Court's role to that of the ancient Greek hero Menelaus).

〔3〕 *See Wendel*, *supra* note 1, at 9 ("The function of the law is to provide a reasoned settlement of empirical uncertainty and normative controversy, and a basis for cooperative activity…").

尽管我对温德尔关于法律有能力解决社会中深刻而持久的规范性争议的观点持有异议，但我将其与相关的观点区分开来，即法律创造了一个框架，允许我们协调生产性社会活动（productive societal activity）。[1] 在我看来，后一种观点——法律具有协调生产性社会活动的能力——大致准确地描绘了法律的功能。法律告诉我们在马路的哪一边开车，哪一天交税。法律规定了环境、工作场所卫生和安全、交通系统、金融市场和许多其他私人活动影响公共利益的活动的行政管理结构。法律为确立从土地到知识产权的一切产权提供了规则。法律为因他人的过失行为而受到伤害的人提供了私人赔偿的途径。法律规定了成为某国公民的标准和程序。通过这些方式和其他许多方式，法律使我们的生活井然有序，使我们能够在一个庞大而复杂的社会中共同生活。

在我看来，规范性判断也确实被编织进了法律标准和程序的结构中。这些规范性判断可以被理解为从无争议到激烈争论的连续。一些规范性判断——比如财产可以而且应该被拥有的观念——可能会受到道德批评，但它们深深植根于我们的社会规范中，因此很少受到质疑。法律中嵌入的其他规范性判断——比如动物可以作为财产被拥有或者政府有权征税的观念——大多得到社会的普遍接受，但也受到了边缘或反文化团体的抵制。[2] 还有其他的规范性判断——比如婚姻应该仅限于一男一女之间或者（作为一种选择）应该扩展到同性伴侣之间的结合的观念——是广泛而分裂的道德争议的主题。[3]

我不同意温德尔的地方是其功能性论证的中心论点，即法律有能力解决关于社会规范的激烈争论。[4] 关于社会中严重分裂的道德问题，更合理的说法是法律提供了一种媒介，规范性争议可以通过这种媒介得到（并将继续得到）讨论。正如研究法律与社会的学者所承认的，法律与社会规范之间的相互作用是复杂的。在构建和解决纠纷的微观层面上，与主流的社会规范相比，法律往往扮演着边缘角色。[5] 尽管法律提供了私人秩序的框架，例如姆努金（Mnookin）和科姆

---

[1] *See supra* note 21 and accompanying text.

[2] *See*, *e. g.*, Irwin Schiff, *The Federal Mafia*: *How It Illegally Imposes And Unlawfully Collects Income Taxes* 11 (2d ed. 1992) (arguing that paying income tax is "strictly voluntary" because a compulsory income tax would be unconstitutional); Diane Sullivan & Holly Vietzke, *An Animal Is Not an iPod*, 4 J. ANIMAL L. 41, 58 (2008) (concluding that the American legal system should not classify animals as property because "animals are sentient creatures capable of experiencing great pain").

[3] *See infra* notes 56~71 and accompanying text.

[4] *See supra* note 25 and accompanying text.

[5] *See*, *e. g.*, Robert C. Ellickson, *Order Without Law*: *How Neighbors Settle Disputes* 4 (1991) (contending that neighbors develop and enforce adaptive norms of neighborliness that trump formal legal entitlements); Stewart Macaulay, *Lawyers and Consumer Protection Laws*, 14 LAW & SoC'Y REV. 115, 117 (1979) (arguing that "the politics of bargaining" often has a more significant influence on professional practice than legal norms).

豪泽（Komhauser）关于争端解决的著名比喻"在法律的阴影下"（in the shadow of the law），[1] 但这些轮廓是模糊的，[2] 当法律与社会规范在低层法律和法外决策中相互作用时，这些轮廓会扩大或缩小。[3] 法律和社会规范之间同样复杂的相互作用也发生在宏观层面，[4] 正如研究法律改革和社会运动的学者所述，法律通过对有争议的立法颁布和司法裁决的反弹、合作和官僚主义抵制的循环，来吸收和反映潜在的规范性争议。[5] 将规范性争议提交至法律程序，可以构建和转换潜在的规范性争议的措辞，而法律程序可以动员集体行动。[6] 但是，法律在任何意义上都不能真正"解决"争议。

美国目前关于同性婚姻的道德和法律争议，说明了规避通过法律解决规范性争议的动态影响。最早的同性婚姻案件是在 20 世纪 70 年代中期提起诉讼的，当时有四个州的法院驳回了同性伴侣对婚姻法提出的法律挑战。[7] 这些案件是在石墙暴动（Stonewall-riots）后同性恋权利运动的早期提出的，当时谴责同性恋

〔1〕 *See generally* Robert H. Mnookin & Lewis Komhauser, *Bargaining in the Shadow of the Law*: *The Case of Divorce*, 88 YALE L. J. 950 (1979) (providing a framework for considering how courtroom rules and procedures affect bargaining that occurs outside the courtroom).

〔2〕 Stewart Macaulay, The New Versus the Old Legal Realism: "Things Ain't What They Used to Be", 2005 *Wis. L. REV.* 365, 395 ("Americans bargain in the shadow of the law, but shadows are usually distortions of the object between the sun and the ground").

〔3〕 For a summary of literature on this subject, see Herbert Jacob, *The Elusive Shadow of the Law*, 26 LAW & SOC'Y REV. 565, 565-71 (1992). Some scholars of law and society go so far as to characterize systems of private ordering as a form of law and to describe the interaction among systems of ordering as a "legal pluralism". *See*, *e.g.*, Sally Engle Merry, Legal Pluralism, 22 *LAW & SOC'Y REV.* 869, 889-90 (1988) (concluding that legal pluralism, including "sociolegal phenomena," moves away from the ideology of legal centralism and suggests attention to other forms of ordering and their interaction with state law).

〔4〕 *See generally Cause Lawyers And Social Movements*, Austin Sarat & Stuart A. Scheingold eds., (describing the social movements that have been created by lawyers performing work in specific areas of concern); *Joel F. Handler*, *Social Movements And The Legal System*: *A Theory Of Law Reform And Social Change* (1978) (examining several attempts that have been made to use the legal system to affect social change).

〔5〕 For a summary of this literature, see Orly Lobel, *The Paradox of Extralegal Activism*: *Critical Legal Consciousness and Transformative Politics*, 120 HARV. L. REV. 937 (2007).

〔6〕 *See*, *e.g*, Scott L. Cummings & Deborah L. Rhode, *Public Interest Litigation*: *Insights from Theory and Practice*, 36 FORDHAM URB. L. J. 603, 604 (2009) (describing the use of litigation to facilitate social change as "an imperfect but indispensable strategy").

〔7〕 Scott Barclay & Shauna Fisher: "Cause Lawyers in the First Wave of Same Sex Marriage Litigation", in *Cause Lawyers And Social Movements*, *supra* note 53, at 84, 84.

的社会态度还没有明显改变,〔1〕 婚姻仅限于一男一女之间的结合的观点被广泛接受,几乎是毫无疑问的。〔2〕 毋庸置喙,在这些案件中,原告彻底无法达到他们的诉求,在一些案件中,原告还由于他们的积极行动而遭受其他形式的歧视待遇。〔3〕

然而,当同性婚姻在 20 世纪 90 年代重新成为一个法律问题时,关于同性恋的社会规范正在发生极大的变化。对于支持和反对同性婚姻的宣传团体,同性婚姻问题都遭遇了一连串令人眼花缭乱的法律成功和失败。〔4〕 一些州的法院承认了结婚的权利,〔5〕 这引发了联邦和州 "婚姻保护" 法案的反弹,这些法案旨在通过立法阻止其他州承认同性婚姻。〔6〕 反同性婚姻活动人士行动起来,通过立法和宪法修正案将婚姻限制在一男一女之间的组合,有时还会为 "家庭伴侣"

---

〔1〕 *See* William N. Eskridge, Jr. , *A History of Same-Sex Marriage*, 79 VA. L. REV. 1419, 1423-24 (1993) (observing that gay rights issues were "suppressed or ignored" before the Stonewall riots, and that even after the riots, activists struggled for over twenty years to secure "some of the same benefits regularly bestowed upon different-sex couples").

〔2〕 *Id.* at 1427-29 (asserting that early court opinions rejecting arguments in favor of a right to gay marriage relied on the ground that same-sex marriage did not fit within the societal definition of marriage).

〔3〕 John Singer, the plaintiff in a 1974 Washington state case, was fired from a federal civil service position for his activism. Barclay & Fisher, *supra* note 56, at 89. Jay Baker, a student activist who litigated a 1971 same-sex marriage case came under scrutiny in his application to the Minnesota Bar for filing marriage documents and for being openly gay. Id. at 89-90.

〔4〕 *See* generally Scott L. Cummings & Douglas NeJaime, *Lawyering for Marriage Equality*, 57 UCLA L. REV. 1235 (2010) (arguing against the thesis that same-sex-marriage litigation undercuts the ends pursued by the gay rights movement); Eskridge, *supra* note 57 (recounting the history of same-sex marriage); Jane S. Schacter, *Sexual Orientation*, *Social Change*, *and the Courts*, 54 DRAKE L. REv. 861 (2006) (discussing the ambiguous results of legal efforts to effect social change regarding perceptions of homosexuality). The continually unfolding history of the gay-marriage debate is catalogued online on *Wikipedia*. Wikipedia:"Same-Sex Marriage in the United States", http://en. wikipedia. org/wiki/Same-sex-marriagein-theUnitedStates (last modified Nov. 7, 2011).

〔5〕 *See In re* Marriage Cases, 183 P. 3d 384, 409, 453 (Cal. 2008) (holding that a family code provision stating that "only marriage between a man and a woman is valid or recognized in California" is unconstitutional); Baehr v. Lewin, 852 P. 2d 44, 55, 67 (Haw. 1993) (recognizing the right to marry and holding that a law that, on its face, discriminates based on sex against the applicant-couples in the exercise of the civil right of marriage implicates the equal protection clause of the Hawaiian constitution and requires a court to apply a strict scrutiny test); Goodridge v. Dep't of Pub. Health, 798 N. E. 2d 941, 969 (Mass. 2003) ("Blarring an individual from the rotections, benefits, and obligations of civil marriage solely because that person would marry a person of the same sex violates the Massachusetts Constitution").

〔6〕 Schacter, *supra* note 60, at 869.

创造特殊的法律地位,[1] 这反过来又被认为违反了一些州的宪法。[2] 因此,法律并没有解决关于同性恋和同性婚姻的规范性争议,而是持续充当着关于同性婚姻的争议的舞台。[3]

尽管说法律已经"解决"了美国同性婚姻潜在的规范性争议是有问题的,但认为法律没有发挥作用同样是有问题的。与在许多社会运动中发挥的作用一样,法律程序塑造并可以说改变了这场辩论。例如,20 世纪 70 年代最早的几起司法案件,就"解决"了法律在未来 20 年里坚决反对同性婚姻的问题。[4] 然而,拓宽视角来考虑这些诉讼在更大范围的同性恋权利社会运动中所扮演的角色,提起诉讼的行为可以说是对同性婚姻诉求的重要"主张"(claiming),从《平等权利修正案》(Equal Rights Amendment)的反对者——他们提出同性恋婚姻的观念是通过反对性别歧视的宪法修正案可能导致的一系列可怕结果的一部分[5]——那里借用,并将同性婚姻的想法"从荒谬变为可能"。[6] 针对随着随之而来的同性婚姻争论的继续,法律的语言继续提供方法来阐明和转化争论中的问题。大约在同一时间,早期的同性婚姻案件正在审理中,威廉·伦奎斯特(William Rehnquist)把同性恋类同为一个公共健康问题,他说同性恋学生群体是否能够在校园组织活动的问题,"类似于那些患有麻疹的人是否有违反检疫规定的宪法权利,与其他目前没有患麻疹的人交往"。[7] 最近,同样存在争议的是,同性婚姻的支持者利用民事权利历史和民事权利语言,将国家对同性婚姻的禁令

---

〔1〕 Cummings & NeJaime, *supra* note 60, at 1250; Schacter, *supra* note 60, at 869-70.

〔2〕 *See*, *e. g.*, Kerrigan v. Comm'r of Pub. Health, 957 A. 2d 407, 412 (Conn. 2008) (holding that a statute banning same-sex marriage but providing for civil unions failed intermediate scrutiny under the state constitution); Baker v. State, 744 A. 2d 864, 886 (Vt. 1999) (holding a marriage statute that provides unequal rights to same-sex couples unconstitutional under the state constitution).

〔3〕 The latest big event was the passage of legislation permitting same-sex marriage in New York. Nicholas Confessore & Michael Barbaro, "New York Allows Same-Sex Marriage, Becoming Largest State to Pass Law", *N. Y. TIMES*, June 25, 2011, *available at* http://www.nytimes.com/2011/06/25/nyregion/gay-marriage-approved-by-new-york-senate.html.

〔4〕 *See* Eskridge, *supra* note 57, at 1427 n. 17 (chronicling a number of the judicial decisions rejecting the same-sex marriage argument from 1971 to 1993). When the first modem gay-marriage case was brought in Hawaii, social-movement lawyers advised against it, thinking that the time was not yet right to mount a legal challenge. Cummings & NeJaime, supra note 60, at 1250.

〔5〕 Barclay & Fisher, *supra* note 56, at 86-87, 90-91.

〔6〕 *Id.* at 91.

〔7〕 Ratchford v. Gay Lib, 434 U. S. 1080, 1084 (1978) (Rehnquist, J., dissenting).

类比为异族通婚法。[1] 同样有争议的是，同性婚姻的反对者利用国家保护婚姻的历史，反对宗教多元化所引发的《宪法第一修正案》的诉求，将同性婚姻限制类比为禁止重婚的法律。[2]

　　温德尔承认法律有可能"将野蛮的要求转化为合法权益的主张"，并且将它看作法律解决规范性争议的潜力：通过将规范性争议转化为法律条款，我们能够将其作为一个社会问题来考虑，而不是简单地"表达纯粹的欲望，就像一个蹒跚学步的孩子发脾气"。[3] 温德尔在这个论点中忽略的是，规范性争论已经超越了"发脾气"的范畴，并提供了依据理性和公共利益（public good）来构建分歧的方式。在一个道德多元的社会里，所争论的规范性主张并不是"野蛮要求"的表达，而是个人或群体深刻而真诚地持有的关于权利与善的信念的诉求。尽管通过援引法律语言与之相关的判例历史，将这些争议转化为法律条款需要更多的努力，但是深层和持久的潜在规范性争议，并不会因为这种转化而突然变得更容易接受。

　　（三）在一个道德多元的社会里，法律是否应该解决规范性争议

　　在前面的分节中，我从最深的层面上对温德尔的"自始至终都是规范性的"观点提出了异议。他将律师在社会中的角色置于法律功能的概念中，以解决规范性争议。当我们爬上规范的梯子去审视律师在社会中的角色时，最重要的是律师在"法律的阴影"下为客户提供咨询和帮助的职业活动的合法性。[4] 温德尔对政治进程中开放的需要十分敏感，他强调法律应该被视为只是确立"一种临时解决方案"，以"建立一个中等稳定的结构或框架"，在这个结构或框架内"分歧仍有可能产生"。[5] 他支持通过"合法确立的手段"，[6] 甚至通过公开和象征

　　〔1〕 See Eskridge, *supra* note 57, at 1423−34（describing the pro−gay and anti−gay marriage arguments based on liberal legal theory）. See generally Randall Kennedy, *Marriage and the Struggle for Gay*, *Lesbian*, *and Black Liberation*, 2005 UTAH L. REv. 781（discussing the parallels between civil rights history and current gay rights issues）.

　　〔2〕 See, *e.g.*, Lawrence v. Texas, 539 U.S. 558, 590（2003）（Scalia, J., dissenting）（arguing that the constitutionality of both state laws prohibiting same−sex marriage and state laws prohibiting bigamy could be called in−to question based on the majority's ruling that a state law criminalizing homosexual conduct was unconstitutional）. In 1879, the United States Supreme Court upheld a criminal statute prohibiting bigamy in the Territory of Utah against the religious objection of a member of the Church of Jesus Christ of Latter−Day Saints（Mormon Church）who chal−lenged the constitutionality of the law and its application to him on First Amendment grounds. Reynolds v. United States, 98 U.S. 145, 161−67（1879）.

　　〔3〕 Wendel, *supra* note 1, at 114−15.

　　〔4〕 See *supra* note 50 and accompanying text.

　　〔5〕 Wendel, *supra* note 1, at 129.

　　〔6〕 *Id.*

性的违法活动，对现有临时解决方案表示抵制，而这些违法旨在说服社会承认既定法律的不公正。[1] 对既定法律的忠诚，排除了为达到自私和私人目的而暗中废除或颠覆法律规范的风险，[2] 以及"破坏合法权益的通用框架"的非暴力反抗行为，即使是出于对法律不公正的相信。[3]

另一些人则认为，法律保持着一种开放和演化的性质，这种性质不仅通过正式的法律挑战和有原则的非暴力反抗，而且还通过贪婪和自私自利的违法者故意藐视法律得以保持。[4] 在同性婚姻的辩论中，我们可以看到一些类似的内容；在该辩论中，违反既定法律的私人行为一直在正式法律挑战的关注下稳步开展，比如为与同性伴侣共同生活，已悄悄地开始着手组建替代家庭（alternative families)，使用了原本为监护和收养高危儿童而设计的法律标准。[5] 司法解释放宽或规避法定语言来批准第二父母领养，其民主的合法性是值得怀疑的，但它可以通过诉诸"更深厚的民主价值"来捍卫，这些更深厚的民主价值认为，制定法只是民主合法性的一个更大、更有活力的解释中的一部分。[6] 在没有争议的初审法院领养案件中，这些更深厚的民主价值，还将支持同性伴侣在违反既定法律的情况下所获得的私下的个人行为。在这种更深厚的民主合法性观点下，对法律进行无声的放宽或（更彻底地）藐视，以创造新的社会形式的家庭或财产所有权，这是向社会开放多元化的生活方式和选择的一种重要方式，然后法律就能够对这些生活方式和选择作出反应。[7]

相比之下，应当承认温德尔对于程序公平和参与的民主价值理想是薄弱的，而且侧重于多数主义的立法决策。他认为，任何通过法律程序做出的决定，只要

---

〔1〕 *Id.* at 124-25.

〔2〕 *Id.* at 131-35.

〔3〕 *Id.* at 124-25.

〔4〕 *See, e. g.*, Eduardo Mois6s Pefialver & Sonia Katyal, *Property Outlaws*, 155 U. PA. L. REV. 1095, 1106 (2007) (describing settlers in the nineteenth-century American West as flouting established property laws to set up "communities governed by their own conception of just, albeit self-serving, property relations" and noting that while this was initially condemned, "the law slowly but surely adapted itself to the reality the settlers had created on the ground").

〔5〕 See generally Nancy D. Polikoff, *This Child Does Have Two Mothers: Redefining Parenthood to Meet the Needs of Children in Lesbian-Mother and Other Nontraditional Families*, 78 GEO. L. J. 459 (1990) (discussing different ways courts may address the legal challenges posed by an increasing number of same-sex couples with children); Jane S. Schacter, *Constructing Families in a Democracy: Courts, Legislatures and Second-Parent Adoption*, 75 CHI. -KENT L. REV. 933 (2000) (discussing different courts' use of statutory interpretation to stretch existing adoptionlaw statutes to meet the legal challenges posed by same-sex adoptions).

〔6〕 Schacter, *supra* note 80, at 947-49.

〔7〕 Pefialver & Katyal, *supra* note 79, at 1098; Schacter, *supra* note 80, at 947-49.

"充分（而非理想地）响应了公民的参与要求",[1] 就都是合法的。他认为，法律是合法的，即使它们被财富和权力上的差异[2]所扭曲，还被教育、住房和就业方面的结构性不平等和歧视所强化;[3] 即使立法过程被避免"尊重他人观点"的政治操纵所扭曲。[4] 此外，温德尔的合法性理论，要求公民容忍针对非理性多数主义偏见目标的"局部不公平"。[5] 温德尔认为，法律程序尽其所能地"认真对待相反的观点"，但"在某种程度上，多数人有权说'我们已经听够了'，然后继续前进"。[6]

温德尔接受了对合法性的这种微弱的程序性解释，因为他得出这样一个结论，即在一个道德多元的社会里，"这可能是我们能做的最好的事情"。[7] 他认为，坚持过于理想化的公平程序概念，将使"一个社会无法利用法律制度来引导自己走出"深刻而持久的道德争议。[8] 但是，如果法律制度在帮助社会摆脱深刻而持久的道德争议方面基本上是无效的，那么这种担忧就会消失，从而为更深刻、更健全的程序公平和法律程序合法性概念的出现开辟道路。

对法律解决规范性争议的能力失去信心，这似乎是社会的一个法理学噩梦：陷入不断升级的规范性争议，却没有任何能走出道德多元化困境的权威方法。然而，法律未能解决规范性争议的另一面是，法律有能力在法律范围内为多种道德观点的繁荣开辟空间。我认为，这不是一个法理学噩梦，而是一个灵活而反应迅速的法律制度的"崇高梦想"。[9] 面对道德多元化，社会应该追求灵活性和开放性，而不是寻求道德争议的解决，这种观点在许多自由主义政治理论中得到了支持。例如，密尔（Mill）在他的书中写道，需要保护人民免受"多数人的暴政"时，他指的不仅是被制定成法律的多数意见的暴政，而是一种更广泛的

---

[1] Wendel, *supra* note 1, at 91.

[2] *Id.*

[3] *See id* (arguing that laws are legitimate in America, even though "the ability of many citizens to partici-pate in the political process is limited by…differentials in wealth and power…reinforced by structural features such as inequality in primary and secondary education" as well as persistent discrimination against women and minorities).

[4] *Id.* at 100.

[5] *Id.* at 103.

[6] *Id.* at 101.

[7] *Id.* at 91.

[8] *Id.* at 102.

[9] H. L. A. Hart, *American Jurisprudence Through English Eyes*: *The Nightmare and the Noble Dream*, 11 GA. L. REv. 969, 978 (1977) (describing the "Noble Dream" as litigants' belief that a judge will "apply to their cases existing law and not make new law for them" even if precedent and black-letter law are ambiguous). David Luban has appropriated Hart's metaphor to describe a jurisprudence of lawyering. *David Luban*, *Legal Ethics And Hu-man Dignity* 131-32 (2007).

"主流的意见和感受的暴政"和"社会趋势：通过民事处罚以外的其他手段，将自己的思想和做法作为行为准则强加于持不同意见的人；限制发展，如果可能的话阻止任何与其方式不协调的个性的形成"。[1] 以赛亚·伯林（Isaiah Berlin）反对"真正价值的完全和谐是可以找到的"这一观点，[2] 认为"体面社会的先决条件"是"通过促进和保持一种不稳定的平衡，这种平衡在不断受到威胁，需要不断修复"，来减少多元社会不可避免的社会和政治冲突。[3] 这些政治哲学家认为，社会的秩序和稳定是重要的价值，然而开放、灵活和发展也是重要的价值。[4] 在他们看来，规范性争议的存在，并不像社会试图要解决它那样麻烦。

在这样一个更为深厚的概念中，律师的法律忠诚不必局限于尊重根据适当公平的薄弱程序标准确定的法律权威。合法的法律程序将超越多数主义立法，涵盖私人遵守（或违背）法律与公共立法之间所产生的复杂的相互作用。律师不是法律合法性的裁判者，律师的角色将由他们所参与的使法律合法化或使之不稳定的法律程序来确定，该程序建立在客户关于法律合法性的个案判断基础上——法律是否值得他们尊重和遵守。律师的职业责任将来自于其作为客户和法律之间的促进角色，这就要求律师使法律具有足够的可及性，以帮助客户就临界的应得到服从或不服从的合法性作出明智的决策。

三、结论

W. 布拉德利·温德尔的《律师人与法律忠诚》，是法律伦理理论领域了不起的成果，也是对律师业法理学有价值的贡献。尽管我不同意他所提出的关于律师业法理学的一些细节，但一些论述在很大程度上是在他帮助定义的辩论框架内展开的。温德尔坚持律师是准政治行动者，他对法律伦理的理解自始至终是规范性的，他对道德多元化挑战的敏感性为持续的辩论设定了重要的变量。在《法律人与法律忠诚》问世之后，法律伦理就再也不会和以前一样了。

---

〔1〕 John Stuart Mill：" On Liberty", in *On Liberty And Other Essays* 5, 8-9 (John Gray ed., 1991).

〔2〕 Isaiah Berlin, "Two Concepts of Liberty", in *Liberty* 166, 213 (Henry Hardy ed., 2002).

〔3〕 Isaiah Berlin, "The Pursuit of the Ideal", in *The Crooked Timber of Humanity* 1, 19 (Henry Hardy ed., 1990); see also Isaiah Berlin, "The Decline of Utopian Ideas in the West", in *The Crooked Timber Of Humanity*, *supra*, *at* 20, 47 ("The best that one can do in the face of moral pluralism is to try to promote some kind of equilibrium, necessarily unstable, between the different aspirations of differing groups of human beings…").

〔4〕 For example, Mill argued that order and progress were both necessary to good government but that order was included within progress, "not [as] an additional end to be reconciled with Progress, but a part and means of Progress itself." John Stuart Mill：" Considerations on Representative Government", in *On Liberty And Other Essays*, supra note 92, at 203, 223.

错位的忠诚

大卫·鲁班（著）／尹超*（译）

一、导论:《法律人与法律忠诚》的定位

当代法律伦理理论的研究，始于 20 世纪 70 年代和 80 年代初的几篇论文，这些文章主要是由道德哲学家撰写的，他们被公正的道德与律师角色片面的党派性之间的明显不协调困扰。[1] 所谓的律师角色的标准概念，体现在积极宣传和

* 大卫·鲁班，乔治城大学法律中心法学和哲学教授。尹超，中国政法大学法学教育研究与评估中心副教授。

[1] *E. g.*, Alan H. Goldman, The Moral Foundations Of Professional Ethics; *The Good Lawyer*: *Lawyers' Roles And Lawyers' Ethics* (David Luban Ed., 1983) (Hereinafter The Good Lawyer); Charles Fried, *The Lawyer as Friend*: *The Moral Foundations of the Lawyer-Client Relation*, 85 YALE L. J. 1060 (1976); Gerald J. Postema, *Moral Responsibility in Professional Ethics*, 55 N. Y. U. L. REV. 63 (1980); William H. Simon, *Commentary*, *The Ideology of Advocacy*: *Procedural Justice and Professional Ethics*, 1978 Wis. L. REV. 29; Richard Wasserstrom, *Lawyers as Professionals*: *Some Moral Issues*, 5 HUM. RTS. 1 (1975). Simon's article focused less on moral philosophy than on jurisprudence, and in subsequent works it became clear that Simon's own questions and answers differ significantly from those of the moral philosophers. See *David Luban*, *Reason and Passion in Legal Ethics*, 51 STAN. L. REV. 873, 879- 85 (1999) (describing and analyzing the shift in Simon's position between *The Ideology of Advocacy* and his 1998 book, *The Practice of Justice*: *A Theory of Lawyers' Ethics*); Simon, *supra*, at 32 (establishing that the article analyzes various jurisprudential doctrines).

倡导的口号中，包含三个要素：党派性、中立性和非问责性。[1] 党派性要求律师以任何必要的合法手段来追求客户的合法目的，而不考虑目的的道德性或该目的可能对无辜者造成的损害。[2] 中立性是指律师不得对其客户的合法目的或为达到目的所采取的合法手段进行道德判断。[3] 并且，律师不能因为代表客户行事而在道德上承担责任。[4] 这个标准概念提出的中心问题是，为什么律师在这种存在受害者的严肃活动中可以不受道德约束。正如理查德·沃瑟斯特伦（Richard Wasserstrom）和杰拉尔德·波坦玛（Gerald Postema）所观察到的，律师通过演讲和说服来完成其工作。[5] 其道德能力以一种独特的方式得到充分发挥，这种积极参与的方式似乎很难与非问责性相协调。[6]

激发大部分工作的一般问题是角色道德问题：律师的职业角色怎么可能要求律师去做非律师在道德上禁止的事情呢？查尔斯·弗里德（Charles Fried）问道："一名好的律师能成为一个好人吗？"[7] 沃瑟斯特伦想知道是否"律师与客户的关系会让律师在最好的情况下系统性地不道德，而在最坏的情况下会比偶尔的不道德更加严重"。[8] 针对对抗制要求律师扮演党派角色的要求，哲学家们仔细审视了"对抗制借口"，并发现其不足之处。[9] 其他人则同时为标准概念和对抗

---

[1] The term *standard conception* originated, I believe, in Postema, *supra* note 1, at 73. More or less simultaneously, Simon and Postema identified the three components of the standard conception. Id; Simon, *supra* note 1, at 36–37. Murray L. Schwartz also identified two of the three components—partisanship and nonaccountability. Murray L. Schwartz, *The Professionalism and Accountability of Lawyers*, 66 CALIF. L. REV. 669, 671 (1978). In a well-known paper, Ted Schneyer denied that there is anything standard about the conception and complained that it amounted to moral philosophy's standard misconception of legal ethics. Ted Schneyer, *Moral Philosophy's Standard Misconception of Legal Ethics*, 1984 Wis. L. REV. 1529, 1569. 1 continue to think that the conception is standard. *See generally David Luban*, *Lawyers And Justice: An Ethical Study*, *Hereinafter Luban*, *Lawyers And Justice* (responding to Schneyer). But to avoid begging questions, I now prefer the more descriptive term neutral partisanship in place of standard conception. I will stick with Postema's label here because it is the one Wendel uses.

[2] Postema, *supra* note 1, at 73.

[3] *Id.*

[4] *Id.*

[5] *Id.*

[6] Postema, *supra* note 1, at 76; Wasserstrom, *supra* note 1, at 14.

[7] Fried, *supra* note 1, at 1060.

[8] Wasserstrom, *supra* note 1, at 1.

[9] *See, e. g.*, David Luban: "The Adversary System Excuse", in *The Good Lawyer*, *supra* note 1, at 83, 83–118 (coining the expression *adversary system excuse and explaining why the excuse is insufficient*); Simon, *supra* note 1, at 130–44 (decrying the adversary system excuse as inadequate); *see also* David Luban: "The Adversary System Excuse", in *Legal Ethics And Human Dignity* 19, 19–64 (2007) (revising Luban's 1983 essay).

制辩护。[1] 评论家们没有具体地提出沃瑟斯特伦所谓标准概念"简化的道德世界"的替代方案。[2] 波坦玛将律师的角色重新定义为"追索角色"（recourse role），这意味着当道德需要的时候，它已经内置了打破角色的追索权。[3] 沃瑟斯特伦和西蒙（Simon）呼吁非职业化（deprofessionalization）（尽管西蒙最终发展出了一种不同的方法）。[4] 我的立场是用一种称之为"道德激进主义"（moral activism）的立场取代标准概念。在这种立场中，如果律师无法获得对抗制借口，他就必须按照自己的意愿行事。[5]

显然，这些作者并不是最早质疑律师在哲学精神中的角色的人。可以说，这种批判可以追溯到柏拉图的《高尔吉亚篇》（Gorgias）和《泰阿泰德篇》（Theaetetus）。[6] 在20世纪，朗·富勒（Lon Fuller）提出了类似的问题，并为对抗制借口提供了一个复杂的辩护。[7] 但在经历了长时间的沉寂之后，20世纪70年代和80年代法律伦理活动的爆发，使其重新成为一个严肃的理论课题。

自20至21世纪之交以来，法律伦理哲学出现了一个新的转折，精力充沛、经验丰富的作者摒弃早期对标准概念的批判和对道德角色的关注，而提出了不同的问题和答案。这些作者包括蒂姆·戴尔（Tim Dare）、凯特·克鲁泽（Kate

---

[1] See, e.g., Monroe H. Freedman, Lawyers' Ethics In An Adversary System 9, 12 (1975) (championing the adversary system as protective of individuals' fundamental rights and emphasizing the importance of partisanship and neutrality); Stephan Landsman, The Adversary System: A Description And Defense (1984) (advocating for the adversary system).

[2] Wasserstrom, supra note 1, at 2.

[3] Postema, supra note 1, at 81−83 (attributing the recourse-role concept to Mortimer R. Kadish & Sanford H. Kadish, Discretion To Disobey 31−36 (1973)).

[4] See Simon, supra note 1, at 130−44 (positing that personal ethics and respect for clients should guide lawyers' conduct); Wasserstrom, supra note 1, at 21−23 (proposing that lawyers should strive to do what is best for their clients as humans, not to simply exercise their own legal competency most effectively). Simon's later approach calls for contextual analysis and the pursuit of legal justice. William H. Simon, The Practice of Justice: A Theory of Lawyers' Ethics 9 (1998).

[5] See David Luban, Introduction, in Legal Ethics And Human Dignity, supra note 10, at 1, 11−12 (declaring that lawyers cannot avoid moral accountability and, thus, should accept moral responsibility for their practice of law).

[6] Plato, Gorgias *465c; PLATO, Theaetetus *172e−173b.

[7] See Lon L. Fuller: "The Adversary System", in Talks on American Law 35, 45 (Harold J. Berman ed., 1972) (arguing that an adversarial presentation of a controversy may be "the most effective means we have of combating the evils of bureaucracy"); Lon L. Fuller & John D. Randall, Professional Responsibility: Report of the Joint Conference, 44 A.B.A. J. 1159, 1160−−62 (1958) (offering an analysis of lawyers' responsibilities within the adversary system, including those of advocate and counselor, designer of a framework of collaborative effort, and public servant). For further discussion, see David Luban, Rediscovering Fuller's Legal Ethics, 11 GEO. J. LEGAL ETHICS 801, 819−28 (1998).

Kruse)、丹尼尔・马可维兹（Daniel Markovits）和诺尔曼・斯波尔丁（Norman Spaulding）。[1] 在伦理理论家的新浪潮中，最杰出、最有成果的是 W. 布拉德利・温德尔（W. Bradley Wendel），他的许多杰出的观点在这本备受期待的著作中达到了顶峰，这本著作就是这次讨论的主题。[2]

二、多元化与政治道德

处于新浪潮的作者彼此之间差异很大，但在我看来，他们的写作有两个共同的主题，这两个主题在温德尔的作品中都很突出。第一个主题是对道德多元化——即使对基本问题持埋性观点的人也会就他们的道德观点产生分歧——的持久关注。[3] 道德多元化不仅仅是人类差异和争论的一个令人遗憾的副产品。对温德尔来说，价值本身就是多元的。[4]

考虑到价值多元化这一核心事实，有人提议律师以道德理由拒绝提供服务，实际上是将自己的道德观点强加给客户，这令新浪潮的作者们感到不安。[5] 从

---

[1] See, e. g. , Tim Dare, *The Counsel Of Rogues? A Defence Of The Standard Conception Of The Lawyer's Role*, (providing a contemporary argument in defense of the standard conception); *Daniel Markovits, A Modern Legal Ethics: Adversary Advocacy In A Democratic Age*, 2 (2008) (arguing in part that an alternative approach to legal ethics based partly on "distinctively lawyerly virtue" can render lawyers' lives ethically appealing); Katherine R. Kruse, *Beyond Cardboard Clients in Legal Ethics*, 23 GEO. J. LEGAL ETHICS 103, 129-44 (2010) (proposing a model for lawyer ethics that looks beyond zealous advocacy to how partisanship can most effectively operate when working with "three-dimensional clients"); Katherine R. Kruse, *Lawyers, Justice, and the Challenge of Moral Pluralism*, 90 MINN. L. REV. 389, 391-93 (2005) [hereinafter Kruse, *Challenge of Moral Pluralism*] (asserting that situations where a lawyer fundamentally morally disagrees with his client should be addressed under a moral conflict-of-interest analysis); Katherine R. Kruse, *The Jurisprudential Turn in Legal Ethics*, 53 ARIZ. L. REV. 493, 496 (2011) (suggesting that jurisprudential theories in legal ethics serve as an "attractive alternative" to moral theories); Norman W. Spaulding, *Professional Independence in the Office of the Attorney General*, 60 STAN. L. REV. 1931, 1938-41 (2008) (criticizing moral-activist lawyers for romantic individualism); Norman W. Spaulding, *Reinterpreting Professional Identity*, 74 U. COLO. L. REV. 1, 6-7 (2003) [hereinafter Spaulding, *Reinterpreting Professional Identity*] (arguing that the lawyer's role is founded in notions of service to the client, regardless of the client's personal, moral, or ideological inclinations, rather than identification with the client); Norman W. Spaulding, *The Rule ofLaw in Action: A Defense ofAdversary System Values*, 93 CORNELL L. REV. 1377, 1377-78 (2008) (arguing that certain situations where lawyers violate human dignity and morality stem not from an adherence to traditional notions of professional responsibility within the adversary system, but rather from deviations from such notions)

[2] W. Bradley Wendel, *Lawyers And Fidelity To Law*, (2010).

[3] See Kruse, *Challenge of Moral Pluralism*, supra note 18, at 391 ("Moral pluralism recognizes the existence of a diversity of reasonable yet irreconcilable moral viewpoints, none of which can be objectively declared to be 'right' or 'wrong' from a standpoint outside of its own theoretical framework").

[4] Wendel, supra note 19, at 5, 214 n. 12 (explaining that ethical values are diverse and not capable of being reduced to one "master-value" that sets forth what constitutes an ethical existence).

[5] E. g. , Spaulding, *Reinterpreting Professional Identity*, supra note 18, at 51-53.

这个角度看，道德激进主义更像是道德帝国主义，而那些基于道德考虑而拒绝推进客户要求的律师，至少是自以为是的。但这还不是全部。温德尔提醒我们："合法性很重要，因为它使人们能够在一个相对和平稳定的社会中一起生活，尽管人们对道德理想、价值观和美好生活的观念存在深刻而持久的分歧。"〔1〕 因此，一名律师基于良心而拒绝强调客户的合法权益，就是在破坏一种机制，这种机制让我们能够处理价值冲突，而不会陷入一场混战（a war of all against all）。道德活动家不仅仅是自以为是，且对我们都需要的政治解决方案是鲁莽而不负责任的。

这把我们带到了温德尔和新浪潮的其他作者所推进的第二个主题。他们批评道德哲学家忽视了法律实践的政治层面，即法律制度是一种服务于不可或缺的政治目的的政治制度。〔2〕 这里的论点是，把法律伦理框定为一个纯粹的道德问题（角色道德的问题）从根本上误解了主体。律师的义务是政治义务而不是道德义务，解决这些义务的哲学学科是政治哲学和法理学，而不是道德哲学。正如温德尔所说，"法律伦理是独立的政治道德的一部分"，因此他怀疑"用于分析道德概念的工具箱（toolkit）应该与道德哲学中其他领域使用的工具箱保持一致"。〔3〕

对温德尔来说，改进后的工具箱中最重要的概念是法律忠诚（fidelity to law）的政治义务。〔4〕 与标准概念不同，温德尔认为律师在道德上是负责任的——但他们的责任是针对法律，而不是针对个人。〔5〕 此外，与标准概念不同，律师的忠诚在于对法律的忠诚，而不是对客户利益的忠诚。〔6〕 与此同时，温德尔和新浪潮的其他作者积极为律师为客户追求合法权益的义务辩护，甚至在面对与之相冲突的道德理由时也不例外。温德尔坚持认为，对法律的忠诚将排除律师们玩的

---

〔1〕 Wendel, *supra* note 19, at 36.

〔2〕 *See id.* at 91 (emphasizing that laws are a product of "political institutions" and therefore are only legitimate if enacted according to "fair procedures").

〔3〕 *Id* at 23. In this respect, Wendel agrees with Simon, who argues that problems of legal ethics are jurisprudential, not moral. *William H. Simon, The Practice of Justice: A Theory Of Lawyers' Ethics*, 15-18 (1998). In other respects, they disagree sharply.

〔4〕 *See* Wendel, *supra* note 19, at 168 ("The lawyer-client relationship should be structured by the ideal of fidelity to law-not to clients-that is, by legal and ethical ideals of fiduciary obligations.").

〔5〕 *Id* at 12.

〔6〕 *Id* at 2.

许多伎俩，这些伎俩旨在阻挠发现、指导证人和让对手失去平衡。[1] 因此，他的观点不乏批判性。但其总体立场是为传统律师自我概念的一个受约束的版本辩护，反对其哲学批判。

温德尔的立场有一种直觉上的吸引力，它似乎占据了两个极端（即标准概念及其批判）之间亚里士多德式的中庸之道。温德尔和新浪潮的其他作者从两个毫无疑问的重要事实中获得论证资源：一个是多元化事实，另一个是法律制度是一种管理多元化和文明冲突的政治制度。

这一立场还有其他吸引人之处。温德尔非常重视律师作为法律意义上的顾问这一未被理论化的角色，他通过某些律师书写酷刑备忘录的案例来探讨这个问题。他认为，"律师的中心角色是评估客户在法律上是否有权追求某个目标"——实际上使辩护人的角色服从于法律解释者的角色。[2] 我觉得这个立场很有吸引力。（我自己的作品也在朝着类似的方向发展。）法律忠诚不仅意味着追求合法权益，还意味着忠实地解释法律，这一点将在下面讨论。此外，与20世纪50年代的程序理论家一样，温德尔特别强调法律职业的工艺价值，认为它是一种伦理，目的是使法律程序按其应有的方式运作。这对有良心的律师而各显然具有吸引力，他们相信高质量的工作通常在任何意义上都比草率的工作更合乎伦理。

最后，这本著作的论证很有吸引力。温德尔在哲学上很成熟，并用政治哲学牢牢地锚定了自己的论点；但他对自己的学问轻描淡写，并为了学问本身而避开哲学上的复杂性。他了解律师业的规律，从事学术文献的研究，还会举出生动的例子。总而言之，《法律人和法律忠诚》具有令人钦佩的清晰和慎重。

然而，我不同意这个理论的某些重要方面。最终，在我看来，温德尔过于相信现有的法律制度，过于相信程序而牺牲了实质正义。在某些地方，他写得好像现有的法律制度已经达到了极致。我担心，这种看法存在自满情绪，也有过度意愿，认为实质非正义只不过是一个基本公正的体系中的附带损害（collateral damage）。我将在第三部分讨论这些问题。

---

〔1〕 *Id* at 191. Here, Wendel's view is not far from that of Fuller and Randall, who argued that a lawyer "plays his role badly, and trespasses against the obligations of professional responsibility, when his desire to win leads him to muddy the headwaters of decision." Fuller & Randall, *supra* note 17, at 1161. This was written in 1958, and it is safe to say that the trial bar in the ensuing half century has completely ignored this prescription, viewing the good litigator's job precisely as muddying the headwaters of decision when doing so benefits the client. The smart money would predict that Wendel's ethical prescription that litigators refrain from lawyer games will end up in the same boat—which, I can report, is the same boat that critics of the adversary system and the ideology of advocacy have always been in.

〔2〕 Wendel, *supra* note 19, at 56.

接下来，我将探讨温德尔关于法律忠诚的基本隐喻。我要捍卫的观点是，在法律解释的特定语境之外，法律不是那种值得忠诚的东西。其一，其主要意义上与婚姻、友谊和宗教信仰有关，忠诚从属于个人关系，而不是从属于像"法律"这样的抽象实体或甚至像"法律体系"这样的制度安排。其二，其主要意义中的忠诚是一个狭义的概念，比忠实（loyalty）或者职业或个人的义务更狭隘。如果正确地理解，当法律存在时，尊重法律的道德义务与忠诚是不同的，它实际上并不是对法律的义务，而是对法律所辖社会中其他成员的义务。其三，它是一种建立在互惠基础上的义务。其四，被结构性或系统性不平等所破坏的法律和法律制度，不应得到温德尔所认为的那种程度的尊重。有缺陷的法律制度对我们的要求相对较低，但可以被与之对抗的道德关怀所推翻。

在最后一部分，我问道德去哪里了。在温德尔看来，法律制度提供了不去问一阶道德问题的二阶理由，但这些问题肯定不会消失。温德尔也担心这个困难，而且他试图解决这个问题。我的结论是，温德尔的策略要么失败，要么会将其推向一个与道德激进主义相去不远的立场。

三、最好的法律制度

很明显，温德尔的政治哲学是对 20 世纪 50 年代法律程序理论的回归。程序理论家认为，每个社会都需要一种"制度解决方案"——一种为社会建立立法和纠纷解决机制的社会契约。[1] 制度解决方案一旦施行，我们就必须遵守它："由正式制定的程序正式作出的决定……应该被认为对整个社会都具有约束力，除非和直到它们被正式改变。"[2] 这些话是哈特（Hart）和萨克斯（Sacks）说的，但是它们也支持温德尔的论点。[3] 这句话中的三个"正式"反复强调了一个基本观点：制度解决方案代表了社会选择的行事方式，如果人们抄近路或走捷径，这种行事方式就有瓦解的危险。人们必须在制度解决方案的条款范围内追求自己的利益，而律师正是这种追求的代理人。对温德尔来说，法律忠诚意味着对法律的尊重，而尊重是一个意味着程度更甚于服从（obedience-plus）的艺术术语：不仅遵守法律，而且"在处理自己的事务时适当考虑他人的合法权益"。[4]问题是，法律毕竟是相当可怕的，那它为什么值得尊重？

---

〔1〕 Henry M. Hart, Jr. & Albert M. Sacks, *The Legal Process: Basic Problems in The Making And Application of Law*, 3-4 (William N. Eskridge, Jr. & Philip P. Frickey eds., 1994).

〔2〕 *Id.* at 4.

〔3〕 *See* Wendel, *supra* note 19, at 91 ("Laws that are the product of these political institutions are legitimate if they are enacted using adequately ... fair procedures. This is admittedly a thin basis for solidarity, but it is likely the best we can do").

〔4〕 *Id.* at 88 n. ∗.

温德尔对服从的承诺，似乎源于他规定的一个重要条件："这里所提出的法律伦理概念，仅限于在一个较为公正的社会中执业的律师。"[1] 这是因为"律师角色的规范性吸引力，取决于合法性的规范性吸引力"。[2] 社会较为公正这一限定，保证了加入制度解决方案在道德上并不是一件无法容忍的事情。

在这一点上，我认为温德尔遇到了麻烦。他完全理解美国制度解决方案的诸多缺陷，并煞费苦心地对这些缺陷进行分类："选举政治……受到富有捐赠者的影响而扭曲"；由于贫富悬殊，许多人的参与受到限制，包括教育的结构性不平等，持续的歧视，以及"干预性治安和官僚主义的冷漠"，等等。[3] 尽管他向我们保证，他的"观点……并不是要向美国社会道歉"，[4] 但温德尔认为美国制度的合法性没有问题，并为他刚刚归类为"通常是善意分歧的副产品"的程序上的罪恶找借口。[5] 在他看来，"程序的合法性不是基于最佳化的公平，而是基于尽可能做到最好"，[6] 他认为，美国法律"尽可能地将所有公民的观点都视为理应受到尊重的观点"。[7] 我们有缺陷的制度解决方案"可能是我们能做的最好的选择"。[8] 温德尔引用了丘吉尔的格言：民主是最糟糕的一种政府形式，除了所有其他的政府形式之外。[9]

我完全赞成不要让最优秀者成为优秀者的敌人，而且我同意温德尔的以下观点，即法律伦理必须是一种非理想世界的理论。但是，他在断言我们的法律"尽可能做得好"时所使用的可能性概念是不可靠的。[10] 他的意思是没有任何重大的改革可以使它变得更好，还是仅仅因为他自己列出的程序缺陷，所以改革在政治上是不可能的？温德尔并没有展示前一种情况，甚至也没有尝试这样做。至于后一种情况，很难看出一个存在缺陷、既得利益集团可能会阻碍有意义的改革的体系，为什么值得人们坚决服从。倘若如此，那么任何拥有根深蒂固的、自我复制的权力结构的制度——例如苏联的斯大林时代——都将被视为"我们所能做的

---

〔1〕 *Id.* at 96.

〔2〕 *Id.* at 92.

〔3〕 *Id.* at 91.

〔4〕 *Id.* at 92.

〔5〕 *Id.*

〔6〕 *Id.* at 99.

〔7〕 *Id.* at 114.

〔8〕 *Id.* at 91.

〔9〕 *Id.*

〔10〕 *See id.* at 99（ "The legitimacy of procedures is not based on optimizing fairness but on doing as well as possible given the need for both equal respect and finality"）.

最好的",并将"尽可能地做好"。[1]

在一些地方,温德尔陷入了维持现状的辩道学(apologetics)。因此,温德尔一度认为,党派性在形成事实记录方面,与价值多元化或法律制度的目的无关。[2]为什么禁止律师发现具有破坏性的真相呢?温德尔的回答接近于一个断言,即现有的规则是它们所能达到的最好的状态:抗辩程序规则,包括辩护规则、证据开示规则和诉讼规则,体现了效率、公平、尊重当事人的隐私利益和根据事实准确解决争议的愿望之间的平衡。因此,允许或要求诉讼律师对争议事实采取党派立场仍然是合理的,因为法律制度为分歧的有序解决建立了一个框架。[3]

对此,有人可能会做出回应:为什么要假设该平衡是正确的,或者有序的框架是足够公正的?上述结论从何而来?

同样,温德尔写道,"法律制度的程序……构成共同生活、相互尊重、为共同目标而合作的手段,尽管存在道德上的差异和分歧"。[4]然而,这一点必须得到证明,而不是简单地宣称。对于那些在美国法律制度中发现不公平现象的人,比如我们大规模监禁和长期单独监禁的做法,或者今天有资格获得法律援助的1/5的美国人无法获得民事法律服务,温德尔会如何回应?仅仅口头上让我们相信法律将"尽可能地做好"并不是一个令人满意的答案。

四、忠诚的概念

在这一部分中,我将考察忠诚的概念,即温德尔理论中的指导隐喻。在普通语言中,它结合了几个相关概念的元素,每个概念在某些背景中合适,但在其他背景中就不太合适。其中一个背景涉及人际关系:对婚姻、友谊和宗教(被视为与上帝或众神的关系)的忠诚。我称之为个人忠诚。与个人忠诚不同的是我所说的解释忠诚:在解释、翻译、履行或代理中的忠诚。显然,温德尔采用了解释忠诚的概念,尤其是当律师作为法律顾问,负责向客户提供他是否可以合法地为所欲为的意见之时。但温德尔也依赖于他称之为"忠诚"的法律义务的概念,而我认为这是一个错误,除非它意味着对人的义务,而非对一个非人格化的制度的义务。把这两种感觉混为一谈也是一个错误,因为解释忠诚与个人忠诚是不

---

[1] See id. at 91, 114 ("A procedure that does as well as possible at treating the views of all citizens as presumptively entitled to respect … represents the best we can do … to embody equality in our relations with one another…")

[2] Id. at 57-59.

[3] Id. at 59 (emphasis added).

[4] Id. at 89.

同的。

（一）个人忠诚

1. 婚姻忠诚。"忠诚"这个词最基本的日常用语是婚姻忠诚，它的意思很简单，就是不要欺骗你的配偶和别人发生性关系。推而广之，这一用法已经涵盖了未婚亲密伴侣之间的忠诚；但是为了使讨论保持简单，我们此处只关注婚姻。

重要的是，婚姻忠诚除了不背叛之外没有其他含义，它特别指的是一种不背叛，即性的单配性（monogamy）。婚姻忠诚并不要求你成为一个好丈夫或好妻子；它不要求爱（love）或钟情（lovingness），甚至不要求同居：分居的配偶仍可能选择忠诚。在普通语言中，所有的忠诚要求不过是不和别人发生性关系——换句话说，忠诚意味着没有不忠，而不忠意味着在夫妻关系之外的性，仅此而已。

因此，在最原始的用法中，"忠诚"是一个有限的概念，是一种极其微小的美德。它比我们表面上作为同义词的忠实（loyalty）或虔诚（devotion）要狭隘得多。一个例子将说明这种区别。一个妻子偷偷地盗取夫妻共同的银行账户，为抛弃自己的丈夫做准备。这当然在很大程度上被认为是背叛（disloyalty），但直到她和别人发生性关系的那一刻，她在最基本的、普通语言的意义上都没有不忠（unfaithful）。存在背叛但没有不忠。不忠诚（Infidelity）不仅仅是缺乏忠实（loyalty），它是程度更强的表述。它是背叛（betray）一个人而支持另一个人的最原始意义上的背叛。

如果我们将其重新描述为违背婚姻誓言，婚姻不忠诚的这种特殊意义就会消失。这种委婉的说法失去了一个重要的含义，即不忠诚的配偶不仅违反了抽象的规范，还投向了具体的竞争对手。配偶与对手之间的性行为意味着忠贞（allegiance）的转移，而不仅仅是忠贞的丧失。婚姻不忠诚是涉及两个配偶与一个竞争对手的三方关系，而不是只涉及配偶间的双方关系，当然也不是一个人与被称为婚姻誓言的抽象对象之间的关系。

在这个意义上，与不忠诚最相似的政治行为似乎是叛国（treason）。根据美国宪法，叛国"只包括对美国发动战争，或依附于他们的敌人，给予他们帮助和安慰"。[1] 一个公民可以蔑视美国，从政府偷东西，甚至从事间谍活动或恐怖主义活动而不被视为叛徒。像婚姻的不忠诚一样，叛国比不忠更严重、更具体。它意味着效忠于一个敌人。一个人仅仅是违反了法律，或者采取了霍姆斯式坏人那种"这对我有什么好处"的态度[2]对待法律，并没有背叛任何东西或任何人，

---

[1] U. S. CONST. art. Ⅲ, § 3.

[2] Oliver Wendell Holmes, Jr., *The Path of the Law*, 10 HARV. L. REv. 457, 459 (1897) (defining the "bad man" as one "who cares only for the material consequences" of the law).

也没有对法律不忠诚。

2. 友谊。其他背景可能只涉及双方，但朋友之间的关系是不同的。称某人为"不忠实的（faithless）朋友"并不意味着他为了另一个朋友而抛弃我，只是说他不可靠。忠实的（faithful）朋友会来医院看望我，当我情绪低落的时候带我出去吃晚餐，在我失业的时候会额外伸出援手，而且在互惠的游戏中不会记分。在这种情况下，忠诚（fidelity）和忠实（faith）与一组术语并肩而行，其中大部分是语源学上的表亲——信任（trust）、真实（true）、真理（truth）、诚实（troth）、承诺（betrothed）——在这些术语中，信任（trustworthiness）和坚定（constancy）跨越了所有的行为，而不仅仅是性上的不背叛。在一篇经典的法律伦理论文中，查尔斯·弗里德（Charles Fried）创造了"作为朋友的律师"（lawyer as friend）的比喻，当时他正在呼吁律师对客户的忠诚这一概念。[1] 另一方面，温德尔反对将律师职业伦理建立在律师对客户的个人忠诚之上，主张对法律的忠诚。[2] 因此，我认为，在温德尔的法律伦理中，这种忠诚的语境是行不通的——除非，正如我所相信的那样，对法律的忠诚实际上是对人忠实（faithful）的一种方式。

3. 宗教。这些观察把我们带到忠诚的下一个主要语境，即宗教。从词源学上讲，忠诚（fidelity）来自 fides，在拉丁语中是信仰（forfaith）的意思；[3] 而在宗教中，它的意思是忠于自己的信仰。或者更确切地说，它意味着对自我的上帝的忠诚——这一点很重要，因为它将信仰的基本意义理解为一个人与神人（a divine person）之间的个人关系。坚持一个人对正统观念、宗教仪式的信仰，或对信仰条款等抽象概念的信仰，代表了一种独特的次要意义（secondary sense）；我们更倾向于使用诸如忠心（devoution）、虔诚的（pious）等词而不是忠实（faithful），来描述这种对宗教的态度。

在《希伯来圣经》（*Hebrew Bible*）中，宗教忠诚带有性忠诚的强烈暗示。以色列人最大的罪和最大的诱惑，就是偶像崇拜（idolatry），对其他神的崇拜。[4] 第二条诫命以有力的措辞禁止偶像崇拜："除了我以外，你不可有别的神。不可

---

〔1〕 Fried, *supra* note 1, at 1060-61.

〔2〕 *See* Wendel, *supra* note 19, at 168（"The lawyer-client relationship should be structured by the ideal of fidelity to law-not to clients…"）.

〔3〕 *Webster's Collegiate Dictionary*, 465（1 th ed. 2003）.

〔4〕 *See, e. g., Exodus* 32：1-30（detailing Israel's worship of the golden calf after the exodus from *Egypt* and God's resulting anger）；I Samuel 15：22-23（"Has the lord as much delight in burnt offerings and sacrifices, as in obeying the voice of the lord?… For rebellion is as the sin of divination, and insubordination is as iniquity and idolatry"）；*Psalm* 97：7（"Let all those be ashamed who serve graven images…; worship Him, all your gods"）.

为自己雕刻偶像……因为我耶和华你的神是嫉妒的神。"[1] 嫉妒什么？类似于与敌对的上帝通奸。正如摩西·艾伯塔和（Moshe Halbertal）和阿维夏伊·玛格利特（Avishai Margalit）所证明的，在《希伯来圣经》中对偶像崇拜的主流理解是把它比作性不忠，而先知们通过强大的性意象传达嫉妒的上帝的警告。[2] 以色列人不可"贪恋他们的外邦神"。[3] 如果他们这样做了，上帝就会以其"淫乱……当她戴上耳环和珠宝，去追求她的情人，忘记了我"而惩罚以色列人。[4] 上帝指责以色列人行淫，"恩待一切过路的人"，就像"奸妇接待客旅，而不接待丈夫"。[5] "你在各高山上，在各青翠的树下，屈身如妓女"。[6] 人们几乎可以说，宗教忠诚是婚姻忠诚的一部分。以这种方式构想的宗教信仰，其关键在于它涉及与神人的关系，而不是像亚里士多德（Aristotle）或斯宾诺莎（Spinoza）那样的非人格化的神性。

在每一种情况下，至关重要的是忠诚出现在一种直接的个人关系中，不受与客观或抽象实体（如婚姻誓言或信条，或者法律）的关系的调节。

那么，献身于法律制度所涉及的个人关系是什么呢？在我自己的文章中，我认为对法律的尊重实际上意味着对政治团体中人们的尊重。当法律代表了一种真正的社会合作计划时，不服从类似于一种搭便车（free riding）的形式，而且它表达了对同伴的蔑视。[7] 尽管表达蔑视与不忠并不相同（因为它并不一定意味着效忠于对手而背叛同伴），但它犯了道德上的错误，而避免这种错误是道德义务的根源。这并不意味着一个人永远不能违反法律；其他的道德义务可能会超过服从的义务。然而，即便如此，我们对同伴的尊重要求我们（至少在原则上）

[1] *Exodus* 20：3-5, appearing in slightly different words in *Deuteronomy* 5：7-9.

[2] *Moshe Halbertal & Avishai Margalit*, *Idolatry* 1, Naomi Goldblum trans., 11-20, Harvard Univ. Press 1992) (1989). I take the biblical passages quoted below from their discussion and follow their translation.

[3] *Exodus* 34：15-16.

[4] *Hosea* 1：2, 14-15.

[5] *Ezekiel* 16：15-26, 28-34.

[6] *Jeremiah* 2：18-20.

[7] For a more detailed account of this argument, see *Luban*, *Lawyers And Justice*, supra note 2, at 32-43. What I summarize here is a version of a fair-play argument. It views the law as a cooperative scheme that creates obligations when five conditions are met：①the scheme creates benefits；②the benefits are general, accruing to the entire community；③the scheme needs widespread participation to succeed；④it actually elicits widespread participation；and ⑤the scheme is a reasonable or important one. Id. at 38; David Luban, *Conscientious Lawyers for Conscientious Lawbreakers*, 52 U. PIrr. L. REV. 793, 803 (1991) (hereinafter Luban, *Conscientious Lawyers*). I believe that some of my arguments in the latter paper-in which I criticize Philip Soper's argument that we can be obligated by an unfair cooperative scheme because an unfair scheme is better than none at all-apply to Wendel's position as well. See Luban, *Conscientious Lawyers*, *supra*, at 803-07 (laying out the points against Soper's argument).

向同伴提供一个合理解释，说明为什么我们的不服从不仅仅是搭便车。[1]

但是，如果法律不能代表一个真正的社会合作方案——例如，如果它系统地歧视一个群体，将会怎么样？在这种情况下，因为根本缺乏互惠性，服从法律的原理阐述就失败了。这就是马丁·路德·金（Martin Luther King Jr.）所说的"让差异合法化"（legalization of difference）。[2] 而且跟他一样，我相信当差异被合法化时，歧视的受害者将没有义务服从，因为他们的公民同胞破坏了互惠的纽带。

综上所述，团结我们的公民同胞可以提供尊重法律的道德理由，但这些理由一来是可以被超越的，二来只有在法律本身足够公平时才存在。重要的一点是，面对道德危机，不服从法律并不一定是对他人的不尊重，它也不同于不忠：背叛一个人而投向一个具体的对手。

（二）解释忠诚

当我们转向解释忠诚时，情况就不同了。如果一个艺术家画了一幅肖像，我们有时称它是对画中人的忠实（faithful）再现；音频设备通常被描述为"高保真"（high fidelity）；译文或多或少地忠实（faithful）于原文。在每一种情况下，忠诚和忠实指的是模拟精度。在这样的背景下，忠诚与表现——字面上的再现——或解释有关。

解释忠诚意为忠于原创。原创不必是一个人；事实上，通常不是一个人：忠诚的对象可能是一个乐谱，一个表演传统，一个书面文本或口头话语，或者鲁昂大教堂（Rouen Cathedral）一个夏日晚上7点钟的灯光和阴影。即使是对一个人的忠实描述，我们也指的是对这个人外貌的忠实再现，而不是对肖像主体的忠实的道德关系。

这并不是说对原作的解释忠诚缺乏道德意义。作家将其小说交给译者，并希望能得到忠实的翻译；读者同样指望译者将其翻译好。用外语作证的出庭证人依靠翻译。这些都是信任的道德关系，但它们不同于个人的忠诚关系。

当温德尔讨论法律顾问的角色和酷刑备忘录时，他所援引的对法律的忠诚形式是解释忠诚，而不是个人忠诚。[3] "酷刑律师"实际上是不忠实（faithless）的翻译。当然，其客户非常希望他们给出期盼的答案。这一事实与伦理准则无关，伦理准则需要独立、坦率的建议（忠实的翻译）；在笔者看来，道德准则的

---

〔1〕 Luban, *Lawyers And Justice*, *supra* note 2, at 46-47.

〔2〕 *Martin Luther Kng*, Jr., *Why We Can't Wait*, 83 (1964).

〔3〕 Wendel, *supra* note 19, at 178-84.

要求是正确的。[1] 在法律咨询的背景中，我认为温德尔对法律忠诚的要求是正确的——但在此指的是对法律的解释忠诚，而不是遵守法律的义务，这是温德尔在其他章节的中心主题。

很明显，解释忠诚不是服从或尊重法律的充分条件——你可以忠实地（faithfully）解释法律，却仍然选择违反它——但反过来呢？毕竟，如果律师在给客户提供咨询时对法律的解释不忠实（unfaithfully），那么遵循律师解释的客户就会违反法律。如果是这样，解释忠诚似乎是尊重法律的必要条件。然而，我认为，解释忠诚与对法律的尊重之间的关系，要比单向的逻辑蕴涵（logical entailment）复杂得多。一方面，即使一个法律应受违抗而非尊重或服从，人们可能仍然会反对通过不忠实的解释来违抗它。宣称"这个法律是不道德的，我不会遵守它"是一回事——这是出于良心不服从（conscientious disobedience）的直率立场——但抗议"我没有违反法律"则完全是另一回事，因为在聪明的恶意解释下，法律允许行为人采取行动。后者是"黄鼠狼"的出路。因此，解释的忠诚是一种独立的美德，而不仅仅是一种顺从的蕴涵。

五、道德的剩余部分

（一）二阶理由

温德尔关于用职业道德取代普通道德的论述，借鉴了约瑟夫·拉兹（Joseph Raz）的实践推理理论。其基本思想是，理由存在于多个层面：我们当然有支持或反对信仰和行为的"一阶"（first-order）理由，但我们也有二阶（second-order）"理由"，意思是"不按理由行事的理由"。[2] 拉兹关注的是被称为"排他性理由"的二阶理由，因为它们是参与一阶道德推理的绝对优先者（preemption）。对拉兹来说，排他性理由是理解权威概念（特别是法律的权威）的核心，而且这就是权威的部分含义，即它创造了在权威已经解决的问题上不去考虑自己

---

[1] I have written extensively on the torture lawyers, and my views are eye-to-eye with Wendel's. *What Went Wrong: Torture and the Office of Legal Counsel in the Bush Admin: Hearing Before the Subcomm. on Admin. Oversight and the Courts of the S. Comm.* on the Judiciary, 111th Cong. 11-14 (2009) (statement of David Luban, Professor of Law, Georgetown University Law Center); David Luban: "The Torture Lawyers of Washington", In *Legal Ethics And Human Dignity*, *supra* note 10, at 162; David Luban: "Liberalism, Torture, and the Ticking Bomb", in *The Torture Debate In America* 35 (Karen J. Greenberg ed., 2006); David Luban: "Tales of Terror: Lessons for Lawyers from the 'War on Terrorism'", in *Reaffirming Legal Ethics: Taking Stock And New Ideas* 56 (Kieran Tranter et al. eds., 2010).

[2] Wendel, *supra* note 19, at 21.

的一阶道德推理的排他性理由。[1]

当然，问题在于，它回避了宣称法律具有拉兹意义上的权威的问题，正如它回避了宣称法律理由具有排他性的问题。对概念的分析永远不能使我们跳出概念的封闭圈子。一个人必须独立地证明法律理由是具有排他性的。毕竟，一个人违反法律的紧迫道德理由，同样可以作为否认法律理由的排他性理由。一个人可能具有的违反法律的紧急道德理由，同样可以作为否认法律理由的排他性理由。

也许是考虑到上述问题，温德尔在两个方面与拉兹分道扬镳。首先，他削弱了法律理由具有排他性的主张。在他看来，"法律规定的是推定义务（presumptive obligations），而不是结论性义务（conclusive obligations）"。[2] 无论法律所创造的二阶理由是什么，它们都不是绝对的，一个适当且有分量的道德考量就可以推翻它们。

这一立场远比绝对论者的观点更有道理，也更有吸引力；绝对论者认为，法律时时处处都凌驾于道德之上；但这种吸引力是有代价的。温德尔看似微小的修改实际上破坏了拉兹式多阶理由的架构。一个普通人如何知道他现在所面临的艰难选择是属于排除性推定，还是应该进行一阶道德考虑的一个例外情况？他能做决定的唯一方法是进行一阶道德思考。在这种情况下，这两个层次合为一体，并取代了拉兹和温德尔的分层结构（split-level structure），代理人必须简单地在尊重法律的道德义务与违反规则的对抗义务（countervailing obligation）之间进行一阶平衡，并以坚持法律为其规定的角色为前提。这一观点和我的道德激进主义观点几乎是一样的。[3] 温德尔与我的法律伦理观之间的唯一区别可能在于，他更重视（但不是绝对重视）维护法律制度，因为他比我更加相信法律制度的公平、公正；他自己也曾提出过这一点。[4]

温德尔与拉兹的第二个不同之处在于，他没有从概念分析中推导出他的

---

〔1〕 Joseph Raz："Authority, Law and Morality", in *Ethics in The Public Domain：Essays In The Morality Of Law And Politics* 194，214-15（1994）.

〔2〕 Wendel, *supra* note 19, at 107；see also id at 21 n. *，113. Wendel is occasionally less careful and backslides to Raz's view-for example, when he asserts that "roles do real normative work by *excluding* consideration of reasons that someone outside the role would have to take into account," and when he writes that "the lawyer's professional obligations exclude resorting to ordinary moral considerations in deciding how to act." Id. at 171（emphasis added）.

〔3〕 I develop this "deontological" version of moral activism-in which the role creates a presumption that may be overcome-in David Luban, *Freedom and Constraint in Legal Ethics：Some Mid-course Corrections to Lawyers and Justice*, 49 MD. L. REv. 424，425-35，443-52（1990）.

〔4〕 Wendel, *supra* note 19, at 241-42 n. 67（"To the extent, Professor Luban believes that a legally established framework is fair and reasonable, our positions may not diverge substantially"）.

（半）排他性理由理论，而是为其提供了一个规范性论证。[1] 规范性论证包括以价值多元论为基础的对法律程序和制度的政治辩护，这一点我们已经讨论过了。它建立在一个前提之上，这个前提温德尔并没有用太多的语言表达出来，但这似乎是他对律师作为道德自由代理人的不良后果感到焦虑的必要来源。这个前提就是法律制度比较脆弱。如果"官员和准官员"[2] 在面对温德尔所称的"局部不公正"（localized injustice）[3] 时，从他们的角色中解脱出来实现具体工作中的公平，其角色体系就无法实现合法性的目的。除非其工作人员努力照章办事（work to rule），否则这个体系将遭到破坏。

这个前提是经验主义的直觉。这种说法虽然有一定道理，但我自己的直觉正好相反。在从工厂到警察机关的劳动管理环境中，"照章办事"是一种工作行动，一种精神上的"罢工"。这是因为在现实世界中，我们期望人们做出无数规则所无法捕捉到的微小调整，如果他们拒绝行使自由裁量权，这项事业就会陷入停顿。当规则体系设定了广泛的指导方针，并期望人们在常识需要时偏离这些方针，此时它就能发挥最佳效果。这就是世界运行的方式，良好的规则体系有赖于此。

我相信道德常识也是如此：我们需要人们据此采取行动。有无数种形式的反社会行为是法律所不能禁止的，个人的良心也因其主观性无法被控制。相反，我们依赖于赞成和反对、微笑和皱眉、分享和回避的非正式社会机制，以维持这个系统的运转。这些非正式社会机制中就包括撤回或减少援助。[4] 在角色扮演者坚定不移遵循的体系，与工作人员在道德常识需要时愿意偏离的追索性角色（recourse roles）体系之间，我认为后者实际上比前者有效得多。我猜想，如果人们保持良知，就像他们保持常识一样，那么法律体系就能发挥最佳效果。

这些关于道德角色和道德推理结构的观察多少有些抽象，我们不妨看看温德尔相当关注的一个例子：备受讨论的斯波尔丁诉齐默尔曼一案（Spaulding v. Zimmerman）。[5] 该案涉及的是一个在车祸中严重受伤的年轻人提起的诉讼。被告对原告做了 X 光检查，被告的医生发现了一个可能致命的主动脉瘤，而斯波尔丁自己的医生却没有发现。[6] 辩护律师没有通过警告斯波尔丁他可能随时死亡，

---

[1] *Id.* at 113-14.

[2] *Id* at 171. For Wendel, a lawyer is a quasi-official. *Id* .

[3] *Id.* at 103.

[4] *See Luban* , *Lawyers And Justice* , *supra* note 2, at 116-69.

[5] 116 N. W. 2d 704 (Minn. 1962). For extensive discussion, including interviews with participants, see Roger C. Cramton & Lori P. Knowles, *Professional Secrecy and Its Exceptions: Spaulding v. Zimmerman Revisited* , 83 MINN. L. REV. 63 (1998).

[6] *Spaulding* , 116 N. W. 2d at 708.

来增加他们当事人的经济风险，而是保持沉默，并且不费吹灰之力就了结了此案[1]——这是标准概念下的保密义务所要求的。在大多数人看来，这在道德上是不可容忍的。斯波尔丁案给温德尔提出了一个棘手的问题，因为他认为在法律伦理中，道德问题是不应被探讨的问题。在温德尔看来，"这是一个疑难案件，这就是它成为法律伦理中的经典案例的原因。"[2]

恰恰相反：斯波尔丁案成为经典，不是因为它是一个疑难案例，而是因为它是一个简单案例。普通民众面对此情况时知道该怎么做。温德尔本人认为"出于道德上的理由，不披露是不可容忍的"，他还补充说齐默尔曼的律师应该"无论如何都应当披露，并承担职业纪律的风险"。[3] 让这个案子让人不安的是，每个人都知道正确答案，但直到最近，律师行业的法律还不允许人们选择正确答案。[4] 虽然斯伯尔丁的做法并不难理解，但温德尔的理论却很难对其做出合理的解释。

完全正确。使这个案子令人不安的是，每个人都知道正确答案，但直到最近律师业的法律还不能使人们选择正确答案。虽然斯波尔丁案并不是一个疑难案件，但对温德尔的理论来说却是一个疑难案件。

（二）道德残余

温德尔敏感地担忧到，其对法律的忠诚排除了太多的道德。正如我们所看到的，他处理这种担忧的一种方式是削弱法律的排他性力量，以便它能够被足够强大的道德理由所克服。另一个是通过道德残余（moral remainder）的概念，这是温德尔从哲学家伯纳德·威廉姆斯（Bernard Williams）处借用的概念。[5] 当我们做出道德选择时，每个选择都包含一些道德错误——"悲剧选择"（tragic choices）——那么即使是正确的选择也会使道德主张得不到满足，而这些"道德残余"也不会消失——它们不会在道德成本效益分析中被简单地取消，从而留下净利润。[6] 温德尔认为，普通道德从属于律师角色道德的主张，可以被视为道

---

[1] Id.

[2] Wendel, *supra* note 19, at 74.

[3] Id at 75.

[4] Wendel believes that the rules at the time of *Spaulding* (the 1908 Canons of Professional Ethics) may have permitted disclosure. Id at 170 n. * (citing Cramton & Knowles, *supra* note 75, at 80). That would be so, however, only if we accept the court's argument that because Spaulding was a minor, failure to disclose at settlement is a fraud on the court. My own belief is that this argument was a reach on the part of the court in order to get the right result.

[5] Id. at 12, 172-73.

[6] See id at 167-72 (noting that sometimes lawyers may act with "dirty hands," which may result in a "moral remainder attaching to the lawyer's decision").

德残余。[1] 问题是道德残余有什么作用，它们的存在只是为了让"行为者觉得自己做了这个决定很糟糕"吗?[2] 温德尔怀疑这还不够，尽管他希望道德残余的痛苦可能会引导政治参与者做出更好的决定。[3] 但还有什么呢? 温德尔推测，"也许通过在那些不影响代表客户的领域，努力反对制度中的不公正，道德残余产生了一种在某种程度上进行补偿的追溯性义务。"[4]

对补偿的需求似乎很重视道德残余，但温德尔提出的补偿形式让事情变得太容易了。该提议与律师事务所不痛不痒的公共服务理念非常契合。从这个角度来看，在某些事情上的公益性服务，弥补了在其他事情上的反公益性服务。问题是如何解释为什么补偿可以采取如此间接的形式。人们可能认为，真正的补偿需要对受害者就已有的错误做出纠正和弥补。[5] 那么，为什么不告诉一位面临道德残余的律师，向受害者道歉并赔偿他们的经济损失呢? 温德尔甚至没有考虑到补偿的直接形式，这表明他并不真正相信道德残余需要补偿。在这种情况下，在我看来，道德残余的概念没有任何实际作用。

六、结论

《法律人与法律忠诚》是一本值得认真研读的巨著。上述批判性评论无法否认的一个特点，就是其道德情感的正派——这种正派贯穿于著作的每一页。温德尔的立场所体现的美德，是对多元价值的自由宽容，他对律师的要求是对法治的忠诚、对解释的诚实和对技巧的熟练，所有这些都令人钦佩。然而，正如我对他的理解，温德尔的立场是不得体的。他想把日常道德排除在法律伦理之外，但实际情况并非完全如此。他承认我们的法律制度存在深层次的问题，但仍然要求近乎绝对的服从。他想承认道德残余，但只是在律师事务所意识形态的范围内。当然，任何研究法律伦理的人都会有这种无法解决的矛盾感，不管你把它叫做角色道德问题，还是像温德尔那样，把它叫做肮脏勾当的政治问题。在这样一个混乱的现实中，法律忠诚是一种美德，但它不能代替良心。

---

〔1〕 *Id.* at 172.

〔2〕 *Id.*

〔3〕 *Id.* at 173.

〔4〕 *Id.* at 12（footnote omitted）.

〔5〕 Consider the common-sense view of Maimonides："Transgressions against one's fellow men…are never pardoned till the injured party has received the compensation due to him and has also been appeased," which requires asking his forgiveness, perhaps multiple times. *Maimonides*, *Mishneh Torah*, *Laws Of Repentance*, ch. 2.9, 83a-b. Wisely, Maimonides also imposes a duty on the injured party to forgive, and if he will not even after three attempts，"the one who refused to forgive is now the sinner". *Id.*

律师懂的不只是法律

斯蒂芬·L.佩珀（著）/尹超*（译） ◀

一、引言

2004 年，W. 布拉德利·温德尔（W. Bradley Wendel）凭借《公民服从》（*Civil Obedience*）一书，对律师职业伦理理论的发展做出了重大而持久的贡献。[1] 通过《法律人与法律忠诚》一书，他进一步扩展并明晰了该项工作。律师这一法律职业的职能是提供获取法律的途径。这就是为客户提供服务：促进他们目标的实现，为他们提供法律架构或手段，[2] 并提供关于法律可能性和限制的知识。温德尔教授同意这是法律职业的职能，并为履行这一职能的伦理提供了一个连贯而实用的理论，这对律师、法科学生、法律学者和哲学家来说都是可及和有用的。三种相关观点为温德尔教授的认识提供了基础：一种关乎法律目的，另两种涉及这一目的的法律实践后果。本文将集中讨论后两种认识，并在一定程度上进行批评。

为什么我们有这样一种职业，其功能是提供获取法律的途径？以另一种方式提问这一问题，简单地说，就是为什么公民能够获取法律帮助是一件好事？温德尔的答案是，法律允许具有不同利益的人之间的合作与协调，更重要的是，允许具有不同的道德和政治信仰、结论和承诺的人之间的合作与协调。法律为这种分歧的临时解决提供了一种机制，并创建一个前进的框架，尽管可能存在潜在的和

---

* 斯蒂芬·L.佩珀，丹佛大学斯特姆法学院教授。尹超，中国政法大学法学教育研究与评估中心副教授。

[1] W. Bradley Wendel, *Civil Obedience*, 104 COLUM. L. REv. 363 (2004).

[2] W. *Bradley Wendel*, *Lawyers And Fidelity to Law* 52, 79 (2010).

根本的背景分歧。[1] 法律以其不同的表现形式，既是解决问题的程序，也是解决问题的结果。这一基本前提，直接导致了温德尔对律师职业伦理不同于其他许多理论家和执业律师的两个结论。

第一，律师的职业伦理不应该包括普通道德的应用，即只提供作为诸多考量因素之一的法律并得出结论。[2] 根据温德尔的观点，不管法律是什么，它的形成就已经解决了道德（和政策）问题，而且在社会通过商定的程序解决了争议之后，律师再重新讨论这个争议就是错误的。[3] 因此，美国的法律伦理是一种"二阶"（second-order）或"政治"的道德——一种由法律的综合成就和程序所证明的道德——而不是一种由（律师所促进的）关于法律的特定使用的"一阶"（first-order）考量所决定的道德。[4] 道德问题已提前作出决定，且这些临时解决办法已纳入法律。因此，温德尔是律师"角色道德"（role morality）的倡导者：提供获取法律的途径的角色（二阶），为那些可能在道德上错误（一阶）的行为辩护。[5] 法律是一种综合的道德解决方案，它凌驾于特定情境的道德之上。

第二，由于这一重要而可敬的职能，律师应该"尊重"法律，特别是在具体意义上：他们应该只帮助客户获得真正的"合法权益"。[6] 法律不应被篡改或用作借口。无论对法律的公正、客观的解读意味着什么，律师恰当的道德忠诚不是对客户"利益"的忠诚；相反，律师的忠诚仅限于这些真正的合法权益（legal entitlements）。[7] 然而，执业律师通常认为法律条款是中性的工具，可以以任何想象得到的方式使用：虽然它被设计成扳手，但为了符合客户的利益，它可以被用作锤子。限制律师只提供客观确定的真正合法权益，就排除了目前在法律实践中道德上可接受的许多延伸和操纵。

因此，温德尔的两个基本结论，在向两个完全不同的方向推进。即使特定的使用在道德上——角色正当的道德（role-justified morality）——是错误的，也要

---

[1] Id. at 4, 10. "In a pluralistic society, the law provides a framework for coordinated action in the face of disagreement." Id. at 116. See generally id. at 86-121. While this understanding is neither startling nor counterintuitive, I believe it had not been made explicit in the literature on lawyers' ethics prior to Civil Obedience.

[2] Id. at 122-55.

[3] Id.

[4] Id. at 18, 21-22, 86-121.

[5] In Chapter 1, Professor Wendel criticizes my earlier justification of role-specific morality as being based on "first-order" values. Id. at 31-37. In Part VI, infra, I have appended a brief explanation suggesting that my argument was, in fact, a second-order argument based on the political or institutional value of access to law for the client.

[6] Id. at 52.

[7] This is developed primarily in Chapter 2, id. at 49-85, but the point is made frequently. E.g., id at 8 ("The principal argument of this chapter is that the law does not merely set the limits on permissible advocacy, but constitutes the lawyer's role. The legal entitlements of clients empower lawyers to do anything at all."); id. at 105-13.

求律师提供获取法律的途径，这遭到了许多法律伦理学家的谴责；但在温德尔对法律总体功能的认识下，这一做法也得到了认可。他的第二个结论——禁止歪曲和操纵法律，限制律师对客观确定的客户"合法权益"的追求——反对人们普遍认为可以接受的行为。

二、第一点是部分错误的：道德在法律适用方面是相关的

至于第一个结论，温德尔教授没有充分说明一般与特殊之间的区别。颁布的法律规范是一般性的——通常是经验法则——总体上是服务于特定的政策和道德目的。[1] 然而，律师出席了法律规范具体可能适用的场合。在这一点上，法律的适用可能服务于这些道德或政策目的和价值，也可能不服务于这些目的和价值；妥协的意图可能与具体事实很少有联系或根本没有联系；或法律指导或促成的结果，可能与普遍接受的价值或作为法律规范基础的特定价值相违背。[2] 一个法律规范的道德或政策妥协是不确定的、一般的和抽象的；律师和当事人的立场是，法律的效果将是具体和特定的。[3]

请考虑两个例子：

案例一：假如你有一个年幼的孩子，有两份要求很高的工作，有足够的资源雇佣尽可能优秀的儿童保育工作者。你已经找到了迄今为止最好的一对保育夫妇，但他们是没有取得在美国合法工作许可证的外国人。你咨询了一名律师，了解到雇佣这对夫妇"在技术上是违法的"，但存在一个"你可以用来使这种情况合法化的程序"。律师还告诉你，虽然雇佣非法移民的"民事处罚在技术上是适用的"，但"在这个州，雇佣无证家庭佣工的雇主从未因此受到任何制裁"。[4]

试图找出移民法所代表的道德和政策上的妥协将是困难的。再加上对家政工

---

〔1〕 Often these purposes are compromises of contending values, moral understandings, and policy preferences and conclusions; sometimes rendering the intended compromise purpose or intention not easily determined.

〔2〕 Contrary to Wendel's characterization in his reply to these reviews, this is not a claim that law is too indeterminate to serve the provisional resolution function he describes. W. Bradley Wendel, *Legal Ethics Is About the Law*, *Not Morality or Justice*: *A Reply to Critics*, 90 TEXAS L. REV. 727, 727-28 (2012). Rather, the result determined by the law in the specifics of a particular situation may not fit well with the purposes or values underlying that law, or with generally accepted purposes and values.

〔3〕 David Luban develops an aspect of this point in his review in this Colloquy. "In the real world we expect people to make the innumerable minor adjustments that rules cannot capture…The system of rules works best when it sets broad guidelines with the expectation that people will deviate from them when common sense demands it." David Luban, *Misplaced Fidelity*, 90 TEXAS L. REV. 673, 688 (2012) (book review).

〔4〕 Stephen Pepper, *Why Confidentiality*? 23 LAW & SOC. INQUIRY 331, 333 (1998) (second and third alterations in original) [quoting Jamie G. Heller, *Legal Counseling in the Administrative State*: *How to Let the Client Decide*, 103 YALE L. J. 2503, 2503-04 (1994). 2012]

人不采取强制措施的道德和政策意图（或疏忽），这大大增加了这项任务的复杂性。达成雇佣关系对夫妇、孩子和工人的好处（包括道德上的好处）是显而易见的。当事人夫妇当然应该由律师告知其法律及其文意上的目的和理由。[1] 这个不确定的抽象法律，对雇用无证工人显然是"合法权益"（用温德尔教授的话来说）[2] 的对立面——它是一项法律禁令。实际上，这一决定以及法律的适当分量要复杂得多，也不明确得多。在被告知法律及其不实施的实际情况之后，假设客户转而问律师："好吧，我们可以雇用他们吗？你觉得如何？"以成文法为代表的共同体妥协（community compromise）是律师能给出的唯一答案吗？这似乎是温德尔所要求的答案——律师必须告诉他们："不，你不能也不应雇用他们。这是非法的。"或者情况比成文的法律更复杂？律师能在给出更复杂、微妙的答案时考虑到了这一点吗？[3]

案例二：假设你是一位公司客户，该公司与其律师就其承认到期的所欠债务进行协商——该公司借来并使用了这笔钱。进一步假设债务人客户的财务状况比债权人强得多，债务人具备充分的偿债能力。律师发现，该债务由于诉讼时效法或反欺诈法的规定不能被强制执行；按照温德尔教授的说法，客户有权拒绝偿还债务。合同的实体法和价值要求支付，但这些都被可主张的程序辩护所掩盖。反欺诈法或诉讼时效法体现了一种尴尬的政策和价值妥协。它考虑并容忍债务被消灭，但它似乎并不十分准确地宣称这就是它的目的。其目的似乎更多是为了在经过很长一段时间后或者在没有书面协议记录的情况下，让证据显得过时和不可靠，也就是说，为了确定债务证据的准确性和可靠性。[4] 在这种想象的情形中，这一目的将难以实现，因为客户已私下向律师承认债务的真实性。然而，出于政策和价值方面的原因——可能是清晰度、可预测性和可管理性——立法者选择制定一条没有例外或特殊情况考量的明确规则。合同的法定抗辩和法律义务是抽象和尚未确定的（up in the air）。客户和律师对所有的具体情况和特定的参与者都

---

〔1〕 See Heller, *supra* note 13, at 2516-20 (describing the counsel that a "full-picture lawyer" provides).

〔2〕 See *supra* note 8 and accompanying text.

〔3〕 For two examples of such answers in similar situations, see Katherine R. Kruse, *The Jurisprudential Turn in Legal Ethics*, 53 ARIZ. L. REV. 493, 527-31 (2011).

〔4〕 See David G. Epstein et al., *Reliance on Oral Promises: Statute of Frauds and "Promissory Estoppel,"* 42 TEX. TECH L. REV. 913, 929 (2010) ("In general the primary purpose of the Statute of Frauds is assumed to be evidentiary, to provide reliable evidence of the existence and terms of the contract, and the classes of contracts covered seem for the most part to have been selected because of importance or complexity." [quoting *Restatement (Second) of Contracts* ch. 5, statutory note (1981)]; Suzette M. Malveaux, *Statutes of Limitations: A Policy Analysis in the Context of Reparations Litigation*, 74 GEO. WASH. L. REv. 68, 76 (2005) (noting that the policy behind prohibiting plaintiffs from reviving claims after too long a time is founded on the rationale that the longer the plaintiff waits to bring his case, the higher the likelihood that the evidence will be compromised).

了如指掌。人们可以想象公司客户是否主张辩护受到相关的多个因素影响，包括客户与债权人的性质，他们之间的关系，管理层对在适用的法律规定和总体情况中所体现的价值和价值妥协的看法。温德尔教授认为，不偿还债权人的合法权益为律师解决了问题，关于更大的道德、政策和实践因素的讨论是不必要的，而且可能是不恰当的。[1] 在此，我的建议是，律师知道的不仅仅是法律，与客户分享包括道德、政策和实际情况这些知识通常是有价值的。[2]

说到公平债务的假设，温德尔说："本书其余部分的目标是建立这样一种理念，即律师在以职业身份行事时，应该只关注客户的法律正义。"[3] 他认为，在这种情况下，"法律正义"是指公平债务的不可执行性。[4] 这种抽象与具体的区别，使得温德尔的论证具有一定的抽象和呆板的特性。他依靠的是一种人为的硬边界，一方面是法律，另一方面是道德、政策和实践；然而，在现实世界中，上述内容的边界是流动和动态的。[5]

温德尔自己在丹尼尔·比布（Daniel Bibb）一案中给出了第三个恰当的例子，这名检察官协助被告方，基于他对被告无罪的坚定结论而在一定程度上破坏了自己的案子。[6] 温德尔在这种情况下所依赖的"法律"是内部检察制度和指挥系统：比布无法说服他的上级放弃这个案子，所以他按照他认为正义和道德所要求的方式进行。[7] 温德尔问道："为什么我们要相信比布的信念，而不是其上

---

〔1〕 Wendel, *supra* note 2, at 28, 56.

〔2〕 See Part III, *infra*, for further development of this point.

〔3〕 Wendel, *supra* note 2, at 28.

〔4〕 *Id.*

〔5〕 Wendel has responded that the "abstract and wooden" nature of the response I attribute to the lawyer following his view in the undocumented domestic worker example ("You can't and shouldn't hire the worker. It's unlawful") is the result of my imagining "an officious, self-righteous lawyer expressing disapproval". Wendel, *supra* note 11, at 738. To the contrary, my effort with that imagined response was to boil Wendel's position down to the nub——as expressed, for example, in the passage quoted from the book in the text immediately above. See supra note 20 and accompanying text. He goes on concerning the domestic worker example in his response to say: "I have no problem whatsoever with lawyers conveying a sense that the law is misguided, out of touch with reality, or perverse…" Wendel, *supra* note 11, at 738. But neither the situation nor my description of it in this Review suggest any of that about the law at issue. The problem is that the law as written is abstract, clear, and univocal, while the law as it connects to the situation is complex and multivocal. The written law says one thing, and the consistent non-enforcement as to domestic employees appears to say another. It does seem somewhat abstract and wooden to me to reduce the issue to whether or not the lawyer has "counseled" "blessed or encouraged" unlawful conduct, as Wendel seems to. Id. For a fuller discussion of nonenforcement and similar issues, see Wendel, *supra* note 2, at 200-03; Stephen L. Pepper, *Counseling at the Limits of the Law: An Exercise in the Jurisprudence and Ethics of Lawyering*, 104 YALE L. J. 1545 (1995); and Luban, supra note 12.

〔6〕 Wendel, *supra* note 2, at 118-21.

〔7〕 *Id.* at 119.

级的信念呢?"[1] 答案很简单:比布在现场,知道更多的事实和情况,深入参与这个案子已经有一段时间了;他如此深信,以至于愿意采取激烈而不寻常的行动。最后这个事实也是我们需要停下来好好考虑一下的一个理由——比布可能因为被我们不知道的某些因素误导,已经涉案太深而变得不可靠。上级则参与得少,对这个问题的看法要有限得多,了解的信息也少得多。因为他的职位和知识,我们有理由相信比布的判断,而不是上级的判断。此外,我们最近在 DNA 免罪问题上对检察官办公室的历史记录,使我们对他们的分级监督和决定产生了很大的怀疑。[2] 正如威廉·西蒙(William Simon)所指出的,有迹象表明上级的决定反映了"不愿为终止诉讼的决定承担责任",而不是"认为被告有罪"。[3]

三、法律、律师和客户:三方而非两方

温德尔教授的第二点结论论证了律师对法律的义务高于其对客户的义务,他主张将忠诚从客户的"利益"转向其"合法权益"。[4] "律师的角色,与其他社会角色不同……是由角色占有者与现有实在法之间的关系构成的。"[5] 但是,所谓的二者关系(法律和律师)实际上是三者关系。这看似只是一个需要被强调的问题(温德尔当然知道客户的存在),但却是一个非常突出的问题。律师和客户是为法律服务的吗?这种关系的目的是"对法律忠诚"吗?或者,律师是通过提供获取法律的途径来为客户服务的吗?这个问题的答案很清楚。律师与客户的关系实际上是以客户对法律的需要或使用为前提的:需要或使用(客户的"利益")优先,需要一位法律专家的帮助。温德尔有时似乎忽略了这一点。

无论从客户角度还是从政治的角度来看,法律都是工具性的:法律在特殊情况下有助于满足客户的需要,有助于社会解决潜在分歧时,促成合作和向前发展。温德尔的观点是正确的,即律师不应故意破坏或曲解法律在控制或构建客户情况方面的明确性(不应撤销法律所代表的初步协议);但在他的表述中,法律

---

〔1〕 *Id.*

〔2〕 *See*, e. g. , Daniel S. Medwed, *The Zeal Deal*: *Prosecutorial Resistance to Post-conviction Claims of In-nocence*, 84 B. U. L. REv. 125(2004)(discussing examples of wrongful conviction, specifically those that resulted from faulty DNA evidence); Douglas H. Ginsburg & Hyland Hunt, *The Prosecutor and Post-conviction Claims ofI-nnocence*: *DNA and Beyond?* 7 OHIO ST. J. CRIM. L. 771 (2010)(exploring the prosecutor's ethical obligations after conviction of a criminal defendant, especially when the convictions involved DNA evidence).

〔3〕 William H. Simon, *Authoritarian Legal Ethics*: *Bradley Wendel and the Positivist Turn*, 90 TEXAS L. REv. 709, 712 n. 17 (2012)(book review).

〔4〕 Wendel, *supra* note 2, at 8.

〔5〕 *Id.* at 84. Thus, the book's title, *Lawyers and Fidelity to Law.*

几乎变成一种为了实现私利的盲目、片面崇拜，而不是一种同时达到客户和社会目的的手段。温德尔教授强调法律会产生真正的限制是正确的，律师的伦理义务包括诚实地做出决定并与客户沟通，我认为这是正确的，这也是本书主要和重要的贡献。但我认为他的暗示是错误的，即律师主要是一名法律公使（a minister of the law），本质上是一名执法人员。律师有义务不违反或歪曲法律，但这一义务是包括在律师协助客户使用法律的主要义务范围内的。[1] 律师所服务的客户对法律的义务更少。[2] 对于客户来说，法律只是在特定情况下聚合的众多因素之一。

在上文雇用外国移民的例子中，律师有义务准确地传达法律（可能包括其不实施的事实），然后客户可以选择如何处理这些信息，包括选择去违反（目前未执行的）成文法。在反欺诈或诉讼时效法的例子中，律师有义务准确传达合同的实体法和可获得的程序辩护，而客户可以选择是否还款，即履行合同义务还是利用可获得的辩护。辩护并不是对还款的一种法律禁止。辩护也没有为客户不还款提供道德上的理由。但是，按照温德尔教授所勾勒的义务，律师应当明示或暗示第二个选择，告诉客户"我不必偿还。"同样，在其酷刑建议的例子中，[3]温德尔是正确的，律师的伦理义务是在法律的框架下为客户提供正确和平衡的理解，而不是歪曲、被操控或不诚实的描述。律师既应该诚实、直接地传达理解法律最可能的方式；还要传达如果与客户的利益相关，有争议的理解不太可能是正确的，但会更方便地满足客户的偏好。那么，客户就有可能选择后者，但其必须首先清楚地了解到，根据最直接的理解这种做法可能是非法的。

在可能的法律援助存在道德问题的情况下，我认为律师至少应该传达以下四个方面的信息。其一，"直接、中立或客观地将法律适用于某一情形（表面上、最明显的意义，或者最可能意欲表达或被理解的意义）"[4]——类似于温德尔所说的"合法权益"。[5] 其二，法律可能被解释、争论或操纵（如果这是一个有争议或可协商的事项，则由双方或多方参与）的更广泛的理解或应用。[6] 其

〔1〕 Wendel, in fact, quotes the Restatement to this effect: "The lawyer's basic duty is to…advance a client's lawful objectives, as defined by the client after consultation." *Id.* at 78（emphasis added）〔quoting *Restatement（Third）of Law Governing Lawyers* § 16（2000）〕.

〔2〕 Wendel acknowledges this disparity. *Id* at 83-84.

〔3〕 *Id.* at 177-84.

〔4〕 Stephen Pepper, *Locating Morality in Legal Practice：Lawyer? Client? The Law?*, 13 LEGAL ETHics 174, 179（2010）.

〔5〕 Wendel, *supra* note 2, at 59.

〔6〕 Pepper, *supra* note 33, at 179.

三，"法律的目的或它所服务的价值和政策"。[1] 其四，上文已经讨论和下文将更详细地讨论的，法律的道德和实践层面及其与情境的相互作用。[2] 这样，客户就可以从知识的角度做出选择，并理解法律目的是如何实际地影响这种特定情况。之所以把它们分别列出，并不是建议在每个实例中都要将其向客户呈现，也不是建议将其用公式或正式的方式呈现。在任何特定情况下，有些方面或建议可能比其他的更含蓄或柔和。[3] 律师在提供获取法律的途径时需要承担特定角色道德的基本义务。

四、律师与客户会话中的道德建议

对于律师在提供获取法律的途径时所承担的特定角色道德（role-specific morality）的基本义务，我和温德尔教授达成了相当一致的意见。[4] 正如他在书中所阐明的，我们在律师代表客户适用或使用法律时，就律师对客户的道德投入的正当性问题意见不一。[5] 当客户对法律的使用涉及重大、有争议的道德错误时，我已经提出律师应该有义务就该问题与客户进行协商。[6]

在律师看来，律师应该负责确保客户知道法律和正义之间存在差距，如果发生非正义的情况，应由客户而不是法律或律师为此负主要责任。律师的伦理义务之一应该是澄清：一个人有做某事的法律权利，不代表做某事一定是正确的。[7]

温德尔不同意这种观点，他认为陌生人之间的关系以及牙医和病人之间的关系，是律师与客户关系中任何道德建议义务的恰当类比。[8] 但律师与其客户并

---

〔1〕 *Id.* at 179; *see also* Heller, *supra* note 13, at 2516-20, 2524-30（arguing that a full-picture lawyer should explain a law's purpose to her client）.

〔2〕 These are more fully explicated in Stephen Pepper, *Integrating Morality and Law in Legal Practice: A Reply to Professor Simon*, 23 GEO. J. LEGAL ETHICS 1011, 1015-20 (2010).

〔3〕 For example, the two descriptions of legal advice recently suggested as a model by Professor Kruse seem to me an appropriate mix of these four aspects. Kruse, *supra* note 16, at 524-30.

〔4〕 *Compare* Wendel, *supra* note 2, at 141, *with* Stephen L. Pepper, *The Lawyer's Amoral Ethical Role: A Defense, A Problem, and Some Possibilities*, 1986 AM. B. FOUND. RES. J. 613, 615-19（hereinafter Pepper, Lawyer's Amoral Ethical Role）, and Stephen L. Pepper, *A Rejoinder to Professors Kaufman and Luban*, 1986 *AM. B. FOUND. RES. J.* 657, 666（hereinafter Pepper, *Rejoinder*）. For further discussion, *see infra* Part VI.

〔5〕 *See* Wendel, *supra* note 2, at 141-43（arguing that moral counseling is above and beyond the duties entailed by the typical lawyer-client relationship）.

〔6〕 Stephen L. Pepper, *Lawyers' Ethics in the Gap Between Law and Justice*, 40 S. TEX. L. REV. 181, 190-91 (1999). This article also provides a possible spectrum of appropriateness for such conversations, considering a number of factors, including the power and sophistication of the client. *Id* at 192-204.

〔7〕 *Id* at 190.

〔8〕 *See* Wendel, *supra* note 2, at 142（"In the ordinary lawyer-client relationship...there is no greater obligation to provide this kind of advice than there would be as part of any other economic transaction"）.

不是陌生人。律师正在实施的客户行为，可能会对第三方造成道德上不合理的严重后果，这种情况也并不少见。正如温德尔在书中有力地阐述的，法律与律师的基本功能和本质，是支持这种行为的特定角色道德的充分理由。但律师更接近道德错误的行为和结果，并直接促成它——这与陌生人之间的互动或牙医的帮助完全不同（除非牙医为病人提供了非常锋利且极具破坏性的人造门牙，以便病人在即将到来的极限格斗比赛中对付对手）。

若没有这样的义务，律师和客户会很容易就错误行为的道德责任相互指责。在诉讼时效法或反欺诈法中，客户就很容易将矛头指向律师和法律："我的律师告诉我，我没有偿还债务的义务。这不是我的错。"律师更容易将矛头指向客户和法律："法律为客户提供了辩护权利，并使之成为一条明确的界线，这样众所周知的诚实债务本就可不予偿还。这是我的客户的权利，他选择了使用它。这不是我的错——只是我作为一名律师应当提示的。"双方都指责对方，都逃避道德责任。[1] 当双方都指责对方时，道德责任似乎就消失了——双方都认为责任在别处。

温德尔说得对，律师和牙医"在道德建议方面的专业知识是相当的"，[2] 也就是说他们没有任何道德专业知识。但在与客户的关系中，律师也是普通人，而这就是所需的全部道德专业知识。[3] 这是因为，在我们的社会中存在着大量的道德共识。而温德尔教授认为，在法律实践的普通案例中引入道德，就是重新安排法律解决道德争议，这是不正确的。对于公司客户偿还合法到期债务的义务，特别是在债务人的财务状况明显好于债权人的情况下，不存在道德争议。另一方面，诉讼时效法和反欺诈法处理截然不同的政策问题，即如何将合同实体法中所体现的公认道德，整合到一个有关公平的法律程序、救济和执行的功能机制中；包括制定规则严格程度的问题，即这些界限应该多么鲜明和刚性，而不是允许法律决策者考虑更多的事实，更多情况下的整体公正，会增加多少费用和不确定性。

温德尔教授似乎提出，债务人的律师应该像一个法律密码一样行为：法律莫过如此。[4] 但是债务人的律师所传达的信息，无论是明示的还是暗示的，都可能对客户的思想和选择产生重大影响。律师似乎难以避免传达一些至少是含蓄的

〔1〕 This is further developed in Pepper, *supra* note 41, at 188-92.

〔2〕 Wendel, *supra* note 2, at 142.

〔3〕 That is, to some extent, an overstatement. Lawyers would be better prepared for their work if legal education required a serious component of skills training in counseling. For an excellent new set of teaching materials, see Stephen Ellmann Et Al. , *Lawyers And Clients: Critical Issues In Interviewing And Counseling* (2009). Training within law firms and other legal service providers could also focus more explicitly on communication with clients.

〔4〕 Wendel, *supra* note 2, at 141-42.

信息。如果律师暗示或提出，只有"傻瓜"才会支付法律上不要求其支付的钱款（或者如果客户是一家公司，这相当于放弃股东的钱），这很可能会影响客户。另一方面，如果律师含蓄或明确地表达，通常要做的得体的事情是，不管它是否具有法律效力都要偿还债务，这也可能是相当有影响力的。这种微妙的态度通常会产生重大影响，无论是对个人客户还是对公司。考虑这种拒绝偿还的行为对公司声誉的影响，或者调查公司在这类问题上的精神或伦理是或者应该是什么，似乎都是值得花费时间和精力的。[1] 当然，偿还并不总是在道德上绝对正确的做法，这也是事实。最近在战略抵押贷款违约的道德正当性上的分歧，就是一个很好的例子。[2] 它源于违约和不偿还欠款所带来的不安，与上述第一部分所描述的"正当债务"的情境相比，有一些因素表明情况有很大的不同：除了违约时放弃住房外，各方的期望可能不包括进一步的偿还，而发起并现在持有债务的金融机构绝不可能一无所知。[3]

虽然温德尔承认，"将复杂的家庭关系简化成由正式的州法所规定的权利和义务，这是一种奇怪的非人性的做法"，但他对律师却持相反的结论，包括他们与客户对话的道德维度："道德建议是一种超越普通道德责任范围的义务……"[4] 温德尔支持这一结论，他断言："大多数律师与客户的关系……都是一臂之遥的经济交易。"[5] 诚然，律师可能在与客户进行一臂之遥的交易；但笔者怀疑，律

---

〔1〕 *See Model Rules of Prof'l Conduct*, R. 2. 1 (2009). At a recent half-day ethics workshop for the 65th annual meeting of the Society of Corporate Secretaries and Governance Professionals (June 2011, Colorado Springs, Colorado), following small-group discussion of the just-debt and technical-defense scenario, most of those who spoke were quite firm that the ethos or character of their corporation would lead to repayment and that the lawyer should quite firmly clarify that to a manager inclined to the contrary. Interestingly, outside-law-firm lawyers felt less free to take this approach.

〔2〕 *See* Brent Arends："When It's OK to Walk Away from Your Home", WSJ. COM (Feb. 26, 2010), http://online. wsj. com/article/SB 10001424052748703795004575087843144657512. html (arguing that Americans with severe negative home equity should stop paying their mortgages and should not allow their senses of morality to prevent them from deciding to default strategically on their mortgages); James R. Hagerty："Is Walking Away from Your Mortgage Immoral?" WSJ. COM (Dec. 17, 2009), http://blogs. wsj. com/developments/2009/12/17/is-walking-away-from-yourmortgage-immoral! (examining the moral debate over strategic mortgage default and presenting arguments both in favor of and against strategic default).

〔3〕 *Compare* Brent T. White, *Underwater and Not Walking Away*：*Shame*, *Fear*, *and the Social Management of the Housing Crisis*, 45 WAKE FOREST L. REv. 971, 972 (2010) (contending that while financial institutions and the government behave "irrespective of concerns about morality or social responsibility", homeowners wrongly allow fear and shame to prevent them from strategic mortgage default), with Curtis Bridgeman, *The Morality of Jingle Mail*：*Moral Myths About Strategic Default*, 46 WAKE FOREST L. REv. 123, 144-45 (2011) (urging homeowners not to default on their mortgages because they should feel bound by a moral obligation to pay their just debts).

〔4〕 Wendel, *supra* note 2, at 141.

〔5〕 *Id.* at 142.

师与客户的关系通常是如此遥远和分离。若果真如此，而且如果这种行为没有涉及严重的道德错误，那么就没有必要进行道德对话。另一方面，如果存在严重的道德错误，以及遥远且分离的律师与客户关系，那么理由就更加充分：客户可能会利用这种距离和分离以及律师建议自己采取有争议的错误行为，并将责任转移给律师和法律。

五、做一名好律师，做一个好人：尊重法律和内在观点

请考虑另外两个例子：

第一个例子：在雷曼兄弟（Lehman Brothers）破产前的几年里，该公司经常在季末之前将债务移出账簿，并在季报发布后不久重新获取这些债务，从而造成了一种对其财务状况不准确的会计描述，该描述比实际情况更为有利。[1] 雷曼将这些交易以出售后再收购的方式进行计价；[2] 而对方很可能已将其视为融资交易。因此，在季度报告期间，双方都不得为了会计目的申报拥有该资产。可以说，根据当时可接受的会计惯例，这是合法的。[3] 不幸的是，很难将温德尔教授的合法权益的标准应用于这种情况。这显然取决于，雷曼选择的会计描述和分界线是"恰当地解释"了法律，还是仅仅"在法律范围内"。[4] 这种情况的道德性清晰得多：这些交易的目的是欺骗，是要给公司一个不准确的会计描述。对律师来说，从概念上向客户传达这一点并不困难——情况显然相当清楚。在这件事情的道德方面，困难在于对一个强大而老练的客户释明其在做什么（或打算做什么），而不是查明真相。我的论点是，律师应该在以下两件事上向客户说清楚：①有争议、有点模糊的法律界线；②非常明确的道德和政策界限——从法律和会计规则的目的来看，这是非常明确的。[律师还应在事后对情况的法律评估中说明这一点，②可能影响关于①的解释和结论。这显然是安然事件（Enron）的类似情形，这样描述它应该不难。] 温德尔教授认为，传达②是"强制性的"，不

---

〔1〕 Floyd Norris,："Demystify the Lehman Shell Game", N. Y. TIMES, Apr. 2, 2010, *available at* http://www.nytimes.com/2010/04/02/business/02norris.html.

〔2〕 *Id.*

〔3〕 *Id.*; Michael J. de la Merced & Andrew Ross Sorkin："Report Details How Lehman Hid Its Woes", N. Y. TIMES, Mar. 12, 2010, *available at* http://www.nytimes.com/2010/03/12/business/12lehman.html.

〔4〕 "Entitlements are what the law, properly interpreted, actually provides, while working within the law' seems to suggest something broader and looser…" Wendel, *supra* note 2, at 59. Wendel's method resembles Professor Simon's in this difficulty, Pepper, *supra* note 37, at 1024-25, although Wendel's method is substantially more accessible and predictable, with a criterion a good deal more predictable.

是法律实践伦理所要求的。[1] 对他来说，关键问题是①，这显然是由律师单独决定的。若行为符合合法权益，律师应继续协助客户；若不符合，则应拒绝。

第二个例子，是在身份产品责任诉讼中涉及过去性行为的侵入性和尴尬的取证问题的情形。[2] 这些问题的目的是羞辱和打击女性原告，因为发现原告受伤害的另一个不合理原因的可能性非常小。[3] 在这一点上，正确的伦理实践似乎应该坦率地与强大的公司客户讨论行为的道德性。[4] 律师应该向当事人澄清，在非常宽泛的证据开示标准下，可以提出问题。但律师也应该解释一下，这些问题并不是真正服务于证据开示规则（discovery rules）的目的（即发现可能相关的信息）；相反，它们的目的与证据开示无关。律师应向当事人传达，在他看来，这些问题在这种情况下都是错误的，不应在没有特定理由的情况下继续提出，以使人们相信它们可能与某一原告所受损害的原因有关。[5] 温德尔教授有些犹豫地得出结论，认为应该是律师而不是客户得出这个结论：问这些问题不属于被告的"真正权利"（genuine entitlement），因为其目的不是发现相关事实。[6] 然而，对温德尔来说，仅仅因为这个原因，这些问题对于律师是不道德的；而且，这些

---

〔1〕 Unless, that is, it is foreseeable that ② is likely to become a large factor in coming to a legal conclusion on ①. *See* Wendel, *supra* note 2, at 140 (conceding that moral judgments may be incorporated into the law as a matter of social fact but arguing that a lawyer's advice on those matters should be limited only to the extent of such incorporation).

〔2〕 *Id.* at 24–26, 75–77.

〔3〕 *Id.* at 24–26.

〔4〕 Wendel assumes that it is the client who wants to pursue this tactic and so does my discussion in this paragraph. Professor Katherine Kruse has reminded me that often it would be the litigating lawyer coming up with the idea of such questions, not the client, and frequently such a "hardball" lawyer might proceed without consulting the client. If the lawyer has thought of this possibility but does not want to proceed in this manner, it is an interesting question whether there is an obligation to consult with the client about it under Model Rules 1. 2 and 1. 4. *See Model Rules of Prof'l Conduct* R. 1. 2 (2009) (providing that subject to specified limitations, a lawyer shall abide by a client's decisions concerning the objectives of representation, and the lawyer shall consult with the client regarding the means used to achieve those objectives); id. R. 1. 4 (requiring the lawyer to consult with the client regarding the means used to achieve the client's objectives and any limitations on the lawyer's conduct).

〔5〕 ABA Model Rules 1. 2 (a) and 1. 4 require portions of such a conversation, and 2. 1 authorizes the rest of it. *Id.* R. 1. 2 (a), 1. 4, 2. 1. How the lawyer is to convey this is a difficult question, and most law schools have not developed or required course materials and coverage to assist students in acquiring such counseling skills. Clearly, confrontation, self-righteousness, or condescension would not be a preferred mode. Rather, a modest two-way conversation, in which the lawyer is open to learning from and being persuaded by the client, would be the goal. Ellmann ET AL., *supra* note 46, at 279–80, 289–91; *see also Thomas L. Shaffer & Robert F. Cochran, JR., Lawyers, Clients And Moral Responsibility* 126 (1994) (discussing the importance of shared decision making for moral judgments); Pepper, *supra* note 41, at 192–204 (proposing several factors that influence the type of moral conversation to have with a client and discussing impediments to such conversations and resolutions to those impediments).

〔6〕 Wendel, *supra* note 2, at 77.

问题在道德上是错误的、"诡异的"和"令人蒙羞的",这一事实与此无关。[1]
这种不相关其原因很明显,如果被告公司是一个与律师没有任何关系的陌生人,
或者如果该专业人士是可决定此事的公司高管的牙医,那么辩护律师就不需要与
客户就这件事的道德问题进行接触。对温德尔来说,律师显然对这种情况并不陌
生——他将实施这种道德败坏的行为——但这并不重要。[2]

温德尔教授反复强调,律师对法律忠诚的伦理义务要求律师将法律视为行动
本身的"一个理由"。[3] 同样,他经常强调律师必须"尊重"法律。[4] 在我看
来,以上每一种立场都是正确的,假设人们的意图是对"一个"理由(即众多
可能存在的理由之一,也是可能被其他人克服的理由之一)和"尊重"(即值得
关注并成为一个重要的考虑因素,但不一定具有排他性或决定性)的正常解读。
例如,一个人可以尊重自己的父母,但不一定总能得出这样的结论:在这种情况
下,听从父母的建议是最好或正确的事情。温德尔教授的意思,似乎比这种语言
通常所表达的,更具决定性和更排他:

"在法律范围内对客户忠诚要求律师解释法律、坚持立场、策划交易,并基
于法律内部的理由为客户提供建议。依靠像法律的公正或效率这样法律以外的考
量,是不允许的……对法律忠诚要求律师以恢复对现行法律的最佳理解为目标,
并在此基础上采取行动。"[5]

---

〔1〕 *Id.* at 25 n. *; *see also id* at 24-25, 75-77 (discussing the ethical implications of these questions in more detail).

〔2〕 As for the dentist analogy, *id* at 141-42, it seems oddly apt to imagine this as the dentist paid by and serving the defendant, painfully pushing and scraping in the mouth of the plaintiff.

〔3〕 *See, e.g.*, *id* at 49 ("The obligation of respect means that lawyers must treat the law as a reason for action as such, not merely a possible downside to be taken into account, planned around, or nullified in some way"); *id* at 61-62 ("If a person is concerned merely to act and to avoid sanctions, then she may adopt any attitude whatsoever toward the law, but she cannot claim to have acted lawfully without accepting the law as a reason for action as such").

〔4〕 *See, e.g.*, *id.* at 9 ("If legal ethics is best understood in terms of fidelity to law, however, the distinctive professional obligations of lawyers are intimately bound up with the value of respect for the law and the legal system"); *id* at 49 ("When representing clients, lawyers must respect the scheme of rights and duties established by the law, and not seek to work around the law because either they or their clients believe the law to be unjust, inefficient, stupid, or simply inconvenient"); *id.* at 84 ("The lawyer's obligation to respect and uphold the law prohibits attempts to nullify or evade the law on the grounds it is unjust or wrongheaded. Claiming to work as a lawyer while simultaneously claiming no obligation of fidelity to law would be self-undermining"); *id* at 123 ("The implication of the fidelity to law conception defended here is that the ethics of lawyering is constituted principally by the political obligation of respect for the law, not ordinary moral considerations"); *id* at 262 n. 43 ("A lawyer's belief that she does not have a genuine nonprudential obligation to respect the law would entail the belief that other actors within the legal system, including the prosecutor and judge, also do not have an obligation to respect the law").

〔5〕 *Id.* at 71.

这就是温德尔所说的"内在观点"。[1] 这一立场有一定道理，但所主张的义务太狭隘、太局限。如在第二部分所述，温德尔似乎忽略了这样一个事实，即律师是为客户服务的，如何受法律选择的影响或实施法律选择，这是客户的决定。律师当然应该以直接的方式（温德尔称之为"合法权益"）向客户传达客观解释的法律，并传达该法律是行动的理由或基础。律师还应传达，法律无论怎样都应得到尊重。但是对于客户（因此对于为客户服务的律师来说），[2] 法律只是一个理由——通常只是众多因素中的一个——而对法律的尊重意味着它是一个特殊或重要的因素，但这并不意味着它是排他的，或者最直接的、决定性的。[3] 在本部分讨论的两个例子中，跟前面所考虑的两个例子一样（雇用无证帮佣工人和技术辩护失败的法律及道德后果），[4] 法律是重要的；它值得认真考虑（"尊重"），但它本身不一定决定客户的行为，因此也不一定决定律师协助客户的行为。[5] 直接解释的正式法律现在可能允许季末操纵，或者羞辱性的取证问题，这不是律师结束自己的伦理考虑或与其客户进行道德对话的充分理由。

律师应该传达上文第二部分的结论中所提到的所有四个因素，这种做法似乎既体现了对法律的"尊重"，也体现了对法律作为行为理由的适当考虑（温德尔将其归类为"内在观点"），同时让律师和客户对情况的其他方面保持开放的态度。这样，律师既可以做一名好律师（提供获取法律的途径），也可以做一个好人（协助客户在构成特定情况的其他方面的背景下考虑法律）。

六、结论

布拉德·温德尔以其法律忠诚，为正在进行的律师伦理理论和实践的讨论做出了实质性贡献。他的基础是明确而合理地阐明法律的职能，专注于其协调职

---

〔1〕 By "internal" Wendel means the "point of view of a lawyer participating in the craft of making…legal arguments". *Id*. at 15.

〔2〕 Professor Wendel disagrees on this point, noting that the obligations of lawyers do not mirror those of their clients. *See id* at 103 ("The ethics of lawyers may be more demanding than the ethics of citizen clients and may impose a heightened obligation of respect for the law in certain cases") ; *id* at 117 ("Citizens may be permitted to disrespect the law in ways that are prohibited for lawyers. The distinctiveness of the social role of lawyer…must be understood with reference to the value of legality. The role of citizen, by contrast, is not so narrowly defined").

〔3〕 *See*, *e. g*. , Anthony V. Alfieri, *Fidelity to Community*: *A Defense of Community Lawyering*, 90 TEXAS L. REV. 635 (2012) (book review).

〔4〕 *See supra* Part 1.

〔5〕 Contrary to the quoted statement in the previous paragraph and in note 69, *supra*, Wendel may find this an acceptable stance, at least for the client. Or this may be just his understanding of Hart's characterization of the good citizen. See id. at 61–62 (linking the notion of "respect" for the law from the "internal point of view" to Hart's concept of the "good citizen").

能，包括根本分歧的临时解决。尽管具体背景存在特殊性，并且有时缺乏根本解决办法，但法律虑及并促进富有成效的合作。在此基础上，温德尔对法律实践中日常伦理义务的具体结论进行了推理。如上文第一部分所述，笔者认为这个理论的主要弱点是，未能考虑法律抽象和一般的特性区别于处于特定情境中的律师和客户——法律是抽象的，而律师和客户很具体。在所有复杂和微妙的情形中，法律只是众多因素之一。温德尔对抽象法律过于专一的关注，导致他理想中的律师的做法过于死板和僵硬。即使在那些情况下，在律师的帮助下，客户仍可能从事重大的道德错误行为；在温德尔看来，整个道德和实际情况并不是与客户对话的必要组成部分。这削弱了律师的伦理职能和帮助他人的能力，至少在我看来是如此。过分强调法律而不重视当事人的情况和选择是上文第二部分的重点，第三部分接着讨论律师和客户的谈话和考虑中道德成分的适当性问题。第四部分借助另外两个例子做了概括和澄清。在这篇评论中，我对温德尔深思熟虑、精心构建的伦理表达了整体上的赞赏，并在很大程度上表示赞同，但我把重点放在了理解和实践中的几个重要方面，并且认为这些方面可以得到很大的改进。

七、附录：自主性是特定角色道德二阶理由的一部分

出于温德尔教授列出的原因，[1] 法律是特殊的，律师也是特殊的，因为获取法律通常依赖于律师的帮助。从上往下看，即从社会或政治的角度来看，法律对于构建合作与协调机制至关重要，尽管存在潜在的分歧。从下往上看，即从个人的角度来看，法律是至关重要的，因为它构建、限制和促进了一个人的选择和行为，即他们行动的自由或他们的自主性。在我早期为律师的特定角色道德辩护时，自主和平等的价值被明确地与获取法律的途径联系起来，作为律师提供"非道德"途径的道德理由。[2] 正是因为获取法律通常依赖于律师的帮助，所以他们为合法但在道德上错误的行为（即特定角色的道德）提供法律便利，这在道德上是正当的。因此，我提出的理由是制度上的——基于开放获取法律的重要性——或者如温德尔倾向于归类的"政治上的"。[3]《法律人与法律忠诚》从上到下展开了论证，并为这样做的论点提供了一个重要基础。《律师非道德的伦理角色》（*The Lawyer's Amoral Ethical Role*）是建立在另一个视角上的，即从个人开

---

〔1〕 *See supra* note 3 and accompanying text.

〔2〕 Pepper, *Lawyer's Amoral Ethical Role*, *supra* note 39, at 616–18. "The premise with which we begin is that law is a public good available to all" *Id* at 616. The values of autonomy and equality of access were then steps two and four in the basic argument, but each was in relation to access to law-a public ("political" in Wendel's demarcation) good. See also *supra* notes 6–7 and accompanying text.

〔3〕 *See supra* note 6 and accompanying text.

始——但这两种方法似乎是从两个不同的方面来看待同一件事情。我的理解是基于法律可及性的基本价值，但没有以温德尔现在所阐述的系统和基础的方式，来阐述如何或为何获取法律的帮助是特别重要的。

在书的最后，温德尔教授承认了这一点，他提到"佩珀的观点是，通过确保所有公民都能获取法律，律师的角色基本上是保护自主性的政治价值。"[1] 然而，在第一章中，温德尔关注了我早期的作品；他和鲁班教授一起提出，我的立场是将自主性视为一种与法律无关的普遍道德价值。[2] 的确，我们通常更喜欢自主性和自由选择，而不是约束和政府决定；但这并不意味着，在特定情况下的一个行为，因为它是自主选择的，它在道德上就是正当的。即使反欺诈法或诉讼时效法提供了有效的法律辩护，选择不去偿还正当债务也很可能在道德上是错误的。但是，律师为这种道德错误提供便利，这在道德上是正当的，因为这是客户的一种合法权益；而律师在道德上（和政治上）正当的社会角色是提供获取法律的途径。在这种情况下，这种做法的好处总的来说要胜过不偿还债务的具体错误。几年前，我曾试图在与《律师非道德的伦理角色》同时发表的一篇文章中，对鲁班（Luban）教授和考夫曼（Kaufman）教授的批评做出回应，澄清了这一点：

"我同意……与妻子、朋友、同事和社区观察员的这种关系，作为对个人行为的非正式约束，既是适当的也是必要的。与法律和法律实施相比，这些关系所提供的非正式限制，对于一个得体、良好的社会可能要重要得多。因此，我赞成……关于妻子或朋友拒绝帮助做不道德但合法的行为的适当性……我和鲁班教授的不同之处在于，他认为妻子拒绝帮助丈夫的不道德行为是律师行为的恰当类比"。

法律体系在形式上对所有人都适用，但律师是获取该体系的唯一途径，因此，律师更应该被视为正式法律体系的一部分，而不是我们每个人周围的非正式社交网络的一部分。将律师视为界限的非正式一边——像配偶或朋友，基于他们的整体人格、个人信念和奇思妙想，自由地帮助或不帮助他们——是把法律本身放在界限的同一边，基于不平等、高度偶然和异想天开，来决定是否获取法律。

---

[1] Wendel, *supra* note 2, at 141.

[2] *Id.* at 31–37; *see also id.* at 141 (continuing his discussion of my position in Chapter 4).

要做到这一点，就要使法律公式化、主观化。[1] 这是错误的。

　　获取法律是基础价值，因此，用温德尔教授的话说，这个论点的目的是"二阶的""政治的"和"制度的"。

---

　　[1] Pepper, *Rejoinder*, *supra* note 39, at 665–66 (emphasis added) (responding to David Luban, *The Lysistratian Prerogative*: *A Response to Stephen Pepper*, 1986 AM. B. FOUND. RES. J. 637). The initial article, the responses by Professors Kaufman and Luban, and the rejoinder were published together as a "Symposium on the Lawyer's Amoral Ethical Role". The observation quoted is quite close to Wendel's: "There is a significant difference, however, between social relationships and the allocation of entitlements in a political system…" Wendel, *supra* note 2, at 34.

威权主义法律伦理：W. 布拉德利·温德尔与实证主义转向

威廉·西蒙（著）／尹超*（译）

一、引言

许多关于律师职业伦理的经典著作，都带有一种自由主义色彩。门罗·弗里德曼（Monroe Freedman）、斯蒂芬·佩珀（Stephen Pepper）等人的主要作品，显然都是为了应对一种压迫状态下的不满而设计的。[1] W. 布拉德利·温德尔（Bradley Wendel）的《法律人与法律忠诚》一书是最近威权主义（authoritarianism）趋势的最清晰表达。很明显，让温德尔夜不能寐的，不是对极权主义（totalitarianism）的恐惧，而是对无政府主义（anarchy）的担忧。他尤其担心诺曼·斯伯尔丁（Norman Spaulding）所称的"爱默生式"（Emersonian）的道德主义。[2] 爱默生式的观点赞扬基于个人的价值观作出决定，而不顾及规则、惯例和社会期望的人。[3] 自由主义和权力主义的冲动，汇集在对"复杂判断或语境判断在法律伦理中应占重要地位"这一观点的抵制。对自由主义者来说，这种判断对客户自主权而言是一种威胁；对权力主义者来说，这种判断是对社会秩序的一种威胁。

---

* 威廉·西蒙，哥伦比亚大学亚瑟·莱维特法学教授。尹超，中国政法大学法学教育研究与评估中心副教授。

〔1〕 *See generally Monroe Freedman & Abbe Smith*, *Understanding Lawyers' Ethics* 18－20（4th ed. 2010）（defending an aggressive conception of adversarial advocacy as a check against totalitarianism）；Stephen Pepper, The Lawyer's Amoral Ethical Role：*A Defense*, *A Problem*, *and Some Possibilities*, 1986 AM. B. FOUND. RES. J. 613, 623（defending an "amoral" lawyer role as a safeguard against misuse of "the vast power of 'the state'"）.

〔2〕 Norman W. Spaulding, *Professional Independence in the Office of the Attorney General*, 60 STAN. L. REV. 1931, 1938－42（2008）.

〔3〕 *Id.* at 1938－39.

温德尔在法理学上对这些问题进行了大量的研究。他对宽泛的伦理决策的反对，依赖于对罗纳德·德沃金（Ronald Dworkin）[1] 理想主义法理学的批判，对约瑟夫·拉兹（Joseph Raz）[2] 实证主义的呼吁，以及关于法律在多元社会协调活动中的作用的一套模糊观念。[3]

在这篇评论中，我回应了《法律人与法律忠诚》中的权力主义主题。我认为，从本质上讲，无论是自由主义还是威权主义，都不是法律伦理通用方法的合理起点。德沃金法理学的一大优点是，它提出了一种法律和法律伦理的概念，而这种概念都不依赖于这两种观点。此外，它还提出了一种律师责任的概念，这种概念比爱默生主义或道德实证主义更有道理。温德尔的论证倾向于实证主义，并屈从于反思不足的权力主义冲动，低估了社会秩序既依赖于非正式规范和正式规范的程度，而对构成的权力采取了一种乌托邦式（utopian）的态度。虽然这本书坚持把那些实际上是经验主义的主张当作分析命题，但温德尔却没有恰当地证明这一命题。

我应该确认两个限定性条件：

第一，这不是对这本著作的一个平衡的评估。我忽略了它最有价值的特性。温德尔对角色道德的意义的分析，在法律伦理文献中是最成熟的。他认为对法律忠诚的理想应该是伦理学说的组织焦点，这一观点是令人信服的。这些努力都值得赞赏，但是可以通过关注我所认为值得关注的问题，为这本著作注定要促进的丰富讨论做出更大的贡献。

第二，温德尔的这本著作与我自己的作品有关，这可能会导致一些人认为这种批评是有悖常理的。我认为，法律伦理的关键问题应该被理解为源于相互冲突的法律价值，而不是像许多人所认为的那样，源于法律价值与普通道德价值之间的差异。我还认为，传统的自由主义法律伦理观，受到一种难以置信的"法律界限"（bounds of the law）狭隘概念的影响，这种概念限制了对客户目标的追求。[4] 温德尔赞同这些观点，并将其发扬光大。因此，你可能期望我们在最基本命题上会成为盟友，但温德尔并不这么看。他用了几页篇幅将自己的观点与我的观点区分开来，[5] 但我认为他这样做是正确的。大卫·鲁班（David Luban）和黛博拉·罗德（Deborah Rhode）也经常在温德尔的著作中受到批评，跟他们

---

〔1〕 W. Bradley Wendel, *Lawyers And Fidelity to Law*, 46-48（2010）.

〔2〕 *Id.* at 107.

〔3〕 *Id* at 116. Texas Law Review.

〔4〕 *William H. Simon*, *The Practice of Justice: A Theory of Lawyers' Ethics*, 39-40（1998）.

〔5〕 Wendel, *supra note* 4, at 44-48, 133-34.

一样，我的法律伦理概念也把正义理念作为核心的规范性标准。[1] 相比之下，温德尔与最近其他一些法律伦理学者共同倡导的中心主题是，对正义的关注必须服从于社会秩序的需要。[2]

二、权力主义的冲动

我以书中反复出现的两个实质的威权主义例子作为开头。

第一，在初步论述中，温德尔引用了《四季之人》（*A Man for All seasons*）中的一个场景。在这个场景中，托马斯·莫尔（Thomas More）拒绝了这样的建议，即通过非法逮捕一个同谋者，来预先阻止非法的阴谋。莫尔拒绝"通过法律开辟一条捷径来追杀恶魔"。[3] 他的拒绝是为了自己的安全，因为他说："当最后的法律被废除时，恶魔转过来攻击你，你将藏在何处……"[4] 令我困惑不解的是，律师们用这一场景来支持"法律忠诚"（fidelity to law）这一传统观念。他们没看到上述场景的结局吗？阴谋得逞，而莫尔被非法杀害。[5] 他自己的守法对其毁灭没产生丝毫延缓。假如莫尔当时遵从了那个建议，去做他认为可耻的事，他自己的非法行为本可以阻止一个更坏的结果。我不打算讨论莫尔应该做什么。我的观点是，这个场景被广泛用于证明的命题与剧中仅有的相关证据相矛盾。

第二，温德尔对大卫·鲁班对丹尼尔·比布（Daniel Bibb）"爱默生式"的赞美表达了悲痛之情。丹尼尔·比布是曼哈顿的一名检察官，他"推翻"了自己被指派针对被告的一个案件；根据一项为期 2 年的调查，他认为被告是无辜的。[6] 温德尔认为，鲁班没有考虑到比布所处制度环境的伦理关系。他的上司

---

〔1〕 *David Luban，Lawyers And Justice：An Ethical Study* 12，15，18（1988）；*Deborah L. Rhode，In The Interests of Justice：Reforming The Legal Profession*，3（2000）.

〔2〕 Wendel's argument shares a good deal with *Tim Dare，The Counsel of Rogues？A Defence of The Standard Conception Of The Lawyer's Role*，（2009）；*Daniel Markovits，A Modern Legal Ethics*（2008）；and Spaulding，*supra* note 2. All of these theorists believe that the fact of moral pluralism entails a strong separation of law and morals and a consequent strong differentiation of the lawyer's professional role. This differentiation involves attenuation of the lawyer's responsibility to values of justice.

〔3〕 Wendel，*supra* note 4，at 132〔quoting *Robert Bolt，A Man For All Seasons：A Play In Two Acts*，38（1960）〕（internal quotation marks omitted）.

〔4〕 *Id.*（quoting Bolt，supra note 11，at 38）（internal quotation marks omitted）.

〔5〕 Bolt，*supra* note 11，at 94.

〔6〕 Wendel，*supra* note 4，at 118-19. "Threw" is Bibb's own characterization. Benjamin Weiser，Doubting Case，*City Prosecutor Aided Defense*，N. Y. TIMEs，June 23，2008，at A1. But in fact，it appears that all he did was surrender some advantages that were of debatable legitimacy in the first place. He didn't impeach witnesses he thought were telling the truth，and he shared strategic information with the defense. *Id.*

们公开责成他做出这个决定。温德尔报告说，他们认为有"充分的理由"得出被告有罪的结论，而且"据推测，他们是在考虑了比布知道的所有证据后做出决定的"。[1] 因此，温德尔断言，比布按照自己的观点行事，这是"对法律制度的不尊重"。[2]

温德尔的观点是正确的，即制度结构是适当的，且律师在他们所争论的最终价值问题上，通常没有特权或义务按照他们自己的观点行事。而且，温德尔承认，比布对上级的尊重，部分取决于他们是否出于善意并根据相关信息做出决定，这一点也是正确的。然而，温德尔忽略了有关这一点的事实是有争议的。比布声称，他的上级没有善意地做出决定。[3] 当然，这种指控形式上是可信的，因为在这个时代，令人震惊的不当检控行为经常被记录在案。然而，温德尔只是"假定"高级检察官的说法是正确的，显然没有比这更好的理由，因为他们是比布的上级。[4]

三、规则与原则：温德尔对实证主义的轻率对待

温德尔认为，把他和我、鲁班、罗德（Rhode）等人区别开来的关键，在于对制度化权威的尊重。他指责我们"对制度的普遍不信任"，并因此过度依赖虚无缥缈的正义概念，而这些概念只能在不负责任的个人判断中实现。[5] 他强调尊重制度的必要性，因为在多元社会中，个人对正义的判断往往会出现分歧。温德尔认为其反对的作品对雄心勃勃的伦理判断的呼吁，反映了一种反制度的偏见，我对此并不赞成。我认为，关键问题不在于哪些机构值得尊重，而在于尊重的形式。更普遍地说，关键问题在于，大家公认为律师伦理核心的"法律忠诚"是由规则构成的，还是由原则和政策构成的。

正如德沃金所阐述的，规则是明确和分类的。它们被详尽地规定，有着明确的适用条件。另一方面，原则和政策可以是含蓄和渐进的。它们可以从语言和结构得以推断，而且它们可以"权衡"地支持决策（为决策提供理由），而不是最

---

[1] WENDEL, *supra* note 4, at 118-19.

[2] *Id.* at 121.

[3] Although the accounts are not completely clear, Bibb's quoted statements suggest that his superiors were motivated not by a belief that the defendants were guilty, but by a reluctance to takeresponsibility for the decision to end the proceedings. *See* Weiser, *supra* note 14 (quoting Bibb as suggesting that his supervisors were "'taking things and throwing them up against the wall' for a judge or jury to sort out" in this case).

[4] Wendel, *supra* note 4, at 119.

[5] *Id.*

终做出决策。[1]

自由主义者和许多其他伦理学家倾向于认为，主张的界限必须由规则来规定。他们的批评者（如我、鲁班和罗德）认为或假设，范围通常是由原则或政策划定的。温德尔同意法律是由原则、政策和规则构成的，但他担心过分关注原则和政策会破坏法律和道德的分离。事实上，德沃金在抵制实证主义的"规则模式"（model of rules）时，坚称原则和政策在法律体系中的作用不包括任何强有力的分离。[2] 诸如"任何人都不应被允许……利用自身的错误"之类的原则，或者在各种情况下合理或诚信的义务，跨越了法律和道德的界限。[3]

我们可以用两个假设，来说明基于规则和原则的看法之间的不同之处。首先，存在控告真实证人的问题。假如我的当事人因抢劫而受审。控方证人作证说，他在案发时在场。我知道该证词是真实的，因为我的当事人已经私下向我承认了。我还知道，证人有过作伪证的前科。我应该以此控告他吗？支持控告的关键立场强调，没有任何规则禁止控告。在没有规则禁止客户偏好的行为的情况下，自由主义伦理学家会让律师采用客户的决定优先的默认规则。另一方面，反对控告的立场强调，控告与"当事人不应误导事实审判者"的原则不一致。在控告证人时，被告含糊其辞地向审判者陈述证人可能作伪证。当然，控告的提倡者可以质疑是否存在"反对误导审判者"的一般原则，或者他可以根据"即使是有罪的被告也有权利向控方提供证据"的原则来为控告辩护。但是这样的争论显然是一个原则问题，当相互竞争的原则被承认时，这些问题必须通过判定重要性来解决。基于规则的伦理从来没能解决这一点。一旦发现没有任何规则需要遵从时，律师就会默认对客户的忠诚。

温德尔似乎同意以基于原则的方法来解决真实证人问题，但他担心过度诉诸原则和政策的危险性。[4] 在一个多元社会里，人们往往会对相关原则和政策是什么或者它们在特定情况下如何适用产生分歧。我们不能仅仅依靠非正式价值来建立社会秩序。我们需要听从权威机构的决定。这些制度通过诸如民主和正当程序等程序性规范而合法化。即使我们认为制度上的决定实质上是错误的，这些规范也值得尊重。

我怀疑是否有人不同意这一点。但是，机构权威基于规则和原则的方法之间

---

[1] *Ronald Dworkin*, *Taking Rights Seriously*, 22–39 (1978). Prominent features of Dworkin's work are suggestive and supportive of the arguments I make here and elsewhere. However, Dworkin's position is complex, and he has not written about lawyers' ethics. So I cannot say whether he would agree with my arguments.

[2] *Id.* at 348–50.

[3] *Id.* at 23.

[4] *See* Wendel, *supra* note 4, at 191–94 (rejecting deceptive but not explicitly prohibited trial tactics).

仍然存在基本区别。在基于规则的方法中，满足合法性程序条件（例如，两院制和大陪审团制度）的相关规范或决定，就有权获得决定性尊重。用约瑟夫·拉兹（Joseph Raz）的话说，有关的程序性规则是"排他的"，它们回应了所有不一致的实质性关切。[1] 在基于原则的方法中，机构的权威既来自规则，也来自原则和政策，机构权威的价值可与非正式的实质性价值相比较。

目前尚不清楚我和温德尔之间的实际分歧范围有多大，但一个极端的例子可能会对确信温德尔的立场有所帮助。在 20 世纪 70 年代时，大约有 12 个州仍然有通奸法（fornication statutes），将未婚成年人之间两相情愿的性行为认定为犯罪行为。在大多数州，这些法规已经几十年没有执行了。然而，在其中一个州的一个县，检察官偶尔会根据该法规对未婚怀孕的妇女提出指控。尽管尚不清楚检察官是如何确定她们的身份的，但所有被起诉的女性都是在向针对低收入人群的公共医疗项目寻求帮助后被起诉的，而且她们都是在该州总人口中只占很小的一部分的有色人种。在我们正在介入的案件中，客户已经向其律师承认，其行为违反了该法规的规定。虽然不存在可提供支持的联邦法规，但州和联邦宪法中关于侵犯隐私和歧视的主张（也许还有一个州普通法关于性侵犯的主张），可以作为辩护的依据。但任何此类辩护在地方法院胜诉的可能性几乎为零，上诉或间接攻击（collateral attack）的结果只会稍微好一点。诉讼程序给当事人带来创伤和羞辱，如果被定罪，她将留下可能会伴其余生的犯罪记录。然而，有一种方法几乎肯定能让她获胜：如果她和孩子的父亲能证明他们在进行性交时一直是在另一个州，他们就会被无罪释放。问题是证词可能是伪证。有一个疑问就是，律师提供伪证是否合乎化理。[2]

当然，也有禁止作伪证和禁止律师协助作伪证的规则。问题是，在假设的情况下，律师应将何种道德力量归因于这些规则。如果我们遵循温德尔的"法律忠诚"作为法律伦理最基本的价值，那么我们仍然需要决定从规则的角度来理解相关法律，还是从原则的角度来理解相关法律。如果我们采用基于规则的方法，那么分析将是简短的，而答案是明确的。禁止作伪证和协助作伪证的要求是明确的，而且它们符合实证主义对法律效力的程序性检验。这些是唯一相关的考虑；

---

〔1〕 *Joseph Raz*, *The Authority of Law*: *Essays on The Law And Morality*, 17（2d ed. 2009）. Raz's theory of legal norms seems like an unironic elaboration of Thomas Reed Powell'sironic definition of a "legal mind": "If you can think of a subject which is interrelated andinextricably combined with another subject, without knowing anything about or giving anyconsideration to the second subject, then you have a legal mind." *Thurman Arnold*, *Fair Fights and Foul*, 20-21（1965）.

〔2〕 The example is hypothetical but not unrealistic. For a recent example of such prosecutions, see Mark Hansen, *Miscarriage of Justice? An Idaho Prosecutor Charges Pregnant Unmarried Teens and Their Adult Boyfriends with Sex Crimes*, 82 A. B. A. J. 26（1996）.

它们强迫我们不去作伪证。如果有任何道德上的理由参与，那就不是法律伦理上的理由。

但从基于原则的方法来看，分析要复杂得多。我们考量禁令的权威，不仅在于它们是否符合立法的程序性规则，还在于它们是否符合作为这些规则基础的原则——民主、公平和平等的原则。我们认为，这些程序性原则似乎在有关的特定进程中表现得很明显。与此同时，我们也衡量那些作为原则而不是规则出现在各种权威来源（隐私原则、行政自由裁量权的公平原则和非歧视原则）中的实质性价值。在本案中，支持禁止作伪证规则的权威性原则的分量似乎相对较弱。作伪证总是不好的，但在本案中，其主要作用是阻止通奸法的实施。通奸法可能得不到任何尊重。例如，它可能在很久以前就颁布了，并且主要由于立法惰性、低可见度（low visibility）或所针对的人的政治边缘化而幸存下来。在这种案件下，其实施在法律上是不公平的，会造成严重的人身伤害。在这种情况下，可能没有办法维护所有相关的法律价值。然而，总的说来，如果提供伪证是对有关原则损害最小的行动过程，那么这似乎是最符合法律忠诚的行动过程。[1]

如果这个结论看起来很激进，那么请考虑一下，对现有权威的原则性蔑视是美国公共生活中一个光荣的传统。学校的孩子们被教导去赞美蒙哥马利公车抵制运动（Montgomery bus boycott）、伯明翰大游行（Birmingham march）和民权运动（civil rights movement）的午餐柜台静坐。尽管老师们并不总是提到这一点，但在当时这三种行为都被认为是非法的；而如果我们采用基于规则的视角，那么即使在今天，对于后两种行为的结论也很难有争议。[2] 或者想想，现代小说中最常被奉为道德楷模的律师是《杀死一只知更鸟》（To Kill a Mockingbird）中的阿提克斯·芬奇（Atticus Finch）。道德讨论往往集中在他对一个无辜者令人钦佩的道德上传统的辩护，但似乎没有人对他后来参与（任何对此有想法的律师都会承认的）妨碍司法的阴谋有任何意见。芬奇和行政司法官（sheriff）同意隐瞒布·拉德利（Boo Radley）杀害鲍勃·尤厄尔（Bob Ewell）的证据，因为尽管拉德利有

---

〔1〕 Before ethics rules clearly forbade the practice, libertarians argued that lawyers should routinely present perjured testimony on behalf of criminal defendants when defendants desired totestify falsely. Monroe H. Freedman, *Professional Responsibility of the Criminal Defense Lawyer: The Three Hardest Questions*, 64 MIcH. L. REV. 1469, 1477-78 (1966).

〔2〕 *NAACP v. Claiborne Hardware Co.*, 458 U.S. 886, 913 (1982), suggests that prohibitions of boycotts were unconstitutional, but *Walker v. City of Birmingham*, 388 U.S. 307, 315 (1967), specifically confirms the illegality of the Birmingham march. To my knowledge, no one argues that the lunch counter sit-ins were legal in any sense consistent with positivist conceptions of legality.

权利获得辩护，但他不相信地方司法系统会为他辩护。[1]

我们可以把这类案件定性为牺牲合法价值来换取非法价值。但民权抗议者却不这样理解他们行为的方式，我也不认为这是大多数人理解抗议者或阿提克斯·芬奇行为的方式。抗议者认为他们是在行使宪法赋予他们的权利。芬奇和行政司法官正在保护布·拉德利免受他们有可能存在的不公平审判和错误判决的伤害。他们试图维护的原则是合法的。

尽管温德尔的反对力度有些含糊不清，他对任何违反程序上有效的规则的行为都持谨慎态度，不管这些规则是多么合乎原则。他最初对法律权威采取一种基于规则的立场，援引拉兹的"排他性理由"思想，并将制度性权威描述为"取代原本可以成为行动理由的东西，而不是增加一方或另一方的理由的平衡"。[2]这表明，当我们有一个规定行为的程序上有效的法规时，我们就不能将支撑它的政策和原则与相互竞争的政策和原则进行权衡。我们必须把它当作是决定性和排他性的行动准则。

但最终他得出了这个结论。基于规则的权威不具有决定性约束力，但有权进行强有力的假设。[3]既然很少有人会质疑某种假设的合理性，那么很多事就取决于这种假设的强度。温德尔没有提供任何关于如何反驳强有力的假设的一般理由。他承认律师协助民权运动中非暴力反抗（civil disobedience）的经典行为的合法性。然而，他坚持认为，非公开或隐蔽的不服从行为是不合法的（或者可能很少是合法的）。他特别反对纽约律师依据当地要求证明过错的一项旧法令，提供伪证以促进双方自愿离婚的行为。[4]他还指出，在一个根本和普遍不公正的社会里，比如纳粹德国，权威的假设不适用或许会遭到普遍反驳。[5]但他所思考的关于基本正义的判断是全球性的。律师有权在法律效力的主张与社会的一般特征之间进行权衡，但如果这些特征被证明"相当公平"，[6]就不鼓励进一步考虑结构公平或非规则的实质性问题。"在某种程度上"，他说，"法律权利的全

---

〔1〕 *Harper Lee*, *To Kill A Mockingbird*, 312-18 (40th Anniversary ed. 1999). Principled transgression of positivist legal rules in order to vindicate more fundamental legal principles is a common theme in favorable portrayals of lawyers in popular culture. See William H. Simon, *Moral Pluck*: *Legal Ethics in Popular Culture*, 101 COLUM. L. REv. 421 (2001) (discussing such portrayals in John Grisham novels, *L. A. Law*, and *The Practice*).

〔2〕 Wendel, *supra* note 4, at 109.

〔3〕 *See id.* at 113 (arguing that positivist legality should be regarded as creating "very weighty reasons" for compliance).

〔4〕 *Id.* at 134.

〔5〕 *Id.* at 96-97.

〔6〕 *Id.* at 98.

部意义在于，它们对特定情况下的正义或不正义相对不敏感"。[1]

温德尔花了更多的篇幅来描述他对合法性的排他性概念，而不是解释为什么它是法律伦理的一个合理基础。如果我理解得正确，他应该提出了两个理由。

第一，他认为这种有限的合法性概念，隐含在社会对法律体系价值的普遍理解中。对温德尔来说，法律的本质是解决冲突。人们建立法律制度，是因为他们预料到会对实质性规范的适用产生分歧。因此，他们创建了一套程序，并同意遵守由其产生的决定，即使他们在实质上并不同意这些决定。温德尔用仲裁合同作为法律制度的隐喻。[2] 他说，如果以一个程序上有效的仲裁裁决存在实质性错误为理由而拒绝尊重它，那就没有正确理解制度的价值。[3]

第二，他认为，为个别律师订立更具包容性的判断的法律伦理，将会威胁到无政府状态或者导致他倾向于称之为"协调"（coordination）的失败。[4] 在最普遍的意义上，任何一个人愿意遵守繁重的义务都是他人愿意遵守义务的一种表现，在这个范围内，法律就是一个协调的问题。社会秩序在很大程度上建立在自愿遵守的基础上，这种遵守是由互惠的预期所维持的。对法律义务的明显不遵守威胁着社会秩序。当然，只有当不遵守行为被视为违反义务时，才会出现这种可能性。针对类似通奸法的不合理规定，不遵守被认为是合理或可原谅，但也不应该鼓励在不同情况下进一步的违背。然而，温德尔认为，如果人们的义务是由具有广泛包容性的法律判断来决定的，人们将会对这些义务是什么产生太多分歧。一个人认为是正当的不服从，其他人可能会认为简直是无法无天。而这样的看法会削弱他们自己的服从意愿。因此，我们需要用相对排他性术语来定义义务，并且需要坚持严格遵守这些义务。[5]

我认为，第一种观点是错误的；而第二种观点，因为适用于基于原则的包容性决策是违反直觉的，也是不被支持的。

四、温德尔威权主义观点的一般问题

构成温德尔第一个论点的基础的社会契约思想是错误的，因为冲突的解决或者社会摩擦的最小化，既不能充分描述制度化的合法性（institutionalized legality）的动机，也不能充分描述其效果。有时，制度化的合法性通过破坏稳定、非正式的社会关系，进而蓄意破坏社会秩序。《反对法律的自由》（*Liberty Against the*

---

〔1〕 *Id.* at 128.
〔2〕 *Id.* at 110-21.
〔3〕 *Id.* at 110-12.
〔4〕 *Id.* at 112-13.
〔5〕 *Id.* at 111-12.

Law）是一部历史著作的标题，它记录了近代早期的英格兰反对资本主义法律规范的抗议活动，这些活动以混乱的方式破坏了前资本主义的社会关系。[1] 例如，牧民在收获后获得放牧权或商人在货品短缺时限制价格上涨这样的习惯做法被消除，以便给予业主和商人更多的控制权。[2] 抗议活动是有争议的，但他们是在回应抗议者所认为的法律对正常运作的非正式关系的破坏。关于法律导致的社会混乱的故事，美国南部的民权运动取得了较为乐观的结果，它根除了非正式的种族从属关系。

在这两个故事中，强加实证主义合法性的结果是增加了冲突，至少在短期内如此。在这两种情况下，那些支持压制非正式社会秩序的人的目标不是和平，而是实现一种具体、实质的理想状态。第一个故事的目标仍然存在争议，第二个的没有。然而，这两个故事都表明，减少社会摩擦并不是法律体系的唯一首要目标。只有霍布斯的追随者认为国家强制的和平是一个合法社会秩序的充分条件，但很少有人支持霍布斯的这一观点。我们希望和平，但我们也希望法律秩序能够鼓励公民社会关系中的公平、尊重、自治和效率。[3]

一个法律体系在以秩序为中心的目标和以公正为中心的目标之间，存在着潜在的紧张关系。这种紧张关系在传统上已被诸如帮诉（champerty）和唆讼（maintenance）之类的学说所承认，这些学说禁止律师去鼓励那些尚未倾向于维护自己权利的人这样做。这些学说牺牲了法律秩序的正义目标，转而追求协调目标。然而，这一趋势不是一成不变的，1977 年美国最高法院判决亚利桑那州贝茨诉州律师事务所（*Bates v. State Bar of Arizona*）一案时，这一趋势似乎已被彻底扭转。[4] 法院裁定律师广告（lawyer advertising）受《宪法第一修正案》保护，并驳回了以"煽动诉讼"（stirring up litigation）作为限制律师真实言论的宪法性合法依据的看法。[5]

在温德尔的故事中，对冲突及其解决的认定，似乎都是高度武断的。比如使用过时的通奸法来扰乱一个脆弱的社会群体的假设。全面分析后，对通奸的起诉可能看上去更像是由国家干预引发的冲突对非正式社会关系的积极破坏，而不是有秩序地包容不同意见。的确，正如温德尔所说，人们对正义的含义存在分歧。[6] 但是，对于什么是和平以及为和平付出多少代价是可接受的，人们也存

---

[1] *Christopher Hill*, *Liberty Against The Law*：*Some Seventeenth-Century Controversies*，（1996）.

[2] *Id*. at 31-32.

[3] *See generally* Kenneth E. Scott, *Two Models of the Civil Process*, 27 STAN. L. REV. 937 (1975) (arguing that the legal system reflects both "conflict resolution" and "behavior modification" models of legality).

[4] 433 U.S. 350 (1977).

[5] *Id*. at 375-77.

[6] Wendel, *supra* note 4, at 88-89.

在分歧。

温德尔的第二个论点更为重要。当基于原则的不服从被证明是正当的时候，人们就不会达成一致；而如果他们看到太多的不服从，他们的义务感和服从的意愿就会减弱。

尚不清楚这一论点如何适用于律师和客户决定如何履行未充分履行的义务的情况。通奸法就是一个极端的例子，它几乎没有被强制执行。但没有任何法律规范得到完美地执行，许多法律规范的执行力度也相当不够。这些情况往往有赖于相对稳定的自愿服从，而不是权威人士所预测的社会瓦解。此外，在一些不相关的领域，比如禁止吸食大麻，人们对此禁令的不服从行为，似乎不会经常不加选择地蔓延到其它领域。更普遍的反对意见是，法律的合法性——它仅仅根据其作为法律的地位就能促使服从的能力——似乎可能取决于其他因素，而不是其他人所认为的服从。[1] 特别是，它似乎有可能取决于法律与普通道德的融合程度。当然，在许多社会中，对现有权威的不尊重，甚至是原则性的不尊重，都与无法忍受的混乱联系在一起。魏玛共和国（the Weimar Republic）是一个恰当的例子，因为其许多无法无天的侵略行为，是出于对正义和社会利益（social good）不同解释的真诚反映。但是，我们至少也可以很容易地想出一些社会的例子，在这些社会中，有原则的不服从行为或部分不服从行为，似乎与良好的社会秩序相容。美国对高速公路超速的处理就是一个很好的例子。有些人不顾一切地超速，因为他们不道德或缺乏良好的判断力，而警方正确地将他们作为制裁的目标；但是其他人——实际上大多数人——在这种情况下会适度地加速，而警察会容忍他们的行为。他们之所以容忍，不只是因为没有足够的资源来制裁它，还因为当人们被赋予这种自由裁量权时交通会更顺畅。[2] 严格遵守规定将降低驾驶协调的功效和管理制度的合法性。

---

〔1〕 I am speaking of "noncompliance" here in Wendel's exclusionary terms. Wendel, supra note 4, at 200-01. But what Wendel sees as noncompliance with exclusionary legal norms could sometimes be described as compliance with more inclusionary ones. Our legal system fits the exclusionary model only partially and crudely. Doctrines such as the necessity defense (that sometimes justifies an otherwise sanctionable act when the act is necessary to avoid a greater harm) and the authority of the jury to nullify in some states are especially salient repudiations of the idea that legal judgments are necessarily exclusionary. Wendel does not consistently acknowledge such facts. For example, he speaks of jury nullification as if it were simple lawlessness. *Id.* at 47. But in fact, its creators understood it as a delegation of (inclusionary) legal judgment to the jury. Mark De Wolfe Howe, *Juries as Judges of Criminal Law*, 52 HARV. L. REv. 582, 587 (1939). On the necessity defense, see *Wayne R. Lafave*, *Criminal Law*, 476-86 (3d ed. 2000).

〔2〕 *See* Brock Yates, Op-Ed., *Speed Doesn't Kill*, *Bad Drivers Do*, N. Y. TIMES, July 24, 1995, at A13 (reporting that "traffic studies" show that people tend to drive at what they consider a "comfortable speed", regardless of posted limits).

温德尔的论点承认，正如任何可信的论点必须承认的那样，现在被证明正确的民权运动，其经典、有原则的不合法被证明与普遍的社会秩序相一致。但他想把这种让步局限于公开的不服从。隐蔽的不服从在更大程度上是对社会秩序的一种威胁，因为它更难追究责任。然而，在这个事实被承认之后，问题仍然是，是否应将这一不利因素视为一种成本，在平衡计算中可能被其他考虑因素抵消，或者更确切地说——被绝对排除。有时，公开的不服从会削弱法律的效力，就像在通奸假设或纽约离婚故事中的伪证一样；有时，它会使行为人受到不公正的打击报复。一个有原则的计算会将保密视为一种成本，但会认为这种成本可能被其他考虑抵消。[1]

温德尔既没有证据也没有论据，来支持其试图证明的社会秩序依赖于绝对排除这一论点。他所讨论的最明显的例子——纽约的离婚案[2]——表明了自己的立场。事后看来，通过加快制定法与大多数人的非正式价值的融合，作伪证的做法似乎加强了社会秩序和协调。它抵消了常规立法过程中故障的影响——对组织良好的利益集团（天主教会）的过度反应及其阶级偏见（富人相对容易获得州外离婚）。[3] 没有证据表明这种做法会产生任何溢出效应（spillover effects），导致不可辩护的非法行为。就人们意识到的程度而言，他们似乎没有把它理解为破坏国家的合法性，或作为对违法行为普遍容忍的信号。[4]

我可能是错的，但我的论证不像温德尔那样依赖经验命题（empirical propositions）。我的观点是，无论是律师及其监管者，都未能充分了解律师的道德决策

---

〔1〕 Wendel quotes the passage from Martin Luther King's *Letter from Birmingham Jail*, which describes virtuous civil disobedience as something engaged in "openly," but without quoting the passage that declares, "An unjust law is no law". Wendel, supra note 4, at 124; Martin Luther King, Jr.: "Letter from Birmingham Jail", in *The Negro Is Your Brother*, *Atlantic Monthly*, Aug. 1963, at 78. It follows from the latter proposition that fidelity to law does not require any respect whatsoever for an unjust law, including the respect implied by open, as opposed to covert, disobedience. Of course, there might still be strategic or moral reasons other than respect for law to act openly.

〔2〕 *See supra* note 31 and accompanying text.

〔3〕 Editorial: "New York's Antique Divorce Law", N. Y. TIMES (Jan. 16, 2010), http://www.nytimes.com/2010/01/17/opinion/17sun3.html (noting that efforts to enact a no-fault divorcesystem in New York had endured years of opposition from the Catholic Church, and commentingon the "thousands of dollars" litigants must spend under a fault system in order to obtain a divorce).

〔4〕 Wendel claims that Enron's lawyers were willing to facilitate its evasion of disclosure requirements because they accepted arguments of Enron's executives that the requirements should not apply to them because Enron had a more advanced business model than those for which the requirements were designed. Wendel, *supra* note 4, at 134-35. Wendel cites no evidence of the lawyers' beliefs (as opposed to the executives'). The lawyers themselves have defended their conduct in thoroughly conventional terms. *See* Patti Waldmeir, *Don't Blame the Lawyers for Enron*, FIN. TIMES, Feb. 21, 2002, at 14 (quoting a Vinson & Elkins spokesperson as describing efforts for Enron as "legally appropriate" and what "every other law firm in America" does).

（ethical decisions）所带来的间接或综合后果，因此无法将其纳入自己的分析或规则之中。律师应该专注于自己行为的直接后果，并且应该努力在特定案件中维护正义：不是他们个人的、特殊的正义观念，而是法律权威和公共价值予以捍卫的正义观念。监管机构应鼓励律师从事此类行为，并在他们未能做出此类判断或其判断不合理时，让他们承担责任。当律师被指控损害客户权益时，这正是监管机构现在宣称要做的。"合理注意"（reasonable care）是监管的试金石。基于规则的方法只适用于由第三方损害引起的问题。[1]

律师可能会发现自己处于这样一种情况——他有理由相信，一个有原则的不服从行为，如果在其他情况下是正当的，就会对破坏社会秩序产生某种特定的影响。我怀疑这种情况会经常发生，但一位律师如果认为这种情况已经发生，就应该把对社会秩序的损害作为一种行为的代价来对待。但是，即使这位律师能够评估其行为对社会秩序的间接影响，也没有理由把社会秩序当作优先考虑正义的王牌。

我的观点基本上是基于道德自主性和社会团结的价值。人们做他们认为正确的事情，并努力尊重他人的合法利益，这是一件好事。温德尔和其他维护法律和秩序的人承认这一点。他们都认识到，律师的道德自主性是一种价值。他们只是认为，这种自主性的妥协是为了良好的社会秩序所必须付出的代价。但在我们目前的知识状态下，这种信仰是一种迷信（superstition）。一旦我们不再滥用它，我们就应该回归对正义的关注。[2]

五、协调的歧义

温德尔从包容性法律判断到法律的协调功能所看到的威胁，似乎涉及该制度的合法性，这最常从其诱导人们自愿遵守社会规范的意愿的角度被理解。不过，温德尔似乎偶尔也会考虑到另外两个问题。

---

〔1〕 To forestall misunderstanding, I emphasize that the proposal is not that lawyers should have duties to third parties of the same strength and nature that they have to clients. The claim is that duties to third parties should have the same principles-based form that duties to clients currently have.

〔2〕 An omission that Wendel's argument shares with most of the legal-ethics literature is the failure to distinguish the perspective of the regulator considering general rules of practice and the perspective of the individual lawyer making a judgment at the margin about what to do in a particular situation. Even if Wendel is right about the need for exclusionary legality at the regulatory level, that would not necessarily be the right perspective for an individual making a judgment at the margin. The regulator may need to regulate categorically because it cannot trust the judgment of lawyers in general. But it does not follow that the right advice to give an individual lawyer is to distrust her judgment and defer to exclusionary legality under all circumstances.

第一个是特定类型的协调问题，它涉及紧密的互依行为。[1] 有些规则是为了在某些情况下建立惯例，在这些情况下，人们采取一种共同的做法比他们采取的是最好的做法更重要。关于靠右或靠左驾驶的规则就是一个典型的例子。有关电信和计算机网络的规则或协议是进一步的例子。即使偏离规则可能会带来一些好处，但考虑到其他人可能会继续遵守规则，这些好处也常常会被成本所淹没。排他性理由的观点在这里似乎格外有力，但即便如此，限定条件也是必要的。大多数法律不是在这个特定意义上的协调。不管有多少人这样做或不这样做：杀人、拿走别人的财产、把毒素倒进水里或者不交税，这对我来说通常都是坏事。在一些特殊情况下，对我来说，做一些这样的事情（例如杀人时的自卫）可能是合理的，也可能是可以原谅的。但是，在我的处境下，其他人的行为并不是关键的决定因素。

更重要的是，即使在具体的协调领域，排他性法律判断也往往不是实现目标最合适的方式。有时，最好是让人们对规则背后的政策——协调——如何最好地实现做出背景判断。如果关于驾驶方向的规则有助于排他性推理，那么关于高速公路驾驶速度的规则就有助于包容性推理。考虑到周围的情况，当人们以他们认为合理的速度开车时，交通会更顺畅。严格执行规则会妨碍这种协调。

对法律规范的排他性解释阻碍协调的可能性已得到广泛注意。"照章办事"（working to rule）是一些行业的工人用来破坏协调的抗议策略的口号。[2] 致力于促进协调的官员常常发现，他们必须在正式规范和非正式规范之间取得平衡。在一本探讨这一主题的书中，尤金·巴达克（Eugene Bardach）和罗伯特·卡根（Robert Kagan）这样评价"好警察"：

> 他对生活有一种"悲剧感"——他认识到法律不是衡量道德的唯一标准，价值取向经常发生冲突，因果关系和责任不是简单的事情。但他将这种观点与激情结合起来——一种伸张正义和保护潜在受害者的愿望，在罪犯罪有应得的或在无法通过宽容获得合作的情况下，一种采取强制手段和严格执法的意愿。[3]

当然，警察在法律的协调职能中起着核心作用。然而，巴达克和卡根认为，

---

[1] Wendel, *supra* note 4, at 94.

[2] *See* Brian Napier, *Working to Rule-A Breach of the Contract of Employment*? I INDUS. L. J. 125, 125 (1972) (defining "working to rule" as "concerted action by one or more groups of members of unions…acted upon by the members under advice and in the belief that the action does not constitute any breach of the relevant contract of employment, even though carried out with the avowed intent of disrupting as effectively as possible the employers' business" [quoting *Sec'y of State for Employment v. Aslef* (No. 2), (1972) 2 W. L. R. 1370 (C. A.) 1403 (Roskill L. J.) (U. K.)].

[3] *Eugene Bardach & Robert A. Kagan, Going By The Book: The Problem Of Regulatory Unreasonableness,* 126 (1982).

有效的执行要求他们进行包容性解释，而不是排他性解释。律师的角色与警察不同，因而他们的职责也相应不同。但是，似乎没有任何理由表明，协调的目标将要求他们采取一种更狭隘的方式，来解释构成这一角色的准则。

温德尔关于协调的另一个关注点似乎集中在认知（notice）上。人们学习法律越准确、越容易，他们就能越可靠地预见到法律对他们生活的影响，也就能更有效地利用法律赋予他们的自主权。[1] 人们经常代表实证主义或排他性合法性概念断言，它们提供了更好的认知。他们认为，基于规则的法律比基于原则的法律更清晰、更容易确定。作为一个普遍的、抽象的命题，该论证反映了一个基本的法理错误。

这个错误是由于律师的观点对整个社会的概括：一旦出现争端或确定了未来的偶发事件，律师或许可以确定基于规则的法律如何比基于原则的法律更可靠。即使这个命题是有争议的，但我们可以同意它是有争议的。但对于协调的争论，相关的观点是公民社会中公民的观点。指望一个普通人分析所有可能与其任何行动有关的法律权威，这是不合理的。即使是无限制的法律援助也不能保证预见性，因为他将发现自己处于不确定的情况。因此，可预见性最重要的决定因素不是法律规范的分析清晰度，而是它们与公民的普遍期望相一致的程度。正如上世纪最重要的协调理论家哈耶克（Hayek）所说，事先颁布或宣布的往往只是一种非常不完善的原则表述，人们对其尊重体现在行动中甚于在言语中。只有一个人相信所有法律是一个立法者意志的表达，并由立法者所创造，而不是现行秩序紧急状态所要求的原则的表达时，先前的宣告似乎才是法律知识一个不可或缺的条件。[2]

六、反制度性

温德尔关于反制度性偏见的指控具有一定的讽刺意味。我的《正义的实践》（*The Practice of Justice*）中有一个名为"制度化的伦理"（institutionalizing ethics）的章节，讨论了制定和执行职业责任的规范所需的结构和过程。[3] 黛博拉·罗德在同一主题上发表了一篇标题相同的长篇文章。[4] 温德尔没有参与这些讨论，因此在这些问题上他几乎没有自己的观点。他对制度的关注，已经在对正式确立的权力的普遍尊重态度中被耗尽。职业责任中真正的反制度性偏见，并不存在于学者或个体从业者的理想主义倾向中。它存在于职业管理和公司层面的原始问责

---

〔1〕 Wendel, *supra* note 4, at 43.

〔2〕 1 F. A. *Hayek*, *Law*, *Legislation And Liberty*：*Rules And Order*，118（1973）.

〔3〕 Simon, *supra* note 7, at 195-215.

〔4〕 Deborah L. Rhode, *Institutionalizing Ethics*, 44 CASE W. RES. L. REv. 665（1994）.

结构，以及抵制问责的职业意识形态。职业利用其强大的政治力量来抵制外部监管，并维持表面上被动且宽松的自我监管结构。它利用独立判断和保密的规范，来限制监管机构、投资者、保险公司或其它集团法律服务提供者对其行为的监控。即使是最精英的从业者，他们的组织方式也承袭自他们 19 世纪的先辈，而不是其他领域的现代商业组织。这种组织模式即使不是完全爱默生式的，也是高度个人主义的。它将那些在外界不透明而内部监管有限的条件下执业的专业人士视为典范。然而，我们有充分的理由相信，更现代和更开放的组织形式可以加强对客户、第三方和公众的责任。[1]

这些新的结构是否意味着包容性或排他性的法律判断？基于对其他行业的研究，我的印象是，最有效的人力服务问责制是将透明、系统的审计式审查与高度包容性的判断相结合。[2]

然而，结果可能是，一个经过改革的、更广泛的职业监管体系，将强制实施与我所主张的不同的实质性规范。在传统上，律师一直在寻求以牺牲第三方和公众利益为代价向客户提供服务的极大自由，而且他们有时更倾向于用规则条款而不是原则性条款，来明确界定追求客户利益的限度。这两种倾向我都不认可。因此，如果机构改革被提上议程，而且它似乎可能采取自由主义的和基于规则的形式，我将面临是否支持改革和如何支持改革的实际冲突。如果改革需要牺牲我的实质性承诺，我可能会反对。或者，也许这种牺牲不会大到能抵消更好的制度化所带来的好处。我的选择将取决于建议的具体内容和背景。

在特定的战略形势下，目标之间的冲突需要妥协。我可能无法得到我想要的一切。正如温德尔所说，在一个多元社会中，人们不应该期望公共领域采纳所有人的价值观。[3] 然而值得注意的是，这种妥协与温德尔所认为的多元主义所必

〔1〕 *See* Christine Parker et al. , *Regulating Law Firm Ethics Management: An Empirical Assessment of an Innovation in Regulation of the Legal Profession in New South Wales*, 37 J. L. & Soc'Y 466, 496-97 (2010) (describing the legal-regulatory framework in New South Wales, which attempts to encourage firms to adopt modern management and supervisory practices); *see also* William H. Simon, *The Ethics Teacher's Bittersweet Revenge: Virtue and Risk Management*, 94 GEO. L. J. 1985, 1987-92 (2006) (describing the contributions that risk management can make to the teaching of ethics and the theory of ethics); William H. Simon, *Why Is There No "Quality Movement", in Law Practice?* (2010) (unpublished manuscript) (on file with author) (discussing the applications of a potential quality movement to the legal profession).

〔2〕 *See generally* Kathleen G. Noonan, Charles F. Sabel, and William H. Simon, *Legal Accountability in the Service-Based Welfare State: Lessons from Child Welfare Reform*, 34 LAW & Soc. INQUIRY 523 (2009) (evaluating such systems in the welfare context); John Braithwaite & Valerie Braithwaite, *The Politics of Legalism: Rules Versus Standards in Nursing-Home Regulation*, 4 Soc. & LEGAL STUD. 307 (1995) (describing such systems in the nursing-home context).

〔3〕 Wendel, *supra* note 4, at 36.

需的妥协是截然不同的。在一个有真正选择的实际政治形势下，我可能会有理由相信，我对某些承诺的牺牲将得到他人更有力的辩护的补偿。但是，温德尔敦促我们采取一种普遍的政策，为了一种完全抽象的社会秩序概念牺牲我们的原则，而没有任何理由相信我们的牺牲会产生任何价值。

在当前职业责任规范原始制度化的情况下，律师有很大的自由裁量权来采取善意或恶意的行为。温德尔的论点对恶意行为没有影响，因为倾向于恶意的人不会采纳他的意见。但是，如果有良知的律师听从温德尔的话，他们就会更经常地去做他们认为不公正的事情。如果道德自主性是一种价值，那么这种牺牲是有代价的。如果没有比温德尔所给出的更好的理由，它就不应该发生。

七、结论

温德尔是正确的，在一个多元社会中，公共领域必须由一个重叠的共识而不是更全面和有争议的道德观点来管理。如果它符合某些最低限度的正义条件，这种重叠的共识就值得尊重，而律师可以对制定和促进这种尊重发挥重要作用。但温德尔错误地认为：首先，这种共识必须体现在实证主义合法性所定义的形式中；其次，该尊重必须采取基于规则的顺从，而不是基于原则的顺从。事实上，公共领域的道德基础是正式和非正式、法律和道德的混合体。在多数情况下，该尊重来自法律制度中所体现的原则，而不是它们的正式表达。

法律伦理关乎法律而非道德或正义：对评论的回应

W. 布拉德利·温德尔（著）／尹超[*]（译）

在马丁·斯科塞斯（Martin Scorsese）的音乐电影《闪亮之光》（*Shine A Light*）中，吉他手杰克·怀特（Jack White）在舞台上与滚石乐队（Rolling Stones）合唱了一首歌。[1] 他边玩边唱，不时偷瞄米克·贾格尔（Mick Jagger）一眼，还不停地傻笑。任何观众都可以清楚地看出他当时的想法："天啊，我在和滚石乐队一起表演！"我确切地知道他的感受，因为与滚石乐队地位相当的法律伦理，已经足够亲切地邀请我与他们一起上台。就像杰克·怀特（Jack White）听基思·理查兹（Keith Richards）的歌长大，我从懂事开始就一直在阅读和学习这个对话会中学者们的作品——也许在试图找到自己独特的声音的同时舔几下舌头，但我始终意识到前辈们的开创性工作。我不仅非常钦佩我的评论人的作品，而且深深感激他们对待我这本书的同情心态。看了这些评论后，我经常这样说："是的，这就是问题的关键。"对一个作者来说，与会的评论家使分歧变成了一个更为紧迫的问题，因为没有办法把这样的批评当作是误解的结果或者是对书中立场的攻击。因此，我担心自己没有公正地对待这些评论中所提出的所有观点。在某些情况下，作品必须自圆其说。[2] 在另外一些情况下，对其中一篇评论中

---

* W. 布拉德利·温德尔，康奈尔大学法学院教授。尹超，中国政法大学法学教育研究与评估中心副教授。

〔1〕 Shine a Light（Paramount Classics 2008）.

〔2〕 For example, Pepper and Simon object strongly to my take on the case of Daniel Bibb, the prosecutor in the Manhattan District Attorney's office who allegedly contrived with defense lawyers to scuttle the retrial of two defendants whom Bibb believed were innocent. Stephen L. Pepper, *The Lawyer Knows More than the Law*, 90 TEXAS L. REV. 691, 696（2012）（book review）；William H. Simon, *Authoritarian Legal Ethics*：*Bradley Wendel and the Positivist Turn*, 90 TEXAS L. REV. 709, 711-12（2012）（book review）. Maybe readers will remain unpersuaded, but I really do not think I can improve on the arguments in the book.

所提出的具有挑战性的观点作出令人满意的答复，将需要一篇单独的文章，而这会远远超出这篇简短回应的篇幅限制。我希望这些评论只是关于这本书的辩论的开始，因为我还有很多话要说！

一、不确定性

所有的评论者都以这样或那样的形式表达了担忧，即法律无法履行我的理论所赋予它的功能。他们准确地总结了如下观点：尽管存在规范和经验上的分歧，但法律取代了社会争议，并为合作提供了一个相对稳定的临时框架。然而，他们担心法律无法解决全社会的分歧。如果不能做到，似乎就没有什么理由去尊重它。克鲁泽（Kruse）清晰有力地提出了反对意见："如果法律缺乏解决社会中深刻而持久的规范性争议的能力，那么温德尔关于法律合法性的功能性论证就会失效。"[1] 问题不在于这个过程就像咨询一个神奇的 8 号球的随机性，而在于法律只是在以法律解释的名义再现社会分歧。佩珀（Pepper）诉诸哈特（H. L. A. Hart）所说的法律的开放结构。[2] 哈特指出，将具体事实归纳到一般规则的实例之前需要进行判断，而任何规则都不能预先确定其自身的适用。[3] 法律也可能面临着尴尬的妥协，存在不止一个目的，或者本质上就是一个没有目的的大杂烩。[4] 克鲁泽也提出了类似的观点，她说："法律解决道德争议的能力是值得怀疑的。"[5] 西蒙的反对意见则不同，与其说他主张法律的不确定性，不如说他依赖法律的确定性；他声称我的法律分析是错误的，因为我采用了一种形式主义的

---

〔1〕 Katherine R. Kruse, *Fidelity to Law and the Moral Pluralism Premise*, 90 TEXAS L. REV. 657, 663 (2012) (book review).

〔2〕 See H. L. A. *Hart*, *The Concept of Law*, 127-28 (2d ed. 1994) ("Whichever device, precedent or legislation, is chosen for the communication of standards of behaviour, these, however smoothly they work over the great mass of ordinary cases, will, at some point where their application is in question, prove indeterminate; they will have what has been termed an open texture").

〔3〕 See id at 130 ("We shall thus indeed succeed in settling in advance, but also in the dark, issues which can only reasonably be settled when they arise and are identified"). Pepper's criticism is clearly indebted to Hart: As enacted, a legal provision is a generality...The lawyer, however, is present at a specific potential application of that legal provision. ...A legal provision's moral or policy compromise is up in the air, general, and abstract; lawyer and client are down on the ground where the law's effect will be concrete and specific. Pepper, *supra* note 2, at 693.

〔4〕 *See*, *e. g.*, Pepper, *supra* note 2, at 693 (arguing that laws are enacted as general rules of thumb to achieve certain moral or policy purposes but that their real-world application is often more nuanced or complex).

〔5〕 Kruse, *supra* note 3, at 658.

法律推理方式。[1]

　　尽管在细节上存在差异，但批评者的反对意见可以归结为以下几点：法律没有提供一些固定的参考点，却可以被聪明的律师根据客户的需要进行修改。律师们没有用合法权益来取代客户利益，而是用一种华丽的辞藻来掩盖权利寻租过程。在书中，我引用了法国国王路易十二（King Louis XII）的话，据说他曾抱怨道："律师使用法律，就像鞋匠使用皮革；摩擦、挤压、用牙齿拉伸，直到最后使它符合他们的目的。"[2] 如果律师确实有这种力量，能将法律变成最符合客户目的的形式，那么法律就不能提供超越分歧的社会合作框架。不足为奇，我不接受像路易十二或我的评论者们在此所提出的那种站不住脚的批评。在这样一个简短的回应中，问题是如何证明法律是相对稳定和确定的。由于我无法在几页纸内对这本书进行重新论证，所以我只建议法律学者更多地关注律师的实际工作，而不是讨论抽象概念。

　　例如，我曾写过大量关于布什政府司法部（Department of Jutice）律师的法律建议的内容，他们得出如下结论，禁止酷刑的国内法和国际法，并没有禁止美

---

　　[1]　Simon relies on Dworkin's argument in *Model of Rules* I that positivism cannot account for the role that principles play in legal reasoning. See Simon, supra note 2, at 712-13 （"Dworkin, in rejecting the positivist *Model of Rules*, insisted that the role of principles and policies in the legal system precluded any strong separation."）; Ronald Dworkin: "The Model of Rules I", in *Taking Rights Seriously* 14 (1978). Dworkin's critique of positivism is that it features an implausible model of adjudication, in which a judge's decision is either determined by applicable rules or left to the standardless exercise of discretion. Dworkin, *supra*, at 34-35. What we call legal judgment, according to Dworkin, is better understood as the balancing of rules against principles of political morality; these principles do not dictate results but "incline a decision one way, though not conclusively." *Id* at 35. In places, however, Simon ascribes to Dworkin an implausible view about the scope of principles. For example, he says that impeaching a witness known to be telling the truth by introducing evidence of the witness's prior criminal conviction would violate the principle that parties should not mislead the trier of fact. Simon, *supra* note 2, at 713. Not only does this reasoning elide the client's legal entitlement to put the state to its proof, but it relies on a principle that is too abstractly stated. Legal principles are different from moral principles in that they gain content and force only as instantiated as legal reasons. In the impeachment example, the principle that one should not mislead the trier of fact is instantiated in fairly specific rules with clearly defined triggering conditions and exceptions. The clearest illustration is the prohibition on presenting false evidence, including the testimony of clients and nonclient witnesses. Model Rules of Prof'l Conduct R. 3. 3 (a) (2009). The prohibition applies only when the lawyer knows the evidence to be introduced is false, with *knowledge* defined as "actual knowledge". *Id*. R. 1. 0 (f), R. 3. 3 cmt. 8. Moreover, the lawyer should first attempt to dissuade the client from committing perjury, and if that fails she should seek the guidance of the court, which may order the lawyer to proceed with normal questioning of the witness or may permit the lawyer to put on the testimony in a narrative format. *Id*. R. 3. 3 cmt. 7. I am not denying the existence of principles or their role in legal reasoning, but it is important that lawyers rely on reasons internal to the law, not free-floating moral ideals that, whatever their attractiveness, are not part of the law.

　　[2]　W. *Bradley Wendel*, *Lawyers and Fidelity to Law*, 69 (2010).

国审讯人员视为反恐战争的一部分所使用的相当于酷刑的审讯手段。[1] 我的回应是,这些律师在伦理上是失败的,不是因为酷刑在普通道德层面上是可怕的(尽管它确实可怕),而是因为其所提供的法律建议反映了一种蔑视法律的态度,或者至少是对法律漠不关心。最近,据报道,奥巴马政府司法部的律师已经准备了一份仍然保密的备忘录,授权总统不经审判就杀死在海外的美国公民,只要总统证明他们参与了基地组织和美国之间的敌对行动,而且活捉他们是不可行的或不可能的。[2] 政府正是根据这一建议,授权杀害了安瓦尔·奥拉基(Anwar al-Awlaki)和他 16 岁的儿子。对于最近发生的这些杀戮事件以及总统所得到的法律建议,以下三点一定有一个是真的:①这一法律建议是对所适用法律的合理、忠实的解释,奥巴马司法部的律师行为合乎伦理,而布什司法部的律师则没有;②这一法律建议就像布什政府时期美国司法部准备的酷刑备忘录一样不合理,应该受到同样的批评;③对于这两类律师,我们既不能赞扬也不能指责,因为法律就像制鞋皮革一样,可以按照客户的要求做成任何形状。授权击毙奥拉基及其儿子的法律分析仍然是机密,所以并没有受到像对布什时代的酷刑备忘录那样广泛的批判性审视。当奥巴马政府的备忘录最终浮出水面时(这一点毫无疑问),我期待那些相关法律领域的专家、有良知的律师们就法律分析是否合理展开辩论。对学术评论家来说,断言法律的不确定性本质上就是放弃合法性的理想,以及我们声称要教给我们学生的法律技艺的规范。强烈的不确定性主张,给我的印象更多的是一种修辞上的姿态,而不是严肃的法理学论证,尽管关于客户实际体验和遵守法律的方式,有一些复杂的社会法律解释值得认真关注。[3] 然而,真正反驳不确定性论证的唯一方法,是制定和评估法律论证的实践。

---

〔1〕 *See generally* W. Bradley Wendel, *Executive Branch Lawyers in a Time of Terror*: *The* 2008 *F. W. Wickwire Memorial Lecture*, 31 DALHOUSIE L. J. 247 (2008); W. Bradley Wendel, *Legal Ethics and the Separation of Law and Morals*, 91 CORNELL L. REv. 67 (2005); W. Bradley Wendel, *The Torture Memos and the Demands of Legality*, 12 LEGAL ETHICS 107 (2009) (book review). The torture memos are discussed in the book in Section 6. 1. Wendel, *supra* note 9, at 177-84.

〔2〕 *See, e. g.*, Charlie Savage, Secret US: "Memo Made Legal Case to Kill a Citizen", in http: //www. nytimes. com/2011/10/09/world/middleeast/secret-usmemo-made-legal-case-to-kill-a-citizen. html (reporting on the killing of Anwar al-Awlaki by a drone-fired missile in Yemen); Glenn Greenwald: "The Killing of Awlaki's 16-Year-Old Son", SALON (Oct. 20, 2011), http: //www. salon. com/2011/10/20/the killing of awlakis_16_ year old son/ singleton ("The Executive Branch decided it has the authority to target U. S. citizens for death...It then concluded in a secret legal memo that Awlaki specifically could be killed, but refuses to disclose what it ruled or in which principles this ruling was grounded").

〔3〕 I discuss Kruse's critique of this argument in Part Ⅲ. *See infra* notes 34-43 and accompanying text.

二、道德的排除

西蒙正确地指出，我的立场与他的不同，也与鲁班和德博拉·罗德的不同，在于我没有把正义视为法律伦理核心的规范性标准。[1] 如果不能从正义的角度来理解律师的角色，那么它又能为社会带来什么好处呢？像鲁班这样的批评者，指责这本书对法律制度采取了一种过分乐观的立场，[2] 他们把我关于律师角色的观点与关于法律社会价值的普遍观点混为一谈。诚然，我对律师角色的定位取决于法律的社会价值，但它在一个重要的方面受到限制：法律伦理的任务是理解什么构成了律师的是非行为。我认为，正确的行为可能是在为客户提供咨询和在诉讼中代表客户时表现出对法律的尊重，而律师这样做的理由可能与法律所保障的社会利益（social goods）有关。然而，这并不意味着人们总是可以得出这样的结论，即法律在特定案件中对特定客户具有积极的好处。鲁班正确地描述了过度拥挤的监狱和监禁条件的问题，这些问题可能构成国际法上的酷刑。[3] 对这些刑讯室里的犯人讲话，告诉他们应该感谢法律提供的保护，这确实是片面的。[4] 这种立场具有坏的神学论（theodicy）的性质，它自信地告诉人们，他们应该感谢神给他们的苦难，因为神毫无疑问打算在世界的其他地方用这种痛苦来行善。[5] 但我的论点并不是说法律总是对所有人都是好的；相反，如果在法律、法律制度和法律职业中存在善，那么就应该用一种特殊的方式来理解它。人们可以利用一种方式来组织社会，表现出对彼此平等的尊重，这是件好事。然而，这并不是生活的全部，它当然不应该被理解为排除其他社会交往、解决问题、道德

---

〔1〕 Simon, *supra* note 2, at 710.

〔2〕 Part Ⅲ of Luban's review is entitled "The Best of All Possible Legal Systems," an allusion to Voltaire's Dr. Pangloss who, in turn, was a satire of Leibniz's purported solution to the problem of evil. David Luban, *Misplaced Fidelity*, 90 TEXAS L. REv. 673, 679 (2012) (book review).

〔3〕 *Id.* at 681.

〔4〕 *Id.*

〔5〕 *See, e. g.*, Bart D. Ehrman, *God's Problem: How the Bible Fails to Answer Our Most Important Question-Why We Suffer*, 8 (2008) (discussing various philosophical approaches to the problem of theodicy).

考量和自我理解的方式。[1]

　　然而，正如鲁班所指出的，如果要让任何道德重新回到审议之中，那么整个结构可能会有点棘手。如果律师们经常求助于一阶理由（first-order reasons），那么通过以法律规定的二级理由（second-order reasons）代替一阶理由，可能会导致超越不确定性和分歧的过程就此结束。[2] 如果二阶理由并非真正具有排他性，而只是假定的或重要的，就会发生这种"求助"。鲁班依赖于"追索角色"（recourse roles）的概念；[3] 依此，在某些情况下要保持对角色要求的忠诚，最好的方法就是违反角色的要求。角色是为了某个或某些目的而设立的。在绝大多数情况下，扮演某个角色的人完成这些目标的最佳方式是遵循角色的指示。然而，在某些情况下，实现角色目标的最佳方法是做一些角色的构成性规则所不允许的事情。为了做出这个决定，角色的使用者必须具有角色的目的追索权（因此被称

---

〔1〕 In an extremely interesting section of his review, Luban unpacks the word fidelity and charges me, in effect, with making a category mistake. Luban, supra note 14, at 681-86. Allegations of marital infidelity do not mean merely violating some abstract norm of devotion or loyalty; rather, they signify specifically going over to a rival, a transfer of allegiance, switching sides. *Id.* at 681-82. Betrayal of a friendship likewise means abandoning a person, either in favor of another or in favor of oneself. Id. at 682-83. Similarly, religious fidelity means refraining from idolatry or the worship of other gods. Id. at 683-84. In all of these cases, fidelity is something owed to another with whom one is in a direct personal relationship, unmediated by abstract duties or relationships constituted through institutions. *Id* at 684-85. Luban and I are in complete agreement that the obligation, if any, to respect the law must derive from respect for the people in one's political community, and that disobedience (or, I might add, working around the law) is a form of free riding that expresses disdain for one's fellow citizens. Id. Because fidelity is a value associated with intimate relationships, however, fidelity-related duties are necessarily reciprocal, and a lack of faithfulness by one party can "snap the bonds of reciprocity". *Id* at 685. When a person or group within a political community is abandoned or subjected to discrimination by the majority, it would be cruel to call upon these marginalized citizens to express fidelity to the law, because "the law" -in personal terms, the majority of members of the political community-has already been unfaithful. Id It would be tantamount to forcing a betrayed spouse to remain in a marriage while the other spouse continues cheating. Luban thus inverts the image of faithfulness, constancy, and loyalty that I meant to invoke in the title of the book, turning it into a powerful critique of injustice- "difference made legal" in the words of Martin Luther King Jr. *Id.* at 684-85. It is the case that I had interpretive fidelity in mind when I thought of the title of the book, but the dual meaning of the word does underscore the importance of fairness and reciprocity as the foundation of the obligation to respect the law. *See id.* at 685-86 (agreeing that interpretive fidelity can be an obligation of lawyers).

〔2〕 Luban, *supra note* 14, at 687 ("Wendel's seemingly minor modification actually undermines the basic Razian architecture of separating multiple levels of reasons").

〔3〕 See *Mortimer R. Kadish & Sanford H. Kadish*, *Discretion To Disobey*: *A Study Of Lawful Departures From Legal Rules*, 15-36 (1973) ("It is precisely to the concept of their social role that people turn when they want to understand what they can and cannot do"). As Luban notes in his review, he relied on the structure of recourse roles in his reformulation of the position in *Lawyers and Justice*. See Luban, *supra note* 14, at 687 n. 69 [citing David Luban, *Freedom and Constraint in Legal Ethics*: *Some Mid-course Corrections to* Lawyers and Justice, 49 MD. L. REV. 424 (1990)].

为追索角色）。[1] 追索角色很好地捕捉到了许多专业人士所面临的职责的角色分化性质，同时又没有完全脱离构成专业角色的更广泛的社会目的。正如我在本书之后发表的一篇论文中所指出的，追索角色不一定允许完全开放的道德考量；"相反，代理只能追索到某些考虑因素，比如角色要完成的特定任务"。[2] 实际上，应该依靠"追索角色"这一概念的是西蒙而不是鲁班，因为西蒙的总体辩论策略，是将许多人认为的律师角色的目的（法律正义），与特定案件中经常出现的不公正并列起来。认为律师角色的目的是在普通道德层面上行善似乎不太可能，尽管一些哲学家认为，法律只有在提高人们遵守道德的程度上才具有权威性。[3] 在我看来，大多数从业者应该都同意，律师不是促进道德考量的多用途代理人，相反他们同时是客户的代表和法律的公使（ministers of the law），帮助客户在法律规定的权利和义务范围内行事。

无论律师角色的目的被认为是正义还是道德，追索角色都容易受到多元主义问题的影响。这本书的一个主要论点，似乎没有一个评论人不同意，那就是理性、有良心的人在特定情况下可能会善意地不同意道德或正义的要求。因此，追索策略中缺少了一个"谁来决定"的问题：假设一名律师认为，无论是作为法律咨询的依据还是作为诉讼的依据，主张客户的合法权益都会导致不公正（西蒙关于角色目的的概念）[4] 或普通道德的违反（鲁班的概念）。[5] 现在假设客户不同意律师的观点，坚持让律师采取行动来维护客户的合法权益。律师是否有权决定是否根据角色目的直接采取行动？如果是这样，那么赋予律师这种决策权就

---

[1]　Mortimer R. Kadish & Sanford H. Kadish, *supra* note 20, at 21-22.

[2]　W. Bradley Wendel, *Three Concepts of Roles*, 48 SAN DIEGO L. REV. 547, 553 (2011).

[3]　*See*, *e. g.*, *Larry Alexander & Emily Sherwin, The Rule Of Rules: Morality, Rules, And The Dilemmas of Law*, 98-99 (2001) (observing that the most important element of to mean); Heidi M. Hurd: "Interpreting Authorities", in *Law And Interpretation* 405, 425 (Andrei Marmor ed., 1995) (arguing that the interpretation of laws must be based upon how well laws "conform our conduct to the demands of morality").

[4]　Simon, *supra* note 2, at 715-17.

[5]　Luban, *supra* note 14, at 676-78.

削弱了律师与客户关系的代理性质。[1] 当然，另一方面，律师必须考虑自己的道德（而非法律的）责任。然而，在一个基本公正的社会里，在绝大多数情况下，律师可以假设，自己帮助客户根据他们的合法权益来安排其事务，并没有犯道德上的错误。我不否认不公正的存在，任何人都会这样认为，尽管道德多元化无处不在。然而，我并没有试图围绕这些极端情况设计一套法律伦理体系；相反，我写这本书是为了说明律师在大多数情况下所做善事的本质。[2]

三、政治的排除

鲁班、克鲁泽、西蒙和阿尔菲利（Alfieri）指责我是（用鲁班的话说）"一个现状的辩护者"。[3] 法律本身可能无法为西树林社区（the West Grove）这样贫困、边缘化的社区提供多少帮助，阿尔菲利、他的同事和他们的学生为西树林社区提供了令人钦佩的服务。[4] 我也不会把一个社区组织者、活动家和律师，限制在形式主义的策略和对法律的呆板服从上；而事实上，我完全支持私人筹

---

〔1〕 Pepper worries that an obligation of fidelity to law that is too strict will cause lawyers to lose sight of their obligation to serve clients. Pepper, *supra* note 2, at 696-97. His objection underscores the fiduciary nature of the attorney-client relationship, as elaborated in countless cases. *See*, *e.g.*, *Maritrans GP Inc. v. Pepper*, Hamilton & Scheetz, 602 A. 2d 1277, 1287-88 (Pa. 1992) (enforcing a preliminary injunction against attorneys who breached their fiduciary duty to their client). One reason Fried's lawyer-as-friend metaphor has had staying power is that it makes this relationship of trust and confidence central to the lawyer's ethical duties. But a lawyer is not just a fiduciary; a lawyer is a fiduciary with respect to the client's interests and the law. Lawyers have the privilege and the burden of representing their clients' interests, zealously, within the bounds of the law. A lawyer does not have a simple, straightforward fiduciary relationship with only one party; rather, the lawyer and the client are both encumbered by other duties-in this case, respect for the law-and those duties affect the way the lawyer must carry out her fiduciary obligations to the client. Cf Geoffrey C. Hazard, Jr., *Triangular Lawyer Relationships*: *An Exploratory Analysis*, I GEO. J. LEGAL ETHICS 15, 31-32 (1987) ("The client in such a triangular situation is not a person alone-the A of classical legal hypotheticals, where 'A, the owner of Blackacre' does something to or is done something by B. One who has become another's guardian is no longer A but has become 'A encumbered by duties to B'"). Picking up on this analysis, the lawyer in my conception of legal ethics is the representative of "the client encumbered by duties to the law" and also has her own directly owed duties to respect the law. The lawyer does not merely assist her client in acting but also in meeting the client's legal obligations while acting.

〔2〕 In the book I quote Larry Alexander and Fred Schauer's observation that it would be odd to focus the study of constitutional law primarily on *Dred Scott v. Sandford*, 60 U. S. (19 How.) 393 (1857), superseded by constitutional amendment, U. S. CONST. amend. XIV; and *Korematsu v. United States*, 323 U. S. 214 (1944). WENDEL, *supra* note 9, at 102-03. The Supreme Court has, from time to time, really stuffed it up. A lawyer seeking to understand the way courts interpret the Constitution would be advised to focus mostly on cases that continue to be debated by the Court as expressions of still-viable constitutional doctrine.

〔3〕 Luban, *supra* note 14, at 680.

〔4〕 Anthony V. Alfieri, *Fidelity to Community*: A Defense of Community Lawyering, 90 TEXAS L. REV. 635, 635-36, 652-56 (2012).

款、媒体宣传、公众抗议和政治压力等多方面的策略，以防止对西树林社区而言至关重要的图书馆被关闭。[1] 正如西蒙所言，"对现有权威的原则性蔑视是美国公共生活的一种光荣传统"。[2] 我和西蒙一样，对那些参加午餐柜台静坐和伯明翰游行的勇敢的人们表示钦佩。[3] 他说的没错，当时静坐之类的活动都是非法的；但是，只要律师明确声明客户事业的公正并不意味着这种行为合法，那么律师参与非暴力反抗（civil disobedience），事后保护客户免受非法侵入或妨害治安行为的指控，甚至建议客户进行非暴力反抗，这些行为就都没什么错。相反，一些基于合法性、政治合法性和合法权利的反抗策略，也可以使用非法律策略来实现社会正义的目的。[4] 我所关心的唯一一个推论是，其合法性来自于某种结果的公正性。

克鲁泽认为，我把法律想象成寓言中的英雄，在这个寓言中，社会面临着由经验的不确定性或规范的多元主义所造成的僵局。[5] 但是，就像我的同事吉

---

[1] See Alfieri, *supra* note 29, at 4–5 ["The Historic Black Church Program contemplated a media campaign (e. g., editorials and letters), public protest (e. g., a march, rally, or sit-in), and political pressure (e. g., reporting selected public officials to regulatory agencies for the purposes of investigating ongoing unethical or unlawful conduct in unrelated matters), all to persuade local municipal and county officials to help mobilize public opposition to the proposed closing." (footnote omitted)].

[2] Simon, *supra* note 2, at 715. Critics sometimes say I am making a fetish out of the law and legal authority-Simon's use of the word "authoritarian", *id* at 718, captures the flavor of this sort of objection-but it is important to emphasize that the authority of law is, in my view, ultimately grounded in the value of equality and the obligation to treat one's fellow citizens with respect. Simon thinks the fear of anarchy keeps me up at night, *id* at 709, but the boogeyman in the closet of the book is better identified as solipsism and arrogance. I am gratified to see Simon concede that "lawyers are not routinely privileged or obliged to act on their own views on the ultimate merits of the controversies in which they are involved". *Id.* at 711. Perhaps I have been misreading him for years, but I have always understood Simon as arguing for precisely the contrary-i. e., that lawyers either may or must consider whether the actions they take on behalf of their clients are likely to promote justice. *See William H. Simon, The Practice Of Justice: A Theory of Lawyers' Ethics* 138 (1998) ("Lawyers should take those actions that, considering the relevant circumstances of the particular case, seem likely to promote justice").

[3] Simon, *supra* note 2, at 715.

[4] *Cf* Alfieri, *supra* note 29, at 33–34 ("In the context of low-income communities of color, democratic lawyering offers race-conscious and identity-conscious strategies of advocacy and counseling fashioned from dissenting voices traditionally outside law, legality and legitimacy...*Lawyer candor, collaboration, and a race-conscious conversation best steer the normative assessment of legal-political strategies...and the practical consideration of alternative nonlegal tactics...*").

[5] *See* Kruse, *supra* note 3, at 663 ("Wendel's functional argument in a nutshell is that we should respect the law despite our moral disagreement with its content because law does for us something that we cannot do for ourselves: law rescues us from moral pluralism").

姆·亨德森（Jim Henderson）所扮演的无能的超级英雄托尔特船长（Captain
Torts）[1] 一样，法律有时要么没能帮人们解决麻烦，要么通过干预使事情变得
更糟。[2] 克鲁泽同意法律改变了争议，她承认这是一件好事，但她否认法律真
正解决了任何问题。例如，在关于同性婚姻的辩论中，"法律语言继续提供在辩
论中阐述和包装问题的方法"，以跨种族夫妇所提出的民权要求作类比来阐明所
涉权利。[3] 然而，这种转变还不完全；这是一场重新包装的道德辩论，但辩论
的条件仍然由"理性和公共利益"（reason and the public good），而不仅仅是由什
么是合法的来决定。[4] 法律只是提供了额外的概念性资源，例如权利、义务和
正当程序的概念，用以正在进行的辩论。[5] 这导致克鲁泽对我的立场提出了具
有挑战性的批评，即尊重法律的功能性论证和规范性论证，应当转化为尊重法律
制度的功能性论证和规范性论证。一个法律制度包含的远不止要遵守的制定法，
还包括公民参与民主自治过程的多种途径。与我难以解决的分歧的噩梦不同，克
鲁泽提出了一个法律的崇高梦想；她认为法律打开了一个空间，在这个空间里多
种道德观点可以蓬勃发展。[6] 社会不应该致力于解决（即使是暂时的）道德争
议，而应该为和平的、建设性的分歧提供发展的途径。

　　这本书确实试图解释"私人遵守（或违背）法律与公共立法之间所产生的
复杂的相互作用"。[7] 第六章第四节第二部分借鉴了劳伦·埃德尔曼（Lauren
Edelman）和马克·萨奇曼（Mark Suchman）的作品，展示了雇主如何回应性骚

---

[1]　One of my goals as a legal academic is to make better known the story of Captain Torts, one of the great
unpublished characters in jurisprudence: Captain Torts is a fellow about Henderson's size (let us simply say a large
person), who wanders through our society seeking to protect people from the wrongs of others. Captain Torts is
dressed in a baggy leotard, with a cape and a large yellow T in a circle on his chest. Whenever he hears of someone
in distress, he enters the scene (usually, if possible, through a window) and attempts a rescue. Much of the time,
he is a welcome addition, and helps to correct imbalances of power between persons in the society. Occasionally...
Captain Torts is resented by the people that he tries to help. On those occasions, the people try to push him back out
the window. What all of this means, Henderson leaves to the reader. *James A. Henderson*, *Jr. Et Al.*, *The Torts
Process: Teacher's Manual*, 20 (7th ed. 2007).

[2]　For an example of an argument that the law sometimes makes societal disagreement worse, see John Hart
Ely, *The Wages of Crying Wolf A Comment* on Roe v. Wade, 82 YALE L. J. 920 (1973).

[3]　Kruse, *supra* note 3, at 667-68.

[4]　*Id.* at 668.

[5]　Although controversy continues about same-sex marriage, the law does settle at least some issues. If the
clerk of Tompkins County, New York, refuses to issue a marriage license that covers a same-sex union (a highly un-
likely occurrence given the politics of Ithaca, but it's a hypothetical), then one can criticize the county clerk in terms
of the ethics of public office for substituting his or her own view about morality for a legal entitlement to receive a mar-
riage license.

[6]　Kruse, *supra* note 3, at 670-71.

[7]　*Id.* at 671.

扰的法律定义，以及雇主为防止敌意的工作环境而承担的义务。[1] 克鲁泽是正确的，遵守反歧视法的过程不是一个简单、线性的阅读法律和遵守法律的明确指示的过程；相反，这些法律的含义是通过应用显现出来的，因为雇主们试图弄清楚如何遵守一个不确定、不断变化的命令。因此，法律使政治成为可能，而不是使阻止分歧成为可能。如果相关行动者认为自己是在善意地探求法律所允许或要求的行为内容，那么我并不反对克鲁泽批评的方式。尊重法律可能包括勉强的默认和公开的不服从，[2] 但不涵盖对法律的暗中作废或操纵。在我看来，在午餐柜台前静坐抗议的合法性，以及法院和雇主之间的反反复复——通过不断重复的法庭挑战和对雇主的新指令，形成了现行的法律——仍然存在空间。法律解决不是一次性事件。相反，它可以是社会行动者以法律权利和义务为导向的过程。这并不会取代非法律秩序（nonlegal ordering），但它确实使一种独特的秩序成为可能；在这种秩序中，公民参照反映平等和尊严共同价值的社会程序，为自己的行为提供正当理由。

四、愚蠢的法律

毫不奇怪，评论人试图通过指出一些法律来为难我在书中的立场；正如佩珀巧妙地指出的那样，这些法律的结果"可能与普遍接受的价值或法律规定背后的特定价值相违背"。[3] 佩珀的例子是禁止雇佣无证工人，不允许工作的夫妇雇佣

---

[1] See Wendel, *supra* note 9, at 203-07.

[2] To be clear, I do not intend anything in the book to ground a criticism of community lawyers as abusers of the law, as Alfieri fears. Alfieri notes that "daily combat against inner-city poverty and racial inequality requires the creative enlargement of conventional lawyer roles and functions as well as the expansion of constitutional, statutory, and common law entitlements". Alfieri, supra note 29, at 649. I could not agree more. There is a deep and subtle debate between some proponents of critical legal studies on the one hand, and critical race theory on the other, over whether legal rights are oppressive or empowering. Patricia Williams argues, for example, that legal rights are a way of insisting that powerful white actors recognize the dignity and power of African-Americans. *Patricia J. Williams, The Alchemy of Race And Rights*, 146-66 (1991). For Williams, assertions of rights confront the denial of human needs in a way that requires acknowledgement of these needs. *See id.* at 153 ("For the historically disempowered, the conferring of rights is symbolic of all the denied aspects of their humanity: rights imply a respect that places one in the referential range of self and others, that elevates one's status from human body to social being"). Although I lack Williams's eloquence, I have tried to say something similar: progressives should not make such a totalizing critique of power imbalances in society that they call into question the capacity of official institutions to recognize rights in favor of disempowered citizens against the powerful. My critics here are fond of ascribing various anxieties to me, so I will admit to worrying that treating the law instrumentally will result in a long-term impairment of its capacity to underwrite demands for respect by the powerless.

[3] Pepper, *supra* note 2, at 693.

无证儿童护工。[1] 西蒙想象了一个古老通奸法的歧视性实施，它将未婚成年人之间两相情愿的性行为定为犯罪。[2] 虽然他们提出的反对意见比较温和，但他们真正想说的是："你当然不能说这条法律值得尊重！"正如已故的莱斯利·尼尔森（Leslie Nielsen）在《飞机上》（*Airplane*）中扮演的角色所要求的："我的意思是，别再叫我雪莉（Shirley）了！"[3]

在佩珀的案件中，律师不能告诉这对夫妇，雇佣这个无证护工在法律上是允许的。佩珀想象律师会给出明确而有些轻蔑的建议："你不能也不应该雇佣这个护工。这是非法的。"[4] 他说得对，从道德上讲，这种情况比成文法更复杂，律师可以自由地以道德咨询的形式向客户传达这些额外的微妙。然而，世界上细微差别和复杂性的存在并不削弱这样的结论，即与其他就道德上复杂的问题提供建议的人不同，律师角色的独特之处在于，律师有责任确保他们的建议符合法律规定的职责和权限。在佩珀的假设中，律师给出的这种"抽象而呆板的"[5] 建议，是一位爱管闲事、自以为是的律师对客户的困境表示不满的结果。我对律师传达法律被误导、脱离现实或有悖常理的看法没有任何意见，但律师做出的这些判断并没有许可律师去为客户提供建议——即使是间接地，眨一眨眼或点一下头——以无视法律。如果客户选择承担违反法律的风险，只要律师没有赞美或鼓励这种行为，法律和道德上的责任就落在客户身上。[6]

我还有些担心，对一些法律贴上过时、愚蠢或不值得尊重的标签，这反映出精英阶层对普通民众所不认同的规范性立场的屈尊俯就。就个人而言，刑事法规禁止没有结婚的成年人发生双方同意的性行为，我认为这是愚蠢的；但是很明显，很多同胞都认为现行的反通奸法已经取得了平衡。[7] 我必须承认，我对这

---

[1] *Id*. at 693-94.

[2] Simon, *supra* note 2, at 714.

[3] The actual bit of dialogue, for those who are not children of the 70s and 80s, is: Dr. Rumack: I won't deceive you, Mr. Striker. We're running out of time. Ted Striker: Surely there must be something you can do. Dr. Rumack: I'm doing everything I can, and stop calling me Shirley! Airplane! (Paramount Pictures 1980).

[4] Pepper, *supra* note 2, at 694.

[5] *Id* at 695.

[6] A lawyer who takes this stance is not a "legal cipher", as Pepper suggests. Id. at 700. In my view, the propriety of moral counseling within the attorney-client relationship is an entirely contingent matter. Some clients, as a result of a long-term professional relationship characterized by trust and mutual respect, might appreciate a lawyer telling them that it would be morally wrongful to plead the statute of limitations to escape a legal obligation. Pepper is also right to note that a particular client may have business reasons for doing the decent thing notwithstanding a legal entitlement to the contrary. Id. at 701 & n. 48. In these cases, moral counseling would be appropriate-maybe even expected by the client-but it is not a requirement of the role as such.

[7] If there is truly no remaining support for the law, it may be invalid under the doctrine of desuetude. I am assuming here that the statute has been challenged on these grounds and has not been invalidated for that reason.

一法令的反应，反映了我对性道德和刑法适当范围的其他看法，这些看法可能不会被普遍接受，而且法律也不是疯狂到没有一个理性人会赞同它。虽然这里没有一个评论者误解我的道德相对主义观点（这种道德相对主义是任何教过伦理学导论课的人都很熟悉的），我还是想澄清一下，我认为说婚前性行为在道德上没有错，而且即使有错也不应该被认定为犯罪。然而，我也了解到其他人对这个问题进行了认真讨论，并得出了相反的结论。

五、结论：我的梦魇和崇高梦想

鲁班和克鲁泽间接地提到哈特在司法自由裁量权的噩梦，与有助于社会稳定和团结的技艺的崇高职业梦想之间的对立（在哈特的例子中是司法，而鲁班指的是作为法律顾问的律师）。[1] 正如这个比喻所表明的，法律或法律伦理理论可能会为一种恐惧所困扰，即另一种不同的方法会是通往某个想象的地狱的路径。具有讽刺意味的是，法律伦理领域中的主要人物——我很荣幸邀请他们中的许多人作为这次对谈会的评论者——似乎担心公民和律师过分倾向于遵守法律。西蒙赞扬非暴力反抗甚至法律的无效；[2] 鲁班提醒我们，米尔格拉姆实验（milgram experiments）表明，人们并不是特别倾向于抵制不公平的政府；[3] 甚至佩珀和弗里德曼——多年来坚决为标准概念辩护，反对其学术批评——关心的是为律师提供良心上的反对（conscientious objection）的途径。[4] 在这些理论家的脑海中，噩梦般的情况是第三帝国（Third Reich）时期德国的法律职业，或者是南方种族隔离制度下的美国法律职业，他们都非常愿意通过忠实地解释和适用制定法，为非正义政权的管理提供帮助和专门知识。"律师即艾希曼（lawyer-as-Eichmann）"的形象困扰着许多法律伦理学家。另一方面，他们的崇高梦想则列举了像路易斯·布兰代斯（Louis Brandeis）这样的真实律师或阿提克斯·芬奇（Atticus Finch）这样的虚构人物，来强调智慧、判断力以及对道德和法律的明智

---

〔1〕 *David Luban*, *Legal Ethics and Human Dignity*, 131-32（2007）；Kruse, *supra* note 3, at 670-71. Nicola Lacey has taken this phrase as the subtitle for her biography of Hart, suggesting that the great philosopher's life was itself both of these things. *Nicola Lacey*, *A Life Of H. L. A. Hart*: *The Nightmare And The Noble Dream*, （2004）.

〔2〕 In one of my favorite papers of his, Simon argues that portrayals of lawyers in popular culture tend to depict lawyers as praiseworthy to the extent they are willing to violate the law in service of higher moral principles. *William H. Simon*, *Moral Pluck*: *Legal Ethics in Popular Culture*, 101 COLUM. L. REV. 421, 447（2001）.

〔3〕 Luban, *supra* note 52, at 237-66.

〔4〕 Pepper does so in the context of moral counseling. Pepper, *supra* note 2, at 699-702. Freedman insists that lawyers must make a morally grounded choice to represent any given client and are fully morally accountable for those choices. *Monroe H. Freedman & Abbe Smith*, *Understanding Lawyers' Ethics*, § 4.02, at 69-72（4th ed. 2010）.

判断类似的美德。[1] 毫不奇怪，这些律师往往特立独行，不是墨守成规的人，如果他们认为客户的目的是非正义的，他们愿意违抗命令或吹哨（blow the whistle）。[2]

我的噩梦发生在这样一个世界里，即不是所有的律师都像布兰迪斯和芬奇那样正直和值得信赖，但他们也同样热衷于充当道德自由人（moral free agents）。西蒙认为，[3] 真正的恐惧并不是无政府状态，而是权力的滥用。萦绕在我梦境中的人物是约翰·柳（John Yoo），他面无表情地向总统提出他的"法律"建议，告诉他法律授权使用水刑；或者是安然（Enron）的内部律师和聘任律师，他们授权了最终导致公司破产的交易。在这个世界里，律师们不相信自己的行为是错误的；相反，他们认为自己是在践行积极辩护（zealous advocacy）的伦理原则。尽管他们是在为客户提供咨询或规划交易而不是作为倡导者——他们相信自己在道德上被允许依靠勉强、扭曲、不合理的（甚至是创造性和侵略性的）法律解释来达到其客户的目的。更糟糕的是，他们可能认为自己在做一些在道德上值得称赞的事情，因为这符合公共利益。例如，约翰·柳显然将自己视为英雄和爱国者，因为他尽其所能地保护美国人民免受恐怖主义的侵害。[4]

我崇高的梦想不是成为一名拥有非凡智慧和判断力的律师，而只是做一个不愿扭曲法律以迎合客户的普通人。在一个基本公正的社会里，律师发挥着重要的作用，但他不同于神职人员、心理治疗师、作家、政治领袖、社会活动家、社区组织者和公民抗议者。律师的角色更像技术官僚，但也同样有着崇高的职业地位。像艾希曼这样的官僚是恶魔的工具，而如果没有人民的帮助第三帝国是无法正常运转的。法治是一项伟大的事业，但是它也不能脱离人民的工作而存在。

在一个适度得体的社会中，律师之所以成为律师，其伦理必须以法律为导向，而不是以道德或正义为导向。如果律师希望成为活动家或持不同政见者，他们也可以如愿；但重要的是，他们不能混淆这些本质上不同的社会角色。我不是对美国仍然存在的不公正现象视而不见，但对这些不公正现象的法律反应，不应是个人的破坏或废除行为。律师可以而且应该倡导变革，但与以往一样，它应该

---

〔1〕 See, e.g., Simon, supra note 2, at 715-16（citing Harper Lee, To Kill a Mockingbird, 312-18（40th Anniversary ed. 1999）（noting that Atticus Finch agreed with the sheriff to conceal evidence of Boo Radley's involvement in the death of Bob Ewell）; Simon, supra note 31, at 127-35（citing approvingly the ethics of Brandeis, who while a lawyer in private practice sought to dissuade powerful clients from engaging in antisocial projects）.

〔2〕 Cf Alice Woolley & W. Bradley Wendel, Legal Ethics and Moral Character, 23 GEO. J. LEGAL ETHICS 1065, 1067（2010）（arguing, inter alia, that the types of lawyers picked out as admirable by many theories of legal ethics would actually be dysfunctional in institutional practice settings）.

〔3〕 Simon, supra note 2, 709.

〔4〕 See generally John Yoo, War by Other Means,（2006）.

是在法律范围内的积极辩护。[1] 这本书的主要目的之一，就是要将上文提及的律师真言（mantra）的最后一部分，恢复到它在法律伦理中的适当地位。如果没有法律忠诚这一基本义务，律师就只能是诡辩家——除了提供任何像样的客户都能为自己提供的那种不成熟的道德建议外，他们什么也提供不了。如果说我们的职业有什么特别之处，那就是对合法性价值的承诺，以及尊重法律的相应义务。

---

[1] *See Model Code of Prof'l Responsibility* Canon 7（1980）（"A lawyer should represent a client zealously within the bounds of the law"）. The notion of zeal survives in the modem disciplinary rules only in a few comments. See *Model Rules of Prof'l Conduct* pmbl. T 2（2009）（"As advocate, a lawyer zealously asserts the client's position under the rules of the adversary system"）; id. R. 1. 3 cmt. 1（"A lawyer must also act with… zeal in advocacy upon the client's behalf"）. Nevertheless, *the Model Code* formulation has remained influential and is quoted tirelessly by lawyers as a concise summary of their ethical obligations.

意大利法律职业伦理法典

意大利司法部国家法律职业协会/伊万*（译）

（2014 年 1 月 31 日国家法律职业协会会议通过，2014 年 10 月 16 日在普通官方公报系列第 241 号颁布）

第一章　一般原则

第一条　律师

1. 律师在任何情况下均应维护自由权和辩护活动的不可侵犯性及有效性，以确保诉讼中审判和辩论的合法性。

2. 为维护被代理人利益，律师在执行职务时应高度关注法律是否符合宪法与欧盟指令中的各项原则，以及《保护人权和基本自由公约》中的各项原则。

3. 伦理规范对客户个体与社会信任的实现与保护、执业行为的端正、专业服务的有效与质量是至关重要的。

第二条　伦理规范及其适用范围

1. 伦理规范应适用于所有律师，包括其执业活动、律师之间的相互关系以及律师与第三方之间的关系；如果可能导致个人声誉或法律职业形象损害之后果的，该等伦理规范也应适用于律师私人生活中的行为。

2. 见习律师应当遵守律师伦理规范和义务，并受法律职业机构之纪律的约束。

第三条　境外执业活动与外国人在意大利境内的执业活动

1. 在境外的执业活动中，意大利律师应当遵守意大利的伦理规范，以及其执业活动所在国的伦理规范。

---

* 伊万，中南财经政法大学，外籍教师，罗马法系研究中心研究员。

2. 如果上述两种规范体系之间存在冲突，而所在国的伦理规范并不违反正当地开展执业活动这一公共利益，则应优先适用。

3. 在意大利开展执业活动的外国律师应当遵守意大利法律职业伦理规范。

第四条　行为的自愿性

1. 因未能遵守法律和伦理所规定的义务和行为规则，无论其意识和主观意愿是作为还是不作为，均会导致违纪责任。

2. 律师因无过错行为违反刑法而受到指控的，应当受到纪律处分，但纪律部门仍有权对其所犯违纪行为进行独立评判。

第五条　开展执业活动的条件

律师职业登记注册是律师开展执业活动的前提条件。

第六条　避免不相兼容的义务

1. 律师应当避免从事与律师登记注册的持续性不一致的活动。

2. 律师不得从事与法律职业的独立、尊严和荣誉的义务不一致的活动。

第七条　对合伙人、合作者及助理行为的纪律责任

律师对受其委托而由其合伙人、合作者及助理所实施的行为承担个人责任，但属于上述人员的专属性和自主性的责任除外。

第八条　律师事务所的纪律责任

1. 本法典的各项规范因其兼容性而应适用于律师组成的律师事务所。

2. 如果合伙人违反伦理规范是基于执行其律师事务所作出的相关指示，律师事务所的纪律责任与该合伙人的纪律责任则产生竞合。

第九条　诚实、尊严、荣誉和独立的义务

1. 律师应当以独立、忠诚、端正、诚实、尊严、荣誉、勤勉和胜任为基础开展执业活动，同时应高度重视辩护活动的宪法与社会重要性，并遵守公平及正当竞争的原则。

2. 在执业活动之外，律师也应当履行恪守诚实、维护尊严和荣誉等义务，以维护法律职业形象和自身声誉。

第十条　忠诚的义务

律师应当忠实执行其接受的委托事务，为维护被代理人利益开展活动，并尊重辩护活动的宪法与社会重要性。

第十一条　信任关系与接受委托

1. 律师可以自由地接受委托。

2. 律师与客户和被代理人基于信任建立委托代理关系。

3. 被登记在官方指定辩护人名册中的律师，一旦获得任命，无正当理由不得拒绝或中断提供相关协助。

4. 无正当理由，被登记在辩护律师名册中并由国家承担费用的律师不得拒绝任命或放弃经济困难人士的委托。

第十二条　勤勉的义务

律师应当认真勤勉地从事其执业活动，确保其专业服务质量。

第十三条　保密与审慎的义务

为了客户和被代理人的利益，针对在审判活动中的代理与援助行为、在从事法律咨询和非司法性质的援助行为以及其他各种基于职业因素所从事的行为中以任何方式获知的事实与情况，律师均应当严格遵守职业保密义务，并尽最大限度的审慎义务。

第十四条　胜任的义务

为确保专业服务的质量，无足够能力处理相关案件的律师不应接受委托。

第十五条　专业进修与继续培训的义务

律师应当保持和提升其知识水平，特别是在专业化及其主要执业活动的领域，应当不间断地接受专业培训。

第十六条　缴纳税务、养老金、保险和其他费用的义务

1. 律师应当履行现行规范规定的缴纳税款和养老金的义务。

2. 律师应当履行法律规定的执业保险投保义务。

3. 律师应当定期且及时地向法律职业机构支付其他应付款项。

第十七条　关于执业活动开展的信息

1. 为了维护对社会的信任，律师可以披露的信息包括，该律师自身的执业活动、该律师所在的事务所的组织和结构、该律师的所有专业领域及其所获得的任何科研和专业职称。

2. 以包括信息技术在内的任何方式公开传播的信息都应当透明、真实、准确、无歧义，不应包含误导性、诋毁性、暗示性以及比较性信息。

3. 在任何情况下，在披露的信息中都应当提示法律职业义务的性质和局限。

第十八条　在与媒体的关系中的义务

1. 在与媒体的关系中，律师应当遵循适度平衡和节制的标准，遵守审慎和保密义务；在被代理人同意的情况下，为了被代理人的专属利益，律师可以向大众媒体公开信息，但正在被调查的应予保密的信息除外。

2. 在任何情况下，律师均应确保不公开披露未成年人信息。

第十九条　对同行和法律职业机构的忠实与端正的义务

律师应当对同行和法律职业机构保持端正和忠实的态度。

第二十条　纪律责任[1]

1. 违反前述条款中规定的义务和行为规则，以及在任何情况下违背法律或职业伦理中规定的义务和行为规则，均构成 2012 年 12 月 31 日第 247 号法律第 51 条第 1 款项下的违纪行为。

2. 如果上述违纪行为符合本法典第二章、第三章、第四章、第五章和第六章所列的适用条件，则直接适用其中明确规定的处分手段；如果不符合上述适用条件，则应适用 2012 年 12 月 31 日第 247 号法律第 52 条 C 项和第 53 条规定的纪律处分，并根据本法典的第 21 条、第 22 条规定的标准来明确和决定处分手段的具体内容。

第二十一条　纪律权力

1. 执业纪律机构有权根据有关条例和规范所规定的程序对执业伦理违纪行为实施适当的和相匹配的处分。

2. 评估的对象是违纪者的全部行为；即使在同一项程序中存在多项指控，亦只能实施一次处分。

3. 处分应当与事实的严重性、过错程度、可能存在的故意及其强度、违纪者在事件发生前后的表现、违纪行为发生时的主客观背景情况等相匹配。

4. 在作出处分决定时，还应当考虑到被代理人和客户可能遭受的损害、对法律职业形象的损害，并考虑有关职业生涯以及以往的纪律处分记录。

第二十二条　处分

1. 纪律处分手段包括：

（1）警告：是指向违纪者通知其行为不符合伦理规范和法律规范，并要求违纪者不得作出其他违纪行为；如违纪事实并不严重并且有理由相信违纪者没有从事其他违纪行为，可以提议适用该处分手段。

（2）通报批评：是指一项正式责备，它适用于违纪行为的严重性、责任的程度、违纪者的过往表现和事后表现等可以表明违纪者不会作出另一项违纪行为的情形。

（3）暂停执业：是指为期两个月至五年的临时排除执业活动或中断实习期的处分，适用于情节和责任较为严重的违纪行为，或者不能满足只需作出通报批评

---

〔1〕 根据国家法律职业协会 2017 年 9 月 22 日之决议，2012 年 12 月 31 日第 247 号法律第 35 条第 1 款 D 项规定的协商程序启动，本条依据国家法律执业协会 2018 年 2 月 23 日之决议予以修订，并于 2018 年 4 月 13 日在普通官方公报系列第 86 号予以公布。根据上述 2018 年 2 月 23 日之决议，国家法律职业协会修订了本条第 1 款并增加了第 2 款。本条修订自 2018 年 6 月 12 日起生效。原第 1 款规定："违反前述条款中规定的义务，如果符合本法典第二章、第三章、第四章、第五章和第六章规定的适用条件，均构成违纪行为。"

处分之条件的违纪行为。

（4）除名：是指将违纪行为人从律师名单、名册或登记簿中明确剔除，并阻止其被登记到任何其他名单、名册或登记簿上，但法律另有规定的除外；作出该等处分是因为违纪行为非常严重，导致无法容忍违纪者继续被登记在律师名单、名册或登记簿上。

2. 在情节较重的情况下，可以在如下最大限度内加重纪律处分：

（1）在规定为警告处分的情况下，可以加重至暂停执业两个月；

（2）在规定为通报批评处分的情况下，可以加重至暂停执业最长不超过一年；

（3）在规定为暂停执业一年处分的情况下，可以进一步加重至暂停执业最长不超过三年；

（4）在规定为暂停执业一至三年处分的情况下，可以加重至除名。

3. 在情节较轻的情况下，可以减轻纪律处分，具体如下：

（1）在规定为通报批评处分的情况下，可减轻为警告；

（2）在规定为暂停执业一年处分的情况下，可以减轻为通报批评；

（3）在规定为暂停执业一至三年处分的情况下，可以减轻为暂停执业两个月；

4. 针对情节轻微并可予谅解的违纪行为，可以对违纪者予以口头训诫，口头训诫不具有纪律处分的性质。

第二章　与客户和被代理人的关系

第二十三条　委托授权

1. 委托由被代理人授予；如果第三方基于自身或者被代理人的利益授予，委托仅在被代理人同意的情况下才应予接受，并且执行该委托须基于被代理人的专属利益。

2. 律师应当在接受委托前核实委托人和被代理人的身份。

3. 接受委托后，律师不得与客户和被代理人发生经济、财产、商业或任何其他可能影响专业关系的关系，但本法典第25条规定的除外。

4. 律师不得提起不必要的繁冗诉讼。

5. 律师可以自由接受委托，但如果根据已知因素可断定该等委托的目的是完成非法活动，律师应当拒绝执行委托事务。

6. 律师不得提示进行无效、非法或欺诈性的举动、行动或法律行为。

7. 违反本条第1款和第2款规定的义务，应处以警告的纪律处分。违反本条第3款和第4款规定的禁令，应处以通报批评的纪律处分。违反本条第5款和第

6款规定的义务，应处以暂停执业一至三年的纪律处分。

第二十四条　利益冲突

1. 律师应当避免开展任何可能与被代理人和客户的利益发生冲突的执业活动，以及可能干扰其他委托事务的执业活动和非执业活动。

2. 律师在执业活动中应当保持自身独立性，确保自身自由免受任何形式的压力或制约因素的影响，即使压力或制约因素与律师个人利益有关。

3. 存在利益冲突的情况包括：新的委托会破坏另一被代理人或客户提供的信息的保密性；对一方当事人信息的了解可能不公平地对有利于另一被代理人或客户；执行在前的委托事务可能限制该律师在执行新的委托事务时的独立性。

4. 律师应当告知被代理人和客户对提供其要求的法律服务构成障碍的情况。

5. 如果当事人的利益相互冲突，且各自有意委托的律师属于同一律师事务所或专业协会，或者在同一处所执业并经常进行专业合作，也会产生避免利益冲突的义务。

6. 违反本条第1款、第3款和第5款规定的义务，应处以暂停执业一至三年的纪律处分。违反本条第2款和第4款规定的义务，应处以通报批评的纪律处分。

第二十五条　确定报酬的协议

1. 除本法第29条第4款另有规定之外，律师费报酬可以自由议定。可被接受的协议类型包括：小时费率协议、固定收费协议、包括一项或多项业务的协议、基于所服务的完成度和投入时间的协议、仅针对单个阶段和单一服务或者针对整个法律事项的协议、以法律事务价值的百分比为基础或者并不仅仅严格依据财产水平而是以法律服务接受方能够实际受益的金额为基础的协议。

2. 禁止在协议中约定以法律服务标的或者诉讼标的的相应份额作为律师的全部或部分报酬。

3. 违反前款规定的禁止性规定，应处以暂停执业二至六个月的纪律处分。

第二十六条　执行任务

1. 接受专业委托应具有执行委托事务的能力。

2. 如果委托事务涉及受委托律师本人不具备的技能，该律师应当告知客户和被代理人有必要整合另一位拥有该能力的同行的协助。

3. 由于对被代理人利益的不可原谅且重大的过失，导致委托或指示的有关行为未能完成、延迟履行或疏忽履行的，均构成对执业义务的违反。

4. 如果官方指定的辩护律师不能参与某项诉讼活动，其应当及时、明确地告知主管机关，或者应当委托其同行进行辩护，该受托律师一旦接受转委托，则有责任完成委托事务。

5. 违反本条第 1 款和第 2 款规定的义务，应处以警告的纪律处分。违反本条第 3 款和第 4 款规定的义务，应处以通报批评的纪律处分。

第二十七条　信息的义务[1]

1. 在接受委托时，律师应当清晰地告知被代理人关于委托事项的性质和重要性以及即将采取的行动，并明确提出各项举措和解决方案。

2. 律师应当向其客户和被代理人告知审判程序的可能预见的持续时间和可能的费用负担；律师还应当在应要求以书面形式向授予其专业授权的人员告知法律服务可能的费用。

3. 在接受委托时，律师应当明确地告知被代理人关于利用辅助性谈判方式的可能性，以及以书面形式告知被代理人关于利用调解方式的可能性；还应当告知被代理人法律规定的关于诉讼争议的其他可替代性解决路径。

4. 在接受委托时，如果满足相应条件，律师应当告知被代理人获得国家承担费用的司法援助的可能性。

5. 律师应当向客户和被代理人明示其执业保险要点。

6. 一旦收到相应要求，律师应当向客户和被代理人告知委托事务的执行情况，并且应当向客户和被代理人提供包括来自第三方的关于委托事务及其在司法程序和非司法程序中的执行情况的所有文书和文件的副本，但是本法典第 48 条第 3 款规定的情况除外。

7. 在不违反本法第 26 条有关规定的情况下，律师应当向被代理人告知为了避免时效届满、到期或者对正在进行的委托事务造成损害的其他后果而必须采取的必要行动。

8. 为了被代理人的利益，律师应当向其告知在执行委托事务过程中合法获知的内容。

9. 违反本条第 1 款至第 5 款规定的义务，应处以警告的纪律处分。违反本条第 6 款、第 7 款和第 8 款规定的义务，应处以通报批评的纪律处分。

第二十八条　谨慎和职业保密

1. 律师的首要且基本的义务与权利是，在提供法律服务过程中，针对客户和被代理人提供的全部信息，以及由于委托而获知的信息，保守秘密并做最大限

---

[1]　根据国家法律职业协会 2017 年 9 月 22 日之决议，2012 年 12 月 31 日第 247 号法律第 35 条第 1 款 D 项规定的协商程序启动，本条依据国家法律执业协会 2018 年 2 月 23 日之决议予以修订，并于 2018 年 4 月 13 日在普通官方公报系列第 86 号予以公布。根据上述 2018 年 2 月 23 日之决议，国家法律职业协会修订了本条第 3 款，在"告知"一词之后删除"被代理人"，并在"明确地"一词之后增加"被代理人关于利用辅助性谈判方式的可能性，以及以书面形式"的语句。本条修订自 2018 年 6 月 12 日起生效。原第 3 款规定："在接受委托时，律师应当明确地以书面形式告知被代理人法律规定的关于利用调解方式的可能性；他还应当告知被代理人法律规定的关于诉讼争议的其他可替代性解决路径。"

度的保留。

2. 即使在委托已经完成、结束、主动放弃或不予接受的情况下，也应当遵守保密义务。

3. 律师应当确保其员工、实习人员、顾问和即使是仅仅偶尔合作的伙伴，针对他们基于自己的身份或者他们从事的活动而获知的事实和情况，遵守执业保密义务并做最大限度的保留。

4. 在披露已知信息确属必要的下列情况下，律师则可以不遵守上述义务：

（1）为了完成辩护活动；

（2）为了避免犯下特别严重的罪行；

（3）为了申明在律师与其客户或被代理人之间相关争议的事实情况；

（4）在纪律处分程序的范围内。

在任何情况下，披露应当限定在与其试图证实的内容紧密相关且必要的范围内。

5. 违反前款规定的义务，应处以通报批评的纪律处分，违反与执业保密有关的义务，应处以暂停执业一至三年的纪律处分。

第二十九条　付款请求

1. 在执业关系存续期间，律师可以根据已承担和需要承担的费用要求预付相应款项，以及预付与完成委托事务所需的法律服务工作量和复杂程度相匹配的部分报酬。

2. 律师应当保留案件所产生的费用和已收到的预付款的财务记录，并且应当根据客户的要求提供相关明细。

3. 律师应当为其收到的每笔付款签发所需的涉税文件。

4. 律师不得要求与已经完成或即将从事的执业活动明显不成比例的律师费报酬或预付款。

5. 如果客户未能及时付款，律师后续不得要求任何高于先前商定的报酬，但客户事先已同意这种安排的除外。

6. 律师不得以客户承认律师的权利或者要求客户履行特定事项作为向客户交付以客户名义收到的款项的条件。

7. 律师不得因为履行其职业义务而要求拥有代表客户或被代理人收取部分款项的权利。

8. 律师一旦被指定为由国家承担费用的司法援助之当事人的辩护律师，则不得以任何名义向被代理人或第三方索要或者收取法律规定以外的任何报酬或费用。

9. 违反本条第 1 款至第 5 款规定义务，应处以通报批评的纪律处分。违反本条第 6 款、第 7 款和第 8 款规定的义务，应处以暂停执业六个月至一年的纪律处分。

第三十条　他人资金的管理

1. 律师在执行委托事务期间应当勤勉地管理收到的被代理人或第三方的款项以及因被代理人的利益而收到的款项，并且应当及时报告有关事务。

2. 未经被代理人同意，律师不得保留以被代理人名义收到的款项超过必要的时间。

3. 律师在从事执业活动时应当拒绝接收或管理与客户无关的资金。

4. 在属于信托存款的情况下，律师必须同时获得书面指示并严格遵守。

5. 违反本条第 1 款规定的义务，应处以通报批评的纪律处分。违反本条第 2 款和第 4 款规定的义务，应处以暂停执业六个月至一年的纪律处分。违反本条第 3 款规定的义务，应处以暂停执业一至三年的纪律处分。

第三十一条　报酬

1. 律师应当立即向被代理人支付以被代理人名义收到的款项。

2. 无论所获款项来自何人，律师有权扣减其收到的款项，用以冲抵前期已发生的费用，但有义务通知相应的客户。

3. 无论所获款项来自何人，在下列条件下，律师有权扣减其收到的款项，用以冲抵律师费报酬：

（1）经客户和被代理人同意；

（2）此类款项已通过判决确定为应由对方当事人支付的律师费报酬，而且律师尚未从其客户或被代理人实际收取该款项；

（3）律师已经向客户提出付款请求且客户明确接受的。

4. 违反本条第 1 款规定的义务，应处以暂停执业一至三年的纪律处分。违反本条第 2 款规定的义务，应处以通报批评的纪律处分。

第三十二条　放弃委托

1. 律师有权放弃委托，但应采取必要的预防措施，以避免对被代理人造成损害。

2. 在放弃委托的情况下，律师应当向被代理人作出适当的提前告知，并且应当告知其必要事项，以避免对其辩护活动造成损害。

3. 在被代理人下落不明的情况下，律师应当通过向被代理人的出生登记地或最后一个为人所知的住所地发送挂号信或者通过认证电子邮件的形式向其告知放弃委托；在完成上述手续后，无论被代理人是否实际收到信息，律师均可以不再进行任何其他行动，但法律规定的义务除外。

4. 在放弃委托后，除遵守法律规定的义务外，对于在合理时间内未指定其他律师而导致缺乏后续协助的，该律师不承担责任。

5. 在任何情况下，律师都应当告知被代理人其应当获知的信息和通知。

6. 违反前款规定的义务，应处以通报批评的纪律处分。

第三十三条　文件返还

1. 当收到相应要求时，律师应当立即向客户和被代理人返还为执行委托事务而收到的文书和文件，并且应当向客户和被代理人提供包括来自第三方的关于委托事务及其在司法程序和非司法程序中的执行情况的所有文书和文件的副本，但是本法典第48条第3款规定的除外。

2. 律师不得以支付律师费报酬作为返还资料的条件。

3. 即使未经客户和被代理人同意，律师也可以提取并保留上述资料的副本。

4. 违反本条第1款规定的义务，应处以警告的纪律处分。违反本条第2款规定的禁令，应处以通报批评的纪律处分。

第三十四条　针对客户与被代理人的报酬给付之诉

1. 若采取诉讼方式要求客户或被代理人向其支付专业服务的报酬，律师应当放弃其接受的全部委托事务。

2. 违反前款规定的义务，应处以通报批评的纪律处分。

第三十五条　提供正确信息的义务〔1〕

1. 律师提供用于自我宣传的有关其执业活动的信息，无论其使用何种宣传方式，应当遵守真实、准确、透明、保密和审慎的义务，在任何情况下均应当提示其职业义务的性质和局限。

2. 律师不得提供与其他执业人员的带有比较性质的信息，也不得提供模糊、误导、贬低、暗示或提及与其执业活动无关的职称或职务的信息。

3. 在任何情况下，律师在提供信息的同时应当表明其职业称号、律师事务所名称和所属的律师协会。

4. 如果是或者曾经是法律学科的大学教师，律师可以使用相应的职衔，但

---

〔1〕 根据国家法律职业协会2016年1月22日之决议，2012年12月31日第247号法律第35条第1款D项规定的协商程序启动，本条依据国家法律执业协会2016年1月22日之决议予以修订，并于2016年5月3日在普通官方公报系列第102号予以公布。根据上述2016年1月22日之决议，国家法律职业协会：修订了本条第1款，增加了"无论其使用何种宣传方式"；废除了原第9款和第10款；相应地，对原第11款与第12款重新编号。原第1款规定："律师提供用于自我宣传的有关其执业活动的信息，应当遵守真实、准确、透明、保密和审慎的义务，在任何情况下均应当提示其职业义务的性质和局限。"被废止的原第9款、第10款分别规定："9. 律师可以仅基于传播信息的目的拥有网站，并完全自行掌握该网站，而无需重新定向至其所在的律师事务所或律师团体，但他应当先向其所属的律师协会通报网站自身的形式和内容。10. 律师应对自己掌握的网站的内容和安全负责，该网站不得直接包含或通过网站内部或外部的链接转向商业信息或广告。"

在任何情况下都需明确说明其资格和教学科目。

5. 在实习律师登记簿上注册的人只能使用"实习律师"的头衔，但如果其取得相应的资格，可以使用"适格辩护人"的称谓。

6. 禁止明示与律师事务所并无组织关系或直接关系的专业人员和第三方的名称。

7. 如果本人在世时未予明示或以遗嘱形式规定，或者未经继承人一致同意，律师不得使用已去世的专业人员的姓名信息。

8. 即使客户或被代理人同意，律师也不得在公开信息中披露他们的姓名。

9. 在任何情况下，信息的形式和格式都必须尊重执业尊严和礼仪的原则。

10. 违反前款规定的义务，应处以通报批评的纪律处分。

第三十六条 禁止未取得资格或使用虚假资格从事执业活动

1. 冒用尚未取得的执业资格，或者在无执业资格情况下，或在暂停执业期间从事执业活动，构成违纪行为。

2. 以任何直接或间接方式促使未取得资格或暂停执业的主体滥用律师的执业活动，或者为此提供便利的，或者允许这些主体在执业活动暂停期间仍可能从滥用行为中获取经济利益的，均构成违纪行为。

3. 违反本条第1款的，应处以暂停执业六个月至一年的纪律处分。违反本条第2款的，应处以暂停执业两至六个月的纪律处分。

第三十七条 客户招揽禁令

1. 律师不得通过代理机构、中介或者以任何违背公正和职业尊严的方式与客户建立关系。

2. 律师不得向同行或第三方提供或支付佣金或其他报酬来换取后者介绍客户或获得委托。

3. 为了获得辩护或者委托事务而向第三方提供礼品或服务或费用，或者允诺给予好处，均构成违纪行为。

4. 禁止直接或通过中介在客户个人的住所、工作场所、休息场所、娱乐场所，以及非特定化的公共场所或公开场合提供自己的专业服务。

5. 未经明确要求，禁止律师针对特定人士和特定事件提供个性化服务。

6. 违反前款规定的义务，应处以通报批评的纪律处分。

第三章 与同行的关系

第三十八条 同行关系

1. 律师拟针对同行提起有关执业活动事实的起诉时，应当以书面形式提前告知，但告知可能对其辩护权利造成损害的除外。

2. 律师不得对其与另一位律师的电话交谈内容进行录音。未经全体与会人员一致同意，不得对会议进行录音。

3. 律师不得在诉讼文件或审判活动中援引或引述在其与同行之间进行的保密谈话的内容。

4. 违反本条第 1 款规定的义务，应处以警告的纪律处分。违反本条第 2 款和第 3 款规定的禁令，应处以通报批评的纪律处分。

第三十九条　与律师事务所合作者的关系

1. 律师应当允许其合作者改进自身的专业储备，不得阻碍他们的进修成长或对此设置障碍，并同时考虑到他们对事务所各项服务与机制的利用，以适当的方式向其给付报酬。

2. 违反本条规定的义务，应处以警告的纪律处分。

第四十条　与实习律师的关系

1. 为了使实习律师获得适当的培训，律师应当确保实习律师法庭技能实习的实用性与有效性。

2. 律师应当为实习律师提供适当的工作环境，并且除费用报销义务以外，律师还应在实习期满半年后，考虑到实习律师对事务所各项服务与机制的利用，向其支付适当的报酬。

3. 律师应当根据适当的检查而非出于恩惠或友谊关系来确认实习日志中所记载内容的真实性。

4. 律师不得指示实习律师从事未经允许的辩护活动。

5. 违反本条第 1 款、第 2 款和第 3 款规定的义务，应处以警告的纪律处分。违反本条第 4 款规定的禁令，应处以通报批评的纪律处分。

第四十一条　与同行的被代理人的关系

1. 在明知对方当事人由其他同行代理的情况下，律师不得与该对方当事人直接联系。

2. 在诉讼和审判的任何阶段，如果其他当事人的辩护律师未在场或者未经其同意，律师不得与该当事人联系。

3. 律师可以直接向对方当事人发送信息，并将相应副本发送给为其服务的同行，但仅限于要求特定行为、发出违约通知、避免时效经过或者届满的信息。

4. 律师不得在未通知其同行并获得其同意的情况下，接待该同行代理的对方当事人。

5. 违反本条规定的义务和禁令，应处以通报批评的纪律处分。

第四十二条　有关同行的信息

1. 律师不得对同行的执业活动发表贬损性评论。

2. 律师不得在审判活动中出示与处于相对方的同行的个人立场有关的文件或者使用与其个人有关的信息，但该同行本人是该审判活动的当事人，并且为了保护某项权利而必须使用上述文件和信息的除外。

3. 违反前款规定的禁令，应处以警告的纪律处分。

第四十三条　对其他同行所提供服务的偿付义务

1. 如果律师直接委托其他同行代理或协助代理客户，而该客户未能自行支付报酬的，该律师应当代为偿付其同行。

2. 违反前款规定的义务，应处以通报批评的纪律处分。

第四十四条　针对与同行达成的和解提出诉讼的禁令

1. 律师与处于相对方的同行达成和解协议，并且该协议经双方当事人确认的，应该避免对该协议提出诉讼，但由于意外发生的或在协议达成时未知的事实导致提起诉讼是合理的除外。

2. 违反前款规定的义务，应处以通报批评的纪律处分。

第四十五条　在辩护活动中替换同行

1. 如果因撤销委托或放弃委托而替换同行的，新的辩护人应当将自己获得的任命告知被替代的同行，并在不影响辩护活动的情况下，尽力满足被替代的同行就其已经提供的服务所提出的合理诉求。

2. 违反前款规定的义务，应处以警告的纪律处分。

第四章　律师在诉讼中的义务

第四十六条　诉讼中的辩护义务及与同行的关系

1. 在司法审判活动中，律师应当使其自身行为与遵守辩护义务相适应，并尽可能维护其与同行的关系。

2. 无论是开庭还是其他任何与同行会面的场合，律师均应守时；多次违反该项义务的，构成违纪行为。

3. 律师应当反对对方当事人在诉讼程序中提出的对己方被代理人构成损害的任何不符合程序或不正当的诉求。

4. 因信任关系受到委任的辩护人在接受委托后，应当及时告知之前由官方指定的律师。在不对辩护权造成损害的情况下，他应敦促其当事人为官方指定辩护律师已经从事的工作支付相应费用。

5. 为了被代理人的利益并在遵守法律的前提下，律师可以与其他当事人的辩护人合作，以及交换各类信息、文书和文件。

6. 在共同辩护的情况下，律师应当就每个程序选择问题与共同辩护人商议，并向其告知与共同被代理人会谈的内容，以确保有效地共同承担辩护工作。

7. 如果拟启动司法诉讼，律师应当告知处于相对方的同行中止庭外谈判。

8. 违反本条第 1 款至第 6 款规定的义务，应处以警告的纪律处分。违反本条第 7 款规定的义务，应处以通报批评的纪律处分。

第四十七条　对同行的指示和通知义务

1. 律师应当及时地向作为代理人的同行传达指示，同样也应及时地向该同行传达有关已经开展和将要开展的活动的详细信息。

2. 选定同行所在的律师事务所作为执业住所，应当提前通知并获得该同行的同意。

3. 未经告知委托处理有关事务的同行，代理律师不得以和解方式直接解决争议。

4. 在缺少指示的情况下，代理律师应当以最恰当的方式采取行动以保护当事人的利益，并尽快通知委托处理有关事务的同行。

5. 违反本条第 1 款、第 2 款和第 4 款规定的义务，应处以警告的纪律处分。违反本条第 3 款规定的禁令，应处以通报批评的纪律处分。

第四十八条　禁止披露律师与同行之间的通信

1. 在诉讼文书以及审判活动中，律师不得披露、援引或者引述仅在同行之间进行的有义务保密的通信，以及含有和解提议和相应答复意见的通信。

2. 在下列情况下，可以披露律师同行之间进行的通信：

（1）对一项协议进行补充完善和证明；

（2）确保所需服务的完全实现。

3. 律师不得向客户和被代理人交付同行之间的保密通信；一旦委托终止，律师可以向继任律师提供保密通信，但继任律师应当遵守同样的保密义务。

4. 滥用保密条款构成独立的违纪行为。

5. 违反本条各款规定的禁令，应处以通报批评的纪律处分。

第四十九条　辩护人的义务

1. 作为官方指定辩护人的律师，应当告知被代理人有权选择其信任的辩护人，并告知被代理人官方指定辩护人有权获得相应报酬。

2. 律师不得承担在同一诉讼或关联诉讼中对其他嫌疑人或被告作出指控性陈述的多名嫌疑人或被告人的辩护工作。

3. 在刑事诉讼中受到怀疑或指控的律师，在同一诉讼程序期间不能承担或继续从事为其他当事人的辩护工作。

4. 违反本条第 1 款规定的义务，应处以警告的纪律处分。违反本条第 2 款和第 3 款规定的禁令，应处以暂停执业六个月至一年的纪律处分。

第五十条　真实义务

1. 律师在诉讼程序中不得出示其明知是虚假的任何物证、证据或文件。

2. 律师不得在诉讼程序中使用由被代理人制作或提供的且明知或发现是虚假的任何物证、证据或文件。

3. 即使律师事后才得知诉讼程序中加入了被代理人提供的虚假物证、证据或文件，也不得使用，或者应当放弃委托。

4. 律师不应向法官承诺其在审判中提供关于事实真相的言辞。

5. 律师在诉讼程序中不得针对其直接了解并可用作司法官员裁决依据的事实的存在或不存在作出虚假陈述。

6. 律师在提出有关同一事实的诉求或请求时应当指出已经采取的措施，包括否决性措施。

7. 违反本条第 1 款、第 2 款、第 3 款、第 4 款和第 5 款规定的禁令，应处以暂停执业一至三年的纪律处分。违反本条第 6 款规定的义务，应处以警告的纪律处分。

第五十一条　律师的证明

1. 除特殊情况以外，针对在执业活动中获知的或与执业活动密切相关的事实情况，律师应当避免作证或成为证人。

2. 在任何情况下，针对同行之间进行的保密谈话内容以及保密通信内容，律师都应避免作证。

3. 如果律师拟作为证人出庭或者就有关事实作证，则该律师不得接受委托；如已接受的，应当放弃委托并且将来不得再次接受。

4. 违反前款规定的义务，应处以通报批评的纪律处分。

第五十二条　禁止使用冒犯性或不适当的表达

1. 在审判活动的书面文件以及在从事与同行、司法官员、对方当事人和第三人有关的执业活动中，律师应当避免使用冒犯性或不适当的表达方式。

2. 针对冒犯行为的报复或应激反应或交互反应，不能排除上述反应行为在纪律方面的重要属性。

3. 违反本条第 1 款所述禁令，应处以通报批评的纪律处分。

第五十三条　与司法官员的关系

1. 律师与司法官员的关系应当以职业尊严和相互尊重为基础。

2. 除特殊情况外，律师不得在无对方律师在场的情况下与法官讨论正在进行的诉讼程序。

3. 被任命为名誉司法官员的律师应当遵守与该职务有关的所有义务以及有关避免职业冲突的规范。

4. 律师不得利用与司法官员的友谊、熟悉或信任关系来获得或请求关照和优待，也不得故意宣传此类关系的存在。

5. 作为律师协会成员的律师不得接受来自辖区司法官员的司法任务，但被任命为官方指定辩护人的除外。

6. 违反前款规定的义务和禁令，应处以通报批评的纪律处分。

第五十四条　与仲裁员、和解员、调解员、专家和技术顾问的关系

1. 本法第 53 条第 1 款、第 2 款和第 4 款规定的禁令和义务，也适用于律师与仲裁员、和解员、调解员、专家和官方的或对方当事人的技术顾问之间的关系。

2. 违反本条规定的禁令和义务，应处以通报批评的纪律处分。

第五十五条　与证人和知情人员的关系

1. 律师不得为了获得有利证据而以强迫或者提示的方式与证人或者与案件或诉讼程序有关事实的知情人员交谈。

2. 在刑事诉讼程序范围内，辩护律师有权根据法律规定的方法和条件、下述有关规定以及个人数据保护管理局发布的规定进行与辩护有关的调查。

3. 辩护律师应当保守在与辩护有关的调查活动及调查文件中包含的秘密，除非为了被代理人的利益而具有正当的披露理由，其仅能在诉讼程序中使用上述秘密。

4. 在辩护律师有助理、合作者、经授权的私人调查员和技术顾问的情况下，可以向后者提供为了履行职责所必需的所有信息和文件，包括处在保密状态下的文书，但后者应当受保密义务的约束，并有义务仅专门向辩护律师通报有关行动的结果。

5. 辩护律师应当严格保密地保存对行使辩护权期间有用且必要的、与辩护有关的调查文件。

6. 辩护律师及其可能授权的其他主体为调查的目的而依法向受调查人员发送的通知应当以书面文件形式作出。

7. 辩护律师及其可能授权的其他主体不得以任何形式向受到调查询问的人员支付报酬或补偿，但前者有权支付有凭证报销的相关费用。

8. 为了与犯罪受害者交谈、从犯罪受害者获取信息或要求其提供书面声明，辩护律师应当提前发出书面请求，如果了解到受害者已委托律师，还应事先通知该受害者的辩护律师；在任何情况下，请求文书都应当指明该受害者有机会向辩护律师咨询以便其参与有关行动。

9. 辩护律师应当告知被告或嫌疑人的近亲有权不回答问题，并特别说明如果他们不打算使用该权利则有义务告知真相。

10. 辩护律师应当以完整的形式将所获得的信息制成书面文件。如果安排对信息进行复制，包括以录音形式，可以以概括汇总的形式进行记录。

11. 辩护律师无需向提供信息的人员及其辩护律师提供文字记录的副本或摘录。

12. 违反本条第 1 款规定的禁令，应处以暂停执业二至六个月的纪律处分。违反本条第 3 款、第 4 款和第 7 款规定的义务、禁令、法定责任和要求，应处以暂停执业六个月至一年的纪律处分。违反本条第 5 款、第 6 款、第 8 款、第 9 款、第 10 款和第 11 款规定的义务、禁令、法定责任和要求，应处以通报批评的纪律处分。

第五十六条　听取未成年人意见

1. 如果未成年人与履行监护责任的主体之间不存在利益冲突，未经后者同意，律师不得向未成年人听取意见。

2. 在家事或未成年人纠纷中，监护人的律师应当避免为了了解纠纷的情况而与未成年子女进行任何形式的对话和接触。

3. 在刑事诉讼中，辩护律师为了与未成年人交谈、获得未成年人信息或要求未成年人提供书面声明，应当向履行监护责任的主体发送正式请求，声明该主体有权参与相关行动，但在法律另有规定的情况下以及在未成年人系犯罪受害者的情况下，应当确保相关专家在场。

4. 违反前款规定的义务和禁令，应处以暂停执业六个月到一年的纪律处分。

第五十七条　与媒体的关系和沟通活动

1. 在处理与媒体关系时和在任何宣传活动中，除了不得影响被代理人的辩护需要，律师也不得提供保密调查阶段的信息，不得利用客户和被代理人的名称，不得借机宣传自身的专业能力，不得主动制造话题或接受采访以及召开新闻发布会。

2. 在任何情况下，律师均应当确保不公开披露未成年人信息。

3. 违反本条第 1 款规定的禁令和第 2 款规定的义务，应处以暂停执业二至六个月的纪律处分。

第五十八条　为自己利益的通知

1. 滥用法律规定的关于通知的权利，构成违纪行为。

2. 如有上款所述行为的，应处以暂停执业二至六个月的纪律处分。

第五十九条　程序日程安排

1. 因律师的拖延行为导致错过民事诉讼程序的日程安排中已确定的时间或期限，构成违纪行为。

2. 违反前款规定的行为，应处以警告的纪律处分。

第六十条　放弃出席庭审

1. 律师有权在法律职业机构宣布罢工时放弃出席庭审与参加其他司法活动，

但其应当遵守自律性法典的规定和现行有效的各类规范。

2. 行使不参与罢工之权利的律师应当及时提前通知其他出庭辩护律师。

3. 律师不得根据自身的临时偏好决定参加或退出罢工。

4. 参加罢工的律师不得指定特定日期或者为从事某些特定活动而退出罢工，也不得提出仅在某些日期或在自身某些特定的执业活动中部分地参与罢工。

5. 违反本条第 1 款和第 2 款规定的义务，应处以警告的纪律处分。违反本条第 3 款和第 4 款规定的义务，应处以通报批评的纪律处分。

第六十一条 仲裁

1. 被指定担任仲裁员职位的律师应当确保自身行为的诚实与端正，并应监督有关程序独立和公正地进行。

2. 如果律师与一方当事人之间已经建立或者在过去两年中曾经存在过执业关系，或者符合程序法典规定的仲裁员回避的任何一种条件，该律师不得担任仲裁员。

3. 如果仲裁程序的一方当事人正在或者在过去两年中曾经接受某律师的其他合伙人或共事的专业人员或与该律师在同一处所执业的人员的服务，则该律师不得被指定为仲裁员。

在任何情况下，律师都应当以书面形式向当事人告知任何可能影响其独立性的事实情况及其与辩护律师的任何关系，以便获得仲裁当事人在知情前提下对其履行职务的同意。

4. 被指定为仲裁员的律师在程序进行期间应当以可确保仲裁当事人对其信任的方式行事，并且应当确保自己免受任何外来影响和制约。

5. 作为仲裁员的律师应当：

（1）对因仲裁程序而了解的事实保密；

（2）不提供与程序有关问题的信息；

（3）在向全体当事人正式送达前不对外告知相关决定。

6. 履行仲裁员职务的律师不得与任何一方当事人建立执业关系，除非存在下列情形之一：

（1）自有关仲裁程序终结起已经过至少两年；

（2）该执业活动的内容与该仲裁程序本身的内容并无差异。

7. 该禁令适用于律师的合伙人或共事的专业人员或在同一处所执业的人员。

8. 违反本条第 1 款、第 3 款、第 4 款、第 5 款、第 6 款和第 7 款规定的义务和禁令，应处以暂停执业二至六个月的纪律处分。违反本条第 2 款规定的禁令，应处以暂停执业六个月至一年的纪律处分。

第六十二条 调解

1. 担任调解员职务的律师应当遵守有关调解的规范中载明的义务和调解机

构相关条例的规定，但上述规定不得违反本法典的现行规定。

2. 无充分专业知识的律师不应担任调解员职务。

3. 在下列情况下，律师不能接受调解员职务：

（1）目前或者在过去两年中曾经与一方当事人存在过执业关系；

（2）一方当事人目前或者在过去两年内曾经接受该律师的其他合伙人或共事的专业人员或在同一处所执业的人员的服务。

在任何情况下，程序法典规定的仲裁员回避条件，同样构成律师担任调解员职务的限制性条件。

4. 履行调解员职责的律师不应与任何一方当事人建立执业关系，除非存在下列情形之一：

（1）自有关调解程序终结起已经过至少两年；

（2）该执业活动的内容与该调解程序本身的内容并无差异。该禁令适用于律师的合伙人或共事的专业人员或在同一场所执业的人员。

5. 律师不得允许调解机构以任何名义在该律师所在的事务所内拥有任何办公场所或进行活动，律师也不得在调解机构内拥有任何办公场所。

6. 违反本条第 1 款和第 2 款规定的义务和禁令，应处以通报批评的纪律处分。违反本条第 3 款、第 4 款和第 5 款规定的禁令，应处以暂停执业二至六个月的纪律处分。

第五章　与第三方和对方当事人的关系

第六十三条　与第三方的关系

1. 律师在其职务履行的范围之外的人际关系中，也应当以不损害职业尊严和第三方信任的方式行事。

2. 律师应当以公正和尊重的态度对待其雇员、司法人员以及在其执业期间接触的所有人员。

3. 违反前款规定的义务，应处以警告的纪律处分。

第六十四条　履行对第三方所负义务的责任

1. 律师应当履行其应对第三方承担的义务。

2. 如果律师未能履行其执业活动以外的义务，并因其性质或严重性而对职业尊严以及第三人信任造成损害的，构成违纪行为。

3. 违反前款规定的义务，应处以暂停执业二至六个月的纪律处分。

第六十五条　对对方当事人进行诉讼威胁

1. 律师可以采取诉讼、破产程序、举报、控告或其他举措催告对方当事人作出特定履行，并告知其不予履行的相应后果，但律师不得威胁采取不相匹配的或强压性的行动或举措。

2. 如果在采取任何举措前，律师拟邀请对方当事人至该律师所在事务所进行会谈，应当告知对方当事人可以由其信任的律师陪同。

3. 如果付款请求有利于己方客户，律师可以就任何非司法程序的活动请求对方当事人承担报酬和费用。

4. 违反前款规定的义务，应处以通报批评的纪律处分。

第六十六条 对对方当事人采取多重诉讼

1. 无正当的可维护己方被代理人利益的理由，律师不得拟定繁重的或多重的司法诉讼策略来加重对方当事人的财务负担。

2. 违反前款规定的义务，应处以通报批评的纪律处分。

第六十七条 向对方当事人请求支付专业报酬

1. 律师不得请求对方当事人向其支付专业报酬，但有特别协议约定和经己方客户同意，以及法律另有规定的其他情况除外。

2. 如果客户未履行付款义务，律师可以根据以任何形式达成的旨在终结司法或仲裁程序的协定，要求另一方当事人向其支付专业报酬。

3. 违反本条第 1 款规定禁令，应处以警告的纪律处分。

第六十八条 接受针对原被代理人的委托

1. 仅在专业关系终止已满至少两年以后，律师才能接受针对原被代理人的委托。

2. 如果新的委托事务与以前执行的委托事务存在相关性，则律师不得接受任何针对原被代理人的委托。

3. 在任何情况下，律师均不得使用从已经结束的关系中获取的信息。

4. 在家事纠纷中曾同时代理配偶双方或同居双方的律师，在双方后续发生的纠纷中，该律师不得为其中任何一人提供专业服务。

5. 在家事纠纷中曾代理未成年人的律师，在后续同类纠纷中，该律师不得为该未成年人父母中的任何一方提供专业服务，反之亦然。

6. 违反本条第 1 款和第 4 款规定的禁令，应处以暂停执业二至六个月的纪律处分。违反本条第 2 款、第 3 款和第 5 款规定的义务和禁令，应处以暂停执业一至三年的纪律处分。

第六章 与法律职业机构的关系

第六十九条 选举和与法律职业机构的关系

1. 被选聘为各类法律职业机构成员的律师，应当勤勉、独立和公正地履行职责。

2. 参加律师代表机构选举的候选人及其支持者，应当行事端正，避免任何形式的不符合相关职位之尊严的宣传或行动。

3. 禁止在选举地点和投票期间进行任何形式的宣传或竞选活动。

4. 在进行投票活动的地点，只允许展示选举名单和包含投票活动规则的布告。

5. 违反本条第 1 款规定的义务，应处以通报批评的纪律处分。违反本条第 2 款、第 3 款和第 4 款规定的义务和禁令，应处以警告的纪律处分。

第七十条　与律师协会的关系

1. 在登记注册律师名单时，根据司法体制应有之目的，律师有义务申明其与司法官员可能存在的亲属关系、婚姻关系、姻亲关系与同居关系；并有义务告知上述关系发生变化的情况。

2. 律师应当及时以书面形式向其所属的律师协会及其属地有相关权限的律师协会告知以下信息：职业协会或职业团体的设立、事务所的主营及二级办公室的开立、执业地址的确定以及后续的变动。

3. 律师只能加入一个律师协会或律师团体。

4. 律师应当履行法律规定的社会救济和保险的义务，以及对法律职业机构的缴费义务。

5. 律师应当向其所属律师协会通报其执业保险要点以及任何后续改动。

6. 律师应当遵守国家法律职业协会及其所属的律师协会规章中有关义务和培训计划的规定。

7. 违反本条第 1 款、第 2 款、第 3 款、第 5 款和第 6 款规定的义务，应处以警告的纪律处分。违反本条第 4 款规定的义务，应处以通报批评的纪律处分。

第七十一条　合作义务

1. 律师应当与法律职业机构开展合作以实现其执业目标，并严格遵守诚信义务；为此，在法律职业机构要求其采取行动或进行机构干预时，律师应当告知其已知的与职业生涯或司法行政管理有关的事实。

2. 当法律职业机构要求律师就第三人提供的有关情况予以澄清、提供信息或者采取行动，以便实现后者的利益时，律师不予及时答复构成违纪行为。

3. 在纪律处分程序中或者在该程序的预备阶段，未能及时对已告知的过错行为予以回应以及未提交答复意见和抗辩，并不构成独立的违纪行为，但此类行为可能由纪律机构在其自由心证的形成过程中予以考虑。

4. 违反本条第 1 款规定的义务，应处以警告的纪律处分。违反本条第 2 款规定的义务，应处以通报批评的纪律处分。

第七十二条　资格考试

1. 律师在资格考试之前或考试期间以任何方式向一个或多个应考人员提供

与考题相关的文本，应处以暂停执业两至六个月的纪律处分。

2. 如果该律师系考试委员会成员的，对其的处分不应低于暂停执业一至三年。

3. 在资格考试的考场以任何方式收到任何形式的留言或笔记并且不立即向委员会报告的，应考人员应受到通报批评的纪律处分。

第七章　附则

第七十三条　生效

本法律职业伦理法典自在官方公报上发布之日起经过六十天生效。